中国社会科学院重大课题
国家"十五"重点出版项目

列国志

GUIDE TO THE WORLD STATES

中国社会科学院《列国志》编辑委员会

拉丁美洲和加勒比地区国际组织

◉林 华 王 鹏 张育媛 编著

社会科学文献出版社

SOCIAL SCIENCES ACADEMIC PRESS (CHINA)

拉丁美洲和加勒比禁止核武器组织

加勒比国家联盟

南方共同市场

加勒比共同体

拉丁美洲社会科学学院

美洲工人工会联合会

安第斯共同体

美洲国家组织

拉美主教理事会

拉美和加勒比政党常设大会

联合国拉美经委会

前　言

　　自 1840 年前后中国被迫开关、步入世界以来，对外国舆地政情的了解即应时而起。还在第一次鸦片战争期间，受林则徐之托，1842 年魏源编辑刊刻了近代中国首部介绍当时世界主要国家舆地政情的大型志书《海国图志》。林、魏之目的是为长期生活在闭关锁国之中、对外部世界知之甚少的国人"睁眼看世界"，提供一部基本的参考资料，尤其是让当时中国的各级统治者知道"天朝上国"之外的天地，学习西方的科学技术，"师夷之长技以制夷"。这部著作，在当时乃至其后相当长一段时间内，产生过巨大影响，对国人了解外部世界起到了积极的作用。

　　自那时起中国认识世界、融入世界的步伐就再也没有停止过。中华人民共和国成立以后，尤其是 1978 年改革开放以来，中国更以主动的自信自强的积极姿态，加速融入世界的步伐。与之相适应，不同时期先后出版过相当数量的不同层次的有关国际问题、列国政情、异域风俗等方面的著作，数量之多，可谓汗牛充栋。它们对时人了解外部世界起到了积极的作用。

当今世界，资本与现代科技正以前所未有的速度与广度在国际间流动和传播，"全球化"浪潮席卷世界各地，极大地影响着世界历史进程，对中国的发展也产生极其深刻的影响。面临不同以往的"大变局"，中国已经并将继续以更开放的姿态、更快的步伐全面步入世界，迎接时代的挑战。不同的是，我们所面临的已不是林则徐、魏源时代要不要"睁眼看世界"、要不要"开放"问题，而是在新的历史条件下，在新的世界发展大势下，如何更好地步入世界，如何在融入世界的进程中更好地维护民族国家的主权与独立，积极参与国际事务，为维护世界和平，促进世界与人类共同发展做出贡献。这就要求我们对外部世界有比以往更深切、全面的了解，我们只有更全面、更深入地了解世界，才能在更高的层次上融入世界，也才能在融入世界的进程中不迷失方向，保持自我。

与此时代要求相比，已有的种种有关介绍、论述各国史地政情的著述，无论就规模还是内容来看，已远远不能适应我们了解外部世界的要求。人们期盼有更新、更系统、更权威的著作问世。

中国社会科学院作为国家哲学社会科学的最高研究机构和国际问题综合研究中心，有 11 个专门研究国际问题和外国问题的研究所，学科门类齐全，研究力量雄厚，有能力也有责任担当这一重任。早在 20 世纪 90 年代初，中国社会科学院的领导和中国社会科学出版社就提出编撰"简明国际百科全书"的设想。1993 年 3 月 11 日，时任中国社会科学院院长的胡绳先生在科研局的一份报告上批示："我想，国际片各所可考虑出一套列国志，体例类似几年前出的《简明中国百科全书》，以一国（美、日、英、法等）或几个国家（北欧各国、印支各国）为一册，请考虑可行否。"

中国社会科学院科研局根据胡绳院长的批示，在调查研究的基础上，于 1994 年 2 月 28 日发出《关于编纂〈简明国际百科全书〉和〈列国志〉立项的通报》。《列国志》和《简明国际百科全书》一起被列为中国社会科学院重点项目。按照当时的计划，首先编写《简明国际百科全书》，待这一项目完成后，再着手编写《列国志》。

1998 年，率先完成《简明国际百科全书》有关卷编写任务的研究所开始了《列国志》的编写工作。随后，其他研究所也陆续启动这一项目。为了保证《列国志》这套大型丛书的高质量，科研局和社会科学文献出版社于 1999 年 1 月 27 日召开国际学科片各研究所及世界历史研究所负责人会议，讨论了这套大型丛书的编写大纲及基本要求。根据会议精神，科研局随后印发了《关于〈列国志〉编写工作有关事项的通知》，陆续为启动项目拨付研究经费。

为了加强对《列国志》项目编撰出版工作的组织协调，根据时任中国社会科学院院长的李铁映同志的提议，2002年8月，成立了由分管国际学科片的陈佳贵副院长为主任的《列国志》编辑委员会。编委会成员包括国际片各研究所、科研局、研究生院及社会科学文献出版社等部门的主要领导及有关同志。科研局和社会科学文献出版社组成《列国志》项目工作组，社会科学文献出版社成立了《列国志》工作室。同年，《列国志》项目被批准为中国社会科学院重大课题，国家新闻出版总署将《列国志》项目列入国家重点图书出版计划。

在《列国志》编辑委员会的领导下，《列国志》各承担单位尤其是各位学者加快了编撰进度。作为一项大型研究项目和大型丛书，编委会对《列国志》提出的基本要求是：资料翔实、准确、最新，文笔流畅，学术性和可读性兼备。《列国志》之所以强调学术性，是因为这套丛书不是一般的"手册"、"概览"，而是在尽可能吸收前人成果的基础上，体现专家学者们的研究所得和个人见解。正因为如此，《列国志》在强调基本要求的同时，本着文责自负的原则，没有对各卷的具体内容及学术观点强行统一。应当指出，参加这一浩繁工程的，除了中国社会科学院的专业科研人员以外，还有院外的一些在该领域颇有研究的专家学者。

　　现在凝聚着数百位专家学者心血、约计 150 卷的
《列国志》丛书，将陆续出版与广大读者见面。我们希
望这样一套大型丛书，能为各级干部了解、认识当代世
界各国及主要国际组织的情况，了解世界发展趋势，把
握时代发展脉络，提供有益的帮助；希望它能成为我国
外交外事工作者、国际经贸企业及日渐增多的广大出国
公民和旅游者走向世界的忠实"向导"，引领其步入更
广阔的世界；希望它在帮助中国人民认识世界的同时，
也能够架起世界各国人民认识中国的一座"桥梁"，一
座中国走向世界、世界走向中国的"桥梁"。

《列国志》编辑委员会

2003 年 6 月

CONTENTS

目　录

CONTENTS
目　录

CONTENTS

目　录

CONTENTS

目 录

CONTENTS

目 录

CONTENTS

目 录

CONTENTS

目　录

CONTENTS

目 录

CONTENTS

目 录

CONTENTS

目 录

CONTENTS
目 录

CONTENTS

目 录

序　言

　　第二次世界大战是国际政治的一个重要分水岭。"二战"结束后，各种国际组织如雨后春笋般出现，逐渐形成全球规模，其活动范围也遍及国际社会各个领域，但此时的许多国际组织以美苏划线，国际组织成为东西方斗争的缩影。

　　冷战结束后，两极格局的瓦解导致权力分散化和政治多极化；经济全球化又带来了越来越多的跨国公共问题，这些问题涉及政治、经济和社会发展的方方面面。在此背景下，国际组织数目激增，在国际政治中的作用和影响也日益扩大，尤其是地区组织在解决地区冲突、发展地区经济中扮演着比以前更为重要的角色。

　　第二次世界大战以来，拉美地区组织的发展历程大致可分为两个阶段。

　　第一阶段是从第二次世界大战结束至20世纪80年代中后期。这一时期，拉美地区不仅成立了许多地区性的政治组织，还建立了一些经济合作组织，成为发展中国家进行区域经济合作的"先驱"。二战结束后，一方面，美国为加紧推行其全球扩张政策，迫切需要巩固和加强泛美体系，力图把拉美变作自己争霸世界的稳固后方。在它的推动下，泛美联盟被改组为美洲国家组织，实质上成为美国借以干涉拉美各国内政的工具。另一方面，在第三世界迅速崛起、联合反帝反霸的大背景下，拉美国家不愿为美苏争霸所左右，希望通过加强地区内部合作摆脱美国控制、走上独立自主的发展道路，并由此成为第三世界实践南南合作的先锋。

这一时期，拉美国家联合自强的努力体现在两个方面：一是成立了一批地区性政治组织，如拉丁美洲禁止核武器组织、拉丁美洲议会、美洲区域工人组织、拉丁美洲工人工会团结常设代表大会、拉丁美洲工人中央工会等组织；二是启动了地区经济一体化进程，地区和次地区经济合作组织纷纷建立。20 世纪 60 年代，次地区经济合作蓬勃开展，中美洲共同市场、加勒比自由贸易区、拉普拉塔河流域组织和安第斯条约组织正是在这一时期诞生的。70 年代，为深化地区经济一体化进程，拉美国家成立了地区性的政府间经济合作和协商机构——拉丁美洲经济体系，并成立了次地区一体化组织——加勒比共同体和共同市场以及亚马孙合作条约组织。80 年代，由于经济危机和地区局势不稳定，虽然拉美一体化协会宣告成立，但经济一体化进程实际上陷入停顿。

在这一阶段，中国仅与拉丁美洲禁止核武器组织（1985 年更名为拉丁美洲和加勒比禁止核武器组织）有一定接触，与其他拉美地区组织缺乏联系。原因之一是拉美的地区组织此时并不具有开放性，但更重要的原因隐藏于中国的国际政治地位和国际战略之中。从 1949 年到 20 世纪 70 年代中后期，中国面临的主要问题是使自己在主权国家体系中的身份问题得到彻底解决。1971 年，中国恢复在联合国的合法地位，此后中国对以联合国为中心的国际政治组织进行了有限度的参与。实行改革开放政策以后，中国对国际机制的态度发生重大变化，对国际组织的参与由此迎来一个高潮，尤其是积极与国际经济组织建立关系。但遗憾的是，此时，拉美地区主要经济合作组织的发展处于停滞状态。

　　拉美地区组织发展历程的第二阶段是从 20 世纪 90 年代至今。冷战结束后，经济全球化以更加迅猛的势头发展，区域经济集团的竞争日益激烈，拉美的经济发展面临巨大挑战；美国对拉美政策的重点也由反共争霸转为谋求经济利益和地区稳定。1990年 6 月，美国总统布什发表"美洲倡议"，提出在西半球开展自由贸易和合作。因此，这一阶段的主要特点是：地区一体化运动再掀高潮，旧的一体化组织重新焕发活力，新的一体化组织不断涌现，经济和社会的协调发展成为各组织的主要议题。

　　首先，一批拉美地区政治组织在这一阶段把工作重点转向促进地区一体化。拉美议会在 1991 年提出建立拉美国家共同体的主张，在 2000 年提出推动地区一体化、加强拉美地区团结一致的新世纪目标。1991 年，拉丁美洲和加勒比政党常设大会在第16 次全体会议上专门讨论了"美洲倡议"和拉美一体化问题。里约集团在 1990 年向拉美一体化协会提出加快一体化进程的要求；在 1995 年决定成立地区一体化工作小组，积极推动地区团结和合作。值得注意的是，传统上关注政治和军事事务的美洲国家组织自 20 世纪 90 年代以来也开始关注经济发展、社会发展和地区安全问题。1990 年 6 月，该组织第 20 届全体大会签署了《亚松森宣言》，强调要努力发展经济，实现社会公正。以后的历届大会讨论基本上围绕经济一体化、社会发展和民主进程等主题展开。

　　其次，拉美地区经济合作组织异常活跃。拉美一体化协会在1991 年通过决议，确立协会的职能是给整个拉美地区一体化提供体制和行动的规范，推动由成员国组成的次地区集团在彼此之间进行谈判，从而形成统一的拉美共同市场。在次地区经济合作组织中，安第斯集团（1997 年更名为安第斯共同体）和中美洲共同市场恢复了生机和活力；加勒比地区以加勒比共同体为核心建立了加勒比国家联盟；南方共同市场在 1995 年成立后，迅速成为区域一体化进程的重要推动者。南共市一直致力于促成南美地区的一体化，并因此重视同安第斯共同体加强合作。经过多轮协商，两组织在 2004 年 4 月就建立自由贸易区达成协议，确立了南美自由贸易区的框架。

20 世纪 90 年代以来，中国与拉美地区组织的关系有了长足的发展。这些组织既包括美洲国家组织、里约集团、拉美议会等地区性政治组织，也包括拉美一体化协会、南方共同市场、安第斯共同体、加勒比共同体、美洲开发银行、加勒比开发银行等地区性经济组织。中国与拉美地区性组织关系的加强表现在三个方面：一是中国与拉美地区性组织间展开高层互动；二是中国与许多拉美地区性组织建立了对话或协商机制；三是中国成为一些拉美地区组织的正式成员或观察员。

中国同拉美地区组织关系的加强，是基于双方面对世界形势变化而做出的战略考虑。从中国的角度而言，冷战结束以来，中国经济持续快速发展，政治民主化进程有所加快，作为一个新崛起的大国，中国参与国际体系、承担国际责任的愿望和能力都在增强。因此，中国此时对国际组织强调全面而充分的参与，力争更大的发言权，尤其是比过去更加主动地加入地区性的国际组织和机制，开展地区合作，拓展自己的外交空间。从拉美的角度而言，随着经济全球化的加速发展，国际竞争日趋激烈，努力发展经济，提高自身生存能力，加入全球化市场成为拉美国家的当务之急。因此，20 世纪 90 年代以来，"开放的地区主义"日益成为拉美一体化组织奉行的基本原则。在这种背景下，中国作为当今发展中世界最有经济活力和市场潜力的大国，其经济又与拉美经济在一些领域存在互补，必然受到拉美地区组织的青睐。此外，中拉经贸关系近年来飞速发展，推动着拉美地区组织积极寻求与中国建立联系，而中国与拉美地区组织关系的密切又进一步推动了双方的经贸合作以及在诸如科技、卫生、文化等其他领域的合作。因此，中国同拉美有巨大的合作空间。由于拉美和加勒比地区的地区或次地区组织几乎覆盖了所有的国家，所以这种合作关系除了在国与国之间展开外，更多的是在中国同拉美地区或次地区组织之间展开。

作者力图以最翔实的资料为读者展现拉美和加勒比地区组织的发展全貌。但由于篇幅所限，加之地区性组织数量众多，本书只选取了部分组织作为详细介绍的对象。这 20 个主要的地区性国际组织，以政治和经济组织为主，也包括宗教、社会科学研究等领域的组织，它们的共同特点是在拉美或加勒比地区均具有重要的影响力和代表性。为保证本书内容的全面性，特将其他一些比较重要的地区性组织和部分非政府组织收录在附表中供读者查阅。另有 3 个地区性组织因成员退出、合并等原因已名存实亡或解散，但均在拉美国际组织发展史上占有一席之地，因此也收录在附录中。由于本书以大量资料和信息为支撑，资料收集和整理工作异常繁琐，因此资料不全或疏漏等情况在所难免，敬请读者批评指正。

作　者
2010 年 1 月

第一章

美洲国家组织

美洲国家组织是美洲地区最大的区域性国际组织。成立初期，它在拉美事务上的立场深受美国影响。20 世纪 80 年代以后，随着国际形势的变化和拉美国家独立意识的增强，美洲国家组织开始致力于为拉美国家谋求政治和经济利益，力图在泛美合作领域树立领导地位。

一　成立背景和经过

从16 世纪初到 19 世纪初，拉丁美洲人民受到西班牙、葡萄牙和法国等国残酷的殖民统治和剥削。1810 ~ 1825 年间，拉丁美洲各殖民地普遍掀起了争取民族独立的革命斗争。在当时的革命运动中，弗朗西斯科·米兰达、西蒙·玻利瓦尔等一些革命领袖，竭力提倡将分裂的旧殖民地团结起来，形成泛美联盟。他们认为，只有团结才能保障独立，才能使年轻的共和国免受其他大国的侵犯。米兰达于 1797 年制定了一个"大美洲联盟计划"。玻利瓦尔则希望建立一个包括整个拉丁美洲，或者整个西半球在内的共和国联盟。

在玻利瓦尔的倡议下，哥伦比亚同秘鲁于 1822 年签订了防御条约。同年又增加了补充条款，双方表示愿意将两国的同盟推广于拉美其他国家。为此，新增条款规定召开美洲国家代表大会，以求"最稳固和永恒地加强所有国家之间所应存在的紧密关系"①。1826年6月，巴拿马大会召开，出席这次大会的有中美洲联邦、大哥伦比亚、墨西哥和秘鲁。大会宣布的目标是要实现广泛的团结，以防止西班牙和其他侵略者的侵犯。但大会并未取得实质性效果。此后，拉美国家还开过几次大会，但会议所通过的条约或协议都未能得到批准或贯彻。

由于旧殖民者被赶出了拉丁美洲，美、英都对这块大陆虎视眈眈，所以在拉丁美洲泛美运动发展的同时，美国也提出了他们的"泛美主义"，想以此统治整个西半球。1820年，美国国务卿亨利·克莱就宣称"我们有可能建立一个以美国为中心的体系，在这个体系中整个南美都同我们一致行动。在商业关系中，美国将占有最有利的地位"②。1823年，美国总统门罗提出了"门罗宣言"，宣称"美洲是美洲人的美洲"，以此来排斥欧洲列强插手美洲。实质上，"门罗宣言"就是要把美洲变成美国人的美洲。此后，美国不断对拉丁美洲国家进行武装侵犯。

到了19世纪80年代，美国加紧在拉美扩张其经济政治势力，搬出了"泛美主义"这一口号，并赋予它新的内容。美国对外宣称"泛美主义"是团结美洲国家的运动，其目的是巩固南北美洲的经济、社会及文化联系等。但实际上，"泛美主义"是为美国在拉丁美洲取得贸易上的优势地位服务的，是美国用以扩张贸易的外交符号。

在美国的倡议下，第1届美洲国际会议（Conferencia Internacional Americana）于1889年10月在华盛顿召开，并持续

---

① 转引自章叶《美国与美洲国家组织》，世界知识出版社，1964，第6页。
② 转引自章叶《美国与美洲国家组织》，世界知识出版社，1964，第9页。

到 1890 年 4 月 14 日才告结束。美国和 17 个拉美国家与会。会议宣布成立"美洲共和国国际联盟",其常设机构为设在华盛顿的美洲共和国商务局。美国把这一机构置于美国国务院的管辖之下。此后,4 月 14 日被定为"泛美日"。

1901 年 10 月 22 日至 1902 年 1 月 22 日,第 2 届美洲国际会议在墨西哥城举行,美洲共和国商务局改组为美洲共和国国际局,其工作由一个理事会领导。理事会主席职务只能由美国国务卿担任。

1906 年,第 3 届美洲国际会议在巴西的里约热内卢举行,美洲共和国国际局成为"泛美体系的中心",是美洲国际会议的常设机构,下设贸易、关税等专门机构。

1910 年举行的第 4 届美洲国际会议把"美洲共和国国际联盟"更名为"美洲共和国联盟",把美洲共和国国际局改组为泛美联盟,其宗旨是促进美洲国家的经济、政治合作和加强相互间的紧密联系。泛美联盟理事会主席由选举产生。

1923 年举行的第 5 届美洲国际会议把"美洲共和国联盟"更名为"美洲大陆共和国联盟",并通过一项"美洲各国和平解决冲突的条约",对美国的干涉活动做出了道义上的约束。

1928 年,在古巴哈瓦那举行的第 6 届美洲国际会议通过协议,规定泛美联盟是美洲国际会议的基本机构,并宣布美洲各国一律平等,彼此尊重主权和独立,坚决反对侵略战争。

1933 年举行的第 7 届美洲国际会议通过了有关不干涉原则的《关于国家权利和义务的公约》。

1936 年,泛美巩固和平会议在阿根廷布宜诺斯艾利斯举行,确定通过协商和平解决争端和威胁到美洲共和国的战争的原则,签订了对不干涉原则的附加议定书。

1938 年举行的第 8 届美洲国际会议通过了《关于美洲团结原则的宣言》(即《利马宣言》),为西半球国家建立军事政治联盟铺平了道路。

1945 年，泛美战争与和平问题会议在墨西哥城举行，决定改组、巩固和加强泛美体系，建立泛美经济和社会理事会，同时签订旨在加强美洲国家互助和团结的《查普尔特佩克会议纪要》，即关于本大陆的互助和团结的决定。会议决定改组和建立一个美洲区域性组织。

1947 年，美国和 18 个拉美国家在巴西里约热内卢签署《美洲国家间互助条约》，旨在维护美洲国家的集体安全。该条约于 1948 年 12 月 30 日生效。它规定，任何一国对美洲一国的武装攻击应被视为对全体美洲国家的武装攻击，其他缔约国应予以援助。

1948 年，在哥伦比亚波哥大举行的第 9 届美洲国际会议通过了《美洲国家组织宪章》，并根据宪章将"美洲大陆共和国联盟"更名为"美洲国家组织"，原有的泛美联盟被改组为新组织的秘书处。泛美联盟总干事阿尔韦托·列拉斯·卡马尔哥（Alberto Lleras Camargo）成为美洲国家组织的首任秘书长。

1967 年，第 3 次泛美特别会议通过了《修订美洲国家组织宪章的布宜诺斯艾利斯议定书》，对组织机构等进行了调整。该议定书于 1970 年生效，美洲国家组织全体大会从此取代美洲国际会议，成为美洲国家组织的最高政治机关，会期由原来的每 5 年举行一次改为每年举行一次，以便及时解决本地区问题。

二　成员

截至 2009 年，美洲国家组织有 35 个成员国，包括：阿根廷、安提瓜和巴布达、巴巴多斯、巴哈马、巴拉圭、巴拿马、巴西、古巴、秘鲁、玻利维亚、多米尼加、多米尼克、厄瓜多尔、哥伦比亚、哥斯达黎加、格林纳达、海地、洪都拉斯、加拿大、美国、墨西哥、尼加拉瓜、萨尔瓦多、圣卢西亚、圣文森特和格林纳丁斯、圣基茨和尼维斯、苏里南、特立尼达和多巴哥、危地马拉、委内瑞拉、乌拉圭、牙买加、智利、圭亚那和伯利兹。由于美国推行孤立古巴的政策，自1962年以来，美洲国家组织一直拒绝古巴参加活动。但在2009年的美洲国家组织全体大会上，包括美国在内的所有成员国一致同意恢复古巴的成员国资格。

共有64个国家或组织向美洲国家组织派遣常驻观察员，它们是：欧盟、德国、法国、西班牙、希腊、意大利、比利时、英国、芬兰、冰岛、瑞士、瑞典、丹麦、挪威、荷兰、葡萄牙、爱尔兰、卢森堡、梵蒂冈、奥地利、塞浦路斯、俄罗斯、波兰、捷克、斯洛伐克、罗马尼亚、匈牙利、保加利亚、克罗地亚、波斯尼亚和黑塞哥维那、斯洛文尼亚、塞尔维亚、乌克兰、亚美尼亚、阿塞拜疆、格鲁吉亚、哈萨克斯坦、拉脱维亚、爱沙尼亚、土耳其、埃及、摩洛哥、阿尔及利亚、尼日利亚、突尼斯、安哥拉、赤道几内亚、加纳、贝宁、瓦努阿图、卡塔尔、沙特阿拉伯、以色列、黎巴嫩、也门、日本、韩国、菲律宾、印度、巴基斯坦、斯里兰卡、泰国、中国和立陶宛。此外，美洲国家组织还邀请一些国家作为特别观察员出席其全体会议。

观察员是美洲国家组织全体大会在1971年通过决议正式设立的，须获常设理事会一致通过。常驻观察员有权参加美洲国家组织的任何会议，并在会上发言；也可应邀参加秘密会议；有权获得该组织所有公开散发的文件；无须缴纳会费，但有义务表明愿参加该组织主办的经济、技术合作项目。

三　组织机构

美洲国家组织拥有十分复杂而庞大的组织机构。《美洲国家组织宪章》规定："美洲国家组织运用下列机构来实现其宗旨：（1）全体大会，（2）美洲国家外交部长协商会议（以下简称"外长协商会议"），（3）理事会，（4）美洲司法委员会，（5）美洲人权委员会，（6）秘书处，（7）专门会议，（8）专门组织。"其中，全体大会、外长协商会议和理事会是美洲国家组织的中央决策机构。

全体大会是美洲国家组织的最高权力机构，其前身为美洲国际会议。它决定美洲国家组织的总体活动和政策，确定各机构的组织结构和职能，考虑有关美洲国家间的友好关系问题，协调与其他国际组织的合作。全体大会由各成员国参加，每年举行一次；经 2/3 成员国同意，可召开特别大会。在会议上，每个国家有一票表决权。截止到 2009 年，共举行 39 届全体大会。

外长协商会议是美洲国家组织重要的磋商机制。根据《美洲国家间互助条约》规定，在"考虑紧急性问题及有关美洲国家共同利益的问题"时，应举行外交部长会议，作为协商机构。任何成员国均可申请召开外长协商会议，经常设理事会内绝对多数票赞成通过后即可召开，就共同关心的问题进行紧急磋商。如果涉及军事合作问题，则应同时召开成员国最高军事当局代表参加的防务咨询委员会会议。外长协商会议是在 1938 年召开的第 8 届美洲国际会议上成立的。从 1970 年美洲国家组织新宪章生效至 2008 年，共举行过 25 次外长协商会议。

理事会直接隶属于全体大会，由常设理事会和泛美全面发展理事会组成。每个成员国都有权向各个理事会派驻代表。常设理事会是美洲国家组织的执行机构，由各成员国派一名大使级代表组成。正、副主席由各国代表轮流担任，任期 3 个月。常设理事会的职能是维护成员国之间的友好关系，推动争端的和平解决，执行全体大会和外长协商会议的决议，筹备全体大会，起草美洲国家组织与联合国等国际组织之间的合作协议，等等。同时，常设理事会还可作为临时性的磋商机构。常设理事会根据章程规定举行定期会议和特别会议，表决程序采取简单多数方式。常设委员会下设总理事会、司法和政治事务理事会、行政和预算事务理事会、西半球安全理事会、美洲国家首脑会议管理和市民社会参与美洲国家组织活动理事会。泛美全面发展理事会（CIDI）成立于 1996 年，取代了原有的泛美经社理事会和泛美教科文理事会，主要致力于促进经济发展和消除贫困，由各成员国委派一名部长作为代表，每年召开一次会议。2000 年，泛美全面发展理事会成立了下属的泛美合作和发展机构，它力图以新的、更有效的方式来战胜贫困，并促进社会和经济的发展。

美洲司法委员会是美洲国家组织在司法事务方面的咨询机构，具有较强的自主性。由成员国的 11 名法学家组成，每 4 年换届一次。所在地为巴西的里约热内卢。

美洲人权委员会成立于 1960 年，拥有《美洲国家组织宪章》所规定的广泛权力，并被《美洲人权公约》各条款赋予各种责任。它主要致力于推动人权的监督和保卫，是美洲国家组织在这方面的咨询机构。由 7 名成员组成，每 4 年换届一次。

秘书处是美洲国家组织的常设机构，受全体大会领导和常设理事会监督，其前身为泛美联盟。正、副秘书长均由全体大会选举产生，任期 5 年，只能连任一次。秘书处领导美洲国家组织的实际工作，负责具体实施开展的项目，任务繁杂。秘书处内设有 8 个办事处，负责不同领域的事务，包括：秘书长办公室、副秘书长办公室、政治事务秘书处、全面发展执行秘书处（负责教育、科学、文化、旅游、贸易、就业、可持续发展、人力资源开发等事务）、多边安全秘书处、行政和财务秘书处、司法事务秘书处、对外关系秘书处。秘书处位于美国首都华盛顿，工作语言为英语、西班牙语、葡萄牙语和法语。

专门会议是应理事会或专门组织要求，为处理技术性事务或推动国家间合作而召开的政府间会议。

美洲国家组织下设的专门组织，是根据多边协定建立、具有某个特定职能的政府间组织，拥有较大的自主权和独立性。它们包括：泛美妇女委员会、泛美印第安人学会、泛美农业合作学会、泛美儿童和青少年学会、泛美史地学会、泛美卫生组织。

美洲国家组织其他下属机构还有：美洲司法研究中心、泛美通信委员会、泛美滥用毒品控制委员会、泛美反恐委员会、泛美港口委员会、泛美减灾委员会、泛美发展基金会、泛美防务委员会、泛美体系合作计划协调委员会、美洲国家组织养老金委员会、美洲人权法院、行政法院、外部审计委员会，等等。

美洲国家组织在日内瓦设有驻欧洲办事处，在各成员国设有办事机构。美洲国家组织总部内设有哥伦布纪念图书馆和美洲艺术博物馆。

四　主要领导人

美洲国家组织成立后，共有 10 人先后担任秘书长。他们是哥伦比亚人阿尔韦托·列拉斯·卡马尔哥（Alberto Lleras Camargo，1948 ~ 1954）、智利人卡洛斯·达维拉（Carlos Dávila，1954 ~ 1955）、乌拉圭人何塞·A. 莫拉（José A. Mora，1956 ~ 1968）、厄瓜多尔人加洛·普拉萨（Galo Plaza，1968 ~ 1975）、阿根廷人亚历杭德罗·奥尔菲拉（Alejandro Orfila，1975 ~ 1984）、巴西人若昂·克莱门特·巴埃纳·苏亚雷斯（João Clemente Baena Soares，1984 ~ 1994）、哥伦比亚人塞萨尔·加维里亚（César Gaviria，1994 ~ 2004）、哥斯达黎加人米格尔·安赫尔·罗德里格斯（Miguel Angel Rodríguez，2004 年 9 ~ 10 月）①、

---

① 2004 年 10 月，由于面临国内的一系列腐败指控，罗德里格斯向美洲国家组织递交辞呈。

美国人卢奇·R. 埃纳乌迪（Luigi R. Einaudi，2004 年 10 月~
2005 年 5 月出任临时秘书长）和智利人何塞·米格尔·因苏尔
萨（José Miguel Insulza，2005 年至今）。

　　现任秘书长因苏尔萨于 2005 年 5 月 2 日正式当选美洲国家组织
秘书长，同年 5 月 26 日就职。他出生于 1943 年，曾在智利知名大学
担任政治学教授，在 1973 年军事政变后流亡国外 15 年。回国后积
极参与政治活动，多次担任政府重要职务。自 1994 年起，先后出任
外交部副部长、外交部部长、内政部部长和副总统，是智利历史上
连续担任部长及部长以上级别职务时间最长的政治家。

五　出版物

美洲国家组织的定期出版物为《美洲》杂志
（*Américas*），双月刊，以英文、西班牙文和葡萄牙文
3 种文字出版。

　　秘书处每年出版《年度报告》（*Informe Anual*），对美洲国家
组织的年度活动和财务状况进行总结。

六　宗旨原则和政策主张

（一）宗旨原则

《**美**洲国家组织宪章》依据 1947 年《美洲国家互助条
约》和历届泛美会议通过的文件制定，在 1948 年
第 9 届美洲国际会议上得到成员国签署，在 1951 年 12 月 31 日
正式生效，并在 1967 年、1985 年、1992 年和 1993 年经历 4 次
修改。宪章条文共分 3 部分，包括 22 章 146 条。宪章第 1 章第 1
至第 3 条规定了美洲国家组织的宗旨和原则。

根据宪章，美洲国家组织是联合国内的一个区域机构，其宗旨是：巩固地区和平和安全；在互不干涉原则下推动和巩固代议制民主；确保成员国之间和平解决争端；成员国遭到侵略时，组织声援行动；谋求解决成员国间的政治、经济、法律问题；通过合作行动，推动经济、社会和文化发展；消除贫困；有效控制常规武器。为此，美洲国家组织联合西半球国家，使他们加强合作以促进共同利益。

但是，由于美国的操纵，美洲国家组织在成立后的很长一段时间内都没能很好地履行维护民主、促进团结的职能。1994 年，塞萨尔·加维里亚担任秘书长后，提出对美洲国家组织进行改革。这一主张被称之为"美洲国家组织新观念"。它既反映了该组织的新目标，也为未来的改革进程提供了重要参考。它包含的内容是：对美洲事务的议事日程进行实质性的更新；对组织结构、主要任务和合作形式进行改革；扩大泛美体系的参与者；建设新的组织文化；采用新的手段和方式，以建立新的多边主义。

（二）重要文件

美洲国家组织在成立后的 60 年中，其成员国陆续签署了一批重要文件，包括条约、公约、宪章等。这些文件既为成员国的集体行动提供了指导和依据，又体现了美洲国家组织在相关问题上的原则和立场。

1. 《美洲国家间互助条约》

《美洲国家间互助条约》是美洲国家组织（其时名为"美洲大陆共和国联盟"）19 个成员国在 1947 年 9 月签订的地区性军事同盟条约，又称《泛美联防公约》或《里约热内卢条约》，无限期有效。该条约签订后，美国多次援引其条款对拉美国家进行干涉和控制。此后又有 4 个美洲国家陆续加入该条约，墨西哥于 2002 年退出。

　　该条约由序言和26项条款组成，主要内容是："任何一国对美洲一国的武装攻击应被视为对全体美洲国家的武装攻击，各缔约国承诺行使其单独或集体自卫的固有权利以援助对付攻击"；任何一个美洲国家的领土完整、主权或政治独立遭受"非武装攻击的侵略的影响"或其他"威胁"时，缔约国应立即商定"共同防御"措施。

　　1975年7月，美洲国家组织在哥斯达黎加首都圣何塞召开修改《美洲国家间互助条约》的特别大会。多数与会国家不顾美国的反对，签署了《美洲国家间互助条约修改议定书》（即《圣何塞议定书》），在该条约中增加了"政治多样化"、"集体经济安全"、反对"经济侵略"等原则，并对条约的适用范围和表决制度条款作了修改。

2. 《美洲人权公约》

　　《美洲人权公约》于1978年7月18日正式生效。共有25个美洲国家组织成员国签署和批准了该公约①。它是《欧洲人权公约》之后的第二个区域性人权保障公约，包括序文和82条正文，是现有人权公约中最长的一个。

　　《美洲人权公约》所保护的主要是公民权利和政治权利，包括法律人格权、生命权、人道待遇权、不受奴役的自由、人身自由权、公正审判权、不受有追溯力的法律约束的权利、获得赔偿权、名誉权、良心和宗教自由、思想和表达的自由、答辩权、集会权、结社权、家庭权、姓名权、儿童权、国籍权、私人财产权、迁徙和居住权、参政权、平等保护权以及司法保护权等。

　　《美洲人权公约》只规定了一项经济、社会和文化权利，即逐步发展权。1988年，美洲国家组织大会通过了《圣萨尔瓦多议定书》，充实了《美洲人权公约》在经济、社会和文化权利方

---

　　①　特立尼达和多巴哥于1998年退出该公约。

面的规定，其内容涉及工作权、工会权、罢工权、社会保障权、健康权、环境权、受教育权和文化利益权等。

《美洲人权公约》规定美洲人权委员会和美洲人权法院是履行《公约》的主要机构。为此，美洲国家组织在 1980 年 9 月依据《公约》在哥斯达黎加建立了美洲人权法院。

3.《美洲反腐败公约》

在 1994 年举行的首届美洲国家和政府首脑会议（以下简称"美洲峰会"）上，与会各国领导人就联合反腐败问题进行了磋商。会后，委内瑞拉向美洲国家组织常设理事会提交了一份《美洲反腐败公约》草案。经过两年的谈判，该公约在 1996 年 3 月举行的加拉加斯反腐败特别会议上获得通过。

《美洲反腐败公约》对腐败、跨国贿赂、非法致富等行为进行了明确定义，提出了腐败的预防措施，其宗旨是推动美洲国家之间的反腐败合作，建立一套预防、侦查、惩治乃至根除腐败的机制，提高跨国腐败案的查办效率。各缔约国将按照公约要求制定相关法律，成立或明确负责反腐败的协调机构，携手推进反腐败斗争。

4.《美洲民主宪章》

美洲国家组织在 2001 年 9 月举行的特别大会上通过《美洲民主宪章》。它在美洲历史上第一次以法律形式确立代议制民主为本地区各国共有的基本政治制度。《宪章》对民主的基本要素作了明确的定义，并就如何应对民主遭到破坏作出规定。《宪章》规定：代议制民主是地区稳定、和平与发展的基本条件，有效实行代议制民主是各成员国宪政和依法治国的基础；当某一成员国因宪法秩序发生变故导致该国民主秩序中断时，美洲国家组织将通过外交斡旋等措施帮助该国恢复民主秩序；在外交努力无效的情况下，美洲国家组织将召开特别大会，以 2/3 多数票决定中止该成员国包括成员国资格在内的所有权利。该宪章为美洲地区采取捍卫民主的集体行动提供了全面的指导。《宪章》中这样写道："美洲人民有民主权利，他们的政府有责任去促进并保护这种权利。"在此基础上，美洲国家组织致力于推进良好的政府治理，保障人权，促进和平与安全，扩大贸易，解决因贫困、毒品和腐败而导致的各种问题。

5.《美洲反恐怖主义公约》

美洲国家组织在 2002 年通过《美洲反恐怖主义公约》，旨在预防、惩罚和根除恐怖主义活动，加强缔约国在反恐方面的合作。公约规定：缔约国应制定法律制度，预防、打击和根除对恐怖主义的资助；采取措施对洗钱活动予以法律制裁；加强边境和海关控制，以防止跨国恐怖主义活动和非法武器交易。

七　主要活动

美洲国家组织在成立时，实际上是美国推行"泛美主义"和单边主义、干涉其他国家内政的一个重要工具。因此，在 20 世纪 50～60 年代，美洲国家组织并没有在捍卫拉美的民主和和平方面发挥应有的作用。随着拉美国家独立和主权意识的增强、新宪章的通过，以及组织机构的改革，美国在美洲国家组织中的作用有所削弱，《美洲国家组织宪章》中规定的宗旨和原则逐步得到贯彻和执行。美洲国家组织也逐渐发展成为西半球国家进行多边对话和共同行动的地区性论坛和本地区人民谋求政治经济利益的国家集团。

（一）20 世纪 50～60 年代

在这一时期，美国对拉美国家实施了一系列干涉和颠覆活动。由于美洲国家组织处于美国的牢牢控制之下，它对美国采取纵容态度，既没有出面保护其成员国的合法政府，也没有谴责美国各种形式的侵略行径。

美国把美洲国家组织纳入东西方对抗的轨道，把它视为阻止所谓"国际共产主义向拉美扩张"的工具。1954年，根据美国代表的建议，第10届美洲国际会议通过了《加拉加斯宣言》。《宣言》的主要内容是：当任何美洲国家的政权受到"国际共产主义运动"的控制，建立了"大陆以外的政权"时，就构成对美洲国家的主权、独立和和平的"威胁"；美洲国家应召开协商会议，考虑并采取相应对策。该宣言为美国颠覆危地马拉阿本斯政府提供了"法律基础"。

1959年古巴革命胜利后，美洲国家组织在美国的操纵和利用下，多次就"国际共产主义运动的威胁"和"人权"等问题进行讨论。1961年12月，美洲国家组织理事会在美国的操纵下通过了由哥伦比亚出面提出的举行外长协商会议来讨论古巴问题的提案。1962年1月，第8次外长协商会议在乌拉圭举行。虽然与会的多数成员国反对"制裁"古巴，但在美国的坚持下，会议以"任何成员国信奉马列主义同泛美体系不相容"为由，通过了把古巴排除在美洲国家组织各机构以外、对古巴实行禁运武器和军事装备的决议。1964年，第9次外长协商会议要求成员国断绝同古巴的外交、领事、贸易关系。1968年年初，美洲国家组织理事会主席法西奥称古巴问题应当作为美国和苏联之间的对峙问题来处理，美洲国家组织应当积极支持美国对古巴的封锁以防止任何种类的武器进入古巴；因古巴的活动而有被颠覆危险的拉美国家有权要求美洲国家组织提供军事援助。同年1月30日，美国向美洲国家组织递交反古巴照会，要求美洲国家组织的适当机构对古巴的颠覆活动保持警惕，并讨论集体干涉古巴；还要求美洲国家组织成员国完全禁止同古巴的贸易（食品和药品除外），断绝同古巴的通信联系，停止同古巴的海空旅游，"几乎完全孤立古巴"。为此，美洲国家组织安全委员会在同年2月建议建立泛美警察部队或泛美机动部队，并建议加强情报局，禁止同古巴的任何往来，包括文化交往；4 月，它授予特别安全委员会任意调查拉美国家内部的颠覆活动的广泛权利，但遭到巴西等国的反对；7 月，美洲国家组织理事会通过了拉美共产主义颠覆的报告；12 月，因委内瑞拉指责古巴给本国游击队提供武器，美洲国家组织成立了一个调查委员会，负责调查这一指控。

在军事方面，美国希望把美洲国家组织和北大西洋公约组织捆绑起来，并希望依托该组织建立一支镇压拉美革命运动的"常设泛美警察部队"。但均遭到大多数拉美国家的反对。1965年，第 10 次外长协商会议决定组织一支赴多米尼加的"泛美和平部队"，使美国武装干涉多米尼加合法化。

（二）20 世纪 70 年代

自 20 世纪 60 年代末起，特别是进入 70 年代以后，拉美国家对美国的霸权主义做法越来越感到不满，美国与拉美国家在很多问题上的分歧加剧，"泛美体系"的分裂倾向日益明显。美洲国家组织新宪章生效后，美国越来越难以利用美洲国家组织控制和干涉拉美国家。因此，美洲国家组织在这一时期的独立性有所增强，"泛美体系"的改革被纳入其议事日程中。

1971 年 4 月，在哥斯达黎加首都圣何塞举行的第 1 届美洲国家组织全体大会上，拉美国家揭露和谴责了美国一贯通过美洲国家组织来干涉、控制和欺负拉美国家的种种行径。智利和玻利维亚的代表表示反对美国强加给古巴的所谓"制裁"。有些国家强烈谴责了美国侵犯它们领海主权的行为。在同年举行的第 14次外长协商会议上，拉美国家一致投票支持厄瓜多尔控告美国侵犯厄 200 海里领海权的提案。在第 2 届美洲国家组织全体大会上，秘书长加洛·普拉萨谴责美国在泛美经济关系中施加政治压力，希望美国忠实地履行《宪章》规定的义务。大会最终通过一项折中决议，敦促美洲国家组织坚持不干涉和自决原则，禁止使用经济措施对其他国家实行高压政策。

美洲国家组织在这一时期开始加强对拉美成员国利益的保护。1971 年举行的第 1 届全体大会讨论了贸易保护主义，拉美国家要求发达国家马上采取特别措施来扩大美洲国家组织中发展中国家的出口贸易，要求美国加速改善同拉美的贸易关系，消除出口壁垒。为此，大会成立了拉美特别协调委员会，讨论美国的贸易保护政策。大会还成立了一个由 9 国代表组成的委员会，负责研究各国军备情况和维护和平的措施，并向常务理事会和美洲司法委员会报告。1975 年 1 月，美国总统福特签署《1974 年贸易法》，该法规定委内瑞拉、厄瓜多尔等石油输出国组织成员国不能享受美国的关税优惠待遇，因而遭到拉美国家的强烈抗议，为此，20 个拉美国家召开常设理事会特别会议。会议通过的决议谴责美国贸易法的限制性条款损害了西半球国家的和平关系，一致决定把美国贸易法提交到全体大会上讨论。1975 年 5 月，在华盛顿举行的第 5 届全体大会通过决议，要求美国取消其贸易法中把委内瑞拉、厄瓜多尔等石油出口国排除在普遍优惠制之外的条款。在这次会议上，在拉美国家一致同意的情况下，美洲国家组织决定把"集体经济安全"的概念列入即将修改的《美洲国家间互助条约》，此举赋予美洲国家组织这一政治军事联盟新的含义。拉美国家认为，尽管《宪章》里规定了经济合作的原则，但拉美国家一直在经济上遭受侵犯，拉美国家必须组成一个共同阵线，制止外国公司的干涉。

美洲国家组织在 1972 年向外界敞开了大门，允许其他任何国家向该组织的所有机构、会议和全体大会委派常驻观察员，14 个欧洲国家和加拿大首批获得批准。此前，除西班牙以外，非成员国政府只能派一个特别观察员参加美洲国家组织的全体大会。

在拉美国家的要求下，美洲国家组织开始对修改宪章和改革泛美体系进行讨论。1973 年，美洲国家组织第 3 届全体大会认为该组织的宪章有进行根本修改的必要。许多拉美国家建议将总部迁出美国，墨西哥甚至建议建立新的泛美组织来代替美洲国家组织，新组织应该以合作和互相尊重为基础。秘鲁主张把各国政治、经济独立权列入《宪章》，建立一个拉美组织与美国平等对话。同年 4 月举行的美洲国家组织外长会议决定成立一个特别委员会来研究改组事宜。该委员会在泛美体系和《美洲国家组织宪章》的原则和宗旨的基础上，对该体系的概念、手段、结构和作用进行全面研究和评估，进而提出必要的改革措施。同年 10 月，美洲国家组织成立了发展合作小组委员会。秘鲁要求修改《美洲国家间互助条约》，使其包括集体经济安全的概念，扩大和保护发展中国家的经济发展权。1974 年，第 4 届美洲国家组织全体大会讨论了改革泛美体系的问题。美国和拉美国家达成谅解。美国表示进一步调整泛美体系是必要的。全体大会作出决议，泛美体系的改革进程将继续；成立泛美经济、社会、教育、科学和文化历史常设执行委员会。各国外长一致认为，在泛美关系中一个新时代正在开始，标志是成员国在集体经济安全、发展合作、跨国公司等问题上的意见逐渐接近。1975 年，特别委员会通过了《致成员国政府的总报告》，认为要进行改革的不仅是美洲国家组织，还有泛美体系的一体化以及合作的形式。

一些拉美国家早就提议美洲国家组织撤销对古巴制裁的法案，但始终未能获得通过。在 1975 年 5 月举行的第 5 届全体大会上，美国和拉美国家达成一致，决定在 7 月举行全权代表会议，讨论修改《美洲国家间互助条约》，把通过提案的票数比例由 2/3 多数改为简单多数，从而为撤销对古巴的制裁创造先决条件。只要美洲国家组织通过有关提案，拉美国家即可恢复同古巴的双边关系。此次会议还推动成立了协商机构，允许 21 个成员国自由决定同古巴关系正常化或使双边关系建立在各国认为合适的水平和程度上。此次会议宣告美洲国家组织对古巴长达11年的封锁结束。

1975年7月，美洲国家组织在哥斯达黎加首都圣何塞召开了修改《美洲国家间互助条约》的特别大会，通过《圣何塞议定书》，在条约中增加了"政治多样化"、"集体经济安全"、反对"经济侵略"等原则。美国对"集体经济安全"原则投下反对票。第16次外长协商会议在特别大会结束之后不久举行。会议按照修改后的《美洲国家间互助条约》，以简单多数票通过了墨西哥等国的提案，授权各成员国以各自认为适当的级别和方式处理同古巴的关系。同年12月，常设理事会通过秘鲁提案，撤销1962年为对付"共产主义对西半球的威胁"而设立的特别协商委员会。

美洲国家组织因内部矛盾在20世纪70年代后期陷入空前危机。它存在机构臃肿、运转失灵、效率低下等严重问题，很多原本由它管理的事项正在被日益增多的国际专业机构接手。在大多数成员国拖欠会费的情况下，它的开支却增加到8500万美元，仅在经济和社会计划方面的赤字就高达340万美元。巴西、墨西哥、阿根廷等拉美大国不愿履行对美洲国家组织承担的义务。在美洲国家组织的全体大会上，拉美国家常常谴责美国掠夺资源，准备采取新的经济关系构想，强调"不干涉主义"和"集体经济安全"的原则。许多拉美人士主张另建一个纯拉美国家的机构。拉美经济体系的建立就是在这种背景下的一种尝试。一些拉美国家召开的首脑会议是另一种尝试。与此同时，美国则希望加强和巩固美洲国家组织。1976年，美国曾非正式地提出对它进行改组。1977年，美国再次提出整顿它的组织机构，建议合并常务、经社和教科文三个理事会，由秘书处处理日常事务，减少常设机构。同时，它建议扩大美洲人权委员会的调查权利，使其成为美洲地区"检查侵犯人权的机构"。然而，这一主张一提出就遭到巴西、阿根廷、智利等国的抵制。美国的其他主张也一一落空。在这种背景下，美国政府改变做法，积极发展与拉美国家的双边关系，对不同的国家区别对待，尤其重视加强与墨西哥、巴西和委内瑞拉等国的关系。美国积极拉拢新独立的加勒比地区国家，诱使其奉行亲美路线，并通过它们影响巴西、阿根廷、智利等在美洲国家组织内部的投票。同时，它还利用人权口号分化拉美国家。

1978年6月，美洲国家组织第8届全体大会通过了关于跨国公司的条例，这是制定跨国公司行为准则的基础。该条例要求跨国公司服从东道国的法律、法院审判；不干涉东道国内部事务；不作为一个国家对另一个国家施加政治影响的工具；为东道国的繁荣富裕作出贡献，并尊重东道国对其自然资源的主权。

（三）20世纪70年代末到80年代

20世纪70年代末以来，拉美国家纷纷掀起反抗军政府独裁统治的浪潮。进入80年代，中美洲地区由于超级大国的干预和内部矛盾的激化而陷入动荡不安，尼加拉瓜、萨尔瓦多和危地马拉无法摆脱内战的困扰，中美洲各国之间的关系非常紧张。因此，美洲国家组织在这一时期主要致力于加强民主和推动地区稳定。它在1979年举行外长协商会议，讨论如何解决尼加拉瓜问题。会议决定采取不干涉原则，呼吁该国成立民主政权。同年11月，美洲国家组织第9届全体大会在玻利维亚的拉巴斯举行。会议发表的《拉巴斯宣言》强调政治多样化的原则和建立民主的政治体制，要求在美国和拉丁美洲国家之间建立新型的关系。会议还通过决议，呼吁智利、乌拉圭和巴拉圭政府尊重人权。1981年12月，美洲国家组织第11届全体大会在圣卢西亚举行。大会讨论了中美洲地区的形势，通过了支持萨尔瓦多进行选举来解决国内冲突的决议。1983年11月，美洲国家组织第 13 届全体大会在华盛顿召开，各国代表谴责美国入侵格林纳达。会议还支持孔塔多拉集团为中美洲和平所做的努力，并一致赞同解决玻利维亚出海口问题的议案。1984 年 11 月，美洲国家组织第 14 届全体大会在巴西利亚召开，通过了《巴西利亚宣言》，强调代议制民主对本半球的政局稳定和经济发展至关重要，充分肯定了拉美民主化进程，并要求所有国家支持孔塔多拉集团的和平努力。美洲国家组织第 15 届和第 16 届全体大会分别于 1985 年和 1986 年举行，重点讨论了中美洲问题、马尔维纳斯群岛（以下简称"马岛"）争端和外债问题。1987 年 1 月，美洲国家组织秘书长苏亚雷斯和联合国秘书长德奎利亚尔（Javier Pérez de Cuéllar de la Guerra），同孔塔多拉集团和支持集团的八国外长组成"十人和平使团"，访问中美洲五国，呼吁早日实现中美洲和平。同年 11 月，在华盛顿举行的第 17 届全体大会上，多数成员国批评美国的中美洲政策，但未能就中美洲问题通过任何决议。1988 年 11 月，美洲国家组织第 18 届全体大会在萨尔瓦多举行，讨论如何以和平方式解决中美洲冲突。1985 年签署的《卡塔赫纳议定书》生效。它呼吁美洲国家组织在保障地区和平与安全中发挥更大作用，强调在互不干涉的原则下推进民主化进程。1989 年，美洲国家组织积极斡旋解决巴拿马危机，推动以民主协商方式解决巴拿马危机，并通过决议，谴责美国入侵巴拿马。同年 11 月，在华盛顿举行的第 19 届全体大会探讨如何加强美洲国家组织的团结，并寻求实现这一目标的途径。大会就中美洲和平进程、巴拿马危机、拉美国家首脑会议、人权及地区经济等问题进行了讨论。1989～1995 年，美洲国家组织下属的"民主事务部"参与了对尼加拉瓜前游击队员的遣返和安置工作。

拉美国家之间以及它们与一些非本地区国家之间长期存在历史遗留的边界问题，美洲国家组织积极为解决此类纠纷进行斡旋。1980 年 10 月，在美洲国家组织的参与下，洪都拉斯与萨尔

瓦多签署了解决边界纠纷的《和平总条约》。1981 年 2 月，第
19 次外长协商会议通过了要求秘鲁、厄瓜多尔停止边界武装冲
突的决议，并决定由阿根廷、巴西、智利、美国组成 4 国委员会
进行调停。1982 年，美洲国家组织对英国与阿根廷之间的冲突
较为关注，第 20 次外长协商会议分别于 4 月 26 日和 5 月 27 日
召开两次会议，就马岛问题进行讨论。会议第一阶段通过 9 点决
议，主要内容为：敦促英立即停止敌对行动；敦促英、阿立即宣
布停火，以便在考虑到阿对马岛主权权利和该岛居民利益的情况
下，继续谈判，通过和平途径解决争端等。第二阶段通过了谴责
英对阿的进攻，要求美国和欧共体停止对阿的制裁等决议。同年
11 月，美洲国家组织举行第 12 届全体大会。会议敦促阿根廷政
府和英国政府恢复谈判，尽快和平解决关于马岛的主权争端。
1983 年 7 月，应洪都拉斯的要求，常设理事会召开特别会议，
讨论洪都拉斯与尼加拉瓜两国关系。同年 10 月，美洲国家组织
举行特别会议，讨论哥斯达黎加和尼加拉瓜的边界冲突问题。
1985 年 3 月，常设理事会应阿根廷要求召开特别会议，会议通
过决议，谴责英国在马岛建立军事设施，再次呼吁和平解决马岛
争端。1985 年 6 月，美洲国家组织举行特别会议，决定由孔塔
多拉集团四国代表与美洲国家组织秘书长共同调查哥斯达黎加和
尼加拉瓜边境冲突事件。

（四）20 世纪 90 年代以后

进入 20 世纪 90 年代以后，随着国际和地区形势的急剧
变化，美洲国家组织的工作重心有所扩大，关注点也
越来越广泛，其目标是在泛美合作领域发挥领导者的作用。1994
年，美洲国家组织 34 个成员国首脑齐聚美国迈阿密，召开了第
1 届美洲国家政府和首脑会议，确定了全面的政治、经济和社会
发展目标。此后，美洲峰会定期召开。随着美洲峰会的机制化，

美洲国家组织肩负着越来越重大的责任。

与此同时，美国对美洲国家组织的控制力逐渐下降，这一趋势在 2000 年以后表现得尤为突出。2003 年，美洲国家组织全体大会在历史上第一次拒绝美国代表进入美洲人权委员会。2003 年 11 月，在西半球安全特别会议上，拉美国家一致拒绝将美洲国家组织军事化。2004 年，在美国试图利用全民公决推翻查韦斯政权时，美洲国家组织的观察小组没有给予支持。2005 年，美国推荐的美洲国家组织秘书长候选人人选连续两次遭到否决。2005 年，美国提议建立一个民主监督机制，这一建议遭到多数成员国的反对，没有被全体大会采纳。以上实例表明，美洲国家组织正朝着地区多边协商平台的方向迈进。

1. 重点工作领域的活动

（1）捍卫民主

这个时期，美洲国家组织在帮助其成员国建立和捍卫民主机制、实践民主制度方面扮演着重要角色。先后组织和参与了对一系列民主制度危机的调解和斡旋工作，如 1991 年海地政变、1992 年秘鲁政治危机、1993 年危地马拉政治危机、1996 年巴拉圭政变、2002 年委内瑞拉政变等。另外，美洲国家组织还积极帮助尼加拉瓜和苏里南等国政府遣返和安置前游击队员。

2009 年 6 月底，洪都拉斯军事政变发生之后，美洲国家组织立即做出反应。它在 6 月 28 日举行紧急会议，34 个成员国的代表一致谴责洪都拉斯军方采取的极端措施，要求立刻恢复塞拉亚的总统职务。它在 7 月 1 日发出最后通牒，要求洪都拉斯临时政府在 72 小时之内交出政权。7 月 4 日，它决定中止洪都拉斯的成员资格。秘书长因苏尔萨亲赴洪都拉斯进行斡旋，但未能获得成功。

2001 年 9 月，美洲国家组织特别大会在秘鲁首都利马举行，大会通过了《美洲民主宪章》。在《美洲民主宪章》的框架内，美洲国家组织实施了各种旨在加强民主可治理性的计划，全力支持各国政府、政党、议会、学术机构、公民社会组织之间进行有关民主实践方面的交流。它为此创办政党论坛，鼓励各种党派讨论它们所面临的挑战。为促进议会间合作和对话，它推动成立了美洲议会论坛。

美洲国家组织依据民主宪章的原则，支持政府分权化、政党现代化、强化国家立法以及巩固民主价值观和文化。

为推动民主进程、促进选举的公正性和透明性，美洲国家组织在拉美和加勒比国家进行的多次选举中担任国际观察员。它的第一个选举观察团组建于 1962 年。进入 20 世纪 90 年代以后，这项职能得到进一步加强。从 1990 年至今，美洲国家组织已经在本地区近 100 次选举中担任了观察员。

近年来，美洲国家组织还致力于推动公民社会的建设和私人部门广泛参与政治决策。

（2）保障人权

美洲人权委员会和美洲人权法院是美洲国家组织在保障人权方面的重要机构。人权委员会受理合法权利遭剥夺的个人申诉，并可以向其政府建议补救措施。假如该国政府不接受美洲人权委员会的建议，人权委员会还可以将这一案件移交人权法院，以便得到具有约束力的判决。人权委员会也接受成员国的邀请，深入当地，对其人权状况作出分析报告。人权委员会还关注自由表达权、土著人权利和妇女权益的保护。

1995 年 3 月，美洲人权委员会发表声明，强烈要求美国结束对古巴的食品和药品限制，反对美对古实施长达 30 年之久的禁运政策。

近年来，美洲国家组织成员国一直在为推动和保护印第安人的权利而努力。1999 年，经美洲国家组织全体大会批准，常设委员会组建了一个专门负责印第安人事务的工作小组。1999 ~

2003 年，工作小组的任务是完成一份由美洲人权委员会提交的有关印第安人权益保护的文件。这项工作不仅得到了美洲国家组织各成员国和常驻观察员的大力支持，而且获得了 2005 年召开的第 4 届美洲峰会的高度重视。峰会呼吁加快讨论进程，尽快完成关于"美洲印第安人权利声明"的谈判工作。2006 年 3 月，声明文本的谈判在巴西启动。整个谈判进程由美洲国家组织工作小组负责，并广泛吸收了印第安代表的参与。

（3）加强安全合作，打击恐怖主义

1995 年 11 月，美洲国家组织首次"信任和安全问题"会议在智利首都圣地亚哥举行。会议发表了《关于促进相互信任与安全措施的圣地亚哥声明》。声明强调，会议就促进相互信任和安全问题所采取的 12 项措施是对本地区安全的重大贡献。这些措施包括：在预先通知军事演习、相互交流情报、美洲国家组织所有成员国参加联合国规定的常规武器登记和有关军费开支的国际统计报告等问题上逐渐采取一致做法。

1998 年 11 月，第 2 届美洲国家反恐怖活动大会在阿根廷马德普拉塔举行，通过了《马德普拉塔承诺》等文件，建议成立"美洲反恐委员会"。1999 年，美洲国家组织设立了美洲反恐委员会，负责为各成员国提供安全保卫方面的技术支持、培训和咨询。在它的努力下，各国在反恐方面的合作得到了进一步的加强。

"9·11"事件发生后，美洲国家组织在 2001 年 9 月 19 日宣布启动《美洲国家间互助条约》相关条款，以支持遭受恐怖袭击的美国。它指出，针对美国的恐怖袭击已对整个西半球的安全构成威胁。2003 年 1 月，美洲国家组织安全会议在圣文森特和格林纳丁斯举行，讨论如何加强加勒比国家的反恐合作。各国代表呼吁加强加勒比地区的海岸和港口的警戒，建议增进地区各国执法部门间的合作，希望通过建立情报资料库实现情报共享。

2004 年 1 月，美洲反恐委员会发表声明指出，美洲国家决心加强协调，切断恐怖组织和个人的财源，严格执行联合国安理会有关规定，不向任何参与实施恐怖活动的组织和个人提供支持，不为他们提供藏身之地和政治庇护，防止本国领土被恐怖分子利用。

为应对西半球安全的各种威胁，美洲国家组织推动成员国在打击贩卖非法武器、贩卖人口、贩毒，解决边境争端，清除地雷，防治自然灾害等方面展开了更为广泛的合作。

自 1995 年起，美洲国家组织陆续在发生过战乱的拉美国家开展清除地雷的工作。这项活动得到了很多成员国和常驻观察员在人力、物力和财力上的资助。美洲国家组织承担组织和协调的任务，其下属的美洲防务委员会负责监督检查。截止到 2006 年，哥斯达黎加、危地马拉、洪都拉斯和苏里南已宣布完成排雷工作，成为安全地区；哥伦比亚、厄瓜多尔、尼加拉瓜和秘鲁在美洲国家组织的资助下，继续实施清除地雷和隐蔽爆炸装置的计划。另外，美洲国家组织还积极向民众普及地雷知识，资助受害者康复，并帮助几个成员国销毁了库存的地雷。

2002 年 6 月签署、2007 年 7 月正式生效的《美洲反恐公约》旨在阻止对恐怖主义活动的资助、加强边境控制、增强各国警界和司法界的合作。该条约在 17 个国家得到批准。

2003 年 10 月，美洲国家组织在墨西哥城召开了西半球安全特别会议。会上签署的《美洲安全宣言》对冷战后美洲面临的安全新威胁进行了重新定义。宣言指出，贫困、艾滋病、恐怖主义、有组织跨国犯罪、贩毒、腐败、军火走私和贩卖人口等是未来一段时期内美洲地区面临的新威胁。各方承诺加强消除贫困合作，捍卫民主体制，和平解决争端，减少军费，促进可持续发展和环境保护。这也是"二战"后美洲国家组织首次对本地区安全战略重新进行调整。会议还同意对《美洲国家间互助条约》进行重新评估。此外，会议澄清了美洲防务理事会与美洲国家组织的关系，即该组织只能作为向美洲国家组织提供军事参考意见的建议者，没有独立实施军事行动的权力，其军事功能应当从属于各国的政治决策。与会国同意加强信息交流和相互援助，共同打击恐怖主义活动。

（4）促进自由贸易

自美洲峰会召开后，建立一个涵盖整个西半球的自由贸易区——美洲自由贸易区——就成为美洲国家组织的中心目标。通过和美洲开发银行和联合国拉美经委会的合作，美洲国家组织贸易小组已经为关于建立美洲自由贸易区的协商活动提供了广泛的技术支持。在这一过程中，美洲国家组织强调保护小经济体的利益。

2003 年 6 月，第 33 届美洲国家组织全体大会发表《圣地亚哥声明》，强调建立国际经济新秩序和推动自由贸易是促进本地区经济发展必不可少的条件。2004 年，美洲特别峰会在墨西哥蒙特雷召开。与会各国领导人重申："贸易在促进持续增长和经济发展中扮演着重要的角色。"

（5）打击毒品犯罪

美洲国家组织成立了泛美控制滥用毒品委员会，该委员会帮助成员国加强反毒品立法和禁毒行动，并采取其他措施打击非法的麻醉品走私。泛美控制滥用毒品委员会应美洲峰会要求，于1998 年建立了专门的多边评估机制来监督每一个成员国及整个地区在打击毒品方面的进展。多边评估机制极大地促进了成员国在反毒品问题上的合作。通过交流在反毒品方面取得的战果、遇到的障碍以及所采取的战略，各成员国清楚地认识到需要在哪些方面加强合作、改革立法，在哪些方面还需要做更多的研究、调动更多的资源。目前，多边评估已经完成三轮，分别有 90%、70% 和 30% 的建议已被成员国采纳。第四轮评估正在进行之中。

（6）打击腐败

美洲国家在 20 世纪 90 年代开始寻求加强反腐败的国际合

作。1995 年 11 月，美洲国家组织在乌拉圭首都蒙得维的亚召开
"反腐败研讨会"，呼吁各国加强国际合作、寻求有效方法进行
反腐败斗争。1996 年 3 月，美洲国家组织反腐败会议在委内瑞
拉首都加拉加斯举行，美洲国家组织成员国签署了《美洲反腐
败公约》。这是世界上第一个专门的反腐败条约。2002 年，签约
国启动了跟踪程序，对公约条款的履行情况进行监督检查。第一
轮跟踪程序对 28 个国家的反腐败成果进行了评估。美洲国家组
织将第一份西半球反腐败报告提交给了 2006 年召开的全体大会。
这一年也被美洲国家组织成员国定为"美洲反腐败年"。

（7）推动经济和社会发展

进入 20 世纪 90 年代后，中美洲地区长期动乱的局势得到缓
解，经济逐步恢复。拉美其他国家经过 80 年代的经济衰退后，
也开始实行经济改革。但伴随着经济改革，一系列的社会问题又
凸显出来。因此，这个时期美洲国家组织开始关注经济和社会的
协调发展。1994 年 2 月，美洲国家组织关于发展问题的特别大
会召开，这次会议就加强地区合作、寻求全面发展、消除极端贫
困问题进行了讨论，并签署了加强地区合作、寻求发展的政策框
架和共同克服贫困的文件。

美洲国家组织在促进发展方面发挥着两个重要作用。一是在
政策层面上，推动各国在如何战胜贫困、提高发展水平方面进行
对话，争取达成共识；二是调动各种资源，帮助成员国实施相关
计划。美洲国家组织多次召开教育、劳工、文化、可持续发展等
方面的部长级会议，协调各国在某一特定领域的战略。美洲国家
组织下属的美洲全面发展理事会实施的"全面发展团结合作战
略计划"，为成员国提供以下 8 个领域的资助：教育、文化、社
会发展和创造生产性就业、经济多样化和一体化、贸易自由化和
市场准入、科技发展与交流及技术转让、民主制度的巩固、旅游
业的可持续发展、可持续发展与环境。

（8）促进可持续发展

美洲国家组织秘书处设立了专门主管环境事务的可持续发展处，帮助成员国制定环保政策、实施环保计划。目前，美洲国家组织管理着投资总额约为 7000 万美元的可持续发展项目，这些资金主要用于综合利用水资源、防治自然灾害、应对气候变化、开发利用可再生能源、保护生物多样性、推动环境立法、全面控制化学品等方面。在推动环境保护的过程中，美洲国家组织与联合国环境规划署、联合国贸易和发展会议、世界银行、世界环境基金会、美洲开发银行、加勒比共同体、北美环境合作委员会等各种国际组织共同开展合作项目。2006 年 10 月，美洲国家组织在玻利维亚召开了第 1 届美洲可持续发展部长和高层领导会议。

（9）调解冲突

这一时期，美洲国家组织在敦促成员国和平解决冲突方面表现得更加积极主动。先后参与了对 2002 年委内瑞拉国内政治冲突、2008 年玻利维亚政治危机、2008 年哥伦比亚与厄瓜多尔外交危机的斡旋和调解工作。此外，美洲国家组织继续支持领土争端的和平解决。多次呼吁阿根廷政府和英国政府重启关于马岛主权争端的谈判。

2. 1990 年以来召开的领导机构重要会议

1990 年 6 月，在巴拉圭首都亚松森举行的第 20 届全体大会上，各国外长签署了《亚松森宣言》，强调要努力发展经济，实现社会正义，实行开放贸易和保护环境。阿根廷、巴西、玻利维亚、乌拉圭、苏里南和巴拉圭 6 国总统还签署了一个"百年声明"，主张寻求解决地区问题的新途径和建立新的世界经济秩序，强调拉美国家一体化的重要性，以及加强在反对毒品、保护环境等方面的合作，要求美国对拉美国家给予更多的关注。

1991 年 6 月，第 21 届美洲国家组织全体大会在圣地亚哥召开，发表《圣地亚哥协议》，重申捍卫本地区的民主和恢复泛美体系。会议通过了一项决议，反对政变上台，维护议会民主。会议要求阿根廷和英国就马岛的归属问题进行谈判。一些国家还主张恢复古巴作为该组织成员国的合法权利。

1992 年 5 月，美洲国家组织第 22 届全体大会在巴哈马首都拿骚召开。大会通过声明，重申美洲国家组织支持海地宪法总统阿里斯蒂德和海地议会领导人于 2 月在华盛顿签署的协议，认为遵守该协议是解决海地问题的根本途径。同月，美洲国家组织外长协商会议通过决议，决定加强对海地的贸易制裁，并要求国际金融机构合作，冻结政变当局资助者的国外存款。同年 12 月，第 16 次特别大会在华盛顿举行，签署了修改《美洲国家组织宪章》的《华盛顿议定书》，通过了阿根廷关于中止政变政府成员国资格的提案和墨西哥关于消除贫困是促进和巩固民主的组成部分及各国应承担义务的提案。

1993 年 6 月，第 23 届全体大会在尼加拉瓜首都马那瓜召开，大会的主题是"美洲国家组织：民主、和解与发展"。会议期间，代表们就修改《美洲国家组织宪章》、拉美贫困化问题、维护人权、巩固民主体制、促进社会经济发展等重大问题展开讨论，并制定了相应的措施。会后，通过了《争取促进民主和发展的马那瓜宣言》，强调加强民主管理体制和坚决根除极端贫困。但在准许古巴重返该组织和向海地派遣 500 名武装警察上未达成共识。

1994 年 6 月，美洲国家组织第 24 届全体大会在巴西北部城市贝伦举行，通过了《贝伦声明》，重申各国将为实现美洲大陆的民主和经济社会发展继续作出努力，并通过了加强制裁海地的决议。

1995 年 6 月，第 25 届全体大会在海地首都太子港举行。与会代表回顾和展望了地区政治、经济形势，并就社会发展、民主进程、经济一体化、消除贫困、环保、缉毒、反腐败、反恐怖活动以及有关建立美洲自由贸易区的问题进行了讨论。大会通过了《美洲国家组织新观念》等文件。美洲国家组织秘书长加维里亚在闭幕会上指出，这次会议代表了美洲国家组织历史上的一个新阶段，它向全世界重申，美洲国家组织"是一个从共同价值观念中汲取强大力量的组织"。在会上，代表们还讨论了古巴重返美洲国家组织的问题，大多数成员国代表支持恢复古巴在该组织中的权利，但美国坚持古巴必须先实行政治改革。

1996年6月，第26届全体大会在巴拿马首都巴拿马城举行。与会代表围绕着西半球经贸一体化、反对腐败、根除贫穷和反毒斗争等问题进行了讨论。大会在通过的《关于西半球贸易和投资自由的决议》中，强烈谴责美国旨在加强制裁古巴的"赫尔姆斯—伯顿法"。大会发表了题为《为发展和健全美洲法律制度而努力》的巴拿马声明。声明指出：完善的法律制度是巩固在美洲国家之间建立尊重别国主权和互不侵犯的和平与稳定关系的有力措施。大会还决定成立美洲全面发展委员会。

1997年6月，第27届全体大会在秘鲁首都利马举行。与会者就巩固西半球的民主制度、消除贫困、反对腐败以及打击贩毒和恐怖主义等问题进行了讨论。会议通过了题为《利马协议：美洲走向和平与发展的文明》的声明。声明重申了美洲国家组织一贯遵循的理念："维护本大陆和平与安全、尊重成员国的主权和独立的中心框架。"声明指出，美洲国家组织"是巩固西半球国家之间新关系的主要机构，这种新关系将以团结和合作为特征"。声明强调，"促进和巩固民主、尊重人的基本权利是美洲国家间合作与团结的根本信条"，"和平与发展是美洲国家组织的根本目标"。声明最后说："面对下一个千年，成员国应该继续加强对话和协调，以便能够进一步改善人民的福利水平，使美洲更加广泛和有效地参与国际事务。"大会还通过了《美洲与贫困和犯罪作斗争纲领》，并同意其在美洲全面发展理事会范围内付诸实施。

1998 年 4 月，美洲国家组织成立 50 周年纪念大会在哥伦比亚首都圣菲波哥大举行，发表了《圣菲波哥大声明》。哥伦比亚、墨西哥、委内瑞拉等国代表在发言中表示支持古巴重返美洲国家组织。6 月，第 28 届全体大会在委内瑞拉首都加拉加斯召开，通过了《加拉加斯声明》和 67 项决议。墨西哥外长在会上提议成立"古巴之友小组"，推动解决古巴重返美洲国家组织问题，但因美国坚决反对而未获通过。大会还一致谴责印度和巴基斯坦核试验。美国自 1979 年以来首次派国务卿与会。

1999 年 6 月，第 29 届全体大会在危地马拉城召开，讨论了加强西半球民主、强化反毒评估机制、克服国际金融危机对美洲的影响和控制地区军备等问题，通过了《美洲国家间关于购买常规武器透明化的协议》和《美洲国家间消除对残疾人一切方式歧视的协议》。

2000 年 6 月，美洲国家组织第 30 届全体大会在加拿大温莎市举行。会议主要讨论了儿童和妇女权益、反腐败、建立和平基金、举办美洲国家议会论坛、贸易和投资自由、民主和社会等问题。会议通过了 12 项决议，决定创建"加强美洲特别基金"，支持、促进和巩固代议制民主。会议支持危地马拉履行和平协议的特别计划，倡议成员国批准《全面禁止核试验条约》，敦促各国落实《美洲反腐败公约》，签署《联合国儿童权益问题公约》，关注土著民族权利。会议再次通过反对"赫尔姆斯—伯顿法"的决议，呼吁实行美洲贸易和投资自由化。会上，拉美国家坚持维护国家主权的立场，反对借选举问题干涉别国内政，抵制美国借大选问题对秘鲁实行制裁。

2001 年 6 月，第 31 届全体大会在哥斯达黎加埃莱迪亚市举行。会议就民主建设、地区安全、领土和人权等问题进行了讨论并通过了有关决议和声明。大会决定暂不通过以美国为首的少数国家在没有广泛征求成员国意见的基础上制定的"美洲民主宪章草案"。9月,美洲国家组织外长协商会议在华盛顿举行。通过了《西半球预防、打击和消除恐怖主义加强合作》的决议,谴责"9·11"事件恐怖主义行径,对美国政府和人民表示声援并决定重新启用《美洲国家间互助条约》。

2002年6月,第32届全体大会在巴巴多斯首都布里奇敦举行。会议主要讨论了反恐和贫困问题,签署了《美洲反恐条约》。

2003年6月,第33届全体大会在智利首都圣地亚哥举行。会议主要讨论了民主执政、反恐、缉毒、腐败、消除贫困和自由贸易等问题,通过了《关于治理美洲的新承诺:民主与公民信任的圣地亚哥声明》,指出司法改革与现代化是巩固法治国家的核心;强调维护民主、健全法制、提高司法效率和整体发展是美洲人民和平、稳定和进步的基础,也是民主执政的根本所在;呼吁国际金融组织改革现行金融体制,以实际行动支持美洲国家民主执政。大会还通过决议,支持阿根廷通过和平对话收回马岛主权。

2004年6月,第34届全体大会在厄瓜多尔首都基多举行。"在反腐斗争中争取社会和民主发展"是本届大会的主题,与会领导人就加强美洲反腐、反恐和禁毒斗争,消除贫困和促进社会发展等议题进行了讨论。大会发表《基多宣言》,重申履行《联合国反腐公约》的承诺,呼吁各国提高施政透明度,建立反腐监督机制。在社会发展方面,各国强调继续履行美洲首脑会议和联合国千年首脑会议确定的行动计划和发展目标。中国首次以观察员身份参加本届美洲国家组织全体大会。

2005年6月,第35届全体大会在美国佛罗里达州劳德代尔堡召开。会议主要就民主、安全、反毒和地区经济社会发展等问题进行讨论,通过了《佛罗里达宣言》。各国承诺以《美洲国家组织宪章》和《美洲民主宪章》为基础，为西半球的民主、稳定和繁荣而继续努力，强调美洲国家组织应在遵循不干涉原则的框架内，在巩固民主体制方面发挥更大作用。会议还通过了《关于玻利维亚局势的声明》，希望有关各方以对话为手段解决危机，维护民主体制。

2006 年 6 月，第 36 届全体大会在多米尼加首都圣多明各召开，主题是"知识社会中的施政与发展"。会议发表《圣多明各宣言》，强调信息通信技术在社会发展中的重要性。各方承诺积极推广信息通信技术，使之成为加强民主宪制、保护人权、保障言论自由、消除贫困、加强施政能力的重要工具。会议还通过了关于马岛和海地局势的声明。

2007 年 6 月，第 37 届全体大会在巴拿马城召开。大会通过《巴拿马宣言》，呼吁该地区国家加强能源合作，号召推动发展再生的和可持续的能源，减少污染的能源。《宣言》强调，美洲国家应重视能源领域的基础建设，保证能源的有效获得，加快地区能源一体化进程。《宣言》指出，该地区国家要努力减少能源供应与价格的变化对国家发展造成的负面影响，增加区域内国家间的能源合作，积极应对全球气候变化的挑战，大力推广清洁能源和高效能源。《宣言》还主张在能源部门实行合作和一体化，交流经验以取得更好的效益。虽然各代表团在辩论中一致认为还需要寻找可再生的能源，但是一些国家拒绝美国所要求的将粮食变成燃料的计划。尼加拉瓜外长桑托斯认为，第三世界的国家不能变成乙醇的专门生产国。大会还通过了委内瑞拉提出的《美洲社会宪章》以及为了实施国际法的泛美计划，要求秘书处继续在巴西的里约热内卢举办国际法日和国际法培训班。大会决议认为应当加强各成员国的人权制度，支持护民署或人权专员的工作，以巩固民主。各成员国应当尊重《美洲国家组织宪章》中规定的国际法的准则和原则，以保卫和加强大陆的和平。应当推动公民和社区不同形式的参与，使问题的解决有利于整个社会，巩固和加强民主与人权。

2009 年 6 月，第 39 届全体大会在洪都拉斯北部城市圣佩德罗苏拉市召开。大会的主题是"拒绝暴力"，并将是否接纳古巴重返该组织列为大会的重要议题之一。经过讨论，美国对这一提议表示支持。最终，34 个与会成员国一致通过决议，宣布撤销美洲国家组织在 1962 年通过的中止古巴成员国资格的决议。这不仅意味着古巴具备了重返美洲国家组织的资格，也意味着广大拉美国家在美洲国家组织中的发言权得到了进一步加强。

八 对外关系

美洲国家组织十分重视发展与其他国际组织和非政府组织的关系。1971 年召开的第 1 届全体大会通过了"美洲国家组织与联合国及其下属机构、其他国家和国际机构合作关系标准"；1982 年，美洲国家组织又通过了关于"与非成员国合作关系"的决议。这两个文件是美洲国家组织发展对外合作关系的重要准则和依据。

（一）与其他国际组织和国家的关系

美洲国家组织同联合国及其专门机构保持着极其密切的联系，在联合国安理会享有常驻观察员地位。与联合国拉美经济委员会、联合国粮农组织、联合国教科文组织、世界卫生组织等机构之间签有正式的分工合作协议。2007 年 9 月，美洲国家组织和联合国签署了一项协议，以求解决西半球人民的营养匮乏问题。

美洲国家组织还和其他地区组织保持着日常联系。比如在 20 世纪 60 年代，同非洲国家首脑会议保持着较好的关系，目前同非洲联盟保持合作关系。在 20 世纪 80 年代，为了解决中美洲危机，美洲国家组织与孔塔多拉集团和里约集团都保持紧密合作。早在 1987 年，美洲国家组织就同欧洲安全与合作会议达成协议，加强信息交换和合作，这种交流一直持续到现在。

　　1979 年 2 月，美洲国家组织秘书长亚历杭德罗·奥尔菲拉访问日本。日本和美洲国家组织签订协议，日本将参加有关美洲国家组织同一些国家的技术合作计划，扩大地区性利益。

　　（二）　与非政府组织的关系

　　目前，共有 260 多个非政府组织在美洲国家组织注册，并参与其活动。这些组织积极参与美洲峰会、西半球部长级会议、美洲国家组织全体大会的议题讨论。美洲国家组织制定的《美洲民主宪章》吸收了非政府组织的意见。2004 年召开的美洲特别峰会一致同意将公民社会、私人部门和学术机构参与的会议纳入到美洲峰会进程之内。2006 年 4 月，美洲国家组织与非营利性的美洲私人部门企业论坛签署了合作协定，以推动私人部门在创造就业、减少贫困和促进本地区全面发展方面发挥更大作用。

　　（三）　与美洲峰会的关系

　　美洲国家组织在支持美洲峰会、推动其决议的执行方面一直发挥着重要作用。1998 年，美洲国家组织成立了主管美洲峰会事务的部门，专门负责协调美洲峰会各项指令的执行，并领导由泛美体系各下属机构组成的联合工作小组的工作。自第 3 届美洲峰会起，美洲国家组织开始作为峰会的技术秘书处开展工作。美洲国家组织定期召集教育、司法、劳工、国防、文化和可持续发展方面的部长级会议。这些会议有助于加强各国之间的合作，确保美洲峰会制定的政策在各国得到贯彻落实。此外，美洲国家组织还管理着"美洲峰会信息系统"。该系统能够提供各届峰会的完整和最新资料信息。

美洲峰会在人权、西半球安全、贸易、减贫、性别平等、公民社会参与等方面为美洲国家组织提供指导。1994年召开的第1届美洲峰会，重新明确了美洲国家组织在推动人权方面的重要作用。2001年召开的第3届美洲峰会建议美洲国家组织拟定《美洲民主宪章》，为美洲国家组织在捍卫和促进人权方面提供新的保障。

（四）与中国的关系

1979年2月，应中国人民外交学会邀请，美洲国家组织秘书长奥尔菲拉以个人身份访华，邓小平副总理会见。1996，加维里亚秘书长来华进行私人访问，全国人大常委会副委员长王光英和国务院外事办公室主任刘华秋分别会见。1997年2月20日，加维里亚秘书长向李鹏总理发来唁电，代表美洲国家组织34个成员国对邓小平同志的不幸逝世表示沉痛哀悼。

2004年3月，外交部长李肇星致函加维里亚秘书长，正式提出中国成为该组织常驻观察员的申请；5月，美洲国家组织常设理事会通过决议，决定接纳中国为该组织常驻观察员。美国随后表示将强力支持台湾以非"国家"的身份成为美洲国家组织永久观察员。同年6月，中国驻厄瓜多尔大使曾钢代表中国政府出席美洲国家组织第34届全体大会，这是中国首次以观察员身份出席该组织活动。曾钢在成员国与常驻观察员团团长对话会上重申，中国政府坚决反对台湾当局以任何形式或名义参与美洲国家组织。同年9月，李肇星外长在华盛顿会见美洲国家组织秘书长罗德里格斯，重申台湾作为中国的一个省，不具备参与美洲国家组织的资格。罗德里格斯高度评价了美洲国家组织与中国的合作，表示支持中国在台湾问题上的立场。

2005 年 2 月，为期 5 年的"中国—美洲国家组织合作基金"正式启动，中国政府出资 100 万美元，首批 7 个项目顺利实施；6 月，中国驻美国大使兼常驻美洲国家组织观察员周文重大使代表中国政府出席该组织第 35 届全体大会。2005 年年底，全国人大常委会副委员长成思危应邀访问美洲国家组织总部并发表演讲。

2006 年 6 月，周文重大使代表中国政府出席美洲国家组织第 36 届全体大会；拉姆丁副秘书长率部分加勒比和中美洲国家常驻代表访华。

2007 年 3 月，在华盛顿进行上海世界博览会推介活动的 2010 年上海世博会组委会委员、执委会常务副主任、上海市副市长杨雄会见了美洲国家组织秘书长因苏尔萨，表示欢迎该组织作为国际组织积极参与上海世博会，同时也能带动其成员国参展。

2009 年，中国决定把"中国—美洲国家组织合作基金"延期 5 年，基金总额仍为 100 万美元。

第二章

拉丁美洲议会

拉丁美洲议会（以下简称"拉美议会"）是由拉美和加勒比地区 22 个国家和地区的议员组成的论坛性区域组织。自成立以来，拉美议会一直致力于推动本地区的一体化进程，并积极关注地区形势，力求在解决各类政治、经济和社会问题方面发挥更大的作用。

一　成立背景和经过

1964 年 12 月 7～11 日，阿根廷、玻利维亚、巴西、哥伦比亚、哥斯达黎加、智利、危地马拉、尼加拉瓜、巴拿马、巴拉圭、秘鲁、萨尔瓦多、乌拉圭、厄瓜多尔和委内瑞拉 15 国的 150 多名议员在秘鲁首都利马召开拉美和加勒比地区议员代表会议。墨西哥议会派 2 名观察员列席。会议通过了成立拉丁美洲议会的决定，并确定了该组织的宗旨，发表了《利马宣言》，通过了拉美议会章程。1965 年 7 月 18 日拉美议会正式成立。1987 年 11 月 16 日，18 个成员国的代表在利马签署了《拉美议会制度化协定》，拉美议会成为一个地区性、永久性和一院制的议会机构。拉美议会成立后，将总部设在秘鲁首都利马。1992 年，拉美议会决定将总部迁往巴西圣保罗。1993 年 7 月以后，圣保罗成为拉美议会所在地。2007 年 8 月，拉美议会与巴拿马政府签署协议，决定将总部迁往巴拿马。2008 年 1 月，协议生效，巴拿马城成为拉美议会所在地。

二 成员

拉美议会由 22 个国家和地区的成员组成，包括：阿根廷、阿鲁巴、玻利维亚、巴西、智利、哥伦比亚、哥斯达黎加、古巴、多米尼加、厄瓜多尔、萨尔瓦多、危地马拉、洪都拉斯、墨西哥、荷属安的列斯、尼加拉瓜、巴拿马、巴拉圭、秘鲁、苏里南、乌拉圭和委内瑞拉。每个成员国或地区的议会各选派 12 名议员作为拉美议会议员，任期由各成员国或地区议会确定。

三 组织机构

拉美议会的机构由大会、领导委员会、常设委员会、总秘书处等组成。

议会大会为拉美议会最高权力机构。1995 年以前每两年举行一次会议，1995 年修改后的新章程规定每年举行一次会议，轮流在各成员首都或首府举行。必要时经 1/3 成员申请，可举行特别会议。大会的主要职能是制定拉美议会的行动方针，批准新成员的入会申请、选举其他组织机构的领导、审议并通过拉美议会预算草案等。大会通过的决议为建议性质，不具法律效力。

领导委员会是大会休会期间的日常工作机构，由议长，1 名候补议长，副议长（每成员各 1 名），秘书长，1 名候补秘书长，

3 名分别负责委员会、议会间关系和机构间关系的秘书，1 名卸任议长和协商理事会主席（只有发言权）组成。每 6 个月举行 1 次会议，必要时可举行特别会议。领导委员会的任务包括：推动拉美地区非成员国议会的加入，应成员国的要求为其提供咨询，保持并加强与立法机关、政府以及国际组织的关系，等等。领导委员会中的议长、候补议长、秘书长、3 名秘书和 1 名卸任议长共同组成拉美议会的领导小组，负责在领导委员会的授权下决策、指导、规划、协调和评估拉美议会的活动。

总秘书处是拉美议会的办事机构，兼有协调和监督的职能，负责召集各种成员会议，协助领导委员会准备大会议程和起草工作文件，散发协议、提案或声明，执行预算并向大会提出财政报告。现任秘书长是阿根廷正义党参议员索妮亚·埃斯库德罗（Sonia Escudero）。

拉美议会还设有常设委员会。根据 2002 年第 19 届议会大会的决议，常设委员会的数目由原来的 21 个减少到 13 个，包括：政治、城市和一体化事务委员会，经济、社会债务和地区发展委员会，农业、牧业和渔业委员会，教育、文化、科技和通信委员会，土著人和种族事务委员会，性别平等、儿童和青少年委员会，健康委员会，人权、公正和监狱事务委员会，市民安全、打击和预防毒品、恐怖主义和有组织犯罪委员会，能源和矿业委员会，环境和旅游业委员会，劳动、社会保障和司法事务委员会，公共服务和保护消费者及用户权利委员会。这些委员会负责分析、研究和调查成员国或地区的有关情况，并提出报告。

协商理事会是拉美议会的咨询机构，负责立法和咨询工作，由拉美议会的前议长和最多 10 名有突出贡献的议员和前议员组成。协商理事会成员任期 2 年，可连任。现任主席是乌拉圭的胡安·阿道夫·辛赫尔（Juan Adolfo Singer）。

此外，拉美议会还有 3 个分别负责委员会、机构间关系和议会间关系的秘书处。

四　主要领导人

迄今为止，共有 21 位拉美国家的议员担任过拉美议会的议长，他们分别来自阿根廷、巴西、哥伦比亚、委内瑞拉、智利、墨西哥和乌拉圭。第一任议长为阿根廷人路易斯·阿古斯丁·莱昂（Luis Agustin León）。现任议长豪尔赫·皮萨罗·索托（Jorge Pizarro Soto），智利人，1952 年出生。曾在智利大学学习政治学专业。1990～1997 年担任智利众议院议员，1994～1995 年曾任智利基督教民主党第一副主席。1998 年当选为参议员，2005 年连任，任期至 2014 年。在担任智利参众两院议员期间，多次参与外交、公共工程、环保、运输等各类委员会的工作。2000～2002 年曾任拉美议会秘书长。2006 年当选为拉美议会议长。

五　出版物

拉美议会的系列出版物有《拉美议会纪要》（*Cuaderno del Parlatino*）和《伟大祖国杂志》（*Revista Patria Grande*），均为不定期刊物，一般为西班牙语和葡萄牙语双语。

六　宗旨原则和政策主张

根据《利马宣言》，拉美议会是一个常设性的民主机构，代表着所有立法机关的各种政治力量，负责推动、协调和引导一体化运动。因此,拉美议会在政治、经济和文化上促进拉美和加勒比国家的团结和地区一体化;谋求多方面的一体化,充分行使民主,保卫人权,反对各种形式的殖民主义。

拉美议会坚持以下原则:捍卫民主;拉丁美洲一体化;互不干涉;民族自决权;各国法律地位平等;坚持以政治和意识形态多样性作为拉美民主化社会的双重基础;反对使用武力或威胁使用武力来干涉别国的政治独立和领土完整;以和平、公正和协商的方式解决国际冲突;国际法中有关国家间合作和友谊的条款具有优先性。

拉美议会的目标是:推动拉美经济和社会的发展,努力获得拉美国家经济、政治、社会和文化的全面一体化;捍卫自由、社会公正和经济独立,实行代议制民主和参与式民主,严格奉行不干涉和民族自决的原则;尊重人权;坚决与任何形式的殖民主义、新殖民主义、种族主义和歧视作斗争;反对帝国主义行为,推动立法,以保证拉美民众在经济制度和自然资源上完全行使主权;研究、讨论和制定有关拉美国家社会、经济、文化和对外关系事务的政策;捍卫国际和平、安全和司法秩序,反对与拉美经济、社会、文化和科技发展不协调的武器扩散和侵略行为;指导和支持拉美国家在国际舞台上的诉求;巩固拉美国家的议会,以确保成员国的宪法和民主秩序,同时在不损害不干涉原则的情况下,推动已解散议会的重建;和拉丁美洲次地区议会保持密切关系;与其他地区议会及国际组织保持密切关系;宣传成员国的立法活动;促进国际合作,以此带动拉丁美洲的和谐发展;促进拉美一体化进程的研发活动,直至实现拉美国家共同体的目标;在选举拉美议会议员的过程中,推动各国普选、直接或间接选举体系的建立。

拉美议会认为,拉美一体化是其成员国的共同目标,是一个有待深化和加速发展的历史进程。其成员国政治和意识形态的多样化确保了一体化的民主基础。只有实现一体化，拉美各国才能获得自由、发展，才能在世界舞台上发挥主角作用。建立拉美国家共同体是拉美议会各种努力的重要目标。但是，拉美国家共同体并不意味着一体化进程的终结，而是一个新的历史阶段的开始，代表着拉美各国对正义、和平、博爱的渴望。

七　主要活动

（一）20 世纪 60~70 年代

20 世纪 60~70 年代，拉美议会曾就当时拉美和加勒比地区的一系列重大问题作出过决议，如建立 200 海里领海权、保护出口产品价格、改革泛美体系、反对美国干涉拉美国家内政、反对军事独裁、支持阿根廷对马尔维纳斯群岛（以下简称"马岛"）行使主权，等等。1965 年 7 月拉美议会第 2 次大会决定成立拉丁美洲文化委员会，其作用类似于拉丁美洲经济委员会，旨在推动本大陆文化一体化，协调、领导和促进国际文化活动，增强拉丁美洲国家的相互了解。1975 年 2 月，在委内瑞拉首都加拉加斯举行的拉美议会第 7 次大会通过决议，谴责美国的新贸易法"含有歧视和强制性内容"，建议拉美国家举行经济会议，相互协调立场，以维护自身的利益。会议还决定与欧洲议会建立持久的对话关系。

（二）20 世纪 80 年代

20 世纪 80 年代，拉美议会继续关注本地区的政治经济形势，主要焦点集中在超级大国的干涉和债务危机两个方面。拉美议会就这些问题召开过多次特别会议，并作出了一系列决议。

1. 反对超级大国的侵略和干涉别国内政的行为

1980 年 1 月，拉丁美洲议会谴责苏联军队干涉阿富汗，认为这种干涉是明目张胆的侵略。此后，该组织宣布举行代表会议，以便对上述侵略给世界和平和国际法律秩序造成的影响进行分析。

1981 年 11 月，拉美议会政治和经济一体化常设委员会会议在墨西哥城召开，有 12 个国家的议员代表参加了会议，他们一致谴责任何干涉拉丁美洲的行动，对萨尔瓦多的混乱状况表示忧虑，主张实行政治解决；要求在西半球关系中推行一种没有霸权、没有帝国主义的新政策。

1982 年 5 月，拉美议会发表声明指出，英国军队对阿根廷领土和军队的袭击是已被人类和历史唾弃的帝国主义政策的表现。声明谴责英国的这一行径违反了联合国安理会的决议，并重申要为拉丁美洲消灭一切形式的殖民主义和反对在美洲的一切帝国主义行动而斗争。声明还谴责了美国在英阿冲突中的态度。

1983 年 11 月，拉美议会政治委员会在厄瓜多尔首都举行会议，对中美洲的紧张局势表示关切。会议通过一项声明，认为中美洲的紧张局势是对西半球和世界和平的严重威胁，一致支持孔塔多拉集团谋求和平解决中美洲问题的活动，并且决定派遣一个拉美议会委员会前往中美洲加强斡旋活动。

1985 年 6 月，拉美议会在巴西首都巴西利亚举行第 11 次大会，大会的主要议题为外债及拉美地区民主化问题。大会通过决议，支持孔塔多拉集团为和平解决中美洲危机所做的努力，支持阿根廷关于收回马岛的要求，谴责美国对尼加拉瓜的经济封锁和对反政府武装提供军事援助。大会接纳古巴加入拉美议会，并重新接纳因军人执政、议会被解散而一度退出拉美议会的阿根廷、乌拉圭和危地马拉为成员国。

1986 年 4 月，拉美议会在危地马拉城举行第 2 次特别会议，主要讨论中美洲危机问题。会议通过了《危地马拉声明》，表示要寻求一种拉丁美洲式的解决办法来解决中美洲争端，谴责美国对尼加拉瓜的干涉。

1988 年 4 月，拉美议会召开会议就中美洲问题通过决议，指责美国实行好战政策，干涉尼加拉瓜以破坏中美洲和平。认为中美洲各国必须通过对话继续和平进程和恢复互相尊重的建设性关系，会议还决定声援智利人民争取民主的斗争，并谴责英国在马岛单方面采取行动。同年 8 月 26 日，拉美议会代表大会作出决议，强烈谴责美国侵犯巴拿马主权的行为，呼吁各国议会支持巴拿马人民的独立斗争。

2. 关注拉美债务危机

1985 年 7 月，拉美议会在哥斯达黎加首都圣何塞举行首次特别会议，讨论拉美地区的债务问题。会议发表了《圣何塞声明》，敦促拉美债务国就外债问题采取联合行动。同年 10 月举行的第 2 次外债问题特别会议，发表了《蒙得维的亚声明》。声明指出，拉美外债问题已经构成本地区严重的政治问题，必须改革当今不合理的国际金融体制，通过债务国与债权国、债权银行之间的政治对话和集体谈判来解决债务问题，另外，拉美国家的团结也是解决外债问题必不可少的条件。

1986 年 7 月，拉美议会议长呼吁为实现拉美地区一体化而采取行动，要反对依附性的观念。随后，拉美议会在玻利维亚的圣克鲁斯举行会议，讨论并分析本地区的外债、经济一体化和毒品走私等问题。

1987 年 12 月，拉美议会外债问题讨论会在巴西利亚举行，发表了《巴西利亚声明》，主张解决债务问题的根本途径是债务国团结一致，采取联合行动。

1989 年 4 月,拉美议会大会在墨西哥城召开,会议公报指出,根据债权国提出的条件,拉美国家还不起外债,认为拉美国家外债是一个政治问题,该地区的未来取决于解决外债的方式。拉美议会还要求各国停止军备竞赛。

(三) 20 世纪 90 年代以后

自 20 世纪 90 年代以来,拉美议会将工作重点放在促进地区一体化和解决拉美社会共同面临的问题方面。

1. 建立拉美国家共同体的努力

1991 年 7 月底至 8 月初,拉美议会在哥伦比亚的卡塔赫纳举行第 13 次大会。22 个成员国和海地代表出席。大会通过决议,建议成立拉丁美洲共同体。同年 12 月,拉美议会在里约集团首脑和外交部长会议上提出,建立拉美国家共同体是加快一体化进程的必由之路。

1992 年,在里约集团于布宜诺斯艾利斯召开的会议上,拉美议会阐述了建立拉美国家共同体的根据,并委托各国外交部长对这一倡议的可行性进行评估。里约集团首脑经过商讨后,一致认为有必要对拉美议会的倡议进行考虑,并责成成员国外交部长对这一建议进行联合评估。应拉美议会的要求,里约集团成立了一个技术小组,专门对拉美国家共同体进行研究。

1994 年 11 月,技术小组在拉美议会总部所在地圣保罗召开会议,决定由拉美议会负责草拟《拉美国家共同体成立计划纪要》,经技术小组讨论后,提交里约集团首脑。

1995 年 4 月,技术小组对拉美议会拟定的文件进行了广泛分析,形成了最终文本。同年 5 月,拉美议会的一个特别代表团在里约集团外交部长会议上正式提交此文件。该会议的声明强调,里约集团外长对拉美议会的倡议表示坚定的支持,并将采取必要的措施推动它的实现。

1997 年 3 月，拉美国家共同体计划特别跟踪委员会的成员在乌拉圭召开会议，对共同体的建立再次进行商讨。会议制定了一项计划，准备对共同体的运行开展组织工作。

1999 年 11 月，拉美议会向参加伊比利亚美洲首脑会议的各国领导人提交了《在建立拉美国家共同体方面取得进展的建议》。

2. 解决拉美经济、政治和社会问题的努力

20 世纪 90 年代以后，拉美国家纷纷开始经济改革，由此引发一系列经济和社会问题。与此同时，尽管大部分拉美国家实现了民主化，但次地区的政治形势时常动荡不安。在这种情况下，拉美议会作为一个带有协调功能的地区性组织，力图在解决拉美国家面临的主要问题和统一各国政策立场方面发挥更大的作用。拉美议会召开的历次会议，都对本地区政治、经济和社会发展形势进行必要的分析和总结，对突发事件进行讨论，并尽量协调各方立场，维护本地区国家的利益。

例如，拉美议会在对待美国与拉美国家关系方面，继续以捍卫本地区国家利益为出发点，反对美国对拉美实行控制政策。1991 年，拉美议会第 13 次大会要求美国停止对古巴的经济和贸易封锁。1996 年 3 月，拉美议会经济委员会第 3 次会议在乌拉圭首都蒙得维的亚举行。会议谴责了美国的"赫尔姆斯—伯顿法"，反对美国对古巴实行经济封锁。1996 年 6 月 14 日，拉美议会通过决议反对"赫尔姆斯—伯顿法"。1997 年 12 月，拉美议会在圣保罗举行第 17 次大会。会议通过 10 项决议。与会代表谴责美国政府在反毒评估、出售武器和控制环境等方面的政策，反对美国单方面对拉美国家的事务进行评估或把某些国家排斥在评估之外的做法。1998 年 5 月 23 日，拉美议会在墨西哥举行为期两天的会议，代表们谴责美国政府所采取的"卡萨布兰卡"行动侵犯了拉美国家的主权，破坏了各国在缉毒斗争

中的国际合作。

从 20 世纪 90 年代初开始，拉美议会在关注现实问题方面的另一个重要举措是陆续成立了一批常设性的专门委员会，主要任务是对各类问题进行分析、研究和总结。1991 年，环境委员会和政治事务委员会率先成立；1992 年，文化、教育和科技事务委员会，印第安和种族事务委员会，经济事务与外债委员会，司法事务委员会，保护用户和消费者权益委员会，打击贩毒和有组织犯罪委员会，能源与矿业委员会，健康委员会，公共服务委员会等 9 个委员会相继成立；1993 ~ 1996 年，又陆续成立了农业、牧业和渔业委员会，平等和性别委员会，次地区和城市事务委员会，社会债务委员会，劳工和养老事务委员会，旅游业委员会，儿童和青少年委员会；2001 年，传媒委员会，拉美监狱政策特别委员会，人类居住地、住房和城市人居环境开发委员会宣告成立。这些委员会基本上每年召开 1 ~ 2 次会议，就各自负责的议题进行讨论和研究，并提出建议和对策。各委员会有时还联合组织研讨活动。2002 年，拉美议会根据需要，决定对常设委员会的名称、职能和数量进行整合，将原有的 21 个委员会合并缩减为 13 个，使委员会的作用更为突出、明确，更有针对性。自 2004 年起，各委员会陆续以新名称组织和召开会议，大多为每年 2 次。

进入新世纪，拉美议会也更关注地区内的政治稳定和社会发展。2004 年 4 月 18 日，在智利国会举行的会议上，拉美议会 123 个议员表示，他们支持秘鲁在拉美议会的议员帕切科提出的建议，支持其有关将流亡日本被指控犯有腐败罪行的前总统藤森（Alberto Fujimori）从日本引渡回国的要求。拉美议会这一表态可能是自藤森流亡日本后，秘鲁在关于引渡藤森问题上获得的国际社会范围内最大的一次支持。拉美议会对秘鲁的支持，是拉美国家"用一个声音说话"政策的具体体现。同时也表明了拉美国家更加关注事关自身发展的重大问题。① 2004 年 8 月，拉美议会表示支持委内瑞拉政府，赞扬委内瑞拉人民大规模地以民主的方式参加公民投票选举总统。

3. 推动立法

一体化进程中一个最重要，也是最困难的步骤就是协调立法。拉美议会通过常设委员会，并在一些国际组织的帮助下，拟定了一批法律框架的草案和提案。20 世纪 90 年代中期，拉美议会陆续出台了改革保健体系、减灾、鼓励母乳喂养、规范血库和血液制品管理、保护母婴健康、保障老年人利益等方面的法律草案或提议。2006 年，拉美议会的健康委员会，公共服务和保护消费者及用户权利委员会和市民安全、打击和预防毒品、恐怖主义和有组织犯罪委员会又分别制定了与药物管理、保护消费者权益、促进公共服务业、金融服务体系、邮政服务、打击恐怖主义等问题相关的法律框架。目前，教育、文化、科技和通信委员会，能源和矿业委员会，以及劳动、社会保障和司法事务委员会也在考虑草拟与分管事务相关的法律文本，力求在统一立法方面发挥更大的作用。2008 年 10 月，拉美议会通过了一项关于控制武器和弹药的法律草案。

2005 年 6 月，拉美议会委内瑞拉党团准备提出一项拉丁美

---

① 作为日本移民的后代，藤森于 1990 年 6 月当选为秘鲁总统，1995 年和 2000 年连续两次蝉联。2000 年 9 月，因前总统顾问、国家情报局主管蒙特西诺斯收买反对党议员的丑闻被揭露并引发秘鲁政治危机，有牵连之嫌的藤森便利用参加国际会议的机会，于同年 11 月 17 日突然抵达日本，并在两天后宣布辞去秘鲁总统职务，随后被秘鲁国会罢免并遭司法部门指控。根据秘鲁司法部门的指控，藤森的罪行包括擅自离弃总统职位、非法使用国家钱财为他人支付"补偿金"、动用政府基金收买国会议员、暗中操纵准军事组织屠杀无辜平民等。同时，秘鲁司法部门还一直试图将藤森引渡回国，但日本政府却先给予藤森日本国籍，随后又以其拥有日本国籍为由多次拒绝秘鲁的要求，从而引起两国争端。

洲宪法前提的草案，相当于目前欧洲大陆各国正在投票通过的欧盟宪法。这个统一的宪法草案确定了为建立拉美国家共同体所必需的机制。时任拉美议会秘书长拉斐尔·科雷亚（Rafael Correa Flores）认为，如何度过在一些拉美国家发生的社会、经济、政治和管理危机与拉丁美洲和加勒比的一体化有关系，立宪也是为了巩固一个能够与大国经济进行谈判的集团。立宪的目的是使拉丁美洲有自己的倡议，以便提出符合现实、潜力和局限性的解决办法，而签署根据其他的前景拟定的协议是有害的，比如根据美洲自由贸易区的前景提出的协议。

八　对外关系

拉美议会自成立以来，与各类国际组织、研究机构和世界其他地区的议会建立了广泛的合作关系。其中一些与拉美议会签署了合作协议，一些与其建立了定期会晤机制。近年来，拉美议会领导人积极参加各国议会联盟大会等重要国际性活动，与联合国有关组织、欧盟、欧洲议会、美洲国家组织、安第斯议会、中美洲议会、南方共同市场、里约集团等国际、地区组织加强了交往，并力图在国际事务中发挥更大的作用。

（一）与欧洲议会的关系

拉美议会与欧洲议会于1974年建立定期对话关系，自1975年起每两年举行一次联席会议。截至2005年，已举行过17次联席会议。

1983年，在比利时布鲁塞尔举行的第6次拉美议会和欧洲议会联席会议上，达成了关于建立拉美和欧洲地区合作委员会的协议。1985年6月的第7次联席会议批准了这项协议。该委员会由拉美和欧洲各2名代表组成，总部设在西班牙首都马德里，

1986 年正式开始工作。

1985 年 6 月，拉美议会和欧洲议会第 7 次联席会议在巴西利亚召开，巴西总统萨尔内（José Sarney）在开幕式上强调，拉美国家不能靠牺牲人民的利益来偿还债务，他主张欧洲和拉美就解决外债问题进行对话，发展两个地区之间的经济关系和加强科技文化合作。

1989 年 1 月，拉美议会和欧洲议会第 9 次联席会议在哥斯达黎加举行，拉美国家要求欧共体给予更多的援助和合作，欧洲议会领导人则要求尽快成立中美洲议会。

1991 年 4 月，拉美议会和欧洲议会第 10 次联席会议在西班牙塞维利亚举行，会议发表公报要求取消世界最贫穷国家的全部官方外债，以援助这些国家发展经济，并要求欧共体理事会和欧洲投资银行扩大在拉美地区的投资。会议还通过了"国际投资协会"和"企业公司网"计划，以促进发展两地区中小混合企业的发展。

1993 年 5 月，拉美议会和欧洲议会第 11 次联席会议在巴西圣保罗举行。会议发表的文件对两大陆之间政治和经济关系的现状进行了评估。拉美议会坚持将与拉美一体化协会开展协作，以促进拉美地区一体化进程，逐步建立统一的拉丁美洲共同市场。

1997 年 5 月，拉美议会和欧洲议会在委内瑞拉首都加拉加斯举行第 13 次联席会议，并发表联合声明。主要议题是全球化对各国发展的影响及加强反毒和反腐败斗争问题。会议支持西班牙首相阿斯纳尔（José María Aznar）提出的关于举行欧拉首脑会晤的倡议，并建议举行两大洲议会议长的会晤。会议强烈谴责恐怖主义，全力支持民主制度以及对公民人权和社会权利的尊重。

1999 年 3 月，第 14 次拉美议会和欧洲议会联席会议就拉美的经济和社会发展前景、欧拉合作前景、全球化形势下的劳动教育、教育对欧拉关系的影响等问题进行了讨论。会议发表《最后声明》，研究并提出了有关发展拉美同欧盟未来关系的建议，并决定将之提交首届欧拉首脑会议。拉美议会议长辛赫尔应邀出席了 5 月 20 日首届"欧洲—伊比利亚美洲经济会议"并代表拉美议会发言。

欧洲议会和拉美议会均派代表出席了 2000 年 2 月第 9 次欧盟—里约集团外长级例会，呼吁加强拉美一体化。

2006 年 10 月，欧盟—拉美议会大会（以下简称"欧拉议会大会"，Eurolat）在比利时的布鲁塞尔成立。这是在 1999 年起召开的欧盟—拉美首脑会议框架下建立的两地区间议会战略合作机制，负责向与两地区战略合作发展有关的相关机构、组织、政府机关提供建议，递交决策。欧拉议会大会由 150 名议员组成，包括来自欧洲议会的 75 名议员和来自拉美议会、安第斯议会、中美洲议会和南方共同市场议会的 75 名议员。欧拉议会大会的机构组成包括全体会议、领导小组、常设委员会、工作小组和秘书处。欧盟和拉美各选出 1 名议长，担任"联合议长"。欧拉议会大会自成立以来共举行了 3 次全体会议，其间还召开了若干次领导小组会议和常设委员会会议。欧拉议会大会关注的问题主要有民主可治理性、欧拉经贸关系、环保和可持续发展、能源政策、贫困与社会排斥、地区安全，等等。

（二）与国际组织开展的合作

近年来，拉美议会与联合国有关机构的合作日益密切。1993 年，拉美议会成为联合国观察员，可参与联合国大会。联合国教科文组织和环境规划署均与拉美议会开展了合作项目。

联合国教科文组织与拉美议会共同实施了"拉丁美洲发展和一体化教育计划"，主要目的是通过对现行教育体系进行调整和改革，使之能够成为创造和改变民众价值观念和标准的有效工具，从而推动个人和集体行为有助于地区发展和一体化。该计划主要针对学龄前儿童和小学生。1998 年 9 月，该计划的启动仪式在巴西利亚举行，拉美议会和联合国教科文组织均派代表出席。1998 年 12 月，鉴于巴西在开展一体化教育方面已积累了一定经验，拉美议会和联合国教科文组织召开会议，决定在巴西实施"拉丁美洲发展和一体化教育计划"的试点工作。1999 年 5 月，"促进发展和一体化的教育"国际研讨会在乌拉圭举行，南方共同市场成员国和智利的教育部长出席了会议。与会者就如何在教材中引入发展和一体化概念等问题交流了经验，并将其提供给联合国教科文组织驻拉美的教育办事处。2001 年 4 月，"拉丁美洲发展和一体化教育计划"在乌拉圭召开研讨会，就该计划在乌拉圭进行试点展开磋商。2002 年 7 月，该计划在委内瑞拉正式启动。同年 11 月，在拉美议会总部所在地召开了议会间教育会议，再次就"拉丁美洲发展和一体化教育计划"进行讨论。会议发表了《圣保罗宣言》，提出了今后在教育改革方面的主要目标。2003 年，在阿根廷参议院教育委员会的倡议下，阿根廷的一些学校也按照"拉丁美洲发展和一体化教育计划"的要求更新了教材。目前，该计划已成为阿根廷、巴西、哥伦比亚、乌拉圭和委内瑞拉部分学校的教学参考。

此外，拉美议会还与联合国教科文组织共同开展了"发展规划中的文化可行性"计划，主要目的是推动政策、战略和计划的制定者们进行文化方面的可行性研究，对各种人类活动可能造成的文化影响进行评估。

2005 年，拉美议会加入了联合国环境规划署的"全球环境市民"计划。其主要目标是推动市民阶层认识和行使在改善和维护环境方面的责任和义务。为此，两个机构共同印制了《议会环境方针手册》。

（三）与中国的关系

20世纪 90 年代以来，拉美议会日益重视发展与中国的关系，双方高层互访不断。中国全国人民代表大会（以下简称"全国人大"）本着友好交往、合作共赢的原则，与拉美议会保持密切往来，并于 2004 年成为拉美议会观察员。

1993 年 3 月，外交部长钱其琛曾应邀访问了拉美议会总部。1996 年 9 月，拉美议会第一候补议长、墨西哥参议员索拉纳（Fernando Solana）率拉美议会代表团来华参加了在北京举行的各国议会联盟第 96 届大会。1996 年 9 月 16 日，全国人大常委会致函拉美议会正式提出申请成为拉美议会的观察员。1996 年 11 月 20 日，全国人大常委会委员长乔石致函拉美议会议长辛赫尔，介绍了台湾问题的由来并阐述了我国关于台湾问题的原则立场，要求拉美议会接受全国人大成为拉美议会观察员的申请，同时拒绝接纳台湾"立法院"。同年 12 月，拉美议会议员大会作出决定，终止审议接纳台湾"立法院"为观察员。

1997 年 3 月，应全国人大的邀请，拉美议会议长、乌拉圭议员辛赫尔和秘书长、巴西众议员内伊·洛佩斯（Ney Lopes）分别率团访华，他们表示愿同中国建立长期友好合作机制。乔石委员长和陈慕华副委员长分别会见了代表团。

1997 年 5 月，应委内瑞拉国会邀请，全国人大常委会委员杨振亚出席了在加拉加斯举行的拉美议会和欧洲议会第 13 次联席会议。这是全国人大首次派代表参加拉美议会主办的会议。会议期间，杨振亚分别会见拉美议会议长辛赫尔、秘书长洛佩斯等，感谢对方反对台湾进入该组织，希望从双方友好合作的大局着眼，尽早接纳全国人大为观察员。

1998 年 5 月，全国人大常委会副委员长田纪云访问了拉美议会总部并会见秘书长洛佩斯。

2003 年 10 月，全国人大常委会副委员长成思危会见了拉美议会协商委员会副主席普罗亚尼奥。11 月，成思危率领全国人大代表团访问了拉美议会。

2004 年 3 月，《中华人民共和国全国人民代表大会常务委员会与拉丁美洲议会的合作协议》在圣保罗拉美议会总部签署，中国驻巴西大使蒋元德和拉美议会议长内伊·洛佩斯及秘书长拉斐尔·科雷亚分别代表双方在协议上签字，全国人大成为拉美议会观察员。这为双方建立长期交流机制奠定了基础。同年 8 月，全国人大常委会副委员长乌云其木格会见了拉美议会副议长、智利众议员阿尔瓦雷斯。同年 12 月，中国驻巴西大使蒋元德代表全国人大以观察员身份出席拉美议会第 20 次大会。

2005 年 1 月，由全国人大常委会副委员长李铁映率领的全国人大代表团在拉美议会总部会见了拉美议会议长洛佩斯，并出席了全国人大常委会向拉美议会捐赠办公用品的交接仪式。

2005 年 2 月，拉美议会议长洛佩斯访华，受到全国人大常委会委员长吴邦国、副委员长李铁映、国家副主席曾庆红的分别会见。

2005 年 3 月，拉美议会议长洛佩斯对中国驻巴西大使蒋元德表示，拉美议会完全支持全国人大审议通过《反分裂国家法》，称全国人大、中国政府和人民有充分的权利，通过立法维护国家的主权和领土完整。

2005 年 6 月，中国驻秘鲁大使殷恒民代表全国人大以观察员身份出席了拉美议会与欧洲议会的第 17 次联席会议。

2005 年 11 月，全国人大常委会委员、副秘书长王云龙率全国人大代表团出席在巴西圣保罗举行的拉美议会第 21 次大会。

2006 年 3 月，拉美议会议长洛佩斯发表声明，谴责台湾当局包括决定终止"国统会"运作和"国统纲领"适用在内的所有单方面的分裂行径，认为废止这些对话的机制将导致两岸关系的严重紧张，并对台海和平与稳定乃至亚太地区的和平与稳定构成严重威胁。

2006 年 6 月，拉美议会代表团访华，候补议长皮萨罗（Jorge Pizarro）受到全国人大常委会委员长吴邦国的会见。会谈中，双方表达了加强交往的共同愿望。

2006 年 8 ~ 9 月，吴邦国委员长访问巴西、乌拉圭和智利三国，并访问了拉美议会总部。9 月 1 日，拉美议会议长洛佩斯代表拉美议会授予吴邦国委员长拉美议会最高荣誉勋章。

2006 年和 2007 年，全国人大外事委员会副主任委员吕聪敏以观察员身份出席了拉美议会第 22 次和第 23 次大会。

2008 年和 2009 年，全国人大外事委员会副主任委员马文普出席了拉美议会第 24 次和第 25 次大会。

第三章
里 约 集 团

里约集团是拉美和加勒比地区最高级别的政治磋商和协调机构。成立以来，它一直注重在多边协调的基础上加强成员国之间的团结合作，推动地区冲突的和平解决，尝试独立解决地区内部事务，捍卫拉美国家的民主制度与宪政，从而为拉美的经济一体化进程提供强大的政治支持。在国际舞台上，它寻求代表拉美国家发出共同呼声，努力提高本地区在国际社会中的谈判能力，倡导建立更为平等、民主的国际政治经济新秩序，在联合国事务、反对恐怖主义、加强南北合作等领域发挥着越来越积极的作用。

一　成立背景和经过

20世纪 70 年代末，中美洲的安全形势趋于恶化。1979年，尼加拉瓜的索摩查独裁政权垮台，新生的桑地诺政权得到苏联和古巴的支持。在尼加拉瓜革命成功的影响下，萨尔瓦多和危地马拉的反政府游击队掀起猛烈攻势，其内战愈演愈烈。美国敌视尼加拉瓜新政府，不但对其实施经济制裁，更策动反政府武装对其进行颠覆。由于尼加拉瓜反政府武装得到洪都拉斯的支持，导致两国关系紧张，边界冲突频频发生。

拉美国家对中美洲的动荡局势普遍感到担忧，认为超级大国的干预可能会使该地区的局部军事冲突恶化为一场不同意识形态阵营之间的战争，因而呼吁有关各方通过对话与谈判和平解决冲突，并为此进行了长期不懈的努力。1983 年 1 月，墨西哥、哥伦比亚、巴拿马、委内瑞拉四国外长在巴拿马的孔塔多拉岛举行会议，讨论不断恶化的中美洲局势。他们在会后发表的联合公报中呼吁中美洲各国放弃任何可能导致局势恶化的行动，同时愿意为缓和中美洲危机、建立稳定与持久的地区和平而共同努力。此后，在尊重各国权益、不干涉别国内政、和平解决争端、禁止以武力相威胁和合作求发展诸原则的指导下，上述四国展开了一系列集体斡旋行动，努力弥合中美洲冲突各方的政治分歧，推动它们多次展开和平谈判，因而被国际社会称为"孔塔多拉集团"。

孔塔多拉集团坚决反对外部势力干涉中美洲冲突，反对把中美洲问题纳入东西方对抗的轨道之中。1983 年 7 月，在墨西哥举行的集团成员国首脑会议发表《关于中美洲和平的坎昆宣言》，强调必须以不干涉、民族自决、主权平等、和平解决争端等原则解决中美洲冲突；呼吁中美洲各国有效控制军备竞赛，建立非军事区，消弭边界冲突；希望中美洲各国政府同本国反对派建立持久对话；要求外国军事顾问撤出中美洲，禁止在中美洲建立外国军事基地。孔塔多拉集团领导人还致函包括美国总统里根和古巴国务委员会主席卡斯特罗在内的美洲国家领导人，呼吁他们为和平解决中美洲问题而努力。

1983 年 9 月，孔塔多拉集团和中美洲五国在巴拿马举行外长会议。会议通过有关实现中美洲和平的《意向文件》，提出促进各方面和解的 21 点主张，并得到中美洲五国的赞同。同年 10 月，孔塔多拉集团在这份《意向文件》的基础上提出《中美洲和平安全条约草案》。1984 年 1 月，上述九国再次举行外长会议，成功推动中美洲五国签署了《履行意向文件各项义务的准则》。此后，孔塔多拉集团和中美洲五国组成负责政治事务、安全事务和社会经济事务的 3 个工作委员会，具体研究中美洲和平方案。

孔塔多拉集团的成立及其外交调停被视为拉美国家摆脱东西方对抗的国际政治格局、独立解决地区事务的一次重要尝试。4 个成员国的不懈努力对于缓和地区局势、阻止地区性战争的爆发发挥了重要作用，并为拉美国家的政治合作创造了一种新的形式，因而得到地区各国的普遍赞赏。《关于中美洲和平的坎昆宣言》发表之后，迅速得到包括巴西、阿根廷、秘鲁、厄瓜多尔、玻利维亚在内的 26 个拉美国家的明确支持和积极响应。在孔塔多拉集团斡旋进程遭遇种种挫折的情况下，许多拉美国家给予支持。1985 年 7 月，秘鲁当选总统加西亚（Alan García Pérez）举行就职典礼，并与前来参加典礼的阿根廷、巴西和乌拉圭领导人举行会谈，决定组建一个多边组织，与孔塔多拉集团展开紧密合作，共同推动中美洲的和平进程。该组织被称为"利马集团"，又称"支持集团"。

孔塔多拉集团与利马集团围绕中美洲问题采取一系列共同行动。1985 年 8 月，它们在哥伦比亚的卡塔赫纳举行首次外长会议。会议认为两集团的合作充分体现了拉美国家独立解决地区问题的政治决心。会议公报认为中美洲冲突的根源在于严重的社会矛盾，谴责任何以武力解决争端的行径，反对任何势力以任何借口和形式进行干涉，强调中美洲问题必须通过孔塔多拉集团一贯倡导的政治和外交谈判途径解决。1986 年 1 月，两集团在加拉加斯举行外长会议。会议通过的《卡拉瓦列达声明》呼吁推动中美洲和平谈判进程，尽快缔结中美洲和平协定。哥斯达黎加、萨尔瓦多、危地马拉、洪都拉斯和尼加拉瓜发表《危地马拉声

明》，表示支持《卡拉瓦列达声明》。1986 年 2 月，两集团成员
国的外长同美国国务卿舒尔茨（George Pratt Shultz）举行会谈，
要求美国恢复与尼加拉瓜政府的双边会谈，停止支持尼加拉瓜反
政府游击队。1986 年 2 月底，两集团在乌拉圭举行成员国外长
会议，决定在尼加拉瓜与哥斯达黎加的边界地区成立防止冲突的
监督小组，同时坚决反对外部势力对中美洲进行任何形式的干
涉。同年 6 月，孔塔多拉集团提出《中美洲和平与合作纪要》
的草案文本，其主要内容有：中美洲五国应实行代议制民主，实
行民主选举；在经济上加强一体化，促进社会发展；禁止外部国
家在其境内设立军事基地或派驻军事顾问，削减军备，停止军备
竞赛。经过不懈的努力，孔塔多拉集团终于促使中美洲五国总统
于 1987 年 8 月在危地马拉签署了具有历史意义的《中美洲和平
协议》。

在共同解决中美洲问题的过程中，孔塔多拉集团和利马集团
深切感到拉美国家有必要深化彼此之间的政治合作，能够就包括
债务问题在内的共同关心的问题进行定期磋商，以便维护拉美各
国的独立自主，减少外部因素对拉美的干扰，推动整个地区实现
独立稳定的发展。另一方面，地区民主化进程的加速发展使各国
有条件展开更为密切的政治对话，而民主制度的巩固也有赖于良
好的地区合作与一体化进程。1986 年，两集团在巴西的里约热
内卢举行外长会议，宣布成立一个永久性的政治磋商和协调机
构。会议发表的《里约热内卢声明》指出，两集团的成员国决
定在拉美一体化进程不断发展的背景之下，加强彼此之间的政治
合作，定期就关系地区利益的重大问题进行协商，推动拉美的政
治合作与一体化组织实现更有效的合作与协调，共同探寻能够推
动经济、社会和科技发展的新合作领域。"八国集团"由此宣告
成立。1990 年 3 月，八国集团外长会议决定将该组织正式更名
为"里约集团"。

自 1989 年开始，加勒比共同体应邀向里约集团派出代表。1989～1992 年，牙买加担任加勒比共同体在该组织的代表；1992～1997 年为特立尼达和多巴哥；1997～2008 年为圭亚那；2008～2011 年为牙买加。

2008 年，古巴成为里约集团第 23 个成员国。

二 成员

截至 2009 年，里约集团共有 23 个成员国，包括：阿根廷、玻利维亚、巴西、伯利兹、智利、哥伦比亚、哥斯达黎加、古巴、多米尼加、厄瓜多尔、牙买加（代表加勒比共同体）、萨尔瓦多、危地马拉、圭亚那、海地、洪都拉斯、墨西哥、尼加拉瓜、巴拿马、巴拉圭、秘鲁、委内瑞拉和乌拉圭。

三 组织机构

成员国首脑会议为里约集团最高级别的政治磋商和协调机制，每年举行一次。部长级的磋商会议每年至少举行两次：一次为外长会议，另一次为联合国大会框架内的部长级会议。此外，每个成员国还任命一名国家协调员，负责对磋商机制所讨论的问题进行跟踪。协调员会议每年召开 3 次，负责对里约集团发表的文件和采取的立场进行技术上的谈判。

里约集团没有常设机构。由轮值秘书国负责成员国之间的联络和协调工作。首脑会议在轮值秘书国召开。2008～2010 年，墨西哥担任轮值秘书国①。墨西哥外长帕特里西亚·埃斯皮诺萨

---

① 轮值秘书国任期一般为一年，墨西哥为两年。

（Patricia Espinosa）担任轮值秘书处秘书长。上一届轮值秘书国、本届轮值秘书国和下一届轮值秘书国的外长组成里约集团"三驾马车"，负责筹备当年的首脑会议。里约集团目前的"三驾马车"由多米尼加（2007 年轮值秘书国）、墨西哥和智利（2010～2011 年轮值秘书国）组成。

四　宗旨原则和政策主张

（一）基本宗旨

里约集团成立的宗旨是就拉美地区和国际舞台上的重大政治问题、经济问题和社会问题进行磋商，协调立场，并决定采取相应的行动，以促进拉美一体化事业的发展。

根据《里约热内卢声明》，里约集团的主要目标包括：扩大成员国之间的政治合作，并使之制度化；对关系本地区利益的重大国际问题进行研究，并就其形成共同立场；推动拉美各一体化组织更有效的运行与协调；就影响地区和平稳定的问题与冲突制定适当对策；通过对话与协商，推动执行那些有助于增强美洲国家关系的倡议与行动；促进拉美的一体化和合作进程；共同探寻能够推动经济、社会和科技发展的新合作领域。

（二）政策主张

1999 年，里约集团发表《维拉克鲁斯纪要》（Acta de Veracruz），对该组织成立 12 年来所遵循的原则和达成的共识进行了总结，明确提出将以这些共识和主张为基础应对新世纪的挑战。

《维拉克鲁斯纪要》（以下简称《纪要》）反映了里约集团在重大政治、经济问题上所坚持的基本原则和主张，成为一份重要的指导性文件。在内部建设方面,《纪要》指出:里约集团将继续把政治磋商和协调作为独立解决拉美内部事务、提高本地区在国际社会中谈判能力的首要方式,保持自身的灵活性和非正式性。在民主建设方面,《纪要》坚持将代议制民主作为实现地区和平、稳定和发展的必要条件,提出应积极推动民众参与政治生活,反对任何践踏民主的行为。在促进和保护人权方面,《纪要》明确提出推动妇女平等参政、保护移民权利、确保儿童全面发展等承诺。在和平与安全问题上,《纪要》坚持不干涉别国内政、和平解决争端的原则,主张继续推动国际社会严格遵守《不扩散核武器条约》和《全面禁止核试验条约》等一系列国际条约,呼吁各成员国承诺采取措施避免军备竞赛。在反对恐怖主义问题上,《纪要》提出应通过国际社会的团结与合作预防、打击和根除恐怖主义活动。在禁毒问题上,《纪要》提出要重视毒品种植地区的替代发展,同时主张禁毒斗争必须完全遵守各国法律。在加强多边主义方面,《纪要》呼吁各国通过联合国、美洲国家组织等多边机构推动本地区的和平、安全与合作,反对任何不尊重他国主权、干涉别国内政的单边行动;认为应加强联合国在处理国际挑战方面的能力,主张各方重视联合国安理会的改革问题。

在贸易方面,《纪要》认为世界贸易组织框架有助于实现贸易自由化;在多边贸易体制下,应开放市场并取消壁垒,反对滥用保护主义。在地区一体化问题上,《纪要》主张在开放的地区主义原则下支持各种一体化进程,指出一体化进程的成果应有益于社会各阶层的利益。在吸引外资方面,《纪要》强调建立开放有序的金融市场的重要性,呼吁发达国家和国际金融机构积极推进世界金融体系的完善。在贫困和可持续发展方面,《纪要》认为消除贫困是可持续发展的组成部分,主张推动一切有助于民众生活水平提高的经济和社会计划,并确保经济、社会和环境目标的平衡。

此外,《纪要》还阐述了里约集团在中美洲、巴拿马运河、反腐败、拉美国家共同体、国际合作、科学技术合作、文化和教育合作等问题上的基本立场。

五　主要活动

里约集团的前身孔塔多拉集团和利马集团,曾经积极参与中美洲和平进程的斡旋和调解工作,对中美洲和平进程的实现发挥了重要作用。里约集团成立后,逐渐成为各成员国首脑和外长进行交流和沟通的平台,其政治磋商和协调机制也已成为影响拉美地区政治和经济格局的决定性因素。在成立后的20多年里,里约集团一直对拉美重大问题给予密切关注,为这些问题的解决进行着不懈努力,力争统一立场,并及时作出反应。截至2009年,里约集团共召开了22次首脑会议。

(一)20世纪80年代:确立首脑会议为最高磋商机制,重点关注地区安全和外债问题

1987年4月,八国集团在阿根廷的巴里洛切举行首次外长会议,宣布集团的主要任务是在成员国之间就共同行动进行磋商和协调。除了中美洲问题外,会议提出了拉美大陆所面临和需要解决的一系列重大政治、经济、社会问题。1987年8月,八国集团在巴西利亚举行的第2次外长会议上一致认为应当提高八国政治协商的级别,决定于1987年底在墨西哥举行八国集团首脑会议。

1987年11月,八国集团第1次首脑会议在墨西哥阿卡普尔科举行。这是拉美历史上第一次由拉美国家自行召开的首脑会议。与会领导人主张加强成员国之间的磋商,增强团结;在解决有关拉美问题时注重协调立场,相互支持;主张债务双方共同承

担义务以解决债务问题；决定今后每年举行一次会晤。会议发表《争取和平、发展和民主的阿卡普尔科协议》，阐述了与会国对当前拉美在政治、经济、社会等领域所面临的重大问题的立场，尤其表明了与会国对拉美债务问题、中美洲危机以及拉美一体化进程的基本看法。协议认为，拉美面对的重大挑战包括：维护地区和平与稳定；巩固民主与尊重人权；使各国重新走上可持续发展道路；解决外债问题；建立公正、公开的国际贸易体系，消除贸易保护主义的危害；推动拉美的一体化进程；确保拉美国家更有效地参与世界经济；推动拉美科学技术实现快速、独立的发展；加强八国乃至整个拉美的谈判能力；明确拉美的文化特质。本次首脑会议接受古巴与会，标志着八国集团敢于突破意识形态的差异，把整个地区的团结与合作视为其最高目标。

协议规定八国集团的奋斗目标是：推动国际裁军与安全；增强相互信任，解决拉美的地区问题与冲突；通过合作与协商捍卫、加强和巩固民主制度；加强与拉美以及拉美之外的国家和国家集团的政治对话；通过协调自身立场来加强国际社会的多边主义与民主；推动建立和平区与合作区；推动拉美的一体化与合作进程，以便加强地区的独立自主；采取更为积极有效的措施消除极端贫困；在打击贩毒和恐怖主义方面加强合作。

1988 年 10 月，八国集团第 2 次首脑会议在乌拉圭埃斯特角举行。会议通过的《埃斯特角宣言》强调该组织的目标是"和平、安全、发展、民主"；呼吁国际事务决策实现民主化，尊重各国主权，建立国际关系新秩序；坚持和平解决中美洲地区冲突的原则；主张债权国和债务国共同承担责任，把债务问题视为政治问题，通过谈判解决；推动拉美地区的一体化；促进国际贸易，反对保护主义；保护环境；坚决进行反毒品斗争。

20 世纪 80 年代后半期，地区安全仍是八国集团最为关注的问题之一。围绕中美洲问题，八国集团展开了广泛的磋商与频繁的调停。它在 1987 年初就中美洲局势发表公报，呼吁通过外交和政治途径推动中美洲实现和平，敦促冲突各方尊重人民的和平意愿。此后，八国集团成员国外长与联合国秘书长德奎利亚尔、美洲国家组织秘书长苏亚雷斯组成"十人和平使团"，共同促进中美洲的和平进程。1987 年 9 月，八国集团、中美洲五国、美洲国家组织秘书长和联合国秘书长举行会议，成立中美洲委员会，目的是推动执行中美洲和平协议。1988 年和 1989 年的八国集团首脑会议分别发表《埃斯特角宣言》与《伊卡声明》，强调坚持和平解决中美洲地区冲突的原则，反对地区外部势力干预中美洲事务。

八国集团还针对其他涉及地区安全的热点问题表明自身的立场。对于引发阿根廷与英国战争的马尔维纳斯群岛（以下简称"马岛"）问题，它在 1987 年发表的《阿卡普尔科声明》中明确表示支持阿根廷对该群岛享有主权。1988 年 2 月，它发表声明，要求英国停止在马岛举行军事演习。此后，八国集团成员国外长联合致函联合国秘书长，对英国将在马岛举行军事演习表示深切不安；呼吁英国放弃演习，与阿根廷就该群岛的主权归属问题重开谈判。1989 年 12 月，随着美军入侵巴拿马，巴拿马问题成为不利于拉美地区安定的又一热点问题。早在 1987 年，八国集团在《阿卡普尔科声明》中就要求美国按期把巴拿马运河归还巴拿马政府。1989 年 8 月，针对巴拿马国内动荡的政治局势，它通过发表声明呼吁对立各方通过谈判解决危机；同年 11 月，它又在美洲国家组织大会上提出把举行民主选举作为解决巴拿马国内问题的途径，反对该组织一些成员国制裁巴拿马的做法。美军入侵事件发生之后，它迅速予以谴责，要求美国从巴拿马撤出军队，并在 1990 年暂停巴拿马的成员国资格，在该国于 1994 年进行民主选举后才予以恢复。

20 世纪 80 年代的债务危机对拉美各国经济造成巨大冲击，

沉重的债务负担成为拉美经济增长的最大制约因素，合理解决债务问题受到拉美国家普遍关注。八国集团首脑会议在 1987 年发表的《阿卡普尔科声明》中，主张债权国与债务国共同承担责任，通过谈判合理解决债务问题，认为集团成员国有权根据自身能力确定偿还债务利息的限额。八国集团首脑会议在 1988 年发表的《埃斯特角宣言》主张把债务问题当做政治问题对待，由债权国和债务国通过谈判解决，同时呼吁拉美国家定期与工业化国家进行政治对话，推动建立公正合理的国际贸易体制。1988 年 12 月，八国集团在里约热内卢举行财长会议，专门研究债务问题。1989 年 3 月，八国集团成员国第 10 次外长会议呼吁发达国家和国际金融机构向拉美国家提供更优惠的贷款条件。此后举行的八国集团财长会议发表一份文件，提出关于减轻拉美国家外债、降低利息的谈判方案，供拉美国家参考。对于美国提出的"布雷迪计划"，八国集团认为是一个积极的举措，因为该计划第一次把减少债务国的债务纳入美国的外债战略之中。

这个时期，八国集团还关注本地区的经济和社会发展，积极推动拉美各国实现地区一体化。它在《阿卡普尔科声明》中呼吁拉美各国共同努力，推动拉美的政治和经济一体化进程加速发展。1989 年 12 月，八国集团第 11 次外长会议在布宜诺斯艾利斯举行。会上发表的《布宜诺斯艾利斯宣言》为加速拉美一体化进程提出一系列步骤。1989 年 10 月，八国集团第 3 次首脑会议再次呼吁推动拉美一体化，使地区各国通过团结协作共同应对挑战。

（二）20 世纪 90 年代以来：努力扩大影响力，关注领域更为广泛

20 世纪 90 年代以来，里约集团（八国集团在 1990 年正式更名为里约集团）着力推动拉美的经济一体化进程，同时继续把注意力投向债务、地区安全、反恐怖主义、打击

毒品制售等重大问题，团结拉美各国共谋发展。与此同时，里约集团在国际多边舞台上也日趋活跃，它通过积极参与国际事务，代表拉美发出自己的声音，扩大了拉美的国际影响力。

随着更多拉美国家的加入，里约集团具备了更为充分的地区代表性。1990 年，厄瓜多尔、智利、玻利维亚和巴拉圭国被接纳为成员国。里约集团还邀请中美洲和加勒比两大地区各自委派一国作为地区代表参与其活动。2000 年，多米尼加、哥斯达黎加、洪都拉斯、萨尔瓦多、尼加拉瓜和危地马拉被接纳为成员国。2005 年，伯利兹被接纳为成员国。秘鲁和巴拿马曾因其国内局势一度被暂停成员国资格，后分别于 1993 年和 1994 年恢复成员国资格。

进入 21 世纪，里约集团以推动各成员国之间的对话与协商，共同应对本地区在政治稳定、经济发展、消除贫困等领域面临的挑战为己任，愈来愈成为把拉美推向繁荣和民主的重要地区机制。在国际舞台上，里约集团致力于推动建立公正、合理的国际新秩序，成为维护拉美国家独立、主权和合理权益的代言人，在全球化进程中积极发挥应有的作用，日益受到国际社会的重视。

2001 年 8 月，里约集团第 15 次首脑会议在智利首都圣地亚哥举行。会议发表的《圣地亚哥声明》高度评价集团成立 15 年来取得的成就，肯定了集团在处理地区事务和维护本地区利益方面发挥的积极作用，阐明了成员国对当今世界重大问题的共同立场，同时也确定了该集团在新世纪里的行动规划，强调各成员国应通过政治协商加强一体化建设，共同应对全球化和新经济的挑战。《圣地亚哥声明》强调，在全球化不断推进、国与国之间相互依存度越来越高的形势下，里约集团的成员国比以往任何时候更需要加强团结，对国际事务做出一致、有效和迅速的反应，从而更好地维护拉美国家的利益和提高自身地位。

1. 捍卫民主体制

里约集团是拉美各国民主体制的坚定支持者，强调维护民主和进一步完善民主体制的重要性，呼吁拉美各国采取有效措施以加强民主制度，坚决反对军事政变。1997 年 8 月，第 11 次首脑会议发表《亚松森声明》，重申尊重和捍卫民主的承诺。各成员国一致认为，有必要对法制下的民主规则实行监督；当某一成员国违反宪法秩序时，成员国应当就此召开外长会议商讨应对之策。

里约集团长期关注海地局势。1991 年，海地发生军事政变。里约集团第 5 次首脑会议通过发表声明，重申严格执行美洲国家组织的决议，继续实行禁运，直至阿里斯蒂德（Jean-Bertrand Aristide）总统恢复合法权利。1993 年，里约集团外长会议支持阿根廷前外长卡普托作为联合秘书长的代表为恢复海地的民主制度而进行斡旋。1994 年 9 月，第 8 次首脑会议发表《关于海地局势的声明》，谴责海地军事政变当局拒不交权的顽固态度，呼吁和平解决危机，立即恢复民选政府。海地国内局势在 2004 年初陷入动荡之后，轮值秘书国巴西代表里约集团发表声明，呼吁海地各派政治力量捍卫民主制度，支持美洲国家组织等国际组织进行调解，并建议海地总统阿里斯蒂德重新举行大选。2004 年 11 月，在巴西举行的第 18 次首脑会议发表声明指出，里约集团将全力帮助海地恢复政治稳定与社会和解，为海地恢复民主、和平、实现经济发展创造条件。里约集团决定在联合国采取紧急行动时予以配合，以尽快完成联合国维和部队在海地的全面部署，同时争取在联合国的新决议中明确维和部队的责权，使之适应海地国内局势的需要。它还游说世界银行、国际货币基金组织、美洲开发银行和承诺捐款国，推动它们尽快为恢复海地的稳定提供资金。2005 年 8 月，里约集团外长会议再次承诺为持久解决海地危机提供合作，希望海地如期举行自由、透明的总统大选。勒内·普雷瓦尔（René Préval）在 2006 年 2 月当选海地总统，里约集团迅速发表声明，表示支持海地新政府，愿意帮助海地解决严重的社会经济问题。2008 年，海地发生因粮价飞涨而引发的暴力抗议，总理雅克·爱德华（Jacques-Édouard Alexis）因为应对危机不力而被议会罢免。里约集团在同年 4 月发表声明，重申对普雷瓦尔总统的支持，呼吁尽快组建新内阁以便稳定形势，继续支持国际社会为推动该国实现可持续发展而实施的各项行动。

1992 年，秘鲁总统藤森发动"自我政变"，强行解散国会并重新进行国会议员选举，里约集团随即宣布中止秘鲁的成员国资格。2000 年 9 月，由于爆出国家情报局局长蒙特西诺斯用金钱收买反对党议员的丑闻，秘鲁国内形势趋于紧张。里约集团发表声明，呼吁秘鲁各方维护国内民主进程。里约集团还在 2004 年支持秘鲁各方政治力量化解国内政治危机，支持托莱多总统为巩固秘鲁民主制度所做的努力，欢迎他提出的有关社会各界举行广泛磋商的积极倡议。

2002 年 4 月，委内瑞拉发生军事政变。正在哥斯达黎加举行的里约集团第 16 次首脑会议临时改变议程，在共同磋商的基础上发表《关于委内瑞拉局势的声明》，强烈谴责政变集团用武力中断宪制的做法，敦促政变当局尽快恢复民主体制，在宪制的框架下通过和平与对话的方式来解决国家所面临的危机，并要求召开美洲国家组织特别会议，依据该组织的民主条款采取共同的立场。随后，里约集团成员国领导人也纷纷发表讲话，指出不能用政变解决国家的政治危机。2002 年 10 月，里约集团针对委内瑞拉国内的不稳定局势再度发表声明，支持委内瑞拉宪政体制和民选总统乌戈·查韦斯（Hugo Chávez），呼吁委内瑞拉各政治力量进行对话，在和平与民主的基础上解决问题。2003 年 2 月，里约集团在利马发表公报，支持委内瑞拉政府和民主协调机构的代表签署有关反对暴力、争取和平与民主的声明，进一步呼吁各方维护国家的民主政治架构。2003 年 5 月，里约集团成员国领导人在首脑会议期间赞赏委内瑞拉总统查韦斯与反对派达成有关举行全民公决的协定。

玻利维亚局势在 2008 年出现动荡。反对派因不满莫拉莱斯政府的经济和社会政策，发动大规模示威抗议活动，造成严重的人员伤亡；圣克鲁斯省等东部富裕省份试图摆脱中央政府控制，实现自治。针对这一情况，里约集团在 2008 年 4 月发表声明，重申支持玻利维亚的民主体制，支持民选政府及其维护宪政和领土完整的努力，表示愿意帮助玻利维亚缓解危机。

2009 年 6 月底，洪都拉斯发生军事政变。里约集团在政变发生当天发表声明，谴责军事政变，反对破坏宪法和民主秩序的行径，呼吁各方通过谈判解决危机，要求恢复塞拉亚的总统职务。6 月 29 日，它在尼加拉瓜举行成员国首脑紧急会议，讨论洪都拉斯局势。此后，它与中美洲一体化体系、"美洲玻利瓦尔联盟"在尼加拉瓜紧急召开联合会议。轮值秘书国墨西哥表示，里约集团不承认任何通过军事政变上台的政府，要求洪都拉斯最高法院立即无条件恢复塞拉亚的总统职务。

2. 继续关注地区安全问题

维护地区安全、捍卫拉美国家民族利益一直是里约集团的关注重点。20 世纪 90 年代，里约集团继续支持阿根廷拥有对马岛的主权；强调在巴拿马驻扎的外国军队必须遵守巴拿马和美国有关巴拿马运河的规定，不得干涉巴拿马主权事务；支持巩固中美洲的和平进程。里约集团一贯主张拉美国家增强信任，多次在首脑会议上呼吁地区各国采取有效措施，限制常规军备，避免引发军备竞赛。

进入 21 世纪，里约集团继续为维护地区和平与安全发挥积极作用。它支持哥伦比亚政府及有关各方实施的和平进程。它在 2001 年发表公报，对哥伦比亚政府与游击队恢复和平谈判表示肯定。2005 年 8 月，里约集团外长特别会议对哥伦比亚政府成功解除右翼准军事力量"哥伦比亚联合自卫军"的武装表示祝贺,并支持美洲国家组织对哥伦比亚和平进程的调解工作。2008年7月,遭反政府游击队"哥伦比亚革命武装力量"扣押的、包括前哥伦比亚总统候选人英格丽德·贝当古(Íngrid Betancourt Pulecio)在内的15名人质被哥伦比亚军方解救。里约集团随即发表声明,向哥伦比亚政府成功地实施营救行动表示祝贺。同时,它呼吁"哥伦比亚革命武装力量"立即无条件释放所有人质,通过与政府进行对话结束持续多年的暴力冲突。

里约集团在2008年成功调解因哥伦比亚越境打击反政府游击队而引发的外交危机。2008年,哥伦比亚军队进入厄瓜多尔境内打击"哥伦比亚革命武装力量"。厄瓜多尔、委内瑞拉和尼加拉瓜对此做出强烈反应,宣布断绝与哥伦比亚的外交关系。里约集团为解决这一危机展开斡旋。同年3月,它在多米尼加举行的第20次首脑会议上利用上述四国总统与会的契机,全力进行调解。会议发表的《圣多明各宣言》谴责哥伦比亚的越境军事打击行动,呼吁拉美各国和平共存、通过对话方式解决威胁地区和平与安全的争端。哥伦比亚在宣言中就越境军事行动向厄瓜多尔致歉,并承诺永不采取类似行动。此次首脑会议对这一危机得到和平解决起到了重要作用。

里约集团认为恐怖主义对拉美国家的民主制度和社会稳定构成严重威胁,主张坚决打击各种形式的恐怖主义。1992年3月,里约集团外长会议发表声明,呼吁拉美国家采取措施,共同应对威胁地区和平的国际恐怖活动。1997年8月,第11次首脑会议重申反对恐怖主义,对秘鲁人质被劫持危机的解决表示满意。"9·11"事件发生后,里约集团立即发表声明,对恐怖主义行径予以强烈谴责。里约集团主张成员国之间应加强情报交流,采取行动预防和制止对恐怖主义行为的资助,并在协商一致的基础上明确拉美国家打击恐怖主义的共同立场。2001年11月,里约集团外长发表共同声明，重申坚决支持成员国在《联合国宪章》、联合国安全理事会各项决议和适用的国际文书的框架内行使合法自卫权利，采取行动，打击恐怖主义；强调恐怖主义违反国际原则和价值，破坏《联合国宪章》和《美洲国家组织宪章》。2002 年 4 月举行的第 16 次首脑会议发表《圣何塞声明》，强烈谴责各种形式的恐怖主义，同时强调国际反恐斗争必须在尊重人权、国际人道主义和联合国原则的条件下进行。

拉美是世界上第一个全面禁止生产、储存和拥有核武器的地区。里约集团一直希望通过阻止出现大规模杀伤性武器来增强本地区国家的安全与信任，十分重视在全球范围内阻止核扩散，呼吁世界各国遵守《不扩散核武器条约》和《全面禁止核试验条约》，实施全面裁军，彻底销毁核武器。在 2001 年举行的第 15 次首脑会议上，里约集团再次强调《特拉特洛尔科条约》（即《拉丁美洲禁止核武器条约》）的重要性。同时，里约集团主张禁止向非国家行为体出售小型和轻型武器，停止使用针对人体的地雷，打击国际市场的非法军火交易。

3. 推动拉美一体化进程

20 世纪 90 年代，世界各国的相互依赖不断加强，世界经济向着集团化、区域化的方向加速发展。为适应新的世界形势，拉美各国对以往的经济发展战略进行深入反思。里约集团认为，拉美各国普遍面临着内部经济的不稳定性和外部经济的脆弱性，抵御各种危机的能力较弱，一体化是拉美国家共同发展经济、增强自身竞争力的最佳选择。1990 年 10 月，第 4 次首脑会议发表《加拉加斯声明》，主张拉美国家加快地区一体化进程，加强地区能源、原料等方面的合作。国际舆论将其视为拉美和加勒比地区政治和经济一体化进程的重要里程碑。此次首脑会议表明里约集团已经开始在拉美一体化问题上发挥政治指导作用，成为推动拉美一体化进程的政治基础。

1991 年 12 月，第 5 次首脑会议表示将加速推动拉美一体化进程，以便在 2000 年实现建立西半球自由贸易区的目标。1994 年 9 月，第 8 次首脑会议发表的《里约热内卢宣言》，总结了地区一体化进程取得的成绩。1995 年 9 月，第 9 次首脑会议通过了创建拉美国家共同体的意向书，规定应建立一种可协调各种一体化进程和行动的机构框架，为逐步建立一个共同体和实现拉美一体化奠定基础。1996 年 9 月，第 10 次首脑会议重申建立"开放、平等、透明"的多边贸易体制的主张，支持在 2005 年建立美洲自由贸易区。1997 年 8 月，第 11 次首脑会议肯定了拉美近年来经济一体化融合发展的趋势，认为一体化不但可以扩大贸易，还有益于社会各阶层和整个地区协调发展。2003 年，第 17 次首脑会议发表《库斯科纪要》。它认为，在经济全球化加速发展的背景下，拉美国家要打破以往的习惯做法，采取更为积极灵活的战略方针，进一步加强团结与合作，共同应对所面临的各种挑战。2004 年 8 月，里约集团外长会议决定推动建立"灵活和创新"的金融机制，以扩大公共和私人部门在拉美国家的投资，加快拉美地区基础设施的一体化建设。

4. 为克服金融危机出谋划策

里约集团在 20 世纪 90 年代一直关注地区金融形势的变化，主张各国合作应对本地区的金融危机。墨西哥在 1994 年爆发金融危机，给拉美地区经济发展带来了极为不利的影响；东亚金融危机在 1997 年爆发，并呈现波及世界其他地区之势。针对上述情况，1998 年举行的里约集团第 12 次首脑会议发表《巴拿马声明》，呼吁国际货币基金组织、世界银行、美洲开发银行等国际金融机构和发达国家政府采取切实措施，防范和抑制国际金融形势进一步恶化。与会各国首脑担心国际金融危机可能加剧，从而导致世界性经济衰退。为此，他们一方面呼吁出现金融危机的国家采取积极措施应对，另一方面希望发达国家和国际金融机构予以有力支持，以扭转目前的局势。2000 年 6 月，在哥伦比亚举行的里约集团第 14 次首脑会议发表《支持建立有序、稳定的国际金融体系的声明》。它认为，国际金融市场的迅速发展及短期资本的不稳定性意味着各国应当设立必要的国际资金储备，以避免经济危机及金融动荡给各国经济造成严重后果。国际金融组织应积极改善信贷条件，提供必要的经济援助，推动建立稳定的金融市场，从而使陷入危机的国家的经济尽早得以复苏。

2008 年，全球金融危机的爆发给拉美经济带来巨大的负面影响。针对这一情况，里约集团呼吁建立一种全球性经济预警机制。在 2008 年 11 月举行的联合国发展筹资问题后续国际会议上，墨西哥外交部长埃斯皮诺萨代表里约集团指出，世界各国必须公正应对全球金融危机，消除危机向各国、特别是发展中国家传导的途径；世界金融体系应当接受改革，以免突发性经济危机损害发展中国家的利益；发达国家不应在金融危机爆发的情况下削减对发展中国家的已承诺援助，以免损害它们为实现千年目标所做出的努力。

5. 跨越意识形态障碍，积极寻求与古巴的合作

里约集团愿意与古巴开展广泛合作。1992 年 12 月，第 6 次首脑会议发表《布宜诺斯艾利斯声明》，指出美国国会通过对古巴实施经济和贸易封锁的"托里切利法"违犯国际法准则，侵犯国际社会成员主权。里约集团在 1994 年发表的《关于古巴问题的声明》中明确要求美国停止对古巴的经济封锁，主张古美两国进行建设性对话。1995 年 9 月，第 9 次首脑会议谴责美国对古巴实行的封锁政策。1996 年 5 月，里约集团第 15 次外长会议发表公报，强烈反对美国国会通过的旨在强化对古巴经济制裁的"赫尔姆斯—伯顿法"，认为该法案无视世界其他国家主权的基本原则，践踏国际法，与西半球各国应当友好相处的精神相悖。里约集团决定协调行动，把"赫尔姆斯—伯顿法"提交海牙国际法庭进行审议。此后，1996 年举行的第 10 次首脑会议和 1998 年举行的第 12 次首脑会议再次强烈谴责"赫尔姆斯—伯顿法"。

2008 年年底，里约集团正式接纳古巴为成员。

6. 推动建立合理的世界贸易体制

里约集团一直呼吁建立公正合理的世界自由贸易体系，要求发达国家减少贸易壁垒，希望通过《关贸总协定》的谈判制止保护主义，消除贸易扭曲现象，建立一个更加开放的和具有活力的多边贸易体制，进而帮助拉美国家巩固民主制度和实现社会发展。

1993 年 9 月，里约集团成员国外长就"乌拉圭回合谈判"问题发表《蒙得维的亚声明》，对里约集团成员国在农产品、纺织品、热带产品、自然资源等领域的贸易状况表示担忧；要求发达国家进一步开放市场，减少对出口产品的内部补贴；呼吁贸易大国迅速做出结束谈判的决定，并使谈判结果兼顾各方的利益，推动国际贸易的开放和增长。1993 年 10 月，第 7 次首脑会议发表《圣地亚哥声明》，强烈谴责发达国家的贸易保护主义，呼吁在 1994 年到来之前结束乌拉圭回合谈判。1993 年 12 月，里约集团在瑞士日内瓦发表声明，对"乌拉圭回合谈判"的部分谈判结果表示不满，呼吁西欧和北美国家允许更多的拉美纺织品、糖和香蕉进入其市场。

随着经济全球化的加速发展，拉美国家愈来愈强烈地感受到发达国家的关税壁垒和贸易保护主义对其经济发展的严重制约。里约集团把扩大对外贸易视为降低失业、吸引投资、提高竞争力和吸收新科技的最佳途径；主张建立更加公正的世界经济秩序，实现真正的自由贸易；呼吁发达国家取消贸易壁垒，向拉美国家全面开放农产品和劳务市场。2002 年 4 月，第 16 次首脑会议发表的《圣何塞声明》要求发达国家向拉美国家产品和劳务出口，特别是农产品开放市场；取消关税和非关税贸易壁垒以及不合理的补贴；对拉美一些小国给予特别待遇；合理解决发展中国家的债务问题。2003 年 5 月，第 17 次首脑会议发表的《库斯科纪要》指出，工业化国家的关税壁垒和贸易保护主义制约了拉美经济发展；发达国家应当取消贸易壁垒，向拉美国家全面开放农产品和劳务出口市场；国际货币基金组织、美洲开发银行等国际金融机构在债务重组方面应向拉美国家提供帮助。

7. 关注联合国改革问题

早在 20 世纪 90 年代初，里约集团首脑会议就曾多次讨论联合国改革问题。1991 年 12 月，第 5 次首脑会议发表的声明强调，有必要增强联合国的活力，联合国体制应通过改革使之能适应国际社会新的需要和有利于世界各国的广泛参与。1994 年 9 月，第 8 次首脑会议发表《里约热内卢宣言》，首次阐明里约集团对联合国安理会改革的立场，提出"完善决策机制、增加透明度和实现民主化"的改革目标，主张安理会的组成应当具有"均衡性和代表性"，拉美和加勒比地区应享有比例适当的席位。

进入 21 世纪以来，里约集团不断呼吁对联合国章程进行修订，增强联合国的权威性，使联合国成为一个更有影响力、更民主、更有效的机构，使重大国际问题能够在联合国的框架下通过多边途径得到妥善解决。2004 年，第 18 次首脑会议发表的《里约热内卢宣言》指出，新的国际形势迫切需要联合国通过实施改革增强自身的作用，联合国大会、安理会和经济与社会理事会尤其需要加强自身应对危及世界和平的突发事件的能力。同时，里约集团还主张对国际货币基金组织、世界银行、世界贸易组织等世界性的金融及贸易机构进行改革。

8. 主张对贩毒活动予以严厉打击

里约集团坚决支持拉美各国同毒品制售行为作斗争，指出反毒斗争需要西半球国家的共同努力，应在完全尊重各国法律和国际公约的基础上进行，毒品消费国应付出更多的努力。1990 年

10 月，第 4 次首脑会议发表《反毒品联合声明》。1996 年 9 月，第 10 次首脑会议呼吁国际社会加强在禁毒领域的对话与合作，强调毒品生产、过境和消费国"分担责任"的原则，要求在禁毒斗争中采取"综合战略"，充分考虑经济和社会因素，为改善受禁毒影响的农村地区的生活条件提供机会。1997 年 8 月，第 11 次首脑会议重申各成员国与贩毒行为作斗争的意愿，指出反毒斗争需要整个西半球的共同努力。在反毒斗争中，里约集团对美国政府的一些做法提出批评。1996 年，美国以哥伦比亚总统桑佩尔（Ernesto Samper Pizano）同贩毒集团有联系为名，禁止他入境美国。里约集团对美国的这一决定表示遗憾和忧虑。1998 年 9 月，第 12 次首脑会议发表《巴拿马声明》，反对美国对别国反毒斗争每年进行评估的做法。2003 年，第 17 次首脑会议发表的《库斯科纪要》指出，拉美国家有必要建立国家间的合作机制，相互交流经验，互通情报，从而更有效地打击各种犯罪、尤其是有组织的跨国犯罪活动。

9. 反对武力解决国际争端

1999 年，北约在没有得到联合国授权的情况下对南斯拉夫发动空袭。里约集团发表公报，对北约空袭南联盟深表担忧，特别是对北约没有遵循国际法准则及联合国宪章有关规定，用武力解决科索沃问题表示遗憾。里约集团要求冲突各方在尊重科索沃地区各民族人权和各国领土完整的基础上，尽快恢复对话，重建地区和平。

里约集团反对美国出兵攻打伊拉克。在伊拉克战争爆发之前，里约集团支持联合国在伊拉克进行的武器核查工作。它在 2003 年 2 月表示，应给联合国核查小组更多的时间进一步完成核查工作，而联合国安理会是唯一有权决定是否对伊拉克动武的机构。里约集团成员智利和墨西哥当时担任安理会非常任理事国。两国都坚持用外交途径解决伊拉克问题，并表示将投票反对安理会授权美国出兵伊拉克。2003 年 4 月，里约集团"三驾马车"秘鲁、巴西和哥斯达黎加三国外长呼吁尽早结束伊拉克战争。

10. 推动解决社会问题，重视应对气候变化

里约集团在新世纪对社会问题给予了更多的关注。2002 年 4 月，第 16 次首脑会议把家庭和反贫困列入会议议题。会议指出贫困和社会不公正是对社会稳定的潜在威胁；反贫困已成为全球的共同责任，更是关乎拉美国家安定与发展的重大任务；提出应当把自由贸易视为解决贫困问题的基础，并主张在拉美建立合作扶贫机构。2003 年 5 月，第 17 次首脑会议发表《库斯科纪要》，再次强调消除贫困是拉美地区的重要任务之一。与会各国领导人认为，拉美一些国家在近年出现的社会动荡与贫困问题密切相关，因此，各国政府应关注贫困问题，增加就业，帮助弱势群体逐步摆脱贫困，不断改善其生活条件。

里约集团在近年重视应对气候变化。2008 年 12 月，轮值秘书国墨西哥代表里约集团发表公告，呼吁拉美国家加强合作，以应对全球气候变化带来的气象灾害等后果。里约集团承诺将对国际社会应对全球气候变化的行动做出快速反应，将建立紧急状态下地区互助体制，并通过最大限度地集中各成员力量来降低自然灾害对本地区生产生活造成的负面影响。

六　对外关系

里约集团主张在国际事务中奉行多边主义原则，特别强调各国主权平等、法律地位平等和相互尊重的原则。里约集团在与美国保持协商与合作的同时，反对后者在贸易、人权、环保等领域采取的"单边主义"做法，反对美国每年审查拉美国家是否在打击毒品走私方面进行合作的做法，反对美国通过"赫尔姆斯—伯顿法"制裁那些与古巴保持经贸往来国家的做法。

里约集团与欧盟举行年度部长级会议，还分别与中国、印度、东南亚国家和海湾合作委员会在联合国大会期间进行定期会晤。1990 年，里约集团与中国外长举行首次对话。1995 年，里约集团外长与印度外长、东南亚国家联盟成员国外长以及海湾合作委员会成员国外长分别举行首次对话。此外，里约集团代表拉美和加勒比国家在联合国范围内与加拿大、韩国、乌克兰、以色列、伊朗等国分别举行外长磋商，并同国际货币基金组织、世界银行和世界贸易组织开展积极的对话。

里约集团曾经与苏联和东欧六国建立外长会晤机制。1990 年 4 月，里约集团与苏联和东欧六国（保加利亚、捷克斯洛伐克、波兰、匈牙利、民主德国和罗马尼亚）在布达佩斯举行外长会议，就两个地区及世界形势交换看法。

（一）与欧盟的关系

里约集团在成立初期就注重发展与欧共体的关系。它在 2000 年 6 月发表的《卡塔赫纳声明》指出，加强同欧盟的合作将使拉美国家更有效地参与国际事务，在全球化进程中发挥自己应有的作用。

1989 年 4 月，八国集团与欧盟的前身欧共体在西班牙举行外长会议，探讨解决拉美债务危机的途径以及如何进一步发展欧共体与拉美的经贸联系。1990 年 12 月，里约集团与欧共体签署《罗马宣言》，决定使双方的部长级对话机制化。两组织成员国的外交部长每两年举行一次会议，会议地点在两地区之间轮换。在拉美—欧盟国家首脑会议于 1999 年创立之前，这一对话制度是拉美和欧洲之间唯一的政治对话机制。1991 年 4 月，里约集团和欧盟/欧共体首次部长级会议在卢森堡举行。截至 2009 年，双方共举行了 14 次部长级会议。

里约集团与欧盟通过定期举行部长级会议在联合国改革、反恐怖主义、环境保护、反对治外法权、维护人权等问题上取得了许多共识，同时希望加强在反种族歧视、扶贫、增加就业、打击贩卖人口等领域的合作。里约集团与欧盟在 1998 年共同发表的《巴拿马声明》明确把尊重人权、民主原则和政治多元化视为政治合作和对话的基础。在经贸方面，双方谋求建立有效的合作机制，推动拉美和欧洲国家在共同感兴趣的领域开展合作。里约集团强烈反对欧盟国家的贸易保护主义以及在贸易中附加政治条件、限制资金提供和技术转让的做法；欧盟则希望包括里约集团成员国在内的拉美国家注重保护知识产权和环境。欧盟表示支持拉美的区域一体化进程，愿意为其提供政策与资金支持；里约集团支持欧盟与墨西哥和智利达成自由贸易协定，支持欧盟与南方共同市场就签署"联系协定"以及与加勒比国家就签署《经济伙伴协定》展开谈判。在毒品问题上，双方达成原则共识：扫毒是毒品生产国和毒品消费国的共同责任；尊重主权；发展农业以替代毒品作物。在解决当今国际社会面对的恐怖主义、大规模杀伤性武器扩散等问题时，双方均拥护多边主义，主张把多边合作视为应对危机与挑战的最有效方式。

2009 年 5 月，里约集团与欧盟第 14 次部长级会议在捷克举行。来自 27 个欧盟成员国和 21 个里约集团成员国的外交部长或其代表出席会议。双方就甲型 H1N1 流感疫情、全球气候变化、恢复金融市场稳定、能源安全、打击有组织犯罪、加强经贸合作等问题进行讨论，并通过多项声明。会议发表的一项联合声明表示，两组织将以可持续的方式保障能源安全和应对气候变化，推动世界恢复金融稳定和实现经济增长。在经贸合作方面，欧盟呼吁双方在商品、服务和投资的自由流动方面进一步加强合作，以应对全球经济危机的冲击。在打击有组织犯罪方面，欧盟表示将向拉美国家提供帮助，以促进该地区的稳定。两组织表示将继续采取有力措施，以便克服流感疫情对各国社会和经济生活带来的不利影响。下届部长级会议将于 2011 年在智利举行。

（二）与中国的关系

里约集团重视与中国的关系，双方的合作领域不断扩大。里约集团认为中国在国际社会的影响力日益增强；中国认为里约集团是发展中国家的一支重要政治力量，是拉美地区最重要的政治磋商和协调机制，对于维护地区和平与稳定、加强区域团结与合作、促进经济发展发挥了积极作用。中国和以里约集团为首的拉美国家都主张平等对话、互利合作，在推动世界走向多极化、建立国际新秩序等重大问题上有着广泛的一致利益。

中国和里约集团利用外长对话机制定期就共同关心的重大国际问题交换看法，加强在联合国等多边机构中的相互合作，密切政治协调。1990 年 9 月，里约集团与中国在联合国总部举行首次外长对话。1991 年 9 月，第 2 次外长对话在联合国总部举行。从 1993 年起，里约集团与中国的外长对话每年都在联合国总部举行。2000 年是中国与里约集团建立对话关系 10 周年。里约集团 "三驾马车"哥伦比亚外长费尔南德斯（Guillermo Fernández de Soto）、墨西哥外长格林（Rosario Green）和智利外长阿尔维阿（Soledad Alvear Valenzuela）应邀集体访华。2007 年 9 月，杨洁篪外长在第 62 届联大期间同里约集团成员国外长举行第 17 次外长对话。双方积极评价中拉关系和中国与里约集团的关系，希望进一步深化双边合作。中国感谢里约集团多数成员坚持一个中国政策，反对台湾当局搞 "入联公投"和推动 "入联"。

第四章

拉丁美洲和加勒比禁止核武器组织

拉丁美洲和加勒比禁止核武器组织（以下简称"拉美禁核组织"）成立于 1969 年，是依照《拉丁美洲禁止核武器条约》成立的政府间组织，是监督该条约实施的执行机构。原名为"拉丁美洲禁止核武器组织"。总部设在墨西哥城，墨西哥为存约国。

一 成立背景和经过

1962 年 10 月"古巴导弹危机"之后，拉美许多国家都认为，世界所面临的中心政治问题是设法阻止核武器扩散，因此巴西、玻利维亚、厄瓜多尔和智利向第 17 届联合国大会提出了关于建立拉丁美洲无核区的提案。1963 年 4 月，墨西哥、巴西、智利、厄瓜多尔和玻利维亚五国总统各自发表声明，要求拉美国家缔结一项多边协议，使拉美地区尽快成为无核区。同年 11 月，包括上述五国在内的 11 个拉美国家再次向第 18 届联合国大会提出关于建立拉美无核区的提案，并获得通过。

1964 年 11 月，拉美 17 国在墨西哥城召开会议，决定成立拉美无核区筹备委员会。1965 年 3 月，18 个拉美国家在墨西哥城举行拉美无核区筹备委员会第 1 次会议（大使级会议）。会议设立了一个机构来草拟无核化条约，并决定成立 3 个工作组负责确定拉丁美洲执行条约的地理区域，研究采取何种监督、检查和视察办法来保证条约的执行和使世界核大国保证遵守这个条约，还成立了一个由各国驻联合国代表组成的特别代表团同核国家接洽，要求它们不要在南美大陆生产核武器。同年 8 月，拉美无核区会议在墨西哥城召开。1967 年 2 月 14 日，巴拿马、秘鲁、玻利维亚、厄瓜多尔、哥伦比亚、哥斯达黎加、海地、洪都拉斯、墨西哥、萨尔瓦多、危地马拉、委内瑞拉、乌拉圭、智利等 14 国在墨西哥城的特拉特洛尔科签署了《拉丁美洲禁止核武器条约》，即《特拉特洛尔科条约》（Tratado de Tlatelolco，以下简称 "拉美禁核条约"）。1969 年 5 月，条约生效。根据条约，缔约国在 1969 年 9 月 2 日成立了拉丁美洲禁止核武器组织。1985 年 9 月，该组织第 9 次全体大会决定在正式文件中使用 "拉丁美洲和加勒比禁止核武器组织" 的名称。

二　成员

拉美禁核组织目前有 33 个成员国，包括：巴巴多斯、巴哈马、巴拉圭、巴拿马、古巴、秘鲁、玻利维亚、多米尼加、厄瓜多尔、哥伦比亚、哥斯达黎加、格林纳达、海地、洪都拉斯、墨西哥、尼加拉瓜、萨尔瓦多、苏里南、特立尼达和多巴哥、危地马拉、委内瑞拉、乌拉圭、牙买加、巴西、智利、阿根廷、安提瓜和巴布达、伯利兹、圭亚那、多米尼克、圣基茨和尼维斯、圣文森特和格林纳丁斯、圣卢西亚；17 个观察员国，包括：德国、加拿大、韩国、塞浦路斯、西班牙、菲律宾、芬兰、希腊、伊朗、以色列、日本、马来西亚、摩洛哥、南非、瑞士、澳大利亚和新西兰；另有 6 个联系国，分别是：中国、英国、美国、俄罗斯、法国和荷兰。

三　组织机构

全体大会是拉美禁核组织的最高权力机构，由全体缔约国组成，每两年召开一次会议，必要时可召开特别大会。全体大会的任务是研究和决策与《拉美禁核条约》有关的一切事务，批准该组织与政府和国际组织之间缔结的协议，选举其机构领导人等。

理事会由 5 个成员国组成，通过全体大会选举产生，任期 4 年。理事会的职责主要是保证《拉美禁核条约》和全体大会的各项决议得到顺利执行。最新一届理事会由阿根廷、玻利维亚、巴西、智利和墨西哥组成。

秘书处是全体大会和理事会领导下的常设办事机构。秘书长由大会选举产生，任期 4 年，可连任一次。

拉美禁核组织还有两个附属机构，分别为调停委员会以及会费、行政管理和预算委员会。后者创立于 1977 年，目前由伯利兹、巴西、古巴、危地马拉和尼加拉瓜 5 个成员国组成。

四　主要领导人

拉美禁核组织成立以来，共有 10 人先后担任秘书长，前 9 位分别是墨西哥人卡洛斯·佩翁·德尔瓦耶（Carlos Peón del Valle，为临时秘书长，1969 ~ 1970）、厄瓜多尔人莱奥波尔多·贝尼特斯·比努埃萨（Leopoldo Benites Vinueza，1971）、墨西哥人安东尼奥·冈萨雷斯·德莱昂（Antonio González de León，为副秘书长，1971 ~ 1976）、乌拉圭人埃克托尔·格洛斯·埃斯彼尔（Héctor Gros Espiell，1973～1981）、厄瓜多尔人何塞·马丁内斯·科波（José R. Martínez Cobo，1981～1985）、委内瑞拉人安东尼奥·斯特姆佩尔·帕里斯（Antonio Stempel Paris，1986～1993）、秘鲁人恩里克·罗曼·莫雷（Enrique Román-Morey，1994～2000）、智利人埃德蒙多·巴尔加斯·卡雷尼奥（Edmundo Vargas Carreño，2001～2007）和墨西哥人佩拉·卡尔瓦罗（Perla Carvalho，为副秘书长，2008～2009）。

现任秘书长是哥斯达黎加驻墨西哥大使希奥康达·乌贝达·里维拉（Gioconda Ubeda Rivera）。她出生于1959年，从1986年起从事外交工作。是联合国、联合国开发计划署、国际红十字会等国际组织的顾问。在2009年11月举行的拉美禁核组织第21次全体大会上当选为秘书长，任期为2010～2013年。

五　出版物

拉 美禁核组织无定期出版物，主要决议和声明以文件形式公布。

六　宗旨原则和政策主张

《**拉** 美禁核条约》是永久有效的条约，它是第一个定义了"核武器"的国际条约，也是第一个对5个核大国进行约束的裁军条约，它要求核大国充分尊重拉美国家的无核化努力，不对拉美国家使用或威胁使用核武器。

签署《拉美禁核条约》的目的在于：确保在条约规定的地区实现无核化；推动核不扩散；促进全面裁军以及和平利用核材料、核装置；禁止缔约国以任何形式或在第三方的命令下，直接或间接地试验、使用、制造、生产或购买所有核武器；禁止缔约国以任何形式或在第三方的命令下接受、储藏、安装、部署或拥有所有核武器；确保缔约国放弃以直接或间接方式实施、推动或批准试验、使用、制造、生产、拥有和掌握核武器，或以任何形式参与这种活动。

《拉美禁核条约》有两个附加议定书。第 1 号附加议定书要求法律上或事实上在拉美拥有领土或属地的国家承担该条约的义务；第 2 号附加议定书要求正式被国际社会承认的拥有核武器的国家充分尊重拉美无核化的规定，不对拉美国家使用或威胁使用核武器。

《拉美禁核条约》于 1990 年、1991 年和 1992 年进行了 3 次修改。

拉美禁核组织有两大任务：一是确保《拉美禁核条约》各项职责的履行；二是组织召开全体大会、特别大会以及与《拉美禁核条约》的目标、措施和程序等相关的咨询会议。

七　主要活动

自成立以来，拉美禁核组织最主要的任务就是通过各种活动巩固和发展拉美无核区，并要求核大国为实现拉美无核区进行合作。《拉美禁核条约》第 1 号附加议定书要求在拉美地区拥有领土或属地的国家承担该条约规定的义务。到 1981 年 12 月底，与第 1 号附加议定书有关的英国、荷兰、美国、法国已签署并批准该议定书，这对于"在拉丁美洲完善禁止核武器进程"具有重大意义。1973 年，中国政府签署了第 2 号附加议定书。到 1974 年 5 月，英国、美国和法国也先后签署了该议定书。1978 年 5 月，苏联在议定书上签字，同时声明，如果缔约国"采取同其无核地位不相称的任何行动"，苏联"保留重新考虑自己义务的权利"。1979 年 1 月，苏联批准了《拉美禁核条约》。两个附加议定书使得《拉美禁核条约》在和平主张方面迈出了一大步，因为它获得了核大国的正式支持。联合国称，《拉美禁核条约》可以作为在中东、非洲、东南亚及其他冲突地区建立无核军事区域的楷模和典范。

1981 年 4 月，40 多个国家和国际组织代表出席的拉美禁核组织第 7 次全体大会在墨西哥城召开。会议呼吁各国继续努力，争取在世界各地区建立无核区。会议通过决议，要求迄今拒绝签署《拉美禁核条约》的古巴政府重新考虑自己的立场，同时也希望阿根廷、智利和巴西三国政府批准该条约。

1992 年 2 月，《拉美禁核条约》签署 25 周年纪念大会在墨西哥城举行。墨西哥总统萨利纳斯（Carlos Salinas de Gortari）主持并讲话，指出该条约为建立拉美无核区作出了重要贡献。8 月，拉美禁核组织第 7 次特别会议在墨西哥城召开，会议通过了墨西哥、阿根廷、巴西和智利联合提出的对《拉美禁核条约》的某些条款进行修改的提案，13 个国家的代表在决议上签了字。中国代表作为观察员出席了会议。

1995 年，拉美禁核组织在墨西哥的坎昆组织召开了题为"不扩散：拉美和加勒比的视角"的研讨会，对巩固《拉美禁核条约》、签约国义务、控制核材料的开采和非法交易、核安全和防止核伤害等问题进行了讨论。

1997 年 2 月，《拉美禁核条约》签署 30 周年纪念大会在墨西哥城举行。

进入 21 世纪，由于恐怖主义的猖獗，拉美禁核组织大力呼吁进行多边核裁军，禁止核材料的交易。2001 年 11 月，第 17 次全体大会在巴拿马城举行。2003 年 7 月，正在巴西访问的拉美禁核组织秘书长埃德蒙多·巴尔加斯呼吁核大国不应向拉美和加勒比地区扩散核武器，确保这一地区成为无核的"净土"。巴尔加斯称，"9·11"事件表明，核武器不仅有可能被核国家使用，还有可能被恐怖组织利用。尽管迄今还没有任何恐怖组织使用过核武器，但这种威胁是长期存在的。恐怖分子还有可能非法窃取核材料或是攻击核设施，使放射性物质大量泄露。为此，巴尔加斯呼吁拉美禁核组织成员国之间加强合作，采取有效措施避免这一地区出现非法核材料交易。

2003 年 11 月，拉美禁核组织第 18 次全体大会在古巴首都哈瓦那举行。会议发表了《哈瓦那声明》，重申核裁军和消除大规模杀伤性武器的目标，强调多边裁军的重要性和联合国在国际裁军中的主导作用。会议还呼吁核国家继续承诺不使用和不威胁使用核武器，保持拉美和加勒比无核区的完整性。声明说，核武器的存在对人类的生存构成了巨大威胁，因此应全面禁止并销毁核武器和其他一切大规模杀伤性武器，而核裁军是目前的首要目标。要达到这一目标，需要世界所有国家尤其是有核国家的共同努力。拉美禁核组织也将发挥其应有作用。建立在《拉美禁核条约》基础上的拉美无核区，是拉美和加勒比地区对世界和平、稳定与安全所作出的重要贡献，是该地区信守不发展核武器承诺的有力证明。

2005 年 2 月，《拉美禁核条约》签署 38 周年庆祝活动在墨西哥城举行。参加庆祝活动的拉美和加勒比国家代表要求核大国决不威胁这一地区的安全，并呼吁加快实现全面裁军进程。拉美禁核组织秘书长埃德蒙多在庆祝活动上说，美国等核大国承诺不使用核武器，对签署《不扩散核武器条约》的其他国家不诉诸核威胁，这一承诺是拉美和加勒比地区安全的保障。墨西哥政府呼吁世界各国努力消除大规模杀伤性武器的扩散，认为核裁军应在世界安全体系中发挥中心作用，并支持通过建立无核区的方式来保护国际社会。一些与会代表还指出，某些世界强国并没有履行《不扩散核武器条约》的有关规定，拥有核武器的国家把无核国撇在一旁的做法导致了双方之间很大的失衡。

2005 年 11 月，拉美禁核组织第 19 次全体大会在智利首都圣地亚哥举行，会议发表《圣地亚哥声明》，决定加强同其他无核区组织的协调，推动国际裁军和防核扩合作，要求核武器国家有效保证不使用也不威胁使用核武器，强调全面禁止核试验的重要性，重申各国拥有和平研究、生产及使用核能的权利，主张通过加强裁军与防核扩教育推动无核区的发展。

2007 年 2 月和 2008 年 2 月，拉美禁核组织为纪念《拉美禁核条约》签订 40 周年和 41 周年，连续召开两次庆祝大会。

到 2009 年底，拉美禁核组织已举行了 21 次全体大会和 19 次特别大会。

八　对外关系

（一）与其他国际组织的关系

拉美禁核组织成立以后，与其他和能源相关的国际组织建立并发展了良好的合作关系。

早在 1972 年 10 月，拉美禁核组织就与国际原子能机构签署了合作协定。规定双方可互派代表参加对方组织的会议，并定期交流信息和交换出版物。此后，拉美禁核组织以观察员身份参加了国际原子能机构的一系列会议，并与美洲核能委员会、拉美能源组织等机构保持合作关系。

1979 年 4 月，拉美禁核组织第 6 次全体大会在厄瓜多尔首都基多举行。这次会议主要讨论了拉美国家和平利用核能的问题，会议宣布要执行一项本地区国家在和平利用核能方面进行合作的计划。会议主席指出："和平利用核能是每个国家的主权，这一点已被《拉美禁核条约》所承认。各国应该扩大在这方面的合作和经验交流。"这一决定得到了联合国的赞扬，时任联合国秘书长瓦尔德海姆（Kurt Waldheim）说，《拉美禁核条约》"是使世界一个地区在军事上实现非核化的第一个条约，它对实现防止核武器扩散的目标作出了有效的贡献"。为了实施会议的决定，拉美禁核组织要求国际原子能机构、美洲原子能委员会和拉美能源组织参与制定合作计划。美洲原子能委员会指出，要在农业和工业方面利用放射性同位素和辐射，为开采放射性物质、核电力发展和核情报服务计划培训人才，今后将对更好地和平利用核能发电进行研究。

1980 年 3 月，拉美禁核组织与拉美能源组织在厄瓜多尔首都基多签署了一项和平利用原子能的互助合作协定。

1994 年 9 月，国际原子能机构在维也纳签署了一项关于拉美促进核科技运用的地区合作协议，拉美禁核组织以观察员身份参加了与此有关的一系列会议。

1996 年 4 月，在国际原子能机构和牙买加政府的协助下，拉美禁核组织在金斯敦举办了以"国际原子能机构的保障：对履行不扩散承诺的检验"为题的国际研讨会。会议对和平利用核能、地区性不扩散核武器条约以及国际原子能机构保障措施的执行情况等问题进行了讨论。

1997 年 2 月，拉美禁核组织在墨西哥政府和联合国裁军问题研究所的协助下，在墨西哥城举行了以"新世纪无核武器地区"为题的研讨会。

1999 年 12 月，拉美禁核组织与联合国裁军事务办公室的拉美与加勒比和平、裁军和发展研究中心共同召开了题为"裁军与安全：新千年拉美和加勒比新日程"的国际研讨会。会议就国际和平与安全、地区性裁军问题、裁军与不扩散核武器、拉美与加勒比地区的现实，以及联合国与市民社会的作用等问题展开讨论。

2001 年 12 月，拉美禁核组织和秘鲁政府与国际原子能机构在利马共同举办了题为"核保障条约附加协定书"的地区性研讨会。与会者就拉美和加勒比地区的安全、核查与保障体系的加强、未来趋势等问题进行了探讨。

2005 年 4 月，世界无核武器地区会议在墨西哥城举行，拉美禁核组织代表拉美和加勒比无核武器区出席。出席会议的还有分别代表南太平洋、东南亚、非洲和蒙古无核武器区的《拉罗汤加岛条约》、《曼谷条约》、《佩林达巴条约》的缔约国和蒙古。各方就加强各无核武器区建设、密切相互合作、推动全球防核扩散与核裁军等议题进行了讨论。

1988 年，拉美禁核组织成为联合国观察员。

（二）与中国的关系

中国政府一贯支持拉美国家为建立拉美无核区所做的努力。早在 1963 年 8 月，周恩来总理在接见哥伦比亚访华代表团时，就提议在拉美建立一个无核武器区，希望在拉美不使用、输入、储存、制造和试验核武器，以保证拉丁美洲不受核武器威胁，并要求几个核大国承担义务，缩小核战争的危险。周总理的主张得到了哥伦比亚客人的赞赏。

1972 年 11 月 24 日，姬鹏飞外长声明，中国政府尊重和支持拉美无核区的正义主张，并同意《拉美禁核条约》第 2 号附加议定书的基本内容。1973 年 8 月 21 日，中国政府签署了该议定书。1979 年 5 月，中国代表团在出席联合国裁军委员会首届会议时提出，拉美无核区的地位应得到各国的尊重。

1975～2003 年，除个别情况外，中国均派观察员出席拉美禁核组织的历次全体大会。1983 年 5 月，中国代表在出席该组织在牙买加金斯敦举行的第 8 次全体大会期间发言，重申中国决不对拉美国家和无核地区使用或威胁使用核武器，也不在拉美国家和地区试验、制造、生产、储存、安装或部署核武器，或使自己带有核武器的运载工具通过拉美国家的领土、领空和领海。在第 14 次全体大会上，中国驻智利大使朱祥忠与会并发言，阐述了中国对核裁军、无条件不对无核国家和无核区使用或威胁使用核武器及《不扩散核武器条约》延期问题的立场和主张。1999年 12 月，中国派代表参加了拉美禁核组织与联合国有关机构在利马召开的裁军研讨会。外交部军控司司长沙祖康大使在会上发言，阐述了中国在裁军等问题上的立场。

2003 年 11 月，中国驻古巴大使王治权代表中国政府以观察员身份出席拉美禁核组织第 18 次全体大会，重申了中国不使用和不威胁使用核武器的承诺。中国代表说，《拉美禁核条约》是拉美国家为维护本地区及世界和平与安全采取的重要步骤，对推动核裁军进程、防止核武器扩散具有重要意义。中国政府支持该条约及其议定书的宗旨，尊重拉美无核区的地位。中国一贯主张全面彻底销毁核武器，坚决反对核武器扩散，支持国际核不扩散的努力，支持加强以《不扩散核武器条约》为核心的国际核不扩散机制。

拉美禁核组织两任秘书长埃克托尔·格洛斯和何塞·马丁内斯分别于 1975 年和 1983 年访华。

（三）推动世界其他地区建立无核区，反对进行核试验

拉美禁核组织还积极推动其他地区无核区的建立，尤其是在东亚和南亚地区。1998 年，印度和巴基斯坦进行核试验后，该组织立即予以谴责。2006 年 10 月，朝鲜进行了地下核试验，拉美禁核组织随即发表声明，对此予以强烈谴责，并呼吁朝鲜政府重返六方会谈，通过对话和谈判解决朝鲜半岛安全问题。2009 年 5 月，朝鲜进行了第二次地下核试验，拉美禁核组织理事会于 6 月 2 日作出决议，谴责朝鲜进行核试验的举动，要求朝鲜政府重新加入《不扩散核武器条约》，签署和批准《全面禁止核试验条约》。

第五章

加勒比国家联盟

加勒比国家联盟（以下简称"加国联"）是加勒比地区国家共同组建的区域性协商、协调与合作组织，其成员国包括加勒比海沿岸所有国家。作为一个政府间经济合作组织，加国联注重推动各成员在贸易、旅游、交通和应对自然灾害方面进行合作，通过加强地区团结在国际事务中维护本地区的利益。

一　成立背景和经过

加勒比地区各国均濒临加勒比海，地理相邻，气候相似。它们均为发展中国家，有着相似的历史发展背景，在政治、经济和社会领域有着一系列共同利益和共同目标。在全球化日益深化的当今世界，它们普遍渴望通过加强地区多边合作化解外部风险，在贸易、旅游、运输和应对自然灾害方面进行密切合作，从而推动自身经济和社会的发展。

加勒比地区的经济合作进程首先在历史、政治、经济和文化上存在密切联系的英联邦加勒比国家和地区之间展开。1973年8月，加勒比共同体（以下简称"加共体"）在特立尼达和多巴哥宣告成立，并在此后成为推动加勒比地区国家合作的发动机。

20 世纪 80 年代末和 90 年代初，世界经济区域集团化和贸易自由化的进程呈现迅猛发展的态势，西半球的一体化进程取得重大进展。1991 年 3 月，阿根廷、巴西、巴拉圭和乌拉圭签署《亚松森条约》，宣布将建立南方共同市场；1992 年 12 月，美国、加拿大和墨西哥签署了旨在促进三国贸易和投资自由化的《北美自由贸易协定》。在这种背景下，加勒比国家普遍希望加强次地区合作，建立囊括该地区所有国家的合作体系。

作为加勒比地区多边合作进程的主轴之一，加共体在不断深化内部一体化的同时，还谋求扩大自身的外部依托，与加勒比地区的广大非英语国家加强经济合作。它吸收"三国集团"成员国墨西哥、委内瑞拉和哥伦比亚为观察员，加强了与它们的合作。1992 年 2 月，它和中美洲国家在洪都拉斯举行首次政府领导人会晤，讨论加强经济合作事宜。它还尝试把古巴融入加勒比一体化进程中，与后者在 1993 年 7 月成立混合委员会。1992 年 10 月，在特立尼达和多巴哥举行的加共体特别首脑会议提出了建立加勒比国家联盟的倡议，随即得到加勒比国家政界、商界和学界的积极响应。1993 年 6 月，在巴哈马举行的加共体第 14 次首脑会议正式决定以共同体为核心，吸收中美洲共同市场（哥斯达黎加、萨尔瓦多、危地马拉、洪都拉斯和尼加拉瓜）和三国集团（墨西哥、哥伦比亚和委内瑞拉）的成员国以及古巴、多米尼加和巴拿马，建立一个包括所有加勒比地区国家在内的国家联盟，目的是使加勒比集团成为可与南美洲集团和北美洲集团相抗衡的西半球三大地区集团之一。1993 年 10 月，加共体领导人与墨西哥、哥伦比亚和委内瑞拉三国总统在特立尼达和多巴哥举行会晤，决定未来的新联盟将成为代表整个加勒比地区的多边机构，其成员将包括该地区所有国家。

1994 年 7 月 24 日，加勒比地区 25 个国家和 3 个未独立地区的总统、政府首脑或代表聚会哥伦比亚历史名城卡塔赫纳，共同签署《成立加勒比国家联盟协定》，加勒比国家联盟正式宣告成立。

二 成员

加国联总面积约为 500 万平方千米，总人口为 2.53 亿，约占拉美和加勒比地区总人口的一半[1]；2003 年 GDP 为 9200 亿美元，占拉美和加勒比地区 GDP 一半以上[2]，人均 GDP 3695 美元[3]。

截至 2009 年，加国联拥有 25 个成员国，包括：安提瓜和巴布达、巴哈马、巴巴多斯、伯利兹、哥伦比亚、哥斯达黎加、古巴、多米尼克、多米尼加、萨尔瓦多、格林纳达、危地马拉、圭亚那、海地、洪都拉斯、牙买加、墨西哥、尼加拉瓜、巴拿马、圣基茨和尼维斯、圣卢西亚、圣文森特和格林纳丁斯、苏里南、特立尼达和多巴哥与委内瑞拉；4 个联系成员，包括：法国（代表法属圭亚那、瓜德罗普和马提尼克）、特克斯和凯科斯群岛、荷属安的列斯和阿鲁巴；安圭拉、蒙特塞拉特、英属维尔京群岛、开曼群岛、波多黎各以及美属维尔京群岛均有资格申请成为联系成员；18 个观察员国，包括：阿根廷、巴西、加拿大、智利、厄瓜多尔、埃及、芬兰、印度、意大利、荷兰、韩国、摩洛哥、秘鲁、俄罗斯、西班牙、土耳其、乌克兰和英国。

若干国际组织是加国联的观察员组织，包括加勒比共同体和

---

[1] http://www. acs - aec. org/Trade/Statistics/Eng/2% 20SOCIAL% 20INDICATORS/ Population% 201990 - 2004% 20. htm

[2] http://www. acs - aec. org/Trade/Statistics/Eng/1% 20ECONOMIC% 20IDICATORS/ 1% 20GDP% 201990 - 2003% 20. htm

[3] http://www. acs - aec. org/Trade/Statistics/Eng/1% 20ECONOMIC% 20IDICATORS/ 2% 20GDP% 20per% 20capita% 201990 - 2003. htm

共同市场、拉美经济体系、中美洲一体化体系、中美洲经济一体化秘书处、联合国拉美和加勒比经济委员会、加勒比旅游组织和欧洲联盟。

三　组织机构

加国联的常设机构为部长理事会与秘书处。

部长理事会由各成员国委派一名部长组成，是联盟的主要政策制定和管理机构，每年举行一次会议。它下设 5 个特别委员会，包括：贸易发展和对外经济关系特别委员会、运输特别委员会、可持续旅游业委员会、自然灾害特别委员会、预算和管理委员会。此外还设有一个特别资金代表委员会，负责监督资金使用和计划落实情况。

部长理事会的主要职责是负责确定联盟的发展路线、政策与计划；审查与批准两年期的联盟工作计划与预算方案；审查与确定有关成员资格、联系成员资格或观察员资格的申请；确定联盟的"社会伙伴"；任命秘书长以及秘书处的其他高级官员；制定有关联盟行使职责的行动规则和指导原则；批准有关秘书处运转的规则；授权秘书长与其他国家、国家集团、政治实体、机构或组织进行谈判和缔约；提议对《成立加勒比国家联盟协定》进行修改，或接受联盟成员的相关提议；就有关《成立加勒比国家联盟协定》的解释进行裁定；履行成员国首脑会议赋予的其他职责。部长理事会在应对实质问题上采取全体一致原则，在程序问题上采取三分之二多数原则。1995 年以来，加国联按照惯例每年举行一次部长理事会会议（仅 2005 年暂停）。2009 年 1 月，第 14 届部长理事会会议在海地举行。

秘书处应当积极协助部长理事会及其下属的特别委员会完成

各项工作，其具体职责有：协助部长理事会和特别委员会制定和实施政策计划；与其他次地区组织、地区组织和国际组织保持联系；发起、组织和实施有关一体化问题的研究，尤其关注贸易、投资和经济与社会发展；搜集和保存信息，并将之提供给成员国和联系成员，以及其他相关实体（根据部长理事会决定）；为部长理事会和特别委员会的会议提供服务，并以适当的行动执行这些会议做出的决定；在联盟工作计划的框架内协调捐赠机构、国际机构、地区机构和国家机构的行动；制定联盟预算草案，以便预算和管理委员会对其进行两年一次的审议，并提交部长理事会审议和批准。秘书处位于特立尼达和多巴哥首都西班牙港，工作语言为英语、法语和西班牙语。

四　主要领导人

加　国联成立后，共有 4 人先后担任秘书长。前三位分别是委内瑞拉人西蒙·莫利纳·杜阿尔特（Simón Molina Duarte，1995 ~ 2000）、牙买加人诺曼·格文（Norman Girvan，2000 ~ 2003）和多米尼加人鲁文·西利埃（Rubén Arturo Silié Valdez，2004 ~ 2008）。

现任秘书长为危地马拉人路易斯·费尔南多·安德拉德·法亚（Luis Fernando Andrade Falla）。安德拉德为职业外交家，曾任危地马拉驻古巴临时代办和公使衔参赞、危地马拉驻中美洲一体化体系临时总统代表和外交部副部长。在 2008 年 1 月举行的第 13 届部长理事会会上当选秘书长，任期四年。

五　宗旨原则和政策主张

与　加共体谋求实现各成员经济一体化、建立共同市场的目标不同，加国联的目标是加强各成员的政府间协调，在贸易、旅游、运输和应对自然灾害方面进行合作，促进经济和社会发展，维护本地区在国际经济贸易组织中的利益，最终建立一个覆盖整个加勒比地区的自由贸易区。

《成立加勒比国家联盟协定》规定：加国联是一个协商、合作和协同行动的机构。它的宗旨是通过推动实施相关政策和计划实现以下目标：利用和发展加勒比地区的共同能力，从而在文化、经济、社会和科学技术方面实现可持续的发展；通过加强成员国与第三方的互动开发加勒比海的潜能；推动形成一个利于贸易和投资的广阔经济空间，创造合作和协同行动的机遇，从而使加勒比各国人民能够依靠自身的资源和财产增加收益；根据本地区内部的各种文化认同、发展需要和规范体系建立、巩固和增强制度架构和合作安排。

为实现上述目标，加国联将以渐进的方式推动成员国开展以下活动：实现经济一体化，包括贸易、投资、运输以及相关领域的自由化；商讨具有共同利益的事务，目的是推动本地区积极协同地参与各种多边论坛；制定和实施各项政策与计划，从而在上文提及的各领域实现功能合作；保护本地区的环境和自然资源，尤其是保护加勒比海；增进加勒比地区各国政府和人民的友好关系；在其他形成协议的领域进行协商、合作和协同行动。

加国联第1届成员国首脑会议发表的《原则声明和行动计划》规定，推进地区一体化进程"必须尊重成员国的主权和领土完整，尊重其人民的自主权，尊重法制，尊重民主权利，尊重人权，和平解决争端"。

六　主要活动

（一）加国联不定期举行成员国首脑会议

根据《成立加勒比国家联盟协定》，任何一个成员国的政府首脑都可以提议举行一次成员国首脑会议。此外，部长理事会也有权提请举行此类会议。

截至 2009 年，加国联共举行了 4 届成员国首脑会议。1995 年 8 月，第 1 届成员国首脑会议在特立尼达和多巴哥首都西班牙港举行。会议通过《原则声明和行动计划》，决定由墨西哥外长担任首任部长理事会主席，委内瑞拉人西蒙·莫利纳·杜阿尔特担任首任秘书长。1999 年 4 月，第 2 届成员国首脑会议在多米尼加首都圣多明各举行。会议通过了《圣多明各宣言》《行动计划》《关于建立加勒比可持续旅游区的谅解备忘录》《关于建立加勒比可持续旅游区宣言》，签署了《加勒比国家联盟成员国和联系成员合作应对自然灾害的协定》。2001 年 12 月，第 3 届成员国首脑会议在委内瑞拉的玛格丽塔岛举行。会议通过了《玛格丽塔宣言》《行动计划》《小经济体的特殊和差别待遇》和《加勒比可持续旅游区公约》。2005 年 7 月，第 4 届成员国首脑会议在巴拿马首都巴拿马城举行，会议通过了《巴拿马宣言》。加国联表示将推动海地的重建工作；积极支持联合国下属机构在加勒比地区实施各项解决贫困和防治疾病计划；反对运输核材料与有毒废料的船只通过加勒比海；通过国际合作打击恐怖活动和毒品交易等。

（二）推动各成员国在贸易、旅游和交通三大领域的合作

加国联把贸易、旅游和交通确定为本地区最初加强合作、优先发展的项目，并制定了《行动计划》。这是加勒比各国根据本地区经济发展的实际情况做出的选择。贸易、旅游和交通是加勒比各国相辅相成的基本经济部门，其发展将带动其他经济部门的发展，并为本地区各国今后展开其他方面的合作奠定基础。

在贸易领域，加国联成员国 2001 年的进出口贸易总额接近

5000 亿美元，但地区内部贸易额只占成员国贸易总额的一小部分。① 因此，扩大地区内部贸易是加国联历届成员国首脑会议和部长理事会会议的主要议题之一。各成员国表示要扩大彼此之间的关税优惠政策，积极促进双边贸易发展，在大加勒比地区建立一个稳固的贸易和投资空间，最终实现加勒比地区的贸易自由化。

鉴于其成员国大多为国土面积狭小、经济实力薄弱的岛屿国家，加国联呼吁国际社会采取有效的政治、经济措施来帮助在全球化及地区开放进程中的小国经济。2001 年 9 月，加国联成员国在特立尼达和多巴哥举行会议，讨论美洲自由贸易区谈判进程对中小经济体的区别和优惠待遇；同年 12 月，第 3 届成员国首脑会议在《玛格丽塔宣言》中表示对这一原则的支持，并把《美洲自由贸易区背景下对小经济体的特殊和区别待遇》列为宣言的附件。② 加国联的一个工作重点是推动成员国在美洲自由贸易区、世界贸易组织等重要多边贸易机制中就共同关心的问题形成一致立场。③ 2001 年 12 月，第 3 届成员国首脑会议支持 2005 年建立美洲自由贸易区的目标，但强调美洲自由贸易区应给发展中国家和小国以特殊待遇。为适应美洲自由贸易区谈判的需要，贸易发展和对外经济关系特别委员会努力推动成员国进行对话，其内容包括为本地区的特产朗姆酒确定统一的定义。在它的推动下，部分成员国在 2002 年和 2003 年就朗姆酒的定义问题举行了两次对话。2006 年 6 月，贸易发展和对外经济关系特别委员会第 19 次会议在特立尼达和多巴哥举行，重点讨论了大加勒比信

---

① http：//www. acs－aec. org/Documents/Trade/STATISTICAL_ DATABASE2. doc
② http：//www. acs－aec. org/Summits/III_ summit/English/Declaration_ eng. htm
③ http：//www. acs－aec. org/trade. htm

息一体化体系的模式。该模式的主要内容是基于互联网的成员国贸易统计数据和经济信息。

加国联希望通过每年一度的大加勒比商务论坛加强联盟内部的经济联系，使各成员国的企业家有机会建立联系和探讨合作可能，扩大区域内部贸易和相互投资，深化一体化进程。自 2000 年起，大加勒比商务论坛已连续举办 10 届。第 10 届论坛于 2009 年 10 月在海地举行。此外，加国联与加勒比出口发展社合作，于 2006 年 6 月在巴巴多斯举办了大加勒比地区贸易促进组织第 7 届论坛，讨论出口战略、贸易促进与吸引外国投资等方面的问题。

旅游业是许多加勒比国家的支柱产业和重要外汇收入来源。首届成员国首脑会议在《原则声明》中表示：旅游业对各成员的经济至关重要，各成员决心共同行动，在保护环境的前提下努力增加游客数量和改善基础设施。1996 年 12 月举行的第 2 届部长理事会会议决定增设可持续旅游业特别委员会，以促进旅游业的发展。1997 年举行的第 3 届部长理事会会议通过了关于在本地区建立可持续发展旅游业的计划。该计划的主导思想是：对政府、公共和私人机构的需求进行协调，明确加勒比国家联盟各旅游区的特色，使其具有吸引力；对旅游区实行联合经营，从而减少费用，使经济小国获得最大的利润。这项战略计划还提出探讨多景点旅游计划的可能性，以达到一次旅游使两国或更多国家的旅游业实现创汇的目的。

1999 年，第 2 届成员国首脑会议签署《关于建立加勒比可持续旅游区的谅解备忘录》。会后发表的《圣多明各宣言》中指出，加勒比国家应充分利用本地区丰富的旅游资源，使旅游业成为推动社会进步、实现经济可持续发展的关键手段。2001 年 12 月，第 3 届成员国首脑会议签署《加勒比可持续性旅游区协定》，强调联盟成员间应建立起协调与调控机制，按照可持续发展、一体化、合作与共识的原则发展旅游业，最终把大加勒比地区建成一个可持续发展的旅游区。2004 年 2 月，在巴拿马举行的加国联外长会议决定加强合作，联手发展地区旅游业。部分国家之间还签署双边合作协议。2006 年 10 月，加国联在古巴举行首次成员国旅游部长会议。会议提出了地区旅游业的发展战略，主张各成员国把旅游业视为促进经济发展和消除贫困的发动机，强调建立可持续发展的旅游业。

加国联为减少语言障碍、加强成员国之间的旅游业联系而举办语言培训班。2003 年，它开办了专门针对东加勒比国家组织成员国的政府官员、商人和教师的法语和西班牙语培训。加国联还举办航空业和旅游业高级主管论坛，旨在推动游客进行跨成员国的多目的地旅游。2003 年 9 月，加国联在特立尼达和多巴哥举办游客安全论坛，目的是推动成员国之间乃至地区层面的安全合作，最终建立大加勒比地区游客安全网。

加国联成立运输特别委员会负责交通运输事务。该委员会的一个主要任务是督促成员国签署和批准《航空运输协定》。这一多边协定旨在实现成员国之间的航空服务自由化，推动地区内部航空服务的增长，最大限度地确保航空安全。[1] 它着手建立"港口与海事信息数据库"，其内容包括加勒比地区的运费和可提供的相关服务。第 1 届成员国首脑会议在《原则声明》中指出，发展本地区旅游业和贸易需要便利的海陆空交通设施。[2] 鉴于交通运输滞后是阻碍旅游业发展的瓶颈，第 2 届成员国首脑会议强调加速推动地区交通运输一体化，努力实现加勒比地区航空和航海联运，由此促进旅游业发展。

---

① http：//www. acs – aec. org/PressCenter/NewsReleases/2006/nr0092006_ en. htm

② http：//www. acs – aec. org/Legal/ACSSummit. htm

（三）针对各成员国自然环境的特点，开展防震减灾方面的活动

大多数加勒比国家是飓风、水灾、火山喷发、海啸等自然灾害的多发区。因此，加国联注重在自然灾害防控和环境治理领域推动成员国进行合作。1997 年 11 月举行的第 3 届部长理事会会议主张成员国合作抵御自然灾害，呼吁该地区的富裕国家积极援助那些经常受到飓风袭击的海岛小国。1999 年 4 月，第 2 届成员国首脑会议签署《加勒比国家联盟成员和联系成员合作应对自然灾害的协定》，目标是建立一种具有法律约束力的机制，推动成员国合作预防、减少和应对自然灾害。加国联建议成员国创建用于防灾和灾后重建的专门基金。

加国联成立自然灾害特别委员会，专门负责推动本地区应对自然灾害的相关机构进行合作。该委员会当前的主要任务之一是推动成员国批准《加勒比国家联盟成员国和联系成员合作应对自然灾害的协定》。此外，它还为成员国预防和应对自然灾害提供方法和措施。

（四）注重保护加勒比海的生态环境

大多数加勒比国家高度依赖其沿海区乃至整个海洋环境以满足其经济发展的需要。由于沿岸各国经济的发展和每年众多游船和油轮的穿行，加勒比海面对着日益严重的污染威胁。因此，加国联一直呼吁加强对加勒比海的环境保护。第 1 届成员国首脑会议呼吁地区各国制定环境战略，以可持续的方式对加勒比海进行开发利用。1999 年召开的第 2 届成员国首脑会议在《圣多明各宣言》中呼吁加强保护环境和自然资源。部长理事会为此提出"加勒比海倡议"，呼吁地区各国进行合作以应对当前在加勒比海存在的各种环境威胁。此后，它在 2003 年成

立技术顾问小组，负责研究加勒比海环境和提出保护建议。2006
年，它成立后续行动委员会，负责推动"加勒比海倡议"的实
施。2000 年 12 月，第 6 届部长理事会会议批准《加勒比国家联
盟环境战略》，呼吁国际社会把加勒比海视为一个谋求可持续发
展的特殊区域，推动地区各国实现对海洋资源和海岸资源的综合
管理，加强各国的政策协调和资金扶持。此外，加国联呼吁成员
国尽快签署《保护大加勒比地区海洋环境公约》。

加国联认为大量运输核材料或有毒废料的船只通过加勒比海
对当地的生态环境构成威胁。第 3 届和第 4 届成员国首脑会议发
表的《玛格丽塔宣言》和《巴拿马宣言》均呼吁有关国家停止
把加勒比海作为运输核材料和有毒废料的船运路线。

（五）关注其他地区事务

在美古关系问题上，加国联一直呼吁美国改变对古巴的
政策，解除对它的制裁措施。1996 年 12 月举行的第 2
届部长理事会会议强烈谴责美国旨在强化对古巴制裁的"赫尔姆
斯—伯顿法"。1997 年 7 月，加国联发表《赫尔姆斯—伯顿法声
明》，抨击"赫尔姆斯—伯顿法"违反国际准则。同年 11 月，第
3 届部长理事会发表声明，呼吁国际社会推动废除该法。2005 年 7
月，第 4 届成员国首脑会议发表《巴拿马宣言》，支持主权、领土
完整和不干涉原则，呼吁美国终止对古巴实施的经济、贸易和金
融封锁。2008 年 11 月，安德拉德秘书长在巴拉克·奥巴马
（Barack Obma）当选美国总统之后不久，再次代表加国联呼吁美
国解除对古巴的制裁。

加国联一直关注海地国内的和平进程。2005 年 7 月，第 4 届
成员国首脑会议在《巴拿马宣言》中表示将努力推动海地的重建
工作。2006 年 2 月，加国联对海地举行的总统大选表示认可，祝贺
普雷瓦尔当选海地总统，并呼吁海地继续参与加国联的合作进程。

加勒比地区是南美洲毒品转运到美国和欧洲的一条必经之路。贩毒及其相关犯罪活动（走私武器、洗钱等）对加国联成员国的安全构成威胁。为此，加国联希望通过加强地区内外国家的多边合作以打击毒品的制售、消费和贩运。1996 年 12 月举行的第 2 届部长理事会会议发表声明，支持联合国在 1998 年举行有关毒品问题的大会，支持牙买加关于在 1997 年举行有关毒品问题的西半球国家会议的提议。

七　对外关系

加国联注重加强与拉美多边组织之间的合作。根据《成立加勒比国家联盟协定》，加国联设立特别基金，以预算外资金推动联盟内部的合作，主要资助那些能够增强成员国之间功能合作和深化大加勒比地区一体化进程的各项活动。加国联已经与加共体、拉美经济体系、中美洲一体化体系和中美洲经济一体化秘书处签订特殊协议，以便它们参与其部长理事会以及专门委员会的工作。

加国联与加共体、中美洲一体化体系建立紧密合作，以增强双方工作的互补性，共同推动地区一体化进程。后两个组织均为加国联的观察员组织，加国联秘书长通常应邀参加它们的首脑会议。2008 年 12 月举行的中美洲一体化体系第 33 届首脑会议赞扬加国联在推进次地区一体化方面的重要作用，希望加国联、加共体和中美洲一体化体系的秘书处加强合作，建立有助于落实加国联—加共体—中美洲一体化体系《行动计划》的各项机制。2009 年 4 月，上述 3 个组织在特立尼达和多巴哥举行三方会议，讨论如何加强合作。会议表示将推动加国联更深入地参与《行动计划》，尤其是加强三方在环境、自然灾害、贸易与投资、空中运输、旅游和加勒比海等相关问题上的合作。

根据第 2 届成员国首脑会议的决议，加国联发起举行大加勒比秘书处间合作会议（Meeting on Inter-Secretariat Co-operation in the Greater Caribbean）。2000 年 9 月，第 1 届会议在加国联秘书处所在地特立尼达和多巴哥举行。第 2 届和第 3 届会议分别于 2001 年 5 月和 2002 年 5 月在相同地点举行。加共体秘书处、拉美经济体系常设秘书处、中美洲一体化体系秘书处、中美洲经济一体化秘书处、安第斯共同体、东加勒比国家组织、地区谈判机制（RNM）、联合国拉美经委会等地区组织派代表参加了 3 届会议。会议内容主要涉及加强各组织之间的合作和信息交流、讨论世界贸易组织和美洲自由贸易区的谈判进程、推动功能合作、捍卫小国利益和实施人员培训。

2009 年，第 5 届美洲国家首脑会议在特立尼达和多巴哥举行。这是首次由加国联成员国举办该会议。加国联和加共体在会议举行之前进行紧密协调，力争在一系列问题上形成加勒比地区的共同立场。2009 年 1 月，安德拉德秘书长在访问位于圭亚那的加共体秘书处时，向加共体秘书长表示，加勒比地区将借此次峰会重点讨论 3 个问题：一是与应对气候变化相关的环境政策，二是与应对全球金融危机相关的经济发展问题，三是美国对古巴的经济封锁。

加国联把多个国际组织列为"社会伙伴"，其功能是帮助加国联实现成员国首脑会议和部长理事会提出的各项目标。"社会伙伴"包括：国家农艺学研究院安的列斯—法属圭亚那地区中心、加勒比大学和研究所联盟、加勒比大学联盟、研究和公共机构图书馆、加勒比工业和贸易联盟、加勒比保护资源协会、加勒比医学协会、加勒比船运联盟、地区经济和社会研究协调组织。

加国联近年来注重加强与欧盟的关系。2001 年以来，它一直把发展与欧盟的合作和对话列为战略目标之一。2009 年 1 月，第 14 届部长理事会会议正式批准欧盟成为它的观察员组织。

第六章

拉丁美洲主教理事会

拉丁美洲主教理事会（以下简称"拉美主教理事会"）是受罗马教皇领导的拉丁美洲天主教地区性协调组织。

一　成立背景和经过

第二次世界大战结束后，罗马教皇庇护十二世开始就在拉美召开一个新的主教会议以取代 1899 年的拉丁美洲宗教全体会议，征求拉美国家各大主教的意见。经过 10 年的筹备，1955 年 7 月 25 日至 8 月 4 日，第 1 届拉丁美洲主教会议在巴西的里约热内卢召开，来自巴西、哥伦比亚、古巴、智利和厄瓜多尔等国的近百名主教和拉美传教区及教省的大主教出席了会议。会议决定向罗马教廷申请成立拉丁美洲主教理事会，并拟定了基本章程，确定将哥伦比亚首都波哥大作为该组织的总部所在地。同年 9 月，罗马教皇宣布同意建立拉丁美洲主教理事会，并批准了该组织的基本原则和规章。

二　成员

拉美主教理事会由下列 22 个拉美和加勒比国家和地区的主教会议组成：荷属安的列斯、阿根廷、玻利维亚、巴西、哥伦比亚、哥斯达黎加、古巴、智利、厄瓜多尔、萨尔瓦多、危地马拉、海地、洪都拉斯、墨西哥、尼加拉瓜、巴拿马、巴拉圭、秘鲁、波多黎各、多米尼加、乌拉圭、委内瑞拉。

三　组织机构

拉美主教理事会由下属主教会议的主席及一名代表、理事会主席团成员和下设各部门的负责人组成。每两年召开一次理事会例会。主席团由主席、第一副主席、第二副主席、经济委员会主席、秘书长组成，任期 4 年。拉美主教理事会下设经济委员和秘书处。经济委员会负责管理理事会的财产和资金。秘书处是拉美主教理事会的常设执行机构，其职能包括 4 个方面：一是维护和宣传天主教信仰，包括捍卫教会信仰、传教、出版刊物、进行广播影视宣传等；二是开办教会学院，培养教士；三是教化青年；四是在非教徒中传教。此外，秘书处还负责与美国、加拿大、西班牙、葡萄牙的天主教机构进行联络。秘书处下设教会团体与对话、传教与圣灵论、使命与职能、家庭与生活、文化与教育、公正与团结、交流 7 个部门。每个部门又设有若干个分管不同事务的处。

拉美主教理事会开办了拉丁美洲神学院，负责培养神职人员。该学院于 1974 年在哥伦比亚的麦德林成立，后迁往波哥大。目前学院设立了一个博士学位和若干个学士学位，并定期开设各种专业培训课程。

近年来，拉美主教理事会为了加强对拉美现实问题的研究，以便更好地开展传教活动，创办了"牧灵观测站"（Observatorio Pastoral）。其主要任务是研究拉美社会、文化、经济、政治、宗教等问题，为各下属宗教会议提供信息支持。拉美主教理事会另一个研究中心是"拉美牧灵圣经中心"（CEBIPAL），其主要任务是对圣经内容进行研究、解释和传播。

拉美主教理事会下设的"约瑟夫·霍夫内尔红衣主教"图书馆，拥有 25000 册图书和 400 多种杂志，供神职人员借阅。

拉美主教理事会的资金来自于下属各主教会议根据自身条件的捐资和其他一些国际组织的捐助。

四　主要领导人

拉美主教理事会现任主席是巴西阿帕雷西达大主教雷蒙多·达马塞诺·德阿西斯（Raymundo Damasceno de Assis）。他出生于 1937 年。20 世纪 60 年代曾赴意大利和德国学习哲学和宗教教义。1986 ~ 2003 年，曾任巴西利亚大主教管区的助理主教、代理主教。1991 ~ 1995 年，曾任拉美主教理事会秘书长。1995 ~ 2003 年，连续担任两届巴西全国主教会议的秘书长。1995 ~ 1999 年，是拉美主教理事会经济委员会成员。2003 ~ 2006 年，是拉美主教理事会主教委员会成员。在 2007 年召开的拉美主教理事会第 31 次例会上当选为主席。他目前还是罗马教廷社会交流委员会成员。

五　出版物

拉美主教理事会的定期出版物为神学杂志《麦德林：拉丁美洲的神学与传教》（*Medellín：Teología y Pastoral para América Latina*），季刊，西班牙语，主要介绍拉美教会的思想、观点和重要活动。截至 2008 年，已出版 136 期。

《拉美主教理事会简报》（*Boletín CELAM*）是该组织的工作报告，主要提供拉美教会的各种信息，发布该组织和罗马教廷的各种重要声明、宣言、文件等。

六 宗旨原则和政策主张

（一）宗旨原则

19 57 年的第一版章程对拉美主教理事会成立的宗旨和职能进行了明确规定。在以后的三版章程中又陆续对其进行了修改和扩大。1998 年版的章程将拉美主教理事会的宗旨和职能概括为以下 8 个方面：推动主教团的运行和拉美及加勒比各主教会议之间的共融和交流；研究拉美和加勒比教会共同关心的问题，以便为教会行动制定标准和总体方针；努力加强教会在拉美和加勒比地区的活力；推动并鼓励共同关心的创意和事业；根据拉美和加勒比教会的要求和拉美主教理事会自身的条件，为各国主教会议提供咨询和需要的服务；推动各教阶的共融，力求拉美及加勒比各教会组织和宗教运动的协调发展，确保其发挥最大作用；根据罗马教廷的指示和拉美主教理事会的提议，筹备新的拉丁美洲及加勒比主教会议；研究罗马教廷交办的事务。

（二）对"解放神学"的态度

20 世纪 60 年代，拉丁美洲出现了"解放神学"的宗教理论，反对阶级压迫，主张建立符合人性的新型社会，认为教会改革应与社会改革联系在一起。拉美主教理事会对"解放神学"的态度从支持到反对，基本上是与罗马教廷相一致的。1962 年召开的第 2 届梵蒂冈大公会议提出要关心穷人，消灭不平等和实现社会正义等主张，这标志着罗马教廷保守思想的改变。在其影响下，1968 年召开的第 2 届拉美主教会议对"解放神学"的思想予以支持。此后，拉美主教理事会根据会议精神，贯彻了"优先关注穷人"的方针。1972 年，由于领导人的更换，在理事会第 14 次例会上，保守派重新占据上风，使理事会对"解放神学"的原则和立场发生了根本性的变化。在 1979 年召开的第 3 届拉美主教会议上，教皇对"解放神学"予以严厉批评。从此，拉美主教理事会继续执行强硬路线，与拉美地区出现的民众运动对抗。1986 年，罗马教皇发表"谕旨"，修正了以前对"解放神学"的全面否定。拉美主教理事会的态度也发生了相应变化。

（三）总体工作计划

为更好地贯彻宗旨，履行职能，拉美主教理事会从 1975 年起开始制定为期 4 年的总体计划，作为具体工作的指南。2003～2007 年总体计划的主题是"向着一个在全球化的世界里共融和团结之家和课堂的教会迈进——将全球化人性化，将团结互助精神全球化"。它包括 35 项内容和 88 个计划，基本目标在于"带领天主教徒们在教会内探求基督"、"鼓励教友们与基督相遇"。认为只有通过向有需要的兄弟姐妹们伸出援助之手，充分体现团结互助精神，才能制止当今社会中蔓延的个人主义、唯利是图的拜金主义等丑恶现象。计划的另一主要目标在于，在社会中促进和推广诚实、文明教育，鼓励信徒们争当社会与文化发展的主角。该计划详细且比较客观地分析了全球化与经济、贸易、政治、人员流动、犯罪、生态环境、文化等方面的关系，同时认为全球化对宗教的影响也是十分巨大的。它指出：在全球化的形势下，教会工作面临的挑战在于以下 7 个方面。

1. 强调"无偿化"的价值

全球化追求的是效率和经济成果的"有偿化",因此,天主教徒的任务就是重新唤醒"无偿化",因为人道主义不是交易,它有价值,但不能用价格来衡量。

2. 重新树立生活的意义

在当今社会,很多人将物质财富视为指导生存的绝对力量,这将逐渐导致人们缺乏主见和迷失方向。因此,教会的重要任务就是帮助人们确立生活的意义,使他们找到能够指引生活的道路。

3. 在现有的环境中寻找宗教的意义

在与其他的宗教组织和基督教派别之间的对话和联系变得越来越必要的情况下,天主教徒要加强自身的修行,实现真正意义上的与上帝的接触。

4. 重新建立归属感和社会责任

当今社会过分强调自由的价值,追求人的自主性,推行私人利益优先于社会利益,个人主义的影响波及到政治、经济和社会生活的各个领域,导致各种关系的解体。因此,重塑社会结构,使人获得真正的发展,是家庭的重要任务,因为家庭生活是社会生活的基础。

5. 形成一种"使全球化变得人性化"的道德观念

在全球化的形势下,影响人们生活的决定力量常常来自于遥远的跨国机构,它们以效益为唯一标准,将广大民众排斥在外。因此,为了确保人的发展,应该创造出一种"让全球化变得有人情味"的道德观念。

6. 改变全球化的方向

为了使全球化发挥出更好的效果,应该使其脱离新自由主义的方向,建立起合作、交流、团结和共同责任的价值观念。

7. 与科学技术领域对话

在对人类现实宣讲福音的过程中,教会和教徒必须与学术和科学技术领域进行对话，其中非天主教徒要发挥主导作用。教徒的任务是尊重人和研究者的道德观念，而不是限制科技的发展。

面对这些挑战，拉美主教理事会认为教会应努力适应全球化的新形势，发挥出重要作用，按照"以人为本、尊重人的不同地位、广泛团结"三项原则，从而实现罗马教皇提出的"使全球化人性化，使团结互助精神全球化"的目标。

（四）对现实问题的关注

拉美主教理事会认为外债阻碍了拉美的发展和人的进步，加剧了贫困，呼吁国际金融机构减免债务。

拉美主教理事会认为一体化进程应以人为中心，人民的一体化应是博爱和团结的体现。一体化的根本原则就是将人的尊严作为中心价值。认为自由贸易协定不仅是贸易工具，也在不同程度上影响了文化、农业、知识产权、生物多样性以及贫困阶层。目前的经济模式制约了人的全面和可持续发展，这体现在贫困和排斥增加、贫富差异加大、收入和财富分配不公、机会不均等、教育和卫生体制不健全、治安恶化和被动移民等方面。跨国公司和特权阶层成为经济模式的受益者，而农民、中小企业家、妇女、青年、老人、残疾人等弱势群体则沦为受害者。自由贸易的谈判没有吸纳民众的参与，是不符合民主原则的。主张人民有权了解谈判对广大贫困阶层的利益所在。支持市民社会、社会运动、劳动者组织争取公平贸易的努力。呼吁拉美各国政府谨慎对待自由贸易协定。双边和多边的自由贸易协定在批准之前都应该经过充分的讨论。发达国家的农产品补贴、知识产权、自由贸易协定对环境及弱势群体的影响等问题应该得到特别关注。自由贸易协定不仅应帮助拉美国家提高贸易能力，也要有助于人民生活水平的改善。

七 主要活动

（一）组织了 4 届拉丁美洲主教会议，并负责贯彻执行会议精神

第 1 届拉丁美洲主教会议（以下简称"拉美主教会议"）后，拉美主教理事会正式成立。此后，它负责筹备并组织了 4 届拉美主教会议。它自身的发展阶段也是按这 4 届主教会议划分的。

第 2 届拉美主教会议于 1968 年 8 月 26 日至 9 月 7 日在哥伦比亚的麦德林召开，与会者有来自拉美各国和罗马教廷的 249 名代表。罗马教皇保罗六世主持开幕式，并发表讲话。这是两千年来第一位教皇出访拉美。这次会议是拉美的教会革新派与保守派的一次正面交锋，中心议题是如何在拉美的变革中确立宗教的新地位。经过激烈的讨论，革新派最后占据了优势。会议通过了长达 100 多页的最后文件，其中包括"正义"、"和平"、"家庭与人口"、"教育"、"青年"、"人民教派"、"精英"、"宣讲教义"、"礼拜"、"世俗者运动"、"牧师"、"修士"、"培训"、"贫困"、"群体"和"社会交流方式" 16 个方面的内容。提出了"为了了解上帝，必须了解人"的主张，以及促进人和民众在正义、和平、教育和家庭中的价值、通过宣讲教义和礼拜的方式传播福音和捍卫民众的宗教信仰、通过建立适应新形势的教徒组织结构来加强教徒之间的团结三项方针，确立了"优先关注穷人"以及"避免信仰与生活相分离"的思想。"解放神学"获得了支持。

第 3 届拉美主教会议于 1979 年 1 月 27 日至 2 月 13 日在墨西哥的普埃布拉举行，共有 187 名正式代表参加。罗马教皇约

翰·保罗二世出席了会议。在教皇的支持下，保守派占据了上风，激进派在会前就受到了排斥。会议的中心议题是"在拉美的现在和将来传播福音"。通过的最后决议中包括 5 个方面的内容：教会对拉美现实的看法；上帝关于拉美现实的筹划；拉美教会的传播福音：共融与参与；为在拉美进行传教服务的教会；在圣灵的活力下：教会的选择。此次会议基本否定了麦德林会议的方针。重申"拯救灵魂"、"捍卫信仰"、"在拉美传播福音"的重要性，强调对待不公正现象要采用和平的方式。

第 4 届拉美主教会议于 1992 年 10 月 12～28 日在多米尼加首都圣多明各召开，约有 360 名代表与会。会议主题是"耶稣基督，昨天，今天和永远"。代表们就"人的提升、新的传播福音和基督教文化"三方面的内容展开了讨论。此次会议比较突出的特点是对拉美的政治、经济、社会和文化现实更加关注，这在最后的决议中有所体现。它提出今后的重要任务就在于推动一种新的传教方式，使基督的思想深入人心，以捍卫天主教信仰和适应现代化的新形势。决议对一些宗教现象提出了解决办法，并表示应加强与非天主教教派的对话。决议还从宗教的角度对人权、生态环境、土地、贫困化、劳动、移民、民主秩序、新的经济秩序、拉美一体化、家庭与生活、少数民族文化、现代文化、城市化等当今社会热点问题进行了分析，并提出了教会的任务和作用。

2007 年 5 月 13～31 日，在召开了多次筹备会议后，第 5 届拉美主教会议在巴西的阿帕雷西达举行，共有来自拉美和加勒比地区的 160 多名主教与会。罗马教皇本笃十六世主持开幕仪式，并发表了演讲。本次大会是在拉美地区天主教徒不断减少的大背景下召开的，因此大会的主题是"做耶稣基督的信徒和传教士"，重点讨论如何发展、扩大天主教会在拉美的影响，以及如何征召、训练、培养符合拉美地区新形势要求的传教士。会议指出，拉美社会正在经历全面的变化，而天主教也必须进行改革。会议提出今后教会工作的主要对象应是妇女、穷人和青年，同时应重视、尊重印第安人和黑人。会议的最后文件分为三部分，主要宣扬如何从信徒角度看待现实、成为传教信徒的种种好处、传教信徒的使命和任务、教徒的团结，以及如何保留老教徒和吸引新教徒等。

（二）定期召开拉美主教理事会例会

拉美主教理事会保持着定期集会的传统。截至 2009 年，已召开了 32 次例会。例会的主要目的在于完善理事会的管理机制和组织工作、选举新的领导机构、讨论和修改理事会章程、研究和制定总体工作计划、确定专门性的工作方针和活动计划、讨论教会的发展问题等。会议地点几乎遍及拉美和加勒比的所有国家和地区，此外还在梵蒂冈举行了数次例会。自成立以来，拉美主教理事会一直比较关注拉美的现实问题。例会发表的最后声明，都涉及拉美地区的经济和社会问题，并提出了教会在新形势下应发挥的作用和职责。

1997 年 10 月，第 26 次例会在巴西的里约热内卢召开。会议发表的声明指出：尽管拉美的民主取得了很大进步，但社会不公却仍然十分严重。暴力、腐败、逍遥法外和不公等问题必须得到解决，如此才能确保人民的尊严。会议还提出反对堕胎和尊重生命的主张。

2001 年 5 月，第 28 次例会在委内瑞拉的加拉加斯举行。会议对全球化过程中拉美地区经济和民主的脆弱性表示出极大的担忧，认为"失控的经济全球化和不断增长的债务加剧了贫困"。会议指出，在这种情况下，神职人员应履行尊重生命的承诺，服务于家庭、文化和政治。会议决定向罗马教皇申请召开第 5 届拉美主教会议。

2003 年 5 月，拉美主教理事会在巴拉圭召开了第 29 次例会。共有 60 多名代表参加了会议。教皇约翰·保罗二世派特使出席了会议。主要议题一是全面回顾和展示了当前拉丁美洲和加勒比地区各国教会和宗教现状；二是分析、讨论并通过了"拉美主教理事会 2003～2007 年度总体工作计划"。

2005 年 5 月，第 30 次例会在秘鲁首都利马举行。会议的重要议题之一就是筹划即将于 2007 年召开的第 5 届拉美主教会议。

2007 年 7 月，第 31 次例会在古巴首都哈瓦那举行。会议重点讨论了第 5 届拉美主教会议之后教会在拉丁美洲的牧灵使命，并选出了新的领导班子。

2009 年 5 月，第 32 次例会在尼加拉瓜首都马那瓜召开。与会者共同探讨了如何应对全球经济和金融危机、甲型 H1N1 流感的流行和防治，以及地方教会面临的问题等议题。

（三）其他活动

拉美主教理事会作为一个协调机构，还负责协助下属主教会议开展传教工作和各种规模的慈善活动。近年来，其下设部门主持召开了各种地区性会议和讲座，就传教过程中出现的新问题、新现象和新形势进行讨论、研究和分析，提出解决办法。此外，还举办培训班，通过对神职人员的强化培养，提高他们的传教水平，使之更加适应新形势的需要。近年来，随着信息技术的发展，拉美主教理事会还致力于通过互联网进行传教活动，以扩大教会的影响，促进教徒之间的交流和教会组织之间的相互了解。在这方面，拉美主教理事会与拉丁美洲天主教会信息网络协会密切合作，于 2003 年举办了首届拉美教会与信息技术会议。在拉美主教理事会的推动下，一批地区性的宗教组织相继成立，如拉美宗教界人士联合会、拉美神学院组织等。

八　对外关系

在 拉美主教理事会的章程中，明确规定要加强与罗马教廷及其下属各类组织、非拉丁美洲的主教会议以及其他国际组织的关系。

（一）与罗马教廷的关系

拉 美主教理事会受罗马教廷的领导。它是经教皇批准才正式成立的，在其章程中明确指出：拉美主教理事会是罗马教皇应拉美主教团的要求建立的天主教机构。因此，拉美主教理事会遵从罗马教廷的各项指令和安排，要负责完成罗马教廷交办的任务。理事会的章程要经过教皇批准才能正式生效。代表大会的决议和会议纪要都要上报给罗马教廷。还要定期向教廷汇报财务状况，如预算、接受的捐助、资金的使用、收支情况等。如果拉美主教理事会与其他非天主教的组织建立关系，要事先通报罗马教廷。

罗马教皇曾两次出席由拉美主教理事会筹办的拉美主教会议，并多次派特使参加理事会例会。拉美主教理事会的成员也多次访问梵蒂冈，并受到教皇的接见。理事会的领导人还应邀定期参加由教皇召集的世界主教会议。1957 年，罗马教廷成立了拉丁美洲委员会，充当了拉美主教理事会和教廷之间联络人的角色。在第 2 届梵蒂冈大公会议期间（1962～1965），为了协助拉美主教的工作，拉美主教理事会在梵蒂冈设立了一个办事处。

（二）与北美教会组织的关系

20 世纪 50 年代末，加拿大和美国的主教团先后成立了负责拉美事务的委员会，旨在推动与拉美教会组织的合作与交流。而拉美主教理事会自 1955 年成立以来，还没有一个专门的部门负责与北美主教团的联络。拉美各国的主教会议也缺少与北美主教团的对话渠道。在这种情况下，美国方面提议南北美洲的主教每年召开一次会议。

根据这项倡议，1967 年 5 月，在美国的迈阿密召开了第 1 届泛美主教会议（Reuniones Interamericanas de Obispos），与会者是美国全国天主教主教会议和拉美主教理事会的成员。中心议题是拉美地区动荡的经济和政治形势。同年 11 月，第 2 届泛美主教会议在智利圣地亚哥召开。在同一年举行了两届会议，说明双方迫切的合作愿望。在 1968 年 5 月召开的第 3 届泛美主教会议上，加拿大代表首次参加。1970 年举行的第 5 届泛美主教会议起草了该会议的宗旨，1974 年正式生效。该文件规定：泛美主教会议的参加者是拉美主教理事会、美国全国天主教主教会议和加拿大天主教主教会议的代表，它作为拉美和北美洲主教的非正式聚会，其目的在于推动与会者之间的对话，为双方感兴趣的问题提供相互交流的机会。会议讨论的结果只代表与会者个人的意见。

在 1976 年的第 11 届泛美主教会议上，拉美主教理事会提出成立"美洲主教理事会"，但遭到北美方面的反对。双方由此产生分歧，关系一度紧张，导致 1978 年和 1979 年连续两年未召开泛美主教会议。1979 年年底，双方决定对泛美主教会议与会人员的结构和讨论议题进行调整。此后泛美主教会议得以恢复，并逐渐成为一个以美洲大陆重大问题为讨论焦点的主教论坛。

20 世纪 80 年代末到 90 年代初，泛美主教会议的组织工作出现了较大的困难，而且会议的议题过多，讨论的时间越来越少，难以就某个问题达成共识。90 年代中期的几届泛美主教会议基本上只起到提供信息的作用。在 1997 年召开的第 26 届泛美主教会议上，与会者普遍表示近几届会议未取得实际成效，在同年于罗马召开的美洲主教会议特别代表大会上，提出了建立一个新的泛美主教会议的主张。但经过投票表决，还是决定巩固泛美主教会议，使之成为各国主教会议代表聚会和讨论问题的场所。值得注意的是，这次会议确定各国主教会议也是泛美主教会议的组织者和推动者，而不再局限于拉美主教理事会。

在罗马教皇约翰·保罗二世 1998 年访问古巴这一重大事件的带动下，于次年在哈瓦那召开的第 27 届泛美主教会议十分成功。会议决定将泛美主教会议更名为美洲教会主教会议（Reunión de los Obispos de la Iglesia en América），并正式成立执行委员会，负责会议的筹备工作和决议的贯彻执行。此后召开的每届美洲教会主教会议都对一个中心议题进行讨论，包括外债、移民、全球化、家庭、世俗力量的作用等。截至 2008 年，美洲教会主教会议已召开 35 届（包括第 27 届泛美主教会议）。

（三）与联合国儿童基金会的关系

拉美主教理事会对拉美儿童和青少年的生存状况和处境一直比较关注，它与联合国儿童基金会（以下简称"儿基会"）保持着长期的合作关系。

1983 年，儿基会发起了名为"健康革命"的运动，旨在改善儿童的生存和发展。该计划得到罗马教廷的支持。哥伦比亚、委内瑞拉、巴西等国的教会组织也纷纷响应，在促进儿童健康方面做了大量工作。

1987 年，儿童牧灵计划开始实施。1991 年，儿基会与拉美主教理事会签订了合作协议，承诺共同推动改善儿童生存和全面发展、保护儿童和母亲权利的计划。

1993 年，双方续签了合作协议，并实施了一项双方共同参与的教育计划，命名为"儿童的教化与为和平、民主、人与社会的发展而进行的教育"。同时，双方还制定了预防艾滋病和防止吸毒的教育计划。

（四）与中国的关系

拉 美主教理事会没有与中国建立官方关系，但与台湾省一些教会组织和天主教大学保持接触。

第七章

美洲基督教民主组织

美洲基督教民主组织（以下简称"美洲基民组织"）是一个由遵循基督教人道主义原则和主张自由、民主、人权、世界和平、平等发展与环境保护的政党、团体组成的国际运动，是中间民主党国际（原基督教民主党国际）的地区分支。经过 60 多年的发展，美洲基民组织已成为美洲最重要的选举力量之一。

一　成立背景和经过

拉丁美洲的基督教民主运动始于第一次世界大战前后，20 世纪 30 年代获得了一定发展，第二次世界大战后逐渐成为拉美政治舞台上的一支重要力量。在这种背景下，1947年 4 月 18～23 日，来自阿根廷、巴西、智利和乌拉圭的基督教民主主义政党领导人在乌拉圭的蒙得维的亚召开会议，决定成立美洲基督教民主组织。玻利维亚和秘鲁的政党领导人发来了书面声明，对该组织的成立表示拥护。会议期间还成立了一个中央协调委员会，由上述 4 个发起国各派 1 名代表组成。会议最后通过了《蒙得维的亚宣言》，明确了美洲基民组织的原则和目标。美洲基民组织的总部于 2000 年 10 月迁往智利首都圣地亚哥，2007年 1 月迁至墨西哥城。

二　成员

截至 2009 年，共有 25 个国家和地区的 30 个政党正式加入美洲基民组织。这些国家和地区包括：阿根廷、阿鲁巴、玻利维亚、博内尔①、巴西、智利、哥伦比亚、哥斯达黎加、古巴、库拉索②、厄瓜多尔、萨尔瓦多、危地马拉、海地、洪都拉斯、墨西哥、巴拿马、巴拉圭、秘鲁、多米尼加、（萨巴）向风群岛③、苏里南、特立尼达和多巴哥、乌拉圭和委内瑞拉。此外，美洲基民组织还有来自巴西、巴拉圭、乌拉圭和委内瑞拉的 5 个观察员党。

美洲基民组织下属的政党代表着拉美 30% 的登记选民，占拉美总人口的 10%。其中一些政党在本国获得过执政或联合执政地位，或在全国和州、省、市一级的议会中占据多数席位。墨西哥的国家行动党是目前美洲基民组织成员中唯一一个执政党。阿根廷、哥伦比亚等国的成员党则与其他党派组成执政联盟。

三　组织机构

代表大会是美洲基民组织的最高权力机关。每三年召开一次，必要时可召开特别大会。代表大会的主要职能是推进和发展基督教民主思想、确定总体指导方针和政策、批准

---

① 属未独立的荷属安的列斯。

② 属未独立的荷属安的列斯。

③ 属未独立的荷属安的列斯。

新会员组织的入会申请、讨论并修改章程、选举领导委员会等。

　　理事会是美洲基民组织的全权代表机构，由各成员党的主要领导人和顾问组成。每年召开一次会议，负责决策某项政策或战略、审议并批准领导委员会的报告、评估代表大会所作决议的进展情况等。

　　领导委员会是美洲基民组织的常设代表和领导机构，负责具体执行代表大会和理事会制定的总体方针和政策，对外代表美洲基民组织并以组织名义发布宣言，保持与其他基督教民主组织的关系等。领导委员会每年召开3次会议。领导委员会由主席团和执行秘书领导的执行秘书处两个部分组成。前者的成员包括主席、4名分别负责政治行动、内部促进、培训和主题焦点的副主席、5名分别代表北美洲、墨西哥和中美洲、加勒比地区、安第斯地区和南锥体地区的副主席，以及"美洲基民组织拉美议员运动"的主席。领导委员会成员任期3年，可连选连任一次。

　　执行秘书处是美洲基民组织的执行机构，负责处理由领导委员会和主席团交办的事务。执行秘书由领导委员会主席指定。

　　此外，美洲基民组织还包括两类特殊机构。第一类是职能机构，指美洲基民组织下属各政党和运动内部的各个利益集团，包括"美洲基民组织青年"（la Juventud de ODCA，JODCA）、"美洲基督教民主妇女"（las Mujeres Demócratas Cristianas de América，MUDCA）、"拉丁美洲基督教民主劳工阵线"（el Frente de Trabajadores Latinoamericanos DC）。这些机构隶属于美洲基民组织，其政策措施要符合美洲基民组织的原则和立场，但具有自治性，在执行政策过程中可从自身特点出发选择合适的方式。美洲基民组织与这些机构之间可相互参与对方的决策。

　　第二类是专门机构，指地区性的培训、研究机构和文献信息中心，以及旨在协调和推动各级议会行动的基督教民主运动或团体。这类机构包括"美洲基民组织拉美议员运动"（El Movimiento de Parlamentarios Latinoamericanos de ODCA，PARLAODCA）、"美洲基民组织市长网"（la Red de Alcaldes de ODCA）、"拉美基督教人道主义培训学院网"（la Red Latinoamericana de Institutos de Formación Humanista Cristianos，RELAIF）、"美洲地区、城市和社区基督教民主参与运动"（Movimiento de Participación Regional，Municipal y Comunitaria Demócrata-Cristiana de América）。其中"美洲基民组织拉美议员运动"是为了协调和支持各国的立法活动而创办的一项运动，已经在各国的立法机关中取得了重要地位。而"拉美基督教人道主义培训学院网"中包括了一批地区性的教育和培训机构，主要进行信息收集、研究等活动。这些机构由领导委员会确定和承认，并在美洲基民组织的资助下开展工作。

四　主要领导人

美洲基民组织现任主席是墨西哥人曼努埃尔·德赫苏斯·埃斯皮诺·巴连托斯（Manuel de Jesús Espino Barrientos）。他出生于 1959 年，曾参与创建了墨西哥多个青年组织。1978 年加入墨西哥国家行动党后，曾担任各级领导职务，两次当选为联邦众议员。2005 年起任国家行动党全国主席。是多家媒体的长期撰稿人和评论员。2006 年 11 月当选为美洲基民组织主席。目前还担任中间民主党国际的副主席。

在埃斯皮诺之前担任美洲基民组织主席的分别是哥斯达黎加前总统米格尔·安赫尔·罗德里格斯·埃切韦里亚（Miguel Ángel Rodríguez Echeverría，1995 ~ 1998）和智利基督教民主党前主席、众议院前议长古滕伯格·马丁内斯（Gutenberg Martínez，1998 ~ 2006）。在古滕伯格·马丁内斯担任美洲基民组织主席的 8 年时间里，该组织在青年政治家的培养、党际关系的加强、重要思想的确立和完善等方面的工作都得到了加强。

五　出版物

美洲基民组织的出版物是创刊于 2007 年的《中心》（*Centro*），主要介绍美洲基民组织及下属成员党的思想和重要活动。

六　宗旨原则和政策主张

（一）拉美基督教民主主义思想

基督教民主主义起源于基督教教会的社会思想，其基础就是教会的社会学说。从旧约中可以找到这种学说的根源。它把基督教关于社会和经济公正的观点同关于政治民主的自由主义观点结合起来，主张维护有关教会和家庭的传统价值观。但各国基督教民主党的思想主张和政治取向差别较大，拉美地区的基督教民主主义更注重政治民主和社会正义，具有改良主义倾向。它信奉基督教的社会伦理，遵循人道主义原则，主张实行多元化的代议制民主，扩大民众的参与，建立"民主社会"和"共有社会"，最终实现拉美一体化。

（二）美洲基民组织的宗旨原则

美洲基民组织成立的宗旨是：在基督教人道主义原则的基础上，通过研究和行动，以自由的、尊重人的、倡导"共有"精神的方式，推动建立一种真正的政治、经济和文化民主。1947 年发表的《蒙得维的亚宣言》规定的组织原则和目标是：在基督教人道主义的原则基础上，对国际行动的政策和战略方针进行协调，使之顺应民主，并以取得国家和国际的社会公正为最终目标；支持拉美一体化，并制定出相应的政治计划；加强和捍卫人的价值和权利，推动社会改革和现代化进程；鼓励和协调会员组织之间的合作；推动和发展人与环境之间的平衡关系。

美洲基民组织以1991年第13届代表大会通过的组织章程为指导开展工作。章程规定，美洲基民组织要努力推动和加强基督教民主运动，以实现下述目标：加强和捍卫人的价值和权利，以及自由、多元化、民主、公平、社会正义、团结和国际和平等原则，推动社会结构的变革、改造、创新和一体化；鼓励和协调成员党之间在争取自由、维护法治国家、获得全面发展、实现社会正义和一体化等方面进行合作；支持旨在促进人与环境和谐关系的各种倡议，其前提是尊重和保证生活质量和生态平衡，反对一切有损于或破坏这种关系的行为；推动和支持地区一体化进程；加强成员党之间的联系，以巩固政治团结、促进经验交流；成为世界各种基督教民主组织的联系纽带；研究各种与基督教民主相关的思想、思潮，推动跨学科的深入研究，以便更好地了解拉美的现实。

（三）美洲基民组织的基本思想

主张民主与基督教是密不可分的，要在基督教哲学思想的基础上看待民主。

主张多元化民主，国家和公民相互影响，民众自由结社，在民主的框架内提出合法的要求。民主多元化还包含着各方面多样化的思想，主张意识形态的多元化。提倡言论自由，认为思想不应受到强制和排斥。也赞成经济形式的多元化。

认为民主是可以改进的，完美的民主不仅仅是政治民主，也是社会民主和经济民主。在这种民主制度下，社会成员受到公平的对待和尊重，并能够平等参与民主。财富和资源的公正分配确保所有人作为"上帝的子民"都能享受体面的生活。反对个人主义，提倡将社团作为体现团结、友爱和聚会的场所。

追求政治行为中伦理标准至上。认为政治不能脱离道德。基督教民主主义者要遵守社会行为的道德规范。

强调历史的精神性。认为人的作用是使世界变得更美好，但人类的任务不仅限于此，还要迈向超自然的目标。认为人被赋予了足够的能量来决定自己的命运，改变现实。即使有时不得不承认社会发展过程中自然、地理、经济和文化等方面的易变性，但也不相信"天命"。

为了获得人类的发展，应确保所有人平等受益，这种公正要优先于所有社会成员的个人利益，即共同利益优先的原则。主张建立一个以社会团结为基础的、最大限度平等、公正和自由的社会。

主张家庭是社会的核心，也是最能体现出人际关系价值的地方，所以在各个方面都应受到保护。

认为国家应该减少对生产领域的干预，采取辅助、补充的原则。国家的作用应是调节、推动共同利益和机会均等，对弱势群体提供保护。

主张基督教民主主义政党要有明确的思想和追求，要提出新的主张，以应对现实世界的重大挑战和变化，否则就没有前途，并会逐步走向消亡。

既不赞成马克思列宁主义，也反对新自由主义。但近年来对新的政治力量表现出开放的态度，希望关于"建立一个新的人道主义和改良主义中心"的提案能得到更多政党的支持，以适应现代化、全球化和信息社会的需要。

进入新世纪后，美洲基民组织为顺应新形势的需要，明确提出了今后的七大工作重点：社会的人性化、公平、更多更好的民主、家庭、教育、环境和一体化。这几方面的内容基本体现出美洲基民组织对拉美现实问题的回应。

（四）关于"建立一个人道主义和改良主义新中心"的思想

经过各成员党的广泛讨论，2001年，美洲基民组织正式出台了"建立一个人道主义和改良主义新中心"的计划，目的在于针对个人主义盛行、过度追求经济利益、全球化势不可挡、贫困和失业日益加剧等新形势提出新的对策，为各成员党提供总体行动指南。该计划以人为核心，以人的价值为基础，以尊重人的尊严和人权为信条，目的是在倡导自由、民主、机会均等的前提下推动个人的发展，并通过广泛的对话和协商，在没有社会损害和社会暴力的条件下，实行必要的改革以取得最大的进步。其主要思想可概括为以下几方面：

1. 人性化

建立在人性化和人道主义价值观和原则基础之上的政治，是能够和应该满足民众需要和愿望的政治。和人一起，通过人，为了人，建立一个适于人居的人道主义世界，是对基督教民主主义政党的挑战。

2. 全球化

全球化进程，如果利用得当，将是战胜贫困、实现经济均衡增长的巨大机遇。对于全球化既不能听之任之，也不要持反对态度，而是应采取积极的现实主义态度，实现一个公正的、人性化的全球化。

3. 共同利益

应将共同利益与总体利益的概念区分开，前者由伦理道德支配，而后者由技术、经济和机械手段支配。共同利益应指导总体利益。反对经济活动中的个人主义。强调建立一个有责任感的社会的重要性。

4. 人的重要性

尊重人的尊严和人权，主张以人为政治、经济和社会生活的中心。因此，坚决支持市民社会的发展。认为稳定的市民社会不仅能够为经济良性发展创造条件，也有利于持续的民主。要实现人的持续发展，首先要提高全体民众的生活水平，其次是争取机会均等，第三是要创造高质量、高收入的就业机会。

5. 社团的重要性

社会应支持各种社团组织的建立和发展，并尊重其价值。志愿者团体、学生社团、宗教社团、体育俱乐部、艺术团体、居民社团、社会边缘者社团等都应该得到鼓励。必须通过宣扬勤劳、信任、责任感等社会美德，推动集体联合的力量，反对纯粹的个人主义和家庭主义。

6. 家庭的重要性

应采取各种旨在促进、尊重、保护和巩固家庭生活的社会和公共政策。家庭是社会人性化的起点和开端，也是良好的人际关系、团结和友爱的体现。要最大限度地保护儿童权利，防止虐待儿童，推动未成年人与社会的融合。女性在家庭中承担的超负荷的责任阻碍了她们参与家庭以外的活动，因此，获得男女平等必须对家庭角色进行深刻的变革，对丈夫和妻子的家庭责任进行更加平等的分配。应鼓励妇女参政议政。

7. 平等的建立

贸易和债务是解决发达国家与发展中国家关系的关键。应利用多边和双边机制实施减债计划，使偿债不再是穷国获得持久的人文发展的巨大障碍。跨国公司应与人权、环保等非政府组织进行国际对话，共同制定行为规范，以保障人权、保护环境。解决贫困要通过保障机会均等、改善收入分配、提高生活质量来实现。

8. 城市与环境的重要性

城市是人类居住的空间，所以应该重视包括公共安全、公共交通、住宅城市规划、就业、城市垃圾处理、对地方政府放权等一系列城市政策。要创造条件使市民和家庭享受人性化的生活。保护和改善环境既是公共健康的需要，也是对外交往的需要，保护自然和生命是人类的重要使命。

9. 民主参与的重要性

在国家范围内，为了创造更多的民主参与空间，应该实行国家机构的权力下放，增加公共管理的透明度，保证言论自由，确保交流渠道的多样化。在国际范围内，一方面要重视多边组织、非政府机构的调解作用，另一方面要创造机制使所有国家享受到全球化的利益，避免金融动荡的连锁反应。反对恐怖主义和毒品交易。主张加强联合国，特别是安理会的作用。

七 主要活动

美洲基民组织的大部分成员党都是本国的重要政党，并曾在本国政坛上有过重要影响。1964 年，美洲基民组织的创始人之一、智利基督教民主党的爱德华多·弗雷·蒙塔尔瓦（Eduardo Frei Montalva）当选为智利总统，标志着基督教民主运动开始成为拉美政治舞台上一支重要的力量。此后，美洲基民组织的成员党多次在拉美一些国家的总统选举中获胜。例如，1969 年和 1979 年，委内瑞拉基督教社会党两次赢得总统选举；1986 年，危地马拉基督教民主党的比尼西奥·塞雷索·阿雷瓦洛（Vinicio Cerezo Arévalo）当选总统；1990 年和 1994 年，智利基督教民主党连续两次在大选中获胜，帕特里西奥·艾尔文（Patricio Aylwin Azócar）和爱德华多·弗雷（Eduardo Frei Ruiz-Tagle）先后当选总统；哥斯达黎加基督教社会团结党自 1983 年成立以来，已 3 次赢得总统大选；在哥伦比亚，3 位总统来自于美洲基民组织的成员党哥伦比亚保守党；自 2000 年起，墨西哥的国家行动党连续两次战胜革命制度党，在总统大选中获胜。

截至 2006 年 11 月，美洲基民组织共举行 18 届代表大会，每届代表大会均对拉美政治经济形势进行讨论。

2000 年 10 月，美洲基民组织在智利的圣地亚哥召开第 16 届代表大会，提出了"建立一个新的人道主义和改良主义中心"的提案。该提案于 2001 年 8 月获得理事会的通过。第 16 次代表大会还将家庭、环境、教育、平等、一体化、社会的人性化和加强民主作为基本工作要点。此后围绕着这些议题召开了一些主题研讨会，例如在秘鲁和厄瓜多尔举办了平等问题研讨会，在阿根廷、智利、秘鲁举办了环境问题研讨会，在危地马拉举办了扩大民主研讨会，在智利举办了家庭问题研讨会，在墨西哥组织召开了社会人性化问题研讨会，在秘鲁举办了教育问题研讨会，在阿根廷、哥斯达黎加和乌拉圭召开了一体化问题研讨会，并出版了相关的刊物。

2003 年 10 月，美洲基民组织在委内瑞拉的加拉加斯召开了第 17 届代表大会。主要议题是"新的国际环境中的拉美"以及"2003~2006 年计划的标准和建议"。与会代表还就拉美当前的民主化形势和未来面对的挑战进行了讨论。大会期间，还召开了由 4 个古巴政党和团体参加的"古巴 2004"会议。

2006 年 11 月，美洲基民组织在智利的圣地亚哥召开第 18 届代表大会。会议发表了《圣地亚哥声明》，表示将继续遵循以人为本的原则，重申建立人道主义和改良主义政治中心的目标，承诺将加强美洲基民组织在推动地区一体化进程方面的作用。会议选举出美洲基民组织新一届领导班子。

2002 年 9 月，美洲基民组织在哥斯达黎加的圣何塞组织召开了"推动地区一体化和拉美国际渗透"的国际研讨会。共有 57 个政党组织、议会和国际组织的代表参加，会议通过了关于推动地区一体化的共同宣言。

美洲基民组织还致力于对政党、社会组织、议会领导人的培养。自 1999 起连续举办"政治理论和公共管理"国际培训班，以提高其成员政党领导人的领导和管理能力。2003 年 7 月还举办了"自由市场社会经济学"培训班，共有 16 个国家的 34 名青年经济学家接受了培训。此外，美洲基民组织还在德国的康拉德·阿登纳基金会（Fundación Konrad Adenauer）的资助下，在智利各大学开展了研究生奖学金计划，以帮助成员政党的青年领导者获得政治、经济、社会等不同学科的博士学位。2008 年，美洲基民组织在阿登纳基金会的资助下建立了选举管理学校，开始对拉美和欧洲基督教民主组织的青年进行选举方面的培训。

在咨询方面，美洲基民组织于 2001 年开展了一项对参加选举的政党提供帮助和合作的计划，并取得了积极的效果。例如 2001 年在墨西哥举办了"拉丁美洲的选举挑战"研讨会；2001 ~ 2003 年连续三年举办"交流与政治市场学"研讨会；2008 年在乌拉圭举行"选举运动与选举权"国际研讨会等。此外，美洲基民组织还组织了一系列旨在推动政党改革和现代化的活动。比如，2001 年在危地马拉召开了"基督教民主主义政党的革新"研讨会；2002 年在巴拉圭举办了"政党与新挑战"研讨会等。

美洲基民组织致力于推动基督教民主运动在议会、妇女和青年政治工作中的影响。2001 年 4 月，在智利与欧洲议会进行了会晤。同年 6 月在阿根廷成立了"美洲基民组织拉美议员运动"。2001 年 6 月，"基督教民主妇女运动"代表大会在巴拉圭举行。2003 年 4 月，美洲基民组织在墨西哥举办了第 1 届拉美妇女领导人国际会议，就妇女参政议政等问题进行了讨论。2001 年 7 月，美洲基民组织在巴拿马成立了"美洲基民组织青年"。与此同时，美洲基民组织还不断加强该组织在拉美大学校长和市长中的影响。

近年来，美洲基民组织非常关注拉美地区的安全问题。2008

年2月，美洲基民组织与哥伦比亚保守党及其他社会团体共同发表了题为"为了和平和自由的哥伦比亚，反对恐怖主义"的宣言。同年6月，美洲基民组织在哥伦比亚举办研讨会，专门讨论拉美地区的安全问题和对策。8月，美洲基民组织重申对墨西哥和哥伦比亚政府打击有组织犯罪的支持。

美洲基民组织在反对古巴卡斯特罗政权方面进行了大量活动。其4个古巴成员党均为流亡海外的政党或政治团体。美洲基民组织抨击古巴的人权，试图改变古巴的政治制度，支持流亡海外的古巴基督教民主主义党等反对卡斯特罗政权的势力，在拉美一些主要城市组织反古人士的集会。2008年3月，美洲基民组织在哥斯达黎加召开大会，专门讨论古巴问题。会议发表声明，要求古巴实现民主化，改革政治制度和选举制度，取消人员流动限制，开放媒体；并要求拉美国家政府在与古巴签订的双边及多边协议中加入人权条款，共同推动古巴进行政治改革。

美洲基民组织在曼努埃尔·埃斯皮诺担任主席后，与委内瑞拉政府关系紧张，曾多次指责委政府践踏人权、无视宪法、剥夺言论自由，要求委政府停止对反对派、反政府人士和宗教团体的迫害。2009年，美洲基民组织发表《对委内瑞拉政治形势的看法》的声明。

八　对外关系

美洲基民组织与德国阿登纳基金会、西班牙的分析与社会研究基金会保持合作关系，双方共同举办研讨会和培训活动。两个基金会向美洲基民组织提供资金支持，其中阿登纳基金会从1967年起就开始资助美洲基民组织。

"9·11"事件后，美洲基民组织加强了同美国的各政党组织、协会和拉丁社团的联系，与它们的领导人进行了接触和会谈。2002 年 2 月，第一次在美国举办了主题为"拉丁美洲的民主挑战：委内瑞拉、古巴和阿根廷的现实"的研讨会。

在加强将政党作为民主化重要推动者方面，2001 年 12 月，美洲基民组织参加了美洲国家组织在迈阿密召开的建立泛美政党论坛的会议，并于 2002 年 8 月加入了该论坛的咨询委员会。美洲基民组织希望这个计划有助于加强政党的现代化和改革。

美洲基民组织与中国全国人大进行过友好交往。1988 年 5 月，由秘书长伊拉里翁·卡多索（Hilarión Cardozo）率领的美洲基民组织代表团访华，受到时任中共中央政治局委员、全国人大常委会委员长万里的接见，双方进行了友好会谈。近年来，中国共产党与美洲基民组织部分成员党之间保持党际交往。2001 年，墨西哥国家行动党代表团访华，受到中共中央政治局常委、全国政协主席李瑞环的接见。2004 年 3 月，中共中央政治局常委、全国政协主席贾庆林会见了哥伦比亚保守党代表团。2007 年 3 月，中共中央政治局常委李长春在访问墨西哥期间会见了墨西哥国家行动党主席埃斯皮诺。

第八章

拉丁美洲和加勒比政党常设大会

拉丁美洲和加勒比政党常设大会（以下简称"拉美政党常设大会"）是一个政治论坛性的非政府组织，由拉美和加勒比地区的各类中左翼民族主义政党组成。成立以来，该组织在推动各国政党之间的合作、捍卫民主等方面发挥了重要作用。

一 成立背景和经过

1979 年 10 月 10～12 日，根据墨西哥革命制度党的建议，拉美 13 个国家和 1 个未独立地区的 22 个政党在墨西哥的瓦哈卡市召开了拉丁美洲民族主义、民主和反帝政党大会。会议的口号是"民主、主权与团结：拉美道路"。大会通过了《瓦哈卡宣言》，强调了尊重主权和独立、反对殖民主义和帝国主义、捍卫民主和反对独裁、加强各国团结和实现一体化等主张。会议决定成立拉丁美洲和加勒比政党常设大会，定期召开会议交换意见，以协调成员政党的政策和行动。总部设在墨西哥城。

二　成员

同一国家可以有两个以上的政党同时加入拉美政党常设大会。截至 2009 年，该组织共有 52 个成员党，分属于下列 27 个国家和地区：阿根廷、阿鲁巴、伯利兹、玻利维亚、博内尔、巴西、智利、哥伦比亚、哥斯达黎加、库拉索、古巴、多米尼克、厄瓜多尔、萨尔瓦多、危地马拉、海地、洪都拉斯、牙买加、墨西哥、尼加拉瓜、巴拿马、秘鲁、波多黎各、多米尼加、圣卢西亚、乌拉圭和委内瑞拉；另外还有加拿大、库拉索、圣文森特和格拉纳丁斯的 4 个伙伴成员党。

三　组织机构

全体会议是拉美政党常设大会的最高领导机构，由大会的所有正式成员党组成。每年定期召开一次会议，因特殊原因还可举行若干次特别会议。提交全会讨论的议题要经投票表决。

协调委员会是全体会议休会期间的最高权力机构，主要职能是按照全体会议提出的方针、宣言和决议确保大会工作的连续性。其成员由全体会议选出，任期 3 年。最新一届协调委员会由 1 名主席、1 名主席助理、16 名副主席、1 名秘书长、3 名副秘书长和 1 名技术秘书处的官员组成。

秘书处是拉美政党常设大会的执行和联络机构，负责执行全体会议和协调委员会的各项决议，筹备和组织会议及各类活动，联络各成员政党，通报领导机构的决策和决议，制定预算，管理资金等事务。秘书处由秘书长和副秘书长共同组成。现任秘书长是墨西哥革命制度党的塞尔索·乌姆韦尔托·德尔加多（Celso

Humberto Delgado)。

拉美政党常设大会还下设两个机构性的委员会：财政管理委员会和入会委员会，后者主要负责分析和评估加入拉美政党常设大会的申请事宜。另外设有若干个常设委员会，专门研究国际经济关系、政治体制与民主实践、工业和就业政策、能源政策、一体化、生态环境、文化与大学、毒品贸易、移民、人权和加勒比问题等。

拉美政党常设大会的经费主要来自各成员党缴纳的会费。

四　主要领导人

协调委员会现任主席是来自阿根廷正义党的安东尼奥·弗朗西斯科·卡菲耶罗（Antonio Francisco Cafiero）。他 1922 年生于阿根廷首都布宜诺斯艾利斯。1948 年在布宜诺斯艾利斯大学获得经济学博士学位。1952～1984 年，先后在多所高等院校任教。政治生涯始于大学时期。毕业后曾在阿外交部、对外贸易部、经济部等公共部门担任重要职务。1964～1966 年，任阿根廷正义党全国委员会政治书记。1986～1991 年，任正义党布宜诺斯艾利斯省省委主席。1987～1990 年，担任正义党全国委员会主席。1990 年当选为拉美政党常设大会副主席。1993～2001 年，任阿根廷参议员。2005 年当选为拉美政党常设大会协调委员会主席。目前还承担着大量社会工作。在学术领域也颇有建树，撰写了大量著作和文章。

五　出版物

拉美政党常设大会自 2009 年起创立了《内部简报》（*Boletín Interno*），每季度出版一期，主要介绍拉美政党常设大会及其下属成员党的重要活动。此外，还不定期出版《主席团简报》（*Boletín Presidencia Copppal*），对拉美政党常设大会及其下属政党的重要思想进行详细介绍和阐述。

六　宗旨原则和政策主张

（一）宗旨原则

拉美政党常设大会成立的宗旨是谋求各国政党之间的合作，以便采取联合行动以实现下述目标：捍卫民主和司法政体，支持其发展和完善；坚持拉美和加勒比人民的民族自决和国家的法律公正；推动地区合作进程以实现拉美和加勒比的一体化；支持有关裁军的一切倡议，严格遵循以和平方式解决地区争端的原则；保护和更好地利用各国的自然资源；推动拉美地区性组织的发展，采取共同行动以建立一个最公正的国际秩序；尊重和捍卫人权，包括社会、经济权利及政治避难；加强政党的代表性，使其成为社会利益的有效实现者，推动其对于国家权力的自治。

拉美政党常设大会支持社会民主主义的政治思想，明确提出反帝、反殖民主义的立场。同时坚决主张维护主权、独立和自决，提倡自由选择论和不干涉，反对把另一种制度或价值观强加于别国的行为。虽然参加拉美政党常设大会的政党在意识形态方面存在差异，但它们一致赞同"拉丁美洲是拉丁美洲人的拉丁美洲"的政治信念，在行动中坚持"团结统一和共同行动"的主导思想。

目前拉美政党常设大会最关注的问题包括民主的深化、一体化进程的进展和潜力、国家主权、社会政策、政党作用、金融危机对拉美的影响等。

（二）重要宣言

反映拉美政党常设大会基本思想和指导其行动的纲领主要是在历次全体会议上通过的重要声明和宣言，其中包括：《瓦哈卡宣言》（3 个）、《利马宣言》、《基多宣言》、《皮琴察宣言》、《布宜诺斯艾利斯宣言》（2 个）、《瓦尔帕莱索宣言》，以及"里约协定"等。

第一个《瓦哈卡宣言》反映了拉美政党常设大会成立的宗旨、基本立场和目标。主要内容包括：号召拉美国家团结起来，避免因为各国之间不必要的竞争而产生分裂；反对外来干涉、剥削和压迫，主张建立一个自由、公正的拉丁美洲；反对任何形式的殖民主义，主张民族自决和独立自主；支持拉美地区性组织和机构的发展和巩固，以及它们为改变不合理和腐朽的制度而进行的努力；主张各国通过和平方式解决冲突，支持裁军和取消军事飞地；要求各国遵守《拉丁美洲禁止核武器条约》，推动拉美的无核化；主张为民主而战，确保不同党派在求同存异、尊重意识形态的法律框架内参与国家决策，支持民主的发展和完善；主张建立一个新的国际货币体系，以促进世界经济合理发展，加强拉美国家经济和政治的自主性。

《利马宣言》是拉美政党常设大会在经过三年的消沉期、重新崛起后发表的重要文件。它与第一个《瓦哈卡宣言》有很大关系，两者存在继承性。该宣言表达了将拉美政党常设大会推向前进、坚决地致力于完善和巩固美洲各国独立、主权和团结的决心。就重要性而言，它可以与第一个《瓦哈卡宣言》相提并论。

第二个《瓦哈卡宣言》发布于 1994 年 10 月召开的全体会议，它重申了第一个《瓦哈卡宣言》的立场，强调了该组织为实现一个公正、民主、平等社会的历史使命。同时认为在签署第一个《瓦哈卡宣言》之后的 15 年中，虽然拉美国家在民主化和消除不平等等方面有了很大进步，但要彻底改变经济政治体系中的缺陷还任重道远，需要继续努力。针对新的形势，它提出了新的思想和主张：促进可持续发展，推动文化和思想的多元化；指出全球化进程并不符合拉美一体化的历史条件，生产结构的一体化不利于弱小国家的发展；反对任何因意识形态差异而造成的歧视和排斥；主张促进党派之间的联系，加强政党的代表性，使其成为社会利益的有效管理者；捍卫人权，并在行动中联合非政府组织、民间团体和社会运动；联合教育机构、研究机构和文化传播机构，推动历史和文化的一体化进程；主张言论自由，推动媒体的民主化和信息的真实性；促进生态文化，加强环保，合理利用自然资源，主张战略资源的开发应符合国家主权的要求。

第三个《瓦哈卡宣言》发布于 1999 年 10 月，正值拉美政党常设大会成立 20 周年之际。它对全球化和一体化问题提出了新的主张。认为与 20 年前相比，拉美的政治和经济形势发生了很大变化，但贫困化、社会边缘化、殖民主义继续以不同方式存在，原有问题没有得到解决，因此各国政党在新的世纪将面临更大挑战。拉美国家只有实现民主的发展，根除贫困、腐败和社会边缘化，才能在新世界的建设中发挥更大作用。全球化既是威胁也是机遇，必须提高自身实力以应对国际竞争、市场专业化、新技术发展等挑战。一体化的道路还十分漫长，应该从贸易一体化逐步发展成经济政策、投资，以至于政治、社会和文化的一体化。最终目标是建立一个拉美和加勒比国家共同体。认为拉美国家应与美国谈判建立美洲共同市场，但不接受加剧贫困和不平等的经济模式，主张建立一种保证社会公正和机会均等的经济体系。

2003 年，阿根廷总统基什内尔（Néstor Kirchner）和巴西总统卢拉（Luis Ignacio Lula da Silva）达成"布宜诺斯艾利斯共识"，认为应该把地区一体化作为"拉美国家融入世界的战略选择"，实现"增长、社会正义和公民尊严"共存的发展。2005年，拉美政党常设大会在此基础上发表了关于"布宜诺斯艾利斯共识：拉美和加勒比新发展模式"的宣言，以此作为向第 4 届美洲国家首脑会议提出的建议。宣言提出应以新的共识取代"华盛顿共识"，反对"先增长后分配"和"先增长后治理（环境）"的模式，认为经济政策应与社会政策并举，保证就业、教育、医疗等基本权利。为此，宣言提出了一系列政策建议。

七　主要活动

拉美政党常设大会的活动可分为以下三个阶段。

（一）1979 年 10 月至 1982 年 10 月

在此期间，该组织活动频繁，先后在厄瓜多尔首都基多、墨西哥的科科约克、巴拿马城、多米尼加首都圣多明各、秘鲁首都利马、尼加拉瓜首都马那瓜和玻利维亚的拉巴斯等地举行了 9 次全体会议，通过了一系列重要的宣言和决议。在此期间，维护主权、独立和自决权，反对外国渗透和干涉，支持拉美各国人民争取民主的斗争等原则在拉美政党常设大会的历次全体会议上都得到了很好的贯彻。

拉美政党常设大会对中美洲国家的内政和外交问题给予了特别关注，尤其是那里爆发的地区冲突。拉美政党常设大会认为中美洲危机的主要原因在于这些国家的社会经济和政治条件导致社会和阶级冲突的加剧，而美国政府公开干涉中美洲内部事务的做法使形势变得更加严峻。

拉美政党常设大会的历次全体会议对有关尼加拉瓜形势和以尼加拉瓜为中心的问题都进行了讨论，在瓦哈卡召开的第 1 次会议上就通过了关于尼加拉瓜的专门决议。拉美政党常设大会的立场明确，即坚决支持尼加拉瓜人民在政治和军事上取得的胜利，尽一切可能为尼加拉瓜的复兴和革命政权的巩固提供全面的物质和道义援助，谴责尼加拉瓜国内反动势力的所作所为，反对外国干涉尼加拉瓜内政。

拉美政党常设大会支持萨尔瓦多和危地马拉人民为争取民主、自由和民族自决权所进行的斗争，反对外来势力干涉其内政和对政府的镇压活动提供军事援助。

在巴拿马问题上，拉美政党常设大会坚决支持恢复巴拿马对运河区的主权和管理权，以肃清拉美大陆上的殖民主义残余，要求巴美之间签订的《托里霍斯—卡特条约》能够得到完全执行。

拉美政党常设大会对波多黎各问题也持强硬态度。认为波多黎各是拉丁美洲不可分割的组成部分，坚决支持波多黎各人民争取独立的正义斗争。

1982年，英阿战争爆发后，拉美政党常设大会发表声明，支持阿根廷人民为收复马尔维纳斯群岛主权所进行的斗争，主张谈判解决双方冲突，要求欧共体取消对阿根廷的经济封锁。

（二）1983～1986年年底

这个时期，拉美政党常设大会的活动明显减少，没有举行过全体会议。主要原因一是美国政府的压制和打击；二是拉美国家极右势力的破坏；三是拉美政党常设大会的创建者——巴拿马的革命领袖托里霍斯（Omar Efraín Torrijos）和厄瓜多尔总统罗尔多斯（Jaime Róldos Aguilera）的意外去世，以及墨西哥总统波蒂略（José López de Portilloy Pacheco）的任期结束。这些原因使得拉美政党常设大会成员党的积极性大大降低。

（三）1986年年底至今

在秘鲁的阿普拉党的全力推动下，经过一段时间的磋商，拉美政党常设大会克服了种种障碍，于1986年

12 月召开了第 10 次全体会议。时隔两个月，又举行了第 11 次全体会议，通过了重要的《利马宣言》，重申了拉美政党常设大会的原则和目标，这标志着该组织的活动全面恢复。拉美政党常设大会的力量也进一步加强，到这次会议召开时，成员党的数量增加到 34 个。

在此后的几次全体会议上，拉美政党常设大会继续关注中美洲局势，支持孔塔多拉集团和利马集团为实现中美洲和平所进行的努力。对于拉美国家日益严重的外债问题，拉美政党常设大会主张债权国与债务国共同分担"危机代价"，合理解决外债问题，认为债务国有权按照实际偿债能力调整外债，呼吁建立国际经济新秩序。

1989 年 10 月，应墨西哥革命制度党的邀请，拉美政党常设大会在墨西哥城举行了一次特别会议，以庆祝该组织成立 10 周年。在这次会议上，各政党重申了该组织的宗旨原则和纲领性主张，表明了加强该组织的政治决心，表示在 1990 年代将继续其促进拉美和加勒比团结的活动和捍卫该地区人民合法权益的斗争。

1989 年 12 月，美国武装入侵巴拿马。拉美政党常设大会发表声明，强烈谴责美国的侵略行径，指出这是美国控制该地区的新方式，将严重威胁国际局势的稳定，要求美军尽快撤离。

20 世纪 90 年代，拉美政党常设大会在智利的瓦尔帕莱索、巴拿马城和墨西哥的瓦哈卡等地共举行了 7 次全体会议，每次会议都对拉美和加勒比地区的局势、各个国家的紧迫问题进行讨论和研究，商议解决对策。该组织认为，冷战虽然结束，但不合理的国际经济秩序依然存在，主张在公正民主的基础上，建立国际金融、货币和贸易新秩序。在古巴问题上，拉美政党常设大会坚持原则，抨击美国对古巴的经济封锁，强烈反对美国政府颁布的"赫尔姆斯—伯顿法"。在 1996 年的第 19 次全体会议上，古巴共产党被接纳为联系成员，并在 1999 年第 22 次全体会议上被发展为正式成员。

进入 21 世纪后，拉美政党常设大会于 2001 年、2004 年、2005 年、2006 年和 2008 年分别在智利首都圣地亚哥、墨西哥首都墨西哥城、阿根廷首都布宜诺斯艾利斯、尼加拉瓜首都马那瓜和巴拿马首都巴拿马城召开了 5 次全体会议。最近一次全体会议（第 27 次）讨论的议题包括：贫困、能源危机、哥伦比亚对厄瓜多尔的军事入侵引起的冲突、社会正义以及拉美在新的世界环境中的作用等。

2003 年 2 月，拉美政党常设大会在萨尔瓦多举行了题为"移民、侨汇与一体化和全球化进程"的国际研讨会。同年 3 月，拉美政党常设大会与墨西哥的民主革命党在巴拿马共同召开了"中美洲和加勒比关于透明与安全的政党间会议"。会议对包括司法安全、民主安全、边境安全、恐怖主义等在内的各种安全问题进行了讨论，并重申了反对美国对古巴实施经济封锁政策的立场。

为推动青年和妇女参政议政，拉美政党常设大会近年来组织了一系列活动。2005 年，拉美政党常设大会妇女委员会启动了"拉美政党常设大会妇女机制"，旨在通过各种会议促进政党、政府对性别问题的重视。此后，拉美政党常设大会在该机制下组织召开了数次会议。2009 年 3 月，拉美政党常设大会在阿根廷举行了题为"从性别视角看政治、经济和社会发展"的国际研讨会。会议发表了《布宜诺斯艾利斯宣言》，充分肯定了妇女在当今政治、经济和社会生活中的作用，指出了妇女面临的种种挑战，并向成员党提出了妇女工作的建议。

2008 年，拉美政党常设大会重新启动了在 1990 年中断的青年工作。10 月，拉美政党常设大会在萨尔瓦多召开了由下属成员党的青年组织共同参加的"拉美政党常设大会第 1 次青年会议"。

除上述活动以外，拉美政党常设大会还经常应邀以观察员身份监督拉美和加勒比国家举行的各种选举。

八 对外关系

拉美政党常设大会是一个较少意识形态化和多元化的组织，主张与所有持民主进步思想的其他政治组织和社会团体发展关系。这一路线从常设大会成立时起就已确定。拉美政党常设大会与拉美社会党协调组织和拉美人权协会等拉美地区性组织进行了广泛的合作，还注意与欧洲的政治组织发展友好关系。在1989年之前，该组织还与苏联的一些社团组织建立了联系。

拉美政党常设大会与中国共产党和中国全国人民代表大会保持着友好的交往。双方在"圣保罗论坛"等多边活动中有友好接触。2004年1月12日，由执行秘书塞尔索·德尔卡多率领的拉美政党常设大会代表团访华，在人民大会堂受到全国人大常委会副委员长成思危的接见。2006年3月，拉美政党常设大会代表团再次访华，协调委员会主席卡菲耶罗会见了中共中央政治局常委罗干。2007年10月，中国共产党十七大召开，卡菲耶罗发来贺函，对此表示祝贺。2008年5月，中国四川省汶川地区发生特大地震后，卡菲耶罗向中共中央发来慰问电。

第九章

联合国拉丁美洲和加勒比经济委员会

联合国拉丁美洲和加勒比经济委员会（以下简称"拉
美经委会"或"经委会"）成立于1948年，是联合
国经济及社会理事会的附属机构。自成立以来，它与成员国以及
地区内外的国际机构进行合作，对拉美和加勒比地区的经济和社
会发展进程进行紧密跟踪和综合研究，发布大量统计数据和分析
报告，其出版物涉及工业、农业、科技、金融、可持续发展、人
口、经济规划、跨国公司、地区合作等诸多主题，被公认为该地
区最具权威性的研究机构。它的研究成果既是拉美和加勒比国家
政府的重要决策依据，也成为其他地区国家的政府机构、学界和
商界的重要信息来源。

一　成立背景和经过

联合国经济及社会理事会是联合国大会下辖的重要分支
机构，它关注世界各国的经济与社会发展，负责促进
国际经济、社会、卫生及有关问题的解决，推动国际文化及教育
合作。根据联合国经济及社会理事会106（Ⅵ）号决议，联合国
拉丁美洲经济委员会于1948年2月25日宣告成立，与非洲经济

委员会、亚洲及太平洋经济社会委员会、欧洲经济委员会和西亚经济社会委员会共同构成联合国经济及社会理事会的五大区域委员会。在此之前，拉美和加勒比地区一直缺乏一个地区性权威研究机构，拉美经委会的成立适时弥补了这一空白，其研究成果包括地区经济发展的各类统计数据、对既往经济发展成绩与教训的总结以及对未来经济发展趋势的预测。随着越来越多加勒比国家的加入，拉美经委会在 1984 年 7 月 27 日发布 1984/67 号决议，宣布其更名为"拉丁美洲和加勒比经济委员会"，但其西班牙文名称缩写依然为 CEPAL。

二 成员

截至 2008 年，拉美经委会有 44 个成员国，包括：安提瓜和巴布达、阿根廷、巴哈马、巴巴多斯、伯利兹、玻利维亚、巴西、加拿大、智利、哥伦比亚、哥斯达黎加、古巴、多米尼克、多米尼加、厄瓜多尔、萨尔瓦多、法国、德国、格林纳达、危地马拉、圭亚那、海地、洪都拉斯、意大利、牙买加、日本、墨西哥、荷兰、尼加拉瓜、巴拿马、巴拉圭、秘鲁、葡萄牙、圣基茨和尼维斯、圣卢西亚、圣文森特和格林纳丁斯、西班牙、苏里南、特立尼达和多巴哥、英国、美国、乌拉圭、委内瑞拉和韩国。

此外，拉美经委会还有 9 个联系成员，包括：安圭拉、阿鲁巴、英属维尔京群岛、蒙特塞拉特、特克斯和凯科斯群岛、荷属安的列斯、波多黎各、美属维尔京群岛和开曼群岛。

三 组织机构

拉美经委会每两年举行一次全体成员国部长级代表大会，讨论有关地区经济和社会发展的重要问题，回顾经委会在过去两年中的工作成绩，确定此后两年的工作计划。每次大会由某一成员国政府负责主持。

拉美经委会的常设性管理机构是秘书处，其主要职责包括：向拉美经委会及其辅助机构提供日常服务和文件资料；就与拉美经委会事务相关的主题展开研究；推动地区和次地区合作与一体化，以促进全地区经济和社会发展；搜集、整理、研究和发布与地区经济和社会发展有关的数据；根据地区各国政府的要求提供咨询服务，筹划、组织和实施各类合作项目；为满足经济和社会发展的需求而制订和推动地区或次地区级别的合作计划，同时发挥计划执行机构的作用；组织各类政府间会议、专家会议以及各类研讨会；帮助地区各国就全球问题形成地区性意见，同时使全球关注拉美和加勒比地区与次地区层面的问题；协调拉美经委会与联合国其他部门及机构的合作。

拉美经委会秘书处位于智利首都圣地亚哥。共设有 10 个主要业务部门：经济发展处，社会发展处，生产、生产率和经营管理处，可持续发展和人力安置处，自然资源和基础设施处，人口处（即拉美和加勒比人口问题研究中心），国际贸易和一体化处，性别事务处，统计和经济规划处，文献和出版处。秘书处最高领导人为执行秘书。执行秘书接受联合国秘书长的直接领导，向其汇报工作，接受其委派的任务。

拉美经委会的下属机构包括：美洲统计大会、人口与发展特别委员会、南南合作委员会、加勒比发展与合作委员会、拉美和加勒比经济与社会规划学会、拉美和加勒比地区妇女大会。

拉美经委会的经费有两大来源：一是联合国从其日常开支中拨付的资金；二是成员国、各类基金会、联合国其他机构提供的资金，此类资助通常用于完成特定任务。

四　主要领导人

迄今为止，共有 10 人先后担任拉美经委会执行秘书。

古斯塔沃·马丁内斯·卡瓦尼亚斯（Gustavo Martínez Cabañas），墨西哥人，1948 年 12 月至 1950 年 4 月任执行秘书。专长为经济学、金融学和公共管理。就任执行秘书之前曾担任墨西哥国立大学（现墨西哥国立自治大学）教授；卸任之后任联合国公共管理顾问、美洲国家组织顾问和改革墨西哥公共管理委员会委员。

劳尔·普雷维什（Raúl Prebisch），阿根廷人，1950 年 5 月至 1963 年 7 月任执行秘书。曾在布宜诺斯艾利斯国立大学担任政治经济学教授，后参与创建阿根廷中央银行，并成为其首任行长；曾任拉美经济与社会规划学会会长；卸任执行秘书后曾任联合国贸易和发展会议秘书长；1981 年出版了学术名著《外围资本主义：危机与改造》。

何塞·安东尼奥·马约夫雷（José Antonio Mayobre），委内瑞拉人，1963 年 8 月至 1966 年 12 月任执行秘书。曾在委内瑞拉中央大学教授经济学；1951 年进入联合国秘书处工作，担任拉美经委会墨西哥分部主任，后任联合国中美洲技术援助代表；1954 年担任拉美经委会经济发展处主任；1958～1960 年担任委内瑞拉财政部长；1967 年 1 月辞去执行秘书一职，回到委内瑞拉担任政府矿业与能源部长。

卡洛斯·金塔纳（Carlos Quintana），墨西哥人，1967 年 1 月至 1972 年 3 月任执行秘书。曾执教于墨西哥国立工学院；曾在政府部门和私营企业担任多个职务；1950～1960 年供职于拉美经委会，在此期间曾多次代表墨西哥参加联合国组织的重要会议。

恩里克·伊格莱西亚斯（Enrique V. Iglesias），乌拉圭人，
1972 年 4 月至 1985 年 2 月任执行秘书。曾在蒙得维的亚大学担
任教授；曾任乌拉圭中央银行行长、乌拉圭驻拉美自由贸易协会
代表、乌拉圭驻拉美经委会代表；1968 年带领一支专家组与劳
尔·普雷维什共同研究拉美的经济状况；卸任执行秘书职位后任
美洲开发银行行长长达 17 年之久。

诺维尔托·冈萨雷斯（Norberto González），阿根廷人，1985
年 3 月至 1987 年 12 月任执行秘书。曾在布宜诺斯艾利斯大学担
任经济学教授；曾任布宜诺斯艾利斯省规划委员会主席；曾就职
于拉美经济与社会规划学会；在拉美经委会国际贸易和一体化处
连续 7 年担任处长，1979 年起任拉美经委会副执行秘书。

戈特·罗森塔尔（Gert Rosenthal），危地马拉人，1988 年
1 月至 1997 年 12 月任执行秘书。两度担任危地马拉计划部长，
并曾担任其他多个公共职务；1974 年担任拉美经委会墨西哥分
部主任；1987 年担任拉美经委会副执行秘书；卸任执行秘书后
曾担任危地马拉驻联合国代表、联合国经济及社会理事会主
席。

何塞·安东尼奥·奥坎波（José Antonio Ocampo），哥伦比
亚人，1998 年 1 月至 2003 年 8 月任执行秘书。曾在哥伦比亚安
第斯大学担任经济学教授；曾在哥伦比亚政府担任多个职务，其
中包括财政部长、农业部长与国家计划部主任；卸任执行秘书后
担任联合国副秘书长，负责联合国经济及社会事务。

何塞·路易斯·马奇内阿（José Luis Machinea），阿根廷人，
2003 年 12 月至 2008 年 6 月任执行秘书。长期在经济领域工作，
在政府部门和私营企业担任过多项职务；曾任阿根廷中央银行行
长和经济部长；曾任阿根廷公平发展基金会主席，从事阿根廷经
济与社会事务研究；20 世纪 90 年代曾担任美洲开发银行与世界
银行顾问。

阿莉西亚·巴尔塞那（Alicia Bárcena），墨西哥人，现任执行秘书，2008 年 7 月 1 日上任。是环境和公共政策问题专家，曾多次参与联合国环境保护项目；2003～2006 年，曾任拉美经委会副执行秘书，负责与可持续发展相关的公共政策问题研究；此后在联合国总部工作。

五　出版物

拉美经委会作为拉美和加勒比地区最重要的研究机构，每年出版大量研究成果。其中，每年用英语和西班牙语两种语言定期出版一次的研究报告包括：《拉美和加勒比统计年鉴》《拉美和加勒比经济初步总结》《拉美和加勒比经济概览》《拉美和加勒比的外国投资》《拉美社会形势》和《世界经济中的拉美和加勒比》。

《拉美经委会评论》（*La Revista de la CEPAL*）是拉美经委会最重要的学术期刊，创办于 1976 年，每年以英语和西班牙语两种语言出版 3 期，截至 2009 年 12 月已出版 99 期。其他定期刊物还有：《人口观察》（*Observatorio Demográfico*），即原《人口简报》，创办于 1968 年，每年出版 2 期；《人口简讯》（*Notas de Población*），创办于 1973 年，每年出版 2 期，截至 2009 年 12 月已出版 87 期；《拉美经委会简讯》（*Notas de la CEPAL*），创办于 1998 年，截至 2009 年 12 月已出版 62 期；《拉美贸易和运输简报》（*Boletín Fal*），月刊，截至 2009 年 12 月已出版 280 期。

除定期出版物以外，拉美经委会每年独立出版和与其他机构合作出版的学术书籍达几十种。

每年拉美经委会秘书处下设各部门以及各次地区分部和办事处也发表大量研究报告，内容涉及人口与发展、社会政策、妇女与发展、环境与发展、国际贸易、经济改革、宏观经济、发展援助、公共管理、财政政策、生产发展、自然资源与基础设施，以及各国、各次地区经济发展形势和前景等。

六　宗旨原则和政策主张

（一）宗旨和目标

拉美经委会成立的宗旨是促进拉美和加勒比国家经济和社会的发展，协调成员国有关促进经济和社会发展的活动，加强拉美和加勒比国家之间以及它们和世界其他地区国家之间的经济联系与合作。

其主要职能在于与各成员国和各国际国内机构进行合作，通过制定、跟踪和评估公共政策，对地区发展进程进行分析研究。拉美经委会下属各业务部门负责具体的研究工作，同时还根据需要提供技术支持、培训和信息。

（二）拉美经委会的研究方法体系

早在成立初期，拉美经委会就形成了自己的一套研究方法体系，用于评估拉美各国的经济和社会形势。这种方法被称为"结构主义历史法"。拉美经委会运用这种方法来分析制度遗产和传统生产结构如何影响拉美各国的经济发展，如何使它们产生不同于发达国家的经济与社会行为。这一方法认为不存在具有普遍意义的"发展阶段"。拉美国家"落后的发展"所具备的活力不同于先发展国家。拉美经济的特点更符合20世纪70年代所提出的"结构异质"论。

拉美经委会在成立初期深受凯恩斯主义、历史主义学派和制度主义学派的影响。近年来，它在继续吸收上述学派研究成果的基础上，广泛借鉴了公司进化论、新制度主义以及国际贸易和工业组织方面的新理论，在工作中形成一套复合型的方法论。首先，强调从整体和跨学科的角度看待拉美的发展；其次，注重把理论与现实、思想和行动辩证地融为一体；再次，寻求地区的一致性，主张根据需要对现实进行研究，对一切观点都采取一一论证的原则。

（三）拉美经委会的研究重点

拉美经委会的研究重点集中在以下三个方面：一是拉美国家参与世界经济的特定方式，即单一化结构和资本不稳定流动产生的依附性所发挥的中心作用；二是创新知识的国家向拉美进行的技术转移，如果缺少国家干预，其中的欠缺将不利于发展水平的趋同；三是公正及其与全球发展进程的关系，因为生产方式以及生产和所有制结构都将影响发展成果的分配，而后者又会对经济结构和繁荣程度产生影响。

（四）拉美经委会思想的演变

成立以来，拉美经委会紧跟地区乃至全世界在经济、社会和政治领域的新变化，与拉美各国政府以及地区和国际机构进行紧密合作，不断调整自身的研究工作，在长期的实践中构建了一套有关拉美和加勒比中长期经济与社会发展的思想体系。这些思想和理论对拉美和加勒比地区的经济和社会发展产生了深远影响。20 世纪 50 ~ 60 年代，拉美经委会提出的工业化理论被拉美国家广泛应用于经济决策中；20 世纪 70 ~ 80 年代，拉美经委会对通货膨胀以及惯性通货膨胀展开深入讨论和研究，其研究成果成为拉美各国采取一系列有效措施应对通货膨胀问题的重要基础。拉美经委会对可持续发展、债务危机、宏观经济调整模式、社会公正等问题进行的研究，为拉美国家经济和社会政策的制定提供了极有参考价值的依据。

拉美经委会用以下 6 个阶段划分自身的理论研究工作：第一，工业化阶段（成立至 20 世纪 50 年代）；第二，推动工业化的改革阶段（20 世纪 60 年代）；第三，再定位阶段（20 世纪 70 年代），强调以注重社会同质性和用多样化的手段促进出口为导向的经济发展"风格"；第四，通过"增长性调整"克服外债危机的阶段（20 世纪 80 年代）；第五，转向注重社会公平的生产模式阶段（20 世纪 90 年代）；第六，新生产模式阶段（自 21 世纪以来）。

1. 20 世纪 40 年代末至 50 年代

拉美经委会成立后，一直注重对拉美国家经济发展政策进行全面研究。它的一批资深经济学家在深入研究拉美历史和现实的基础上，提出了一整套有关拉美经济发展的路线、方针和政策，从而形成一个重要的经济学派——拉美经委会学派，又称发展主义理论或结构主义理论。

从 1949 年至 1954 年，该学派的代表人物、第二任执行秘书劳尔·普雷维什先后发表了《拉美的经济发展及其主要问题》《1949 年拉美经济概览》《经济增长的理论和实践问题》《经济发展规划技术的初步研究》等论文，提出和阐述了该学派的许多重要观点。

拉美经委会学派认为，资本主义世界经济体系是一个由"中心"和"外围"构成的整体。"中心"国家（西方发达国家）受益于技术进步，其经济结构表现出同质性和多元化的特点；"外围"国家（广大发展中国家）在生产、技术和组织上都处于落后地位，其经济结构带有异质性和单一性的特点。"中心—外围"体系的运转服从于"中心"的利益，"外围"国家只能处于依附的、被剥削的状态。在传统的国际分工条件下，初级产品与制成品之间的贸易比价不断恶化，技术进步与生产率提高的利益都被"中心"国家占有。这导致包括拉美国家在内的

"外围"国家面对愈来愈恶劣的贸易环境，无法通过国际贸易获得利益。该学派认为，只有工业化才是"外围"国家改变经济结构、摆脱依附地位、克服贫困的根本出路，因为工业化为广大发展中国家提供了分享世界技术进步果实的可能性。

这个时期，普雷维什关于发展问题的理论观点成为拉美经委会的主导思想。其中既有对"外围"经济体参与世界经济的分析，也有对"外围"国家内部不利结构条件的分析。同时还提出了国家干预的命题，认为在"外围"结构条件下，市场无法自发地解决问题，主张采取有计划的国家行动。在普雷维什的领导下，拉美经委会不仅为拉美国家提供了重要的发展理论，而且也形成了自身的理论体系，提出了"中心—外围"关系、贸易条件恶化、国际收支结构性不平衡、结构性通货膨胀、结构性失业、拉美发展的计划化、地区一体化等一系列新概念。在拉美经委会的推动下，发展主义思想被拉美国家广泛接受，并应用到经济发展决策中，对拉美的社会经济发展产生了深远影响。

2. 20 世纪 60 年代

这一时期，以拉美经委会为代表的拉美学术界针对 20 世纪 50 年代后半期拉美国家普遍出现的经济发展不稳定、通货膨胀压力增大、工业化进程受阻、城市化进程加快等问题，围绕三个重点展开了热烈讨论：一是为什么工业化进程没能使大多数人享受到现代化和技术进步的成果；二是为什么工业化没能消除外部脆弱性和依附性；三是外部脆弱性和依附性如何妨碍经济和社会发展。

1963 年，普雷维什发表了《为了拉丁美洲发展的勃勃生机》一文，再次分析了"外围"国家经济增长和吸收劳动力的困难所在，强调有必要改变社会结构，通过农村改革等手段对收入进行再分配。并提出，如果达不到上述目标，拉美经济"活力不足"的问题将难以解决。同时，文章再次承认了在工业化进程中生产效率低和出口不足的问题。

除"活力不足"这一观点以外，拉美经委会还对"依附性"和"结构异质性"两个命题展开了讨论。1969 年，在拉美经委会专家何塞·梅迪纳·埃查瓦里亚（José Medina Echavarría）的发展社会学思想的影响下，恩里克·卡多佐（Fernando Henrique Cardoso）和恩佐·法莱托（Enzo Faletto）撰写了《拉丁美洲的依附与发展》一书，提出不发达状况的历史特征与"中心—外围"关系有关，强调依附性的国内结构并注重依附性国家中的阶级关系。

在拉美经委会学派的经济学家中，奥斯瓦尔多·森克尔（Osvaldo Sunkel）对依附论的分析最有代表性。他假设世界由一个资本主义经济体组成，技术体系和消费体系通过跨国公司完全一体化。不发达的主要原因是：在"中心"国家中，大多数劳动者融入了现代社会；而在"外围"国家，只有一小部分人能够享受这种好处。更严重的是，这种积累模式造成了社会分化。

在拉美经委会对依附论展开讨论的同时，阿尼瓦尔·平托（Aníbal Pinto）于 1965 年提出了"结构异质性"的命题。他认为，技术进步的果实趋于集中，这表现在一国社会阶级之间、阶层之间和地区之间的收入分配上。1970 年，他又提出拉美经济增长进程将重新导致在农产品出口时期占主导地位的旧有结构异质性的复苏。

通过对"活力不足""依附性"和"结构异质性"等命题的探讨，联合国拉美经委会得出以下结论：经济发展模式必须通过收入分配的改善和农业、金融、税收、教育和技术等方面的深刻变革才能得到改变。为了实现这些目标，有必要进行政策调整，其中心任务是在那些实行军事独裁的国家恢复民主。

3. 20 世纪 70 年代

1973 年石油危机的爆发，强化了拉美经委会有关将工业化模式与刺激内部市场和扩大工业品出口相结合的主张，并促使它比以往任何时候更加重视对宏观经济、债务和出口多样化等问题的分析。这一时期，拉美经委会内部展开了一系列有关增长"风格"或增长"模式"的讨论。

在这方面最有代表性的文献是 1976 年阿尼瓦尔·平托发表的《关于拉丁美洲发展风格的评论》。作者在文中引用了豪尔赫·格拉西亚雷纳（Jorge Graciarena）对"风格"的定义：指特定范围内和某一历史时期中一种制度采用的具体而有活力的方式；从严格的经济学角度来看，可将风格理解为某种制度组织和分配人力、物力资源的方式，其目的在于回答"生产了何种产品和服务""为谁生产"和"如何生产"等三个问题。根据平托的观点，一种风格的活力应该产生于生产结构与收入分配之间的相互作用上。

拉美经委会有关增长"风格"的讨论主要有两大类：一类是作为联合国机构所进行的官方研究。自 20 世纪 60 年代初开始，拉美经委会对就业和收入分配进行了大量研究，并且按照联合国大会的部署，对拉美总体的发展战略进行了评估。这方面最重要的文献是拉美经委会于 1975 年发表的《基多评估》。文章提出了"全面发展"或"人文发展"的一系列标准，认为有必要对土地所有制结构和自然资源的控制及开采进行改革，强调模式或风格不仅应由国家计划来确定，而且需要各阶层民众的参与。

另一类是拉美经委会专家所做的更为深刻的分析，但不在官方文件之列。其中比较有代表性的是豪尔赫·格拉西亚雷纳和马歇尔·沃尔夫（Marshall Wolfe）两位社会学家从社会学角度对增长"风格"所进行的跨学科研究。

20 世纪 70 年代，拉美经委会研究工作的另一个重点是对将国内市场与出口相结合的新工业化模式的探讨。早在 20 世纪 60

年代，拉美经委会就认为工业化进程出现了扭曲，应该对其进行调整，使之向出口多样化方向发展。1971 年出版的《拉美经济概览》提出了解决依附性和外部脆弱性的两条出路：一是扩大工业品的出口，二是警惕金融和外债风险。1975 年，《拉美经济概览》再次指出，出口困难和不恰当的借债将阻碍拉美经济的长期增长。此后，拉美经委会又建议各国巩固工业化和增加出口，以应对在参与世界经济的过程中所遇到的困难。同时，拉美经委会不断对本地区普遍存在的大举借债和南锥体国家不顾一切推行贸易和金融开放的风险提出警告。拉美经委会指出，利用国内市场与扩大出口不仅不矛盾，而且是工业化战略中的两个互补因素。

4. 20 世纪 80 年代

自 20 世纪 70 年代后半期起，自由主义思想逐渐被一些拉美国家所接受。这促使拉美经委会对发展主义和改革思想进行重新思考和细化。进入 20 世纪 80 年代以后，随着债务危机的爆发，新自由主义学说在拉美得到了进一步扩散。国际货币基金组织提出了紧缩性调整计划，认为拉美国家在两年之内就可战胜困难，恢复增长。对此，拉美经委会持反对意见。1984 年，时任执行秘书恩里克·伊格莱西亚斯在利马召开的会议上预言拉美将出现"失去的十年"，这也成为后来拉美学术界用来形容 20 世纪 80 年代拉美国家经济发展特点的经典表述。

这一时期拉美经委会最具代表性的文献是 1984 年发表的《拉丁美洲的调整政策与外债的重新谈判》。文章提出了用扩张性调整政策取代紧缩性调整政策的建议，认为从社会角度来看，唯一的解决办法是在经济增长的背景下克服外部不平衡，因为经济增长有助于刺激出口部门的投资，扩大出口的增长和多样化。为实现上述目标，一方面应对债务进行重新谈判，另一方面也需要"中心"国家降低贸易保护程度，同时拉美国家应采取较为灵活和务实的经济政策。在稳定经济方面，文章认可巴西和阿根廷学者对"惯性"通货膨胀所进行的研究，认为应该采取措施避免过于持久和严厉的紧缩性货币和财政政策。

虽然经济调整问题在拉美经委会的文献中占据了重要地位，但它并未放弃对原有思想的讨论。1985 年，拉美经委会撰文指出，生产进程正日益从属于金融体系的利益。自 20 世纪 80 年代中期起，拉美经委会陆续发表文章，重新对长期增长进程问题进行讨论。费尔南多·范兹尔珀（Fernando Fajnzylber）撰写的《拉丁美洲未完成的工业化》（1983）和《拉丁美洲的工业化：从"黑匣子"到"空柜子"：对工业化的当代模式进行的比较》（1990）是两篇重要的代表性文献。前者对拉美工业化进程进行了全面分析，提出了"新工业化"的概念；后者为 20 世纪 90 年代拉美经委会倡导的"生产改造与公正相结合"的思想提供了概念基础①。这两篇文献是拉美经委会思想发生转化的重要标志：一方面，它们继承了普雷维什思想中的精华；另一方面，也为 20 世纪 90 年代拉美经委会提出的新思想提供了概念参照。

5. 20 世纪 90 年代

自 20 世纪 80 年代末期起，拉美国家陆续实施了经济改革，并受到金融机构、当地媒体和国际组织的一致支持。在这一过程中也出现了反对的呼声，但影响甚微。拉美经委会对这两种观点采取了折中的态度：一方面，没有与改革的潮流相对立，在理论上还给予一定的支持；但另一方面，仍坚持认为改革战略的标准应是在中长期内使其利益最大化、缺陷最小化。

---

① 本文将拉美国家分为三类：第一类是增长迅速但收入集中的国家；第二类是收入分配较为公平但增长缓慢的国家；第三类是既无增长，收入又集中的国家。没有一个拉美国家属于最理想的类别，即在经济增长的同时，收入分配趋向公平的国家。作者提出的新战略就是通过技术进步使拉美国家实现增长与公平共存的目标。

1990 年，拉美经委会提出了"生产改造与公正相结合"的思想，并在其发表的文献中对该思想进行了全面阐述。首先，这种思想的基础是通过将技术进步系统地引入生产进程，使拉美国家获得"真正的"国际竞争力。它强调人力资源的培养和积极的技术政策是生产改造的决定性因素，认为工业是生产改造的核心，但必须与农业和服务业相辅相成。其次，该思想提出应对国家干预模式进行调整，但既不是加强，也不是减少国家的作用，而是"增强国家对提高整体经济体系效率和效力的积极推动作用"。此外，该思想还提出经济开放应循序渐进而且有选择地进行，并使进出口的扩大齐头并进。

在"生产改造与公正相结合"的思想中，增长、就业和公平三者之间的关系无疑是最重要的。在这方面最有影响的文献之一是 1992 年发表的《公正与生产改造：整体聚焦》。文章力求解释技术进步所带来的经济增长与公正之间互补性的存在。同时指出，20 世纪 90 年代非充分就业的增多、技术进步对正规就业和收入分配不均的消极影响是真正值得担忧的问题。

这一时期，拉美经委会对"生产改造与公正相结合"的思想进行了全方位的讨论，发表了多篇与此相关的论著，内容主要涉及开放的地区主义、金融脆弱性、财政和可持续发展 4 个方面。1995 年，当新自由主义思想盛行拉美的时候，拉美经委会出版了《拉丁美洲：参与世界经济的优化政策》。书中不仅对资本的不稳定性提出了警告，还提出如果资本的进入没有生产性投资和出口竞争力的提高作依托，就会产生一系列负面后果；强调将引进资本作为稳定物价的手段是极其危险的；指出有必要采取措施整顿银行，特别是在金融自由化的时期。

对"生产改造与公正相结合"思想的不断探讨，既是拉美经委会顺应潮流，进行理论创新的过程，也是对以往的结构主义思想和新自由主义改革进行反思和扬弃的过程。因此，这一时期拉美经委会提出的思想后来被称为"新结构主义思想"。

6. 自 21 世纪以来

自 20 世纪 90 年代末起，拉美经委会一直强调全球秩序的极端不合理性，认为拉美和加勒比地区以不平等的方式参与世界经济在生产和金融领域对其产生了消极影响，造成宏观经济极不稳定、经济活力减退和社会危机等后果。同时，拉美经委会还对改革给地区经济造成的潜在和实际影响提出警告和批评，认为有必要建立一种更加平衡的全球化，并对原先的改革进行改革。

拉美经委会的文献在纠正宏观经济和国际金融体系不平衡、加强制度建设、制定生产性发展战略、制定全面的社会政策、实现环境的可持续性、发挥地区空间的关键作用等方面，为拉美国家提供了重要的对策参考。

近几年来，拉美的各种社会问题虽有所缓解，但依然没能得到有效解决。在这种情况下，拉美经委会继续不断探索，希望建立一种能适应全球化的发展观。自 2006 年起，拉美经委会在其报告中多次提到"社会凝聚"的概念，认为拉美各国可以将这一起源于欧洲国家的理念运用到公共政策的制定过程中。为此，拉美经委会对"社会凝聚"进行了比较系统全面的研究和分析，发表了题为《社会凝聚：拉丁美洲和加勒比的包容和归属感》的报告，为拉美国家认识、了解和接受这一政策理念提供了参考。

七　主要活动

19 51 年 6 月，拉美经委会在墨西哥城设立次地区分部，主要处理墨西哥和中美洲地区事务。1966 年 12 月，它又在特立尼达和多巴哥首都西班牙港设立次地区分部，主要处理加勒比各岛国以及与伯利兹、圭亚那和苏里南相关的事务。此外，它还在布宜诺斯艾利斯、巴西利亚、蒙得维的亚和波哥大设立了办事处，在华盛顿设立了联络办公室。

拉美经委会自成立以来，共召开了 32 届代表大会。1948年，首届部长级代表大会在智利首都圣地亚哥举行。第 4 届代表大会之后，部长级代表大会每两年举行一次。最近的 4 次部长级代表大会分别于 2002 年 5 月在巴西首都巴西利亚、2004 年 6 月底至 7 月初在波多黎各首府圣胡安、2006 年 3 月在乌拉圭首都蒙得维的亚、2008 年 6 月在多米尼加首都圣多明各举行。

自 1952 年起，拉美经委会定期召开全体委员会会议。这是在联合国机制下召开的全体成员国代表大会，一般由各国常驻联合国机构的代表出席。会议的主要任务是讨论地区经济和社会发展形势、通报拉美经委会与联合国其他机构间的合作、讨论拉美经委会近期工作计划、审议并通过新成员的加入等。截止到 2009 年 2 月，拉美经委会共召开了 25 次全体委员会会议。其间，还举行了 15 次特别会议。

（一）20 世纪 50 年代

拉美经委会成立后，向拉美各国派出顾问，帮助其制定经济发展政策；举办各类讲座与研讨会，邀请地区各国政府官员参与；设置专题培训课程，为地区各国培训专业技术人员。这些受训者中的许多人在拉美各国的经济部门中担任重要职务，对于传播拉美经委会的思想和主张发挥了重要作用。

在拉美经委会的切实推动下，拉美国家普遍采用了"进口替代"工业化政策。它们借助高关税手段以及关税壁垒保护国内市场，采取必要措施提高资本积累水平，大力实行国有化。

在倡导"进口替代"战略的过程中，拉美经委会强调通过经济一体化解决拉美各国国内市场狭小的问题。它认为，实行经济一体化、借助共同关税对外构筑贸易壁垒有助于保护地区内部市场，实现工业生产的规模效益，帮助拉美各国依靠"集体自力更生"抵御外部竞争。1949 年，普雷维什在代表拉美经委会起草的一份报告中率先提出实现地区一体化的主张。20 世纪 50 年代中期，拉美经委会开始把地区一体化作为关注重点，加快了对地区一体化理论的研究，向美洲国家组织提出削减关税、加强地区内部贸易的提案。1955 年，拉美经委会第 6 届代表大会批准成立拉美经委会贸易委员会，规定其宗旨是加速拉美地区内部贸易，推动拉美国家之间的贸易谈判。该委员会的成立使拉美一体化理论的研究工作得以有条不紊地展开。1957 年 5 月，在玻利维亚举行的拉美经委会第 7 届代表大会围绕建立地区性共同市场、解决地区内部贸易支付问题进行了广泛讨论。与会成员国在原则上支持建立地区共同市场，并要求加快有关进程。1959 年，在巴拿马举行的拉美经委会第 8 届代表大会上，成员国就未来将要建设的拉美自由贸易区的原则与结构达成共识。普雷维什在会上所作的题为《拉美共同市场》的报告成为拉美一体化理论形成的重要标志。

（二）20 世纪 60 年代

这一时期，拉美经委会在推动地区一体化、参与创建联合国贸易和发展会议、为拉美国家政府的指标规划提供技术支持等方面发挥了积极作用。

在拉美经委会一体化思想的直接引导下，阿根廷、巴西、智利、墨西哥、巴拉圭、秘鲁和乌拉圭的代表于 1960 年 2 月签订《蒙得维的亚条约（1960）》，宣告成立拉丁美洲自由贸易协会。这一事件是拉美一体化进程的里程碑，标志着拉美地区一体化思想从理论转变为现实，拉美国家迈出了合作谋发展的重要一步。

20 世纪 60 年代是拉美经济快速发展的阶段。但进口替代工业化发展模式的弊端也逐渐显现出来。拉美经委会意识到这种模式的种种不足，开始对其进行重新评估和思考，并推动拉美各国围绕着工业化模式的影响等问题展开讨论。1962 年，拉美经委会成立了下属机构——拉美和加勒比经济与社会规划学会。它的主要任务就是通过各种培训、咨询和研究工作，帮助拉美各国政府进行公共规划和管理，走漏风建立和完善有助于经济和社会发展的制度结构。

（三）20 世纪 70 年代

20 世纪 70 年代，拉美经济界普遍对现行发展模式的功效产生怀疑。在拉美经委会的主持下，拉美经济界人士对现行发展模式进行多次评估，寻找其中的问题与症结。

1977 年 3 月，拉美经委会提出对在拉美的跨国公司加强管理，以保护拉美国家的利益，还号召成员国支持拉美提高原料价格的斗争。同年 7 月，拉美经委会呼吁拉美各国在科学技术领域减少对外国的依赖。1978 年 10 月底至 11 月初，拉美经委会与联合国开发计划署在阿根廷举行专家会议，认为发达国家的贸易保护主义政策严重阻碍了拉美国家的出口。1979 年 3 月，拉美经委会指出，在最近 10 年之中，将近 40% 的拉美居民生活在完全贫困之中，无法获得足够的商品和消费服务来满足其基本需求。他们缺吃少穿，甚至无力购买维持生存必需的食品。1979年 4 月，在玻利维亚举行的拉美经委会第 18 届代表大会认为拉美地区经济虽有较大增长，但只有少数人能够从中受益。

这一时期，拉美经委会先后成立了一批常设性的附属机构，使原有的研究工作更加完善和专业化。

1975 年，在特立尼达和多巴哥举行的拉美经委会第 16 届代表大会通过了成立监督跨国公司活动的区域中心以及成立加勒比地区国家发展和合作委员会的决议。后者作为一个永久性下属机构，在拉美经委会内部发挥作用，推动加勒比国家之间的合作。

同年，拉美经委会还将由联合国和智利政府于 1957 年合作成立、并受联合国开发计划署资助的拉美人口研究中心纳入旗下。

1977 年，拉美经委会在古巴的哈瓦那召开了第一次拉美和加勒比地区妇女大会。此后，该大会成为经委会的一个常设论坛性机构，并定期召开会议。其主要职能是确定本地区广大妇女群体的需要，提出对策建议，对有关妇女的地区性和国际性协定的履行情况进行定期评估，开展对妇女问题的讨论。第 10 次拉美和加勒比地区妇女大会于 2007 年 8 月在厄瓜多尔首都基多举行。

（四）20 世纪 80 年代

20 世纪 80 年代初，拉美国家面临着通货膨胀加剧、经济增长乏力的不利局面。拉美经委会组织了一系列国际研讨会，围绕拉美国家面临的高通货膨胀、债务危机等问题展开了广泛讨论，力求找到可行的解决办法。1981 年 5 月，拉美经委会发布的《拉丁美洲 80 年代区域行动计划》指出，拉美在过去的 10 年之中愈来愈具有依赖性，它的经济变得非常脆弱。

1982 年，墨西哥因无力偿还到期的外债本息而发生支付危机，其不利影响迅速向外扩散，引发了一场席卷整个拉美地区的严重债务危机。1983 年，拉美经委会与拉美经济体系共同起草题为《拉丁美洲对付危机的基础》的文件，分析债务危机的性质，提出共同应对危机的途径；针对拉美在 80 年代遭遇的危机，拉美经委会主张从发展模式和发展理论上进行根本调整。它认为拉美在 80 年代遭遇的危机不仅是一场债务危机，也是发展战略、发展模式和发展理论的危机。它在 1986 年指出，争取经济复苏的努力不仅仅是为了恢复危机爆发之前的发展模式，而是要采取措施，制定一种比较自主、有效和平等的发展模式。1984 年 4 月，在秘鲁举行的拉美经委会第 20 届代表大会呼吁发达国家采取积极措施，帮助拉美国家应对严重的债务问题。执行秘书恩里克·伊格莱西亚斯表示，拉美国家政府反对美国银行提高利率一事是正确的，拉美经委会支持拉美债务国为解决该问题而举行国际会议。

1985 年 4 ~ 5 月间，拉美经委会举行了题为"拉丁美洲和加勒比的危机与发展问题"的专家讨论会。与会者来自拉美各国的政府机构、学术团体、劳工组织和地区组织，其中包括两位前执行秘书普雷维什和伊格莱西亚斯。讨论的问题包括：拉美经济危机的性质、深度与广度；危机的起因及经济对策的效果与前景；拉美发展的新方向；中心与外围关系的变化对拉美的影响；技术发展引起的生产体系变革；国家、社会部门和政治体系的变革。会议明确承认拉美的发展模式已经陷入深刻危机之中，并通过 3 份重要文件：《危机和发展：拉丁美洲的现在和将来》《变革和危机》《危机的爆发和对经济政策的反应》。不少与会者强调更新拉美发展思想、模式和理论的必要性。会议提出，经济增长本身不是人类的最终目的，而是增加福利、实现个人与社会发展目的的手段。因此，发展意味着不但要增加货币和劳动力供应，还要使人民有效获得这些供应，并使这种权利得到制度保障。发展的目标应当是：增长，即经济结构实现转型，并取得增长；平等，即走向更加平等的社会；自主，即加强自主权，在对外经济关系上取得更加对称的地位；民主，即增加全体人民的经济与社会参与，巩固民主制度。

1986 年 4 月，在墨西哥举行的拉美经委会第 21 届代表大会认为，外债是拉美经济复苏的最大障碍。1987 年 1 月，拉美经委会根据墨西哥总统德拉马德里（Miguel de la Madrid）的建议，在墨西哥举行部长级特别会议，讨论如何克服危机、恢复经济增长和巩固民主制度。会议发表声明，呼吁改变现行的国际金融贸易体制，主张通过平等对话解决债务问题。

针对地区普遍出现的一体化进程停滞不前的现象，拉美经委会在 1985 年指出，拉美国家之间的一体化努力受到削弱的原因是多方面的。没有突出发展思想和缺乏进取精神、没有把发展当做社会经济发展战略的中心目标等因素，在其中起了决定性的作用。经济发展是社会变革的现实手段，应该恢复其主角地位，只有这样，才有助于消除各种仅仅寻求短期宏观经济平衡的行为。

1980 年前后，普雷维什提出了"外围资本主义"改造问题。此后，拉美经委会开始更多地关注经济与社会发展的关系问题。20 世纪 80 年代中期以后，在总结 50 年代以来经验和 80 年代严重经济危机教训的基础上，拉美经委会提出了"生产发展与公正相结合"的命题；提出了生产发展、公平分配和保护环境的三位一体发展方案；提出了经济发展政策同公正政策兼容的主张；提出了拉美国家完全有可能在经济稳定增长、环境得以保护的同时，取得更大程度社会平等的新思想。

1988 年 4 月，拉美经委会第 22 届代表大会在里约热内卢举行，接纳古巴为成员国。

（五）20 世纪 90 年代

20 世纪 90 年代以来，随着全球化进程的加速发展，拉美国家逐渐放弃以往封闭的发展模式，走上一条日益开放的经济发展道路。拉美经委会于 1990 年提出拉美在 20 世纪 90 年代的发展战略应当兼顾经济增长与社会公正，即"生产改造与公正相结合"的思想。1990 年 5 月，拉美经委会第 23 届代表大会在加拉加斯举行。会议就 20 世纪 90 年代拉美和加勒比经济发展面对的调整通过两份文件：《合理的生产改革》与《拉丁美洲和加勒比：减少债务的选择》。1992 年 4 月，在智利举行的拉美经委会第 24 届代表大会通过了拉美经委会制定的拉美发展战略。

拉美经委会力图重振拉美的地区一体化进程，积极探索新的合作模式。它在总结过去 30 年经验教训的基础上，借鉴其他国家与地区促进经济发展的成功经验，于 20 世纪 90 年代中期提出实行"开放的地区主义"。拉美经委会在 1994 年发表的《调整参与世界经济的政策》和《拉丁美洲开放的地区主义》是它的"开放的地区主义"理论形成的主要标志。"开放的地区主义"注重推动拉美地区的一体化进程，要求地区各国之间相互开放，减少区域经济交往中的障碍；同时，它还重视保持对国际市场竞争的开放性，改变拉美以往奉行的封闭的一体化模式，以便适应经济全球化加速发展的时代背景。拉美"开放的地区主义"思想从根本上打破了以往地区主义的封闭框架，力求通过地区一体化来提高地区各国的竞争力，促进它们的经济发展，使之更加有效地参与国际竞争。简言之，开放的地区主义是地区主义与多边贸易体制的结合，是对日益全球化的世界经济的一种反应。

　　拉美经委会通过总结拉美国家在 20 世纪 90 年代参与世界经济活动的得失，分析了拉美国家面对的主要问题：第一，出口部门的发展仍然存在很大局限性。拉美大多数国家积极参与世界经济，推行贸易自由化政策，其出口额在不断增长。不过，它们的生产和投资的目的主要是为了满足内部市场的需求，因而限制了出口的进一步增长。第二，还存在着不利于经济持续发展的内外因素。尽管拉美国家的企业竞争力和生产率都有了一定的提高，却依然存在着出口产品缺乏多样性的痼疾。贸易条件日趋恶化，作为大多数拉美国家出口支柱的初级产品不断受到国际市场价格波动的影响。第三，外国投资在促进经济恢复与发展的同时，也不可避免地带来某些负面影响。尽管外部投资的流入有利于国家的经济发展，但是在有些国家，外国资本的增加不仅没有带来预期的效果，反而使它们失去了抵抗因外部资本流动而造成的经济动荡的能力。

　　针对上述问题，拉美经委会提出实行经济调整与"开放"

的一体化相结合的思想，以增强拉美国家的经济实力，更积极地
参与世界经济竞争。它提出的主要措施有：第一，实施灵活的贸
易政策，同时在工业、对外税制等方面实施灵活政策，注意避免
重蹈保护主义的覆辙。第二，强调实行鼓励出口的政策，包括
鼓励出口具有价格竞争力的产品、刺激新产品的出口和给予出
口商多种支持。第三，深化内部生产机制的改革，提高生产率、
产品和企业的竞争力。第四，加强对外国资本的监管。第五，
实行面向全球开放的经济一体化战略，反对任何形式的地区保
护主义。

　　1998 年，拉美经委会成立 50 周年。同年 5 月，拉美经委会
第 27 届代表大会在阿鲁巴举行。拉美经委会认为，拉美经济已
经完全从 20 世纪 80 年代的危机中解脱出来，尽管仍然存在着一
定的脆弱性，但地区宏观经济形势是几十年来最好的。今后两年
的目标是，通过在社会领域，特别是减少贫困和财富分配差异方
面的进展，巩固宏观经济的稳定性。拉美经委会在最后决议中呼
吁拉美各国政府"加强财政开支的再分配能力"，适当资助"对
资金最匮乏的部门影响较大的计划，特别要关注健康状况和学龄
前的基础教育问题"。在闭幕式上，拉美经委会通过了基本工作
文件《财政协议：力量、弱点与挑战》中的 11 项具体决议。文
件提出了巩固财政调整计划的 4 项中心工作：提高公共部门的生
产率、提高财政活动的透明度、推动平等和促进民主制度的发
展。

　　1999 年 9 月，拉美经委会与墨西哥外交部合作举行拉美国
际金融会议。与会者一致呼吁国际社会采取果断措施，建立一个
新的国际金融体系，以避免发生新的金融危机。会议主要讨论了
如何建立一个稳定的、具有预警机制的国际金融体系以及金融体
系与社会发展的关系。拉美经委会执行秘书奥坎波呼吁建立一个
稳定的、体现发展中国家利益的国际金融体系。

（六） 自 21 世纪以来

拉美经委会近年来关注的重点是：把技术进步融入生产企业，特别是中小企业之中；运用符合环境保护要求的技术开发地区自然资源；提高地区各国国内储蓄水平，并使之进入投资领域；培育有利于投资、经济增长和政府治理的制度环境；加强人力资源开发，提高教育和医疗服务体系的质量；通过公共开支帮助低收入阶层，加强决策进程的参与性；巩固作为多元性、参与性政治体系基础的各项制度。

进入 21 世纪以后，拉美经委会对社会问题的研究比以往更加广泛和全面，并以"千年发展目标"为契机，开展了对拉美贫困、饥饿、家庭、妇女、青少年、移民、教育等诸多问题的讨论。拉美经委会认为，单纯的经济增长不能带来社会公平。拉美国家有必要改变增长方式，拓宽现行发展模式的社会基础。2000 年 4 月，在墨西哥举行的拉美经委会第 28 届代表大会发布了《平等、发展和公民权利》以及《拉美和加勒比的青年、人口与发展》两个报告。会议强调拉美各国应当追求社会公正，实现可持续发展，提高教育水平，扩大就业。各国应采取一系列标本兼治的措施，根除贫困现象。2006 年 3 月，拉美经委会第 31 届代表大会发布题为《面向未来的社会保护：机会融资和团结》的专题报告，同时指出各国应对社会保障体制进行改革，以保证全体公民平等享受医疗和养老等社会保护。

拉美经委会在推动拉美国家实现联合国制定的"千年发展目标"方面发挥了重要作用。它积极搜集有关数据，以便各国有针对性地制定政策。2002 年，它与联合国开发计划署、巴西的应用经济研究所合作，共同评估在 18 个拉美国家实现减贫目标的可行性，以及各种减贫措施的收效。它还与世界粮食计划署合作，调查 23 个拉美国家的人口营养不良问题。为了实现性别平等、提高女性地位，它与联合国妇女发展基金、联合国开发计划署、国际劳工组织和意大利政府合作，对巴西、墨西哥、秘鲁等 9 个拉美国家的妇女状况进行调查。2005 年，拉美经委会结合前一阶段的研究成果，发表了评估报告《千年发展目标：拉美和加勒比展望》，对拉美国家社会发展现状及实现"千年目标"的可能性进行了系统和全面的分析。

拉美经委会根据联合国经社理事会 2000 年的决议，于 2001 年成立了美洲统计大会，作为又一常设性的附属机构。其目的是推动各国统计工作的开展和统计水平的提高，促进各国在统计工作方面的合作。大会每两年召开一次，截止到 2007 年，已举行 4 次。

拉美经委会认为经济全球化将是今后全球发展趋势，拉美各国应积极应对，与发达国家一道努力使全球化更加公正、合理。全球化已经对拉美和加勒比国家产生深远影响。在全球化迅猛发展的影响下，拉美国家急需找到一条有利于自身发展的全球化道路。2002 年 5 月 6 日，拉美经委会第 29 届代表大会在巴西举行，重点讨论全球化进程。会议发表《全球化与发展》的文件，就全球化对经济和政治的影响进行评估，并提出公共政策建议。会上发表的《巴西利亚决议》为拉美各国制定了应对全球化挑战时所要奉行的国家发展战略，其中包括巩固民主制度、加强社会保障、稳定宏观经济形势、实现可持续发展和提高经济整体竞争力。[①] 为实现可持续发展，拉美经委会与联合国开发计划署以及其他多个联合国下属机构合作评估现有数据指标的有效性，并于 2003 年制定了一套评估方法。

国际金融资本流动的反复无常使拉美陷入一种新的脆弱处境，危及地区经济的稳定发展。拉美经委会认为，拉美各国必须

---

① 　http：//www.people.com.cn/GB/guoji/23/88/20020516/729692.html

建立有效的金融监管机制，使外部资金能够真正起到对拉美国家实现生产结构调整、提高参与世界经济能力的推动作用；既要鼓励中长期外国资本的流入，也要限制其投机行为。拉美经委会第29届代表大会提出，拉美各国应高度重视经济稳定发展，削减公共赤字，控制通货膨胀，减少经济不稳定的源头，建立防范性的宏观经济监督机制。拉美经委会认为，一国投资的增长应伴随其内部储蓄的扩大，以降低因外来资金的大量流失所造成的脆弱性。这不仅是各国企业、也是家庭和政府的职责。它希望国际社会建立一种金融机制，防范金融风险的过度积累，并在国际金融稳定受到威胁时做出快速反应，制止金融危机的大规模扩散。

八　对外关系

（一）与其他国际组织的关系

拉美经委会与联合国及其下属机构保持紧密合作，主要有联合国儿童基金会、联合国经济社会局、联合国发展账户、联合国妇女发展基金会、联合国开发计划署、联合国教科文组织、联合国人口基金会、世界粮食计划署等。

1978年，拉美经委会与联合国开发计划署在阿根廷举行专家会议，认为发达国家的贸易保护主义政策严重阻碍拉美国家的出口。1982年10月，它与联合国非洲经济委员会在智利签署合作文件，计划合作开发矿业资源。2001年，它与联合国环境规划署共同筹备世界可持续发展峰会。2002年初，它在墨西哥举办跨地区发展筹资会议。这是于当年3月在墨西哥举行的世界发展筹资峰会的组成部分。2002年6月，它与联合国开发计划署、世界银行和美洲开发银行签署"意向协议"，承诺相互协调行动，共同推动联合国千年峰会制定的发展目标。

　　与拉美经委会保持合作的多边机构包括世界银行、美洲开发银行、拉普拉塔河流域开发金融基金会、安第斯开发公司、欧洲联盟、拉美储备基金、拉美和加勒比土著居民发展基金会、全球水合作组织（GWP）、伊比利亚美洲青年组织、中美洲一体化体系秘书处、美洲国家组织、伊比利亚美洲首脑会议常设秘书处，等等。拉美经委员的很多研究计划都是在这些组织和机构的支持协助下完成的。此外，拉美经委会还与德国、阿根廷、智利、哥伦比亚、西班牙、墨西哥和瑞士等国的基金会和非政府组织建立了广泛联系。

　　2006 年 11 月，拉美经委会与欧盟委员会签署一项谅解备忘录，以便加强两地区之间在经济与社会领域的合作。双方同意在以下三个领域加强合作：社会凝聚与减少贫困；地区一体化与宏观经济趋同；数据统计。双方将合作寻找有效改善收入分配和加强社会保障的途径，共同关注拉美实现联合国新千年发展目标的状况。

　　拉美经委会在联合国框架内支持和推动发展中国家之间的技术合作。随着作为拉美地区推动发展中国家技术合作的主要机构——拉美经济体系——1975 年在委内瑞拉的成立和旨在推动和实施发展中国家技术合作的布宜诺斯艾利斯行动计划在 1978 年得到批准，拉美经委会于 1979 年也成立了发展中国家与地区技术合作委员会，作为处理南南合作事务的主要机构。1981 年，该委员会召开了第一次会议。自 1984 年后，每两年举行一次委员会会议。截止到 2004 年，共召开了 12 次委员会会议。2004 年，根据拉美经委会 611 号决议，该委员会更名为南南合作委员会。它为推动南南合作展开一系列活动，包括进行比较研究、交流经验和方法、举行研讨会、建立和扩大专家或政府官员的交流渠道等。

（二）与中国的关系

拉美经委会对中国的关注始于 20 世纪 90 年代中期。它认为，中国的经济实力正在迅速增长，拉美应当加强与中国的贸易关系，寻求更大的生产互补性，建立贸易的和技术的联盟。1994 年 4 月，拉美经委会第 25 届代表大会在哥伦比亚举行。中国驻哥伦比亚大使俞成仁作为中国政府观察员与会。1996 年 4 月，中国作为观察员参加了在哥斯达黎加召开的拉美经委会第 26 届代表大会。2001 年 4 月，中国国家主席江泽民在访问智利期间前往拉美经委会并发表演讲。2002 年 5 月，第 29 届代表大会在巴西举行，中国驻巴西大使万永祥代表中国政府以观察员身份出席会议。2006 年 4 月，拉美经委会执行秘书马奇内阿访问中国，与曾培炎副总理进行会晤，探讨加强该组织与中国的合作机制。

近年来，拉美经委会愈来愈重视中国对拉美经济的影响。它认为中国拥有庞大的经济规模和人口规模，将是极有潜力的拉美产品的出口市场。它建议拉美国家调整自身的对外贸易战略，以便充分利用中国巨大的市场潜力，增加对它的出口。同时，拉美经委会认为中国将是拉美实现投资来源多元化的一个重要选择。尽管目前中国在该地区的投资活动并不突出，但在未来很可能为保证资源供给而向拉美的某些行业投入巨额资金。

进入新世纪以来，随着中国与拉美和加勒比国家的经贸关系日益密切，拉美经委会也加强了对中国问题的研究，为推动中拉经贸往来提供了有益的参考。其研究成果既有针对国别的专门性研究，如《中国对阿根廷农产品的挑战和机遇》（研究报告，2004）、《中国对墨西哥和中美洲的经济机遇和挑战》（研究报告，2004）、《中国的对外贸易及其对巴西出口的影响》（研究报告，2005）、《中国与墨西哥经济和贸易机遇》（论文集，2007）

等；也有地区或次地区性研究，如《中国加入世界贸易组织及对加勒比盆地国家的影响》（论文，2001）、《中国与拉美和加勒比经济关系的机遇和挑战》（研究报告，2003）、《天使还是魔鬼：中国贸易对拉美国家的影响》（论文，2006）、《拉美与亚太经济贸易关系：与中国的联系》（研究报告，2008）等；还有比较研究，如《美国与中国：成熟资本主义和新兴资本主义的经济和政治周期》（研究报告，2005）、《拉丁美洲与中国和印度的碰撞：贸易和投资前景和挑战》（论文，2007）等。

2005 年 11 月，拉美经委会举办了有关拉美与中国经贸关系的专题研讨会，对拉中经贸关系进行战略分析。拉美经委会的官员认为，拉美国家既要把中国视为经贸领域的战略伙伴，又要留意与中国发展经贸关系过程中出现的挑战和风险。拉美国家在发展同中国贸易交流的同时，也需要开展投资和旅游方面的合作，注意把中国纳入拉美一体化计划和多国项目的合作对象，以深化和加强拉中之间的战略关系。

第十章

拉丁美洲和加勒比经济体系

拉丁美洲和加勒比经济体系（以下简称"拉美经济体系"）是由拉美和加勒比地区各国组成的有关地区经济和社会事务的常设性政府间磋商、协调和合作机构。目前，它是拉美唯一具有普遍性和制度化的部长级论坛。成立30多年来，它在为拉美国家提供政策指导、推动拉美国家在各个领域的团结合作和一体化进程、捍卫本地区国家经济和贸易利益、促进南南合作和南北对话、解决外债问题等方面发挥了重要作用，已成为拉美各国商讨地区重大经济问题和协调拉美国家国际经济战略的重要场所。

一　成立背景和经过

从20世纪60年代开始，美国因为自身经济的恶化而表现出越来越强烈的贸易保护主义倾向。它先是在1971年宣布对大多数进口商品追加关税，继而在1974年颁布新的《贸易法》，对进口产品采取更多的限制和歧视措施。这种做法使墨西哥对美国的出口遭受沉重打击。为扩大商品的出口市场和资金与技术来源，墨西哥埃切维里亚政府采取积极措施推动拉美的区域合作。1974 年 7~8 月，埃切维里亚总统（Luis Echeverría Álvarez）连续访问厄瓜多尔、秘鲁、阿根廷、巴西、委内瑞拉、哥斯达黎加等国，并在访问过程中提出建立一个拉美地区性常设经济合作和协调体系的设想。他认为这一体系的作用应当是深化地区一体化进程，保障拉美国家的出口产品价格和出口市场；同时，使拉美国家的整体谈判力量得到提升，能够在处理与国际机构、其他地区国家或国家集团的关系时进行更为有效的磋商。这一主张得到委内瑞拉总统安德烈斯·佩雷斯（Carlos Andrés Pérez）的积极响应。两位总统发表一项联合声明，呼吁拉美国家设立一个地区性常设协调与合作机构，并决定成立一个混合委员会负责筹备事宜。

巴西和阿根廷对于这一倡议的反应冷淡，认为这个拟议之中的组织可能与现有的拉美经济合作机构发生重叠，并有可能落入墨西哥和委内瑞拉这两个拉美最大产油国的控制之下，变成它们扩大自身在该地区影响力的工具。

1975 年年初，墨西哥和委内瑞拉的代表团走访拉美各国，再次为这一设想进行广泛的宣传和游说。同年 3 月，埃切维里亚和佩雷斯在墨西哥共同发表《委内瑞拉和墨西哥总统关于拉丁美洲经济体系的联合公报》，表示这一设想得到拉美各国的普遍赞同。两国总统致信拉美各国首脑，希望他们能够指派代表参加将于当年举行的成立拉丁美洲经济体系筹备会议。

1975 年 7 月 31 日至 8 月 2 日，拉美 25 国代表举行巴拿马会议，就成立拉美经济体系取得共识。它们认为，国际关系领域和社会经济领域的状况，决定了拉美和加勒比国家有必要把协调自身行动的努力转化为一种包括本地区所有国家在内的永久性体系，从而加强本地区的谈判能力。这既是拉美国家确保自身在国际社会适当地位的必要举措，也是对拉美各一体化组织的加强与补充。作为地区性常设协调、咨询和合作体系，拉美经济体系应负责协调和落实各类由本地区国家共同签署的协定，并本着国家平等、团结、互不干涉内政、互利互惠和非歧视的原则，通过执行联合发展项目和计划使各个次地区的一体化进程互为补充、共同发展。

1975 年 10 月，拉美 23 国（玻利维亚、巴西、智利、哥伦比亚、哥斯达黎加、古巴、多米尼加、厄瓜多尔、萨尔瓦多、危地马拉、圭亚那、海地、洪都拉斯、牙买加、墨西哥、尼加拉瓜、巴拿马、巴拉圭、秘鲁、苏里南、特立尼达和多巴哥、乌拉圭和委内瑞拉）的政府代表签署《巴拿马协议》，拉美经济体系正式宣告成立。此后又有 4 个国家陆续加入其中。

二　成员

截至 2009 年，拉美经济体系共有 27 个成员国，包括：阿根廷、巴哈马、巴巴多斯、伯利兹、玻利维亚、巴西、哥伦比亚、哥斯达黎加、古巴、智利、厄瓜多尔、格林纳达、危地马拉、圭亚那、海地、洪都拉斯、牙买加、墨西哥、尼加拉瓜、巴拿马、巴拉圭、秘鲁、多米尼加、苏里南、特立尼达和多巴哥、乌拉圭和委内瑞拉。

拉美经济体系现有 42 个观察员组织，包括：加勒比国家联盟、拉美一体化协会、拉美开发性金融机构协会、拉美出口银行、中美洲经济一体化银行、安第斯开发公司、安第斯共同体、加勒比开发银行、加勒比共同体、拉美货币研究中心、联合国拉美经委会、欧洲联盟、联合国粮农组织、拉美储备基金、拉普拉塔河流域开发金融基金会、拉普拉塔河流域国家政府间协调委员会、美洲开发银行、泛美农业合作学会、拉美一体化协会、国际移民组织、国际减灾战略、国际贸易中心、东加勒比国家组织、拉美能源组织、拉美渔业开发组织、泛美卫生组织/世界卫生组织、中美洲议会、安第斯议会、拉美议会、拉美技术信息网、中美洲一体化体系、中美洲经济一体化总协定常设秘书处、安第斯共同体法院、联合国、联合国贸易和发展会议、联合国开发计划署、联合国环境规划署、联合国教科文组织、联合国儿童基金会、联合国工业发展组织、世界知识产权组织和世界贸易组织。

三 组织机构

拉丁美洲理事会（以下简称"拉美理事会"）是拉美经济体系的主要决策机构。由各成员国政府任命一名全权代表组成，每年举行一次会议。主要职责有：确定拉美经济体系的总体政策；选举或罢免常务秘书和副常务秘书；批准自身以及拉美经济体系其他常设机构的程序规则；审议和批准常设秘书处呈交的年度工作报告；批准拉美经济体系的预算和财政报告，确定各成员国的资金配额；审议和批准拉美经济体系工作纲要；审议各行动委员会的工作报告；对《巴拿马协议》的条款进行解释；批准成员国对《巴拿马协议》的修改建议；评估、指导和批准拉美经济体系各机构的活动；批准拉美和加勒比国家在处理与国际机构、其他地区国家或国家集团的经济和社会事务时所奉行的共同立场或共同战略；审议常设秘书处递交的建议和报告；决定何时举行特别会议；批准有关贯彻《巴拿马协议》内容的必要措施，并评估其成果；决定其他各项涉及拉美经济体系的事务。截至 2009 年，拉美理事会已召开 35 次例会。最近一次例会于 2009 年 10 月在委内瑞拉举行。

行动委员会是拉美经济体系的一种灵活性较高的合作机制。当两个以上的成员国对于联合推动某一计划产生兴趣时，可共同组建一个行动委员会，其他成员国可以自由选择加入或退出。每个行动委员会设有自己的秘书处，资金由其成员筹措。既定目标实现之后，行动委员会可以解散，或转变为拉美经济体系的永久性机构。各行动委员会都必须遵循拉美经济体系的宗旨和原则，不得歧视其成员之外的拉美经济体系成员，每年向拉美理事会递交工作报告。目前正在运转的永久性机构有拉美技术信息网和拉美渔业开发组织。

常设秘书处是拉美经济体系的执行机构，其日常事务由常务秘书负责管理。常务秘书由拉美理事会选举产生，任期4年，主要职责有：履行拉美理事会赋予的职责，执行其做出的决定；鼓励和进行基础研究，采取必要措施确定和推动两个或两个以上成员国感兴趣的计划；为行为委员会的工作提供便利，推动它们之间的协调与配合；向拉美理事会提出各方均感兴趣的工作纲要和计划；制定和呈交拉美理事会会议日常草案，供各成员国审议，并负责准备和分发相关文件；制定预算草案和工作计划，并呈交拉美理事会；在拉美理事会例会上呈交拉美经济体系财政报告；在得到拉美理事会批准的情况下，与国际组织、成员国或其他国家的政府机构进行合作，以便开展各类研究项目和计划；召集拉美经济体系各机构的会议；接收各成员国上交的会费，对资金进行管理，实施拉美经济体系的预算；准备年度工作报告，供拉美理事会在其例会上批准；协调各行动委员会年度工作报告的呈交工作；招收和聘用其工作人员。

常设秘书处位于委内瑞拉首都加拉加斯。正式工作语言为西班牙语、英语、法语和葡萄牙语。

四　主要领导人

成立至今，拉美经济体系先后产生9位常务秘书，任期均为4年。其中前7位常务秘书分别是厄瓜多尔人海梅·蒙卡约（Jaime Moncayo，1975～1979）、秘鲁人卡洛斯·阿尔萨莫拉（Carlos Alzamora，1979～1983）、委内瑞拉人塞巴斯蒂安·阿莱格雷特（Sebastián Alegrett，1983～1987）、乌拉圭人卡洛斯·佩雷斯·德尔卡斯蒂略（Carlos Pérez del Castillo，1987～1991）、墨西哥人萨尔瓦多·阿里奥拉（Salvador Arriola，1991～1995）、阿根廷人卡洛斯·莫内塔（Carlos Moneta，1995～1999）、智利人奥托·博耶（Otto Boye，1999～2003）。

第8任常务秘书为委内瑞拉经济学家罗伯托·瓜尔涅里（Roberto Guarnieri），任期为2003～2008年。他曾在委内瑞拉中央银行担任高级顾问等重要职务，并曾在世界银行、国际货币基金组织、安第斯开发公司等国际金融机构任职，经常参与委内瑞拉政府与国际多边机构举行的谈判。

现任常务秘书为墨西哥经济学家何塞·里维拉·巴努埃特（José Rivera Banuet），2008年3月当选，任期为2008～2012年。他毕业于墨西哥自治理工学院，获得经济学学士学位。1988～1993年曾任拉美经济体系特别顾问。曾在联合国开发计划署、联合国贸易和发展会议、美洲国家组织等机构担任经济顾问，并长期参与墨西哥经济领域的领导工作。2005～2008年任拉美一体化协会副秘书长。

五 出版物

拉美经济体系历史上最重要的出版物为《议题》（*Revista Capítulos*）。该杂志1983年创刊，2003年停刊，在20年中共出版65期，汇集了与拉美一体化进程、合作和发展等相关的很多重要思想。

拉美经济体系现有出版物包括：《拉美经济体系国际合作简报》（*Boletín ENLACE de Cooperación Internacional del SELA*），2008年创办，电子季刊，西班牙语，刊登有关国际合作、一体化进程、技术合作、国际经济关系、全球化、贫困与社会公正、移民与侨汇等问题的专家分析文章；《拉美和加勒比一体化公报》（*Boletín de Integración*），月刊，英西双语，跟踪拉美和加勒比地区的一体化进程；《战略纪要》（*Notas Estratégicas*），跟踪国际经济形势，不定期发行，英西双语；《拉美经济体系之美国报道》（*Antena del SELA en los Estados Unidos*），不定期发行，英西双语，跟踪和分析美国政府与国会围绕经济问题以及拉美国家感兴趣领域做出的重大决策；《伊比利亚美洲中小企业计划简报》（*Boletín Iberpyme*），月刊，西班牙语，拉美经济体系常设秘书处与伊比利亚美洲国家首脑会议常设秘书处合办。

六　宗旨原则和政策主张

拉美经济体系的基本宗旨是推动地区内部合作，深化地区一体化进程，加快各成员国的经济和社会发展；推动拉美和加勒比国家进行磋商与协调，使其以共同立场或共同战略处理与国际机构、其他地区国家或国家集团的经济和社会事务，从而切实维护本地区国家的合法权益，推动建立公正、合理的国际经济新秩序。

拉美经济体系的一切活动都将遵循国家平等、主权至上、国家独立、团结、互不干涉内政的原则，尊重各国在政治制度、经济制度和社会制度的差异，尊重各个地区和次地区一体化进程及其基本机制和司法机构。具体而言，拉美经济体系的主要目标有：

（1）通过推动地区内部合作使拉美实现可持续的、独立的和全面的发展；通过创建和培养拉美的跨国企业，实现对本地区的自然资源、人力资源、技术资源和财政资源的最适宜开发；鼓励提高农产品、能源等商品的生产和供给水平，而食品的生产和供给尤为重要；鼓励各国对这些商品的生产政策和供给政策进行协调，以便最终在这一领域形成一项拉美共同政策；鼓励各成员国对原材料进行深加工，实现工业生产领域的互补，扩大地区内部贸易和制成品的出口；帮助成员国建立或加强价格机制，或形成其他形式的联合，从而使它们的出口商品和制造商获得稳定的市场，享有更有利的价格谈判地位；加强成员国购买资本货和生产技术时的价格谈判能力；推动资金流向那些有助于各成员国发展的计划和项目；鼓励各成员国联合发展科技，交换科技信息，促进人力资源培训、教育、科技和文化的发展；研究和提出应对措施，从而确保跨国公司遵循本地区的发展目标，为各成员国的国家利益服务；促进交通与通信，特别是地区内部的交通与通信的发展和协调；推动各成员国就发展旅游业进行合作；帮助各成员国应对在经济领域出现的或由自然灾害引发的紧急状况；支持任何能够促进本地区经济、社会和文化发展的举措。

（2）支持本地区的各个一体化进程，鼓励它们彼此之间进行协调。

（3）推动涉及各成员国利益的经济和社会项目与计划的制定和实施。

（4）发挥自身作为磋商和协调机制的作用，推动拉美和加勒比国家以共同立场或共同战略处理与国际机构、其他地区国家或国家集团的经济和社会事务。

（5）在促进地区内部合作的过程中，确保相对欠发达国家、国内市场狭小的国家以及因地处内陆而自身发展受到限制的国家享受优惠待遇，并对每一个成员国的具体情况进行充分考虑。

拉美经济体系在 1996 年出现内部危机，人们呼吁重新确定它的整体行动方向。在这种情况下，理事会通过了机构改革方案，对工作计划进行了重新部署，对行动方式进行了调整。自此，拉美经济体系的工作范围具体包括：分析全球化进程及其对地区发展的影响；分析本地区国家与其经济和贸易伙伴的关系；

对地区、西半球和多边贸易问题进行探讨，对建立美洲自由贸易区和世界贸易组织框架内的谈判立场进行协调；分析发展融资和地区金融体系改革问题；协调拉美和加勒比现存的一体化框架；分析经济与社会政策之间的关系，推动私有化、权力下放、知识产权、工业发展政策和技术更新等方面的经验交流；促进多边贸易、人力资源培训等地区合作。1998 年，拉美理事会第 26 次例会通过了旨在使拉美经济体系的目标和职能更加适应国际环境变化、并能够根据成员国需要确立工作重点的改革方案。

拉美经济体系新的工作计划主要集中在三大领域。

——地区对外关系：为拉美和加勒比国家提供商业合作建议；系统分析全球重大经济决策和经济发展进程对拉美和加勒比地区的影响；评估国际商业、经济和金融谈判进程及其对拉美和加勒比地区经济发展与一体化的影响；在必要的情况下帮助成员国参与相关讨论和谈判。

——地区内部关系：支持拉美和加勒比的次地区一体化进程的发展、协调和趋同；对相关因素做出系统分析，确保本地区一体化进程的均衡发展；帮助人们认可推动地区经济、一体化进程的各种努力；考虑和制定旨在创建一体化制度框架的工作计划，从而促进各个次地区一体化进程的协调与集中。

——经济和技术合作：促进国际机构和资金捐助国与本地区进行多边和双边合作，在发展中国家经济和技术合作中发挥枢纽作用；鼓励本地区各国就宏观经济协调、消除贫困、社会团结、国际合作等重要政策交流经验和信息。

七　主要活动

拉美经济体系的活动主要集中在以下 5 个方面：一是定期举行拉美理事会例会，二是组织召开由成员国高级官员参加的地区性协商和协调会议，就共同感兴趣的话题展开讨论；三是组织专家对本地区和世界经济问题进行研讨，举办政府和非政府代表参加的各类论坛；四是保持与国际组织、公共机构、政治团体、私人组织的合作关系；五是以政府官员、企业家、议员、学者和普通劳动者为对象，组织各种与拉美经济和社会问题相关的研讨会和培训班。

近年来，拉美经济体系的发展受到经费严重不足的影响。实际上，成员国每年需要缴纳的会费总计只有 3900 万美元，仅相当于一个中等国家向美洲国际组织缴纳的会费。[①] 这个预算规模在地区性国际组织中是很低的，但大多数成员国仍未能按照它们的份额缴纳会费，导致拉美经济体系出现高额预算赤字。资金的捉襟见肘使它无法有效地开展更多的行动。

（一）积极推动成员国在各个领域的合作与交流，支持各国实现一体化的努力

拉美经济体系在成立之初便认识到拉美各国在农业发展、食品和肥料生产领域进行合作的迫切性，并为此推动成立多个行动委员会，目的是帮助拉美国家解决粮食自给问题，减少它们对外部的依赖，更好地满足人民的需要。拉美国家急需大量化肥以满足农业生产需求，却由于生产能力不足，只能花费大量外汇进口。1976 年 11 月，拉美经济体系在墨西哥举行会议，研究肥料生产的问题。1977 年 3 月，由墨西哥、委内瑞拉、秘鲁、危地马拉、萨尔瓦多和古巴组成的化肥和一些基本原料生产行动委员会在墨西哥城成立，目的是使拉美实现化肥生产自给，逐步减少、直到消除在化肥方面对外部进口的依赖，以解决紧迫的粮食问题。该行动委员会成员国于 1978 年 3 月在加拉

---

① http://mx.geocities.com/gunnm_dream/sela.html

加斯举行会议，决定成立负责化肥销售的拉美多国公司。

在拉美经济体系的推动下，一批由拉美政府和私人参与的拉美多国联营企业陆续成立，与西方跨国公司展开竞争。1975 年 12 月，墨西哥、哥斯达黎加、牙买加、古巴、尼加拉瓜和委内瑞拉联合组建的加勒比多国海运公司在圣何塞成立，打破了当时加勒比地区的海运由西方船运公司控制的局面，帮助该地区国家节省了大量货运开支。此后，拉美经济体系又推动成立了拉丁美洲多国农药公司，在肥料行动委员会的基础上推动成立了拉美经济体系多国肥料销售公司，在手工艺品发展和销售行动委员会的基础上推动成立了拉美工艺品出口多国公司。拉美经济体系和拉美旅游组织联合会在 1980 年决定成立旅游和航空运输银行，打破跨国公司对拉丁美洲旅游业的垄断。1985 年，拉美经济体系和拉丁美洲钢铁协会签署一项协定，共同设立一项基金，帮助拉美地区的欠发达国家利用本地区技术和设备发展钢铁工业；推动本地区的技术研究和人员培训；推动拉美国家的钢铁产品进入发达国家的市场；共同应对发达国家推行的限制和歧视政策；加强拉美同世界其他地区的发展中国家的钢铁产品贸易。

拉美经济体系还注重同拉美地区其他经济一体化组织开展横向合作，推动各组织之间的交流与合作，使拉美一体化进程得到深化。1976 年 10 月，由拉美经济体系发起，包括安第斯集团（1997 年更名为安第斯共同体）、拉美自由贸易协会（1980 年更名为拉美一体化协会）、加勒比共同市场、中美洲共同市场在内的 8 个拉美地区性经济组织在委内瑞拉举行会议，共同商讨如何合作发展农牧业、工业和贸易。1978 年 1 月，在拉美经济体系的发起下，拉美经济体系、拉美自由贸易协会、安第斯集团和加勒比共同体在巴巴多斯首都布里奇敦举行会议，讨论促进拉美和加勒比经济一体化的措施。与会代表认为目前存在着扩大拉美和加勒比国家之间贸易往来的巨大可能性，尤其是在粮食、水果、大豆、肉类、牛奶、化肥、水泥、木材等方面。他们认为有必要加强本地区金融机构的合作，以便为本地区的工程项目提供资金。

面对 20 世纪 80 年代的不利经济环境，拉美经济体系呼吁拉美国家保持团结，继续深化一体化进程。1982 年 8 月，拉美理事会第 8 次例会通过题为《拉美经济安全和独立战略》的决议，强调拉美各国进行更加紧密的经济合作是保障拉美在政治上、经济上完全独立和全面发展的主要途径之一，并呼吁拉美各国大力推动拉美经济一体化的实施。此次会议还制定了未来两年的拉美地区合作计划，规定各成员国在外贸、食品、科技、信息、交通、通信等领域进行全面合作。

1982 年 12 月，在拉美经济体系与安第斯集团的联合发起下，拉美各大一体化机构的领导人在秘鲁首都利马举行会议，呼吁拉美各国政府不要重蹈经济保护主义的覆辙，加强区域内部合作，扩大贸易往来。拉美经济体系主张通过加强补偿贸易促进本地区的一体化。补偿贸易制度是一种无须使用外汇的贸易形式。与易货贸易有所不同，它以双边贸易为基础，但不排斥多边贸易。由于需要偿还高额外债，拉美国家普遍缺少外汇。拉美经济体系认为，补偿贸易恰好有助于解决债务国的外汇短缺问题。

1978 年，联合国大会在阿根廷举行有关建立发展中国家技术合作机制的国际会议。会议发布的《布宜诺斯艾利斯行动计划》，成为各国和国际机构推动发展中国家技术合作的指导性文件。在此框架下，拉美经济体系成员国于 1987 年举行拉美和加勒比国际合作领导人会议。此后，该会议定期举行，成为国际合作事务推动者交流信息、协调行动、统一立场的一个重要场所。自 2002 年起，拉美经济体系作为主办者，连续组织了三届拉美和加勒比国际合作领导人会议。

2000 年 10 月，拉美理事会第 26 次例会通过的《拉美经济体系成立 25 周年的声明》指出，拉美各国应加强相互协调、支持与合作，积极参与制定有关国际经济规则，推动拉美政治、社会、经济、文化和机构一体化进程，巩固地区和平与民主，努力实现经济增长、社会公正和消除贫困等共同目标。声明认为，拉美经济体系成立 25 年来，为促进拉美国家间的合作与协调以及该地区与世界其他地区关系的发展发挥了重要作用。

拉美经济体系希望为日益蓬勃的拉美一体化进程提供制度、技术和法律框架，最终把本地区的各类一体化组织汇聚为一个整体。2003 年 4 月举行的拉美理事会第 28 次例会重点讨论了地区一体化进程及相关经济社会政策，国际经济交流与合作，危机和灾害的预防与处理，伊比利亚美洲企业合作和南南合作等问题，就促进拉美国家间的协调与合作以及跨地区经贸发展提出了建议，推动拉美国家对内寻求建立一种能支持可持续发展并加强社会参与的机制，对外则努力推动实施经济和政治相互协调的有效措施。

全球经济危机爆发之后，拉美经济体系在 2009 年 5 月举行会议，讨论地区的一体化进程。与会者认为，全球经济危机意味着拉美有必要加强地区一体化，推动现有的次地区一体化组织的协调与合作。当前的一体化进程必须重视互补、团结、合作、社会和国家间的不对称问题。国家间的不对称问题是拉美一体化进程的一个制约因素。事实表明，贸易机制本身对解决这一问题的作用有限。地区各国在严格遵守贸易承诺的基础上，有必要出台专门应对这一问题的公共政策。拉美一些正在实施的合作项目，如《圣何塞协定》、南美洲地区基础设施一体化倡议、美洲玻利瓦尔替代计划（ALBA）的一系列计划、安第斯共同体整体发展计划等，对于克服不对称性具有重要意义。

（二）努力捍卫拉美国家的经济和贸易利益

拉美经济体系一直努力维护成员国的经济利益，强烈批评发达国家阻碍发展中国家独立发展自身工业的做

法，批评西方发达国家奉行的贸易保护和贸易歧视政策。美国的
《1974 年贸易法》表示要给予拉美国家贸易优惠待遇，却把积极
参与石油输出国组织活动的委内瑞拉和厄瓜多尔排除在外。拉美
经济体系多次发表声明，要求美国废除该贸易法中针对上述两国
的限制性、歧视性条款。拉美理事会在 1977 年公开支持危地马
拉政府，反对美国借口商船队问题对危地马拉进行经济制裁。
1978 年 11 月，拉美经济体系在乌拉圭举行协商会议。与会国决
定协调自身行动，针对一些推行贸易歧视政策的欧共体国家进行
反限制。拉美经济体系支持拉美国家捍卫 200 海里经济专属区的
立场，反对发达国家无视拉美国家立场的做法。

　　20 世纪 70 ~ 80 年代，拉美经济体系采取了积极措施捍卫国
际市场的原料价格，保护拉美原料出口国的利益。它反对美国大
规模抛售库存锡，认为这种做法严重损害锡出口国玻利维亚的经
济利益。1977 年 5 月，拉美经济体系与联合国共同举行专家会
议，希望通过签署一项国际协定来确定棉花的最低和最高价格，
避免不正常的市场波动冲击墨西哥、巴西、哥伦比亚、尼加拉瓜
等拉美棉花生产国的国民经济。

　　拉美经济体系认为国际市场的初级产品价格大幅下跌使拉美
国家损失巨额外汇收入，给它们造成严重的经济困难，因而主张
拉美各国制定共同行动纲领，维护国际市场上的初级产品价格，
为初级产品出口开创新的市场，实现出口产品多元化。1987 年 1
月，拉美理事会发表《危地马拉声明》，呼吁拉美国家加强彼此
之间的贸易往来，扩大拉美经济体系成员国对初级产品加工和贸
易的参与能力，拒绝执行发达国家强加给拉美和加勒比国家的歧
视性、惩罚性的经济和财政措施；共同应对初级产品价格下跌问
题。

　　拉美经济体系认为国际贸易的不平衡严重地削弱了拉美国家
的支付能力，对发达国家在国际贸易中采取的保护主义政策提出

强烈批评。美国在 1984 年和 1988 年实施的两部新贸易法都具有浓厚的保护主义色彩，旨在鼓励美国政府采取反倾销措施，单方面把贸易的概念扩大到投资和劳务领域。这一做法不仅极大限制了第三世界国家，特别是拉美国家向美国的出口，而且严重损害了拉美国家克服经济衰退的努力。拉美经济体系反对美国的贸易保护主义行径。1989 年 8 月，拉美理事会通过共同宣言，对美国的不平等贸易法予以谴责。拉美经济体系在 1987 年呼吁拉美国家进行深入协调，以便在乌拉圭举行的《关税和贸易总协定》缔约国部长级会议上形成统一立场，共同应对美国在多边贸易中推行的种种限制性措施。它在 1986 年批评美国通过补贴推动小麦出口的做法损害了拉美农产品出口国的利益。此外，它对欧共体的贸易保护主义做法提出批评，认为欧共体企图通过征收新的关税阻止拉美的农牧业产品进入其市场。

20 世纪 90 年代以来，拉美经济体系为改变发展中国家在世界贸易体制中的不利地位而不断呼吁建立开放、非歧视和照顾发展中国家需要的世界贸易新体制，要求世界贸易组织成员，特别是发达国家履行承诺，不再给发展中国家设置贸易障碍。1993 年 10 月，拉美理事会第 19 次例会发表《关于乌拉圭回合多边贸易谈判的声明》，要求发达国家在乌拉圭回合谈判中根据多边制度的原则行事，顾及发展中国家的利益，使谈判能够取得令各方满意的结果。会议发表的《关于北美自由贸易区的声明》指出，拉美国家支持墨西哥、美国和加拿大建立北美自由贸易区的进程，认为这一自由贸易区有助于推动美洲大陆的自由贸易。

拉美经济体系反对美国在 2002 年通过的"农业补贴法"，认为该法不仅有可能引发美国与欧盟之间的一场贸易战，而且可能将给全球贸易带来消极影响，尤其会损害拉美国家的经济利益。据拉美经济体系的统计，农产品是拉美和加勒比国家出口收入的重要来源之一，占出口总收入的 63%，其中巴西农产品出口占其出口总收入的 37%、智利占 47%、阿根廷为 53%、乌拉圭则高达 55%。因此，欧美双方的贸易保护主义措施将使拉美国家的农业生产下降 1.3% ~ 2.2%。其中南方共同市场国家所遭受的打击最为严重。拉美经济体系认为，避免爆发贸易战的唯一出路是通过世界各国的共同努力争取世界贸易组织裁决美国取消农业补贴法。在这一措施无效的情况下，全体拉美及加勒比国家只有团结起来，通过更坚定地实施一体化政策来加强自我保护，才能应对欧美贸易保护主义的挑战。

拉美经济体系近年来十分关注拉美的粮食价格和安全问题。2008 年 5 月，它在加拉加斯举行粮食安全会议。会上发布的有关拉美粮食问题的专题调研报告指出，导致全球粮价高涨的因素首先是欧美等发达国家采取农业补贴措施扰乱了国际农产品市场的固有秩序，迫使许多具有农业发展潜力的发展中国家减少农业投资；石油价格的持续走高使化肥、农药等农资产品的价格也居高不下，抬高了农业生产成本。拉美经济体系认为，食品价格的快速上涨加重了低收入家庭的负担，加剧了拉美国家的贫困问题，有可能危及社会稳定。与会代表认为，拉美国家应当通过地区和全球合作，在满足需求的基础上努力增加供应量，改善农村基础设施，扩大农作物种植多样化，促进农业的可持续发展，从根本上解决粮食安全问题。

（三）积极帮助拉美应对债务问题、金融危机和世界经济危机

债 务问题使 20 世纪 80 年代成为拉美"失去的十年"。在此期间，拉美的经济增长低迷，公共投资大幅减少，生产普遍萎缩，失业人数激增，通货膨胀严重。拉美经济体系为解决拉美国家的债务问题付出巨大努力。它强烈批评发达国家的贸易保护主义政策限制了发展中国家的出口能力，认为债务

问题不仅是一个经济问题，还涉及拉美的政治和社会制度稳定；债务问题是发展中国家与发达国家贸易不平衡导致的，拉美国家无法在偿还巨额外债的同时实现经济的正常发展。

拉美经济体系积极推动拉美国家在外债问题上采取共同行动，与债权国展开政治谈判，以寻找解决债务问题的有效途径。1983 年，拉美经济体系与联合国拉美经委会接受厄瓜多尔总统乌尔塔多（Osvaldo Hurtado）的委托，共同起草题为《拉丁美洲对付危机的基础》的文件。文件认为拉美正在经历半个世纪以来最严重的经济危机，同时分析了这场债务危机的性质，并提出各国共同应对危机的途径。1988 年 9 月，拉美理事会第 14 次例会主张举行一次拉美和加勒比国家首脑会议，共同讨论外债问题。1989 年 6 月，拉美经济体系在加拉加斯就债务问题举行部长级特别会议。拉美经济体系认为减轻拉美国家的债务负担是使其摆脱严重的经济和社会危机的唯一出路，因而建议债权国削减该地区外债总额的一半，使拉美经济恢复到 20 世纪 60 年代和 70 年代的较快增长速度。这是拉美国家自 1982 年爆发债务危机以来首次集体提出解决外债问题的方案。此前，拉美国家尽管在减债问题上具有共同利益，但由于各国的情况存在差别，债权国和债权银行又坚持单个国家解决的立场，拉美国家在很长时间里都未能在减债问题上形成统一立场。

拉美经济体系在 20 世纪 90 年代初指出，尽管拉美地区的经济形势有所改善，外债仍然是拉美面对的严重问题之一。在它的推动下，拉美债务会议于 1990 年 6 月在加拉加斯举行，26 个成员国的财政部长或经济部长出席。与会者一致通过《拉丁美洲和加勒比地区关于解决债务问题的建议》。与会国家还决定成立一个部长协调委员会，以便使拉美债务国在与债权国进行的谈判中形成共同立场，加速执行最近通过的减少拉美外债的有关决议。拉美经济体系还在 1991 年提出解决拉美国家之间债务问题的灵活办法。当时拉美地区内部的债权国主要有巴西、阿根廷、墨西哥和委内瑞拉，债务国主要有玻利维亚、古巴、尼加拉瓜、秘鲁和巴拿马。拉美经济体系建议由拉美国家组成的里约俱乐部作为谈判解决地区内部债务的多边机构，在解决地区内部债务问题时应当考虑债务国的实际偿还能力，在缔结债务协定时应当把还债同双方的贸易协定、共同投资计划、债转股等问题联系起来。在1991年举行的拉美理事会第17次例会上，与会国家决定重新成立部长级外债委员会，加强对外债问题的政策协调。针对墨西哥金融危机对拉美地区的冲击，1995年举行的拉美理事会第21次例会重申推动经济一体化和地区合作的基本目标，指出拉美国家进行经济结构调整的必要性，建议成员国加强国内储蓄机制，鼓励外国长期投资，尽可能降低资本流动的不稳定性带来的风险。

进入21世纪，拉美的债务形势依然严峻。2002年，时任拉美经济体系常务秘书的奥托·博耶指出，在国际经济援助与合作严重不足的情况下，发展中国家应自力更生寻求发展之路。拉美经济体系呼吁寻找一种更为合理的解决拉美外债的途径，避免该地区国家靠牺牲自己的经济和社会发展来偿还债务。阿根廷金融危机清楚地表明拉美国家的外债问题远未得到解决，沉重的外债负担依然是影响该地区经济发展的一大障碍。拉美经济体系认为，在拉美国家认真履行偿债义务的前提下，债权国应适当地向债务国提供偿债的便利条件；国际社会有必要建立一种能够把债务国的需求与国际金融货币体系的需求相结合的机制。它主张拉美国家尽快建立一项"拉美地区经济支援基金"，并把它作为帮助地区各国克服经济危机、加强相互协调的合作机制。一旦某个拉美国家发生类似阿根廷的金融危机，该基金将迅速提供财政支援。

拉美经济体系积极推动拉美国家应对2008年发生的全球性

经济危机。常务秘书巴努埃特指出,拉美经济体在 2009 年的经济增长低迷表明世界经济危机给拉美带来极为严重的不利影响。他认为有必要抑制发达国家的贸易保护主义倾向,尽快就结束多哈回合谈判达成协议,并为融资和促贸援助提供必要的资源。

拉美经济体系呼吁地区各国采取贸易、经济和金融一体化的政策,以稳定本地区的市场。2009 年 3 月,它在加拉加斯举行有关应对世界经济危机的国际会议。会议发表的声明强调防止保护主义泛滥,呼吁对国际金融结构进行改革,建立更加透明高效、包含预警系统和预防能力的机制。常务秘书巴努埃特在同年 4 月发表声明,呼吁拉美和加勒比国家迅速采取行动应对经济危机,尤其要重视货币和金融合作。声明指出,拉美国家应当加强新型的(例如南方银行)和传统的开发银行的作用,反对国际贸易中不断加剧的保护主义倾向;拉美国家有必要创建稳定基金,应对国际收支失衡危机;拉美国家应当积极推动地区内部贸易的发展,降低对美元的依赖,发行共同货币用于贸易结算。

2009 年 5 月,拉美经济体系发布题为《全球经济危机的恶化:当前形势及其对拉美和加勒比的影响》的研究报告。报告指出,危机正在通过多种途径影响越来越多的拉美和加勒比国家。鉴于危机的复杂性,世界各国必须采取创新措施应对这场复杂的危机。拉美国家在实施自身反危机措施的同时,必须大力加强地区各国之间的协调、合作和一体化。拉美经济体系还在同期发布题为《全球衰退、移民和汇款:对拉美和加勒比经济体的影响》的报告。报告指出,全球经济形势恶化将使拉美的侨汇收入从 2008 年的 690 亿美元降至 2009 年的 640 亿美元。2009 年,100 万个拉美家庭将丧失侨汇收入,400 万个拉美家庭的侨汇收入将下降 10%。海地、洪都拉斯、圭亚那、尼加拉瓜、萨尔瓦多等国的侨汇收入降幅尤为巨大。侨汇收入的下降将对拉美国家的经济增长、国际收支、减贫、政府税收等产生负面影响。

（四）推动南南合作与南北对话

拉美经济体系从一成立就强调加强拉美国家与其他第三世界国家的团结与合作，积极推动南北对话。拉美经济体系认为西方发达国家只对发展中国家技术含量低、资本密集程度低的工业领域给予优惠，迫切希望拉美的制造业能够实现多元化，结束不公正的国际分工，提高拉美在世界经济中的地位。1976 年 1 月，拉美理事会在加拉加斯举行特别会议，讨论并决定了各成员国将在"77 国集团"马尼拉会议和联合国贸易和发展会议第 4 届大会上采取的共同立场。1979 年初，根据拉美经济体系的主张，拉美各国决定向即将在坦桑尼亚举行的"77 国集团"会议提出发展中国家共同行动的倡议，从而使发展中国家在当年 5 月举行的联合国贸易和发展会议第 5 届大会上结成统一阵线。

拉美经济体系注重加强与发达国家的联系，主张通过协商谈判为拉美国家争取更多的经济利益。1977 年 7 月，拉美经济体系与加拿大达成协议。加拿大政府通过加拿大国际开发署在 5 年内为拉美经济体系的合作计划提供 2200 万美元的资助。1978 年 12 月，拉美经济体系和欧共体委员会在加拉加斯举行会议，讨论两组织之间的合作、促进拉美经济发展、加强双方贸易联系等问题。1979 年 9 月，拉美经济体系和西班牙签订合作协定。双方将在海水和淡水产品、手工艺品、旅游业、化肥生产、技术情报交流等方面进行广泛合作。此外，拉美经济体系注重加强同社会制度不同的国家的贸易关系，希望与经互会国家签署更多的贸易协定，建立长期的经济合作。1979 年 4 月，经互会代表团对拉美经济体系秘书处进行访问。

20 世纪 90 年代以来，随着亚太地区经济重要性的凸显，拉美经济体系意识到扩大与亚太国家交往的重要性。1993 年 10 月，拉美理事会第 19 次例会提出拉美对外经济战略向太平洋转移的主张，把加强拉美与亚太地区联系作为拉美国家未来对外政策的重点之一。此后，墨西哥、智利和秘鲁相继加入亚太经济合作组织，致力于亚太地区的自由贸易进程。

（五）反对西方大国对拉美内部事务的干预，维护成员国的利益

20 世纪 80 年代初，针对中美洲危机，拉美经济体系表示反对大国干涉拉美国家的内部事务，支持孔塔多拉集团为和平解决中美洲问题进行斡旋，认为美国对尼加拉瓜实施的贸易禁运及其他经济制裁措施违背国际法准则，加剧了中美洲的紧张局势。它在 1980 年决定协调其成员国的行动，以便向尼加拉瓜提供援助，帮助它发展香蕉、谷物等农业生产项目；向它提供修建公路的技术和设备；向它提供修建住房的资金、设备和材料；向它的全国扫盲运动提供设备和交通工具。1983 年 12 月，拉美经济体系全体成员国在巴拿马签署协议，决定成立支援中美洲经济、社会发展行动委员会。1985 年 5 月，拉美理事会举行特别会议，讨论美国对尼加拉瓜实行经济封锁造成的问题，并在一项决议里呼吁美国取消对尼加拉瓜实施的制裁措施。

英阿马岛战争发生之后，拉美经济体系在 1982 年举行成员国政府高级代表会议，谴责英国、美国和某些欧共体国家对阿根廷实施的制裁，认为这种做法是对拉美国家经济安全的一种严重威胁。会议决定成立支援阿根廷行动委员会，以应对一些发达国家对阿根廷实施的经济制裁，制定一项支援阿根廷、保障各成员国自身经济安全和政治独立的共同战略。该委员会由拉美经济体系的 20 多个成员国的代表组成，是拉美经济体系成立以来规模

最大的行动委员会。拉美经济体系呼吁成员国向阿根廷提供贸易优惠,在关税方面作出让步,发展陆海空运输等方面的合作,在国际会议上支持阿根廷。

冷战时期,拉美经济体系就打破意识形态的束缚,吸收古巴为成员国。20 世纪 90 年代以来,它一直呼吁美国停止对古巴的经济封锁,并反对美国所有旨在加强和扩大对古巴封锁以及使封锁国际化的措施,认为它的这一做法违背了尊重别国主权的基本原则。1994 年 6 月,在墨西哥城举行的拉美理事会第 20 次例会通过一项决议,要求美国停止对古巴实施经济封锁。拉美经济体系反对美国国会通过的旨在强化对古巴封锁的"赫尔姆斯—伯顿法",认为该法严重损害包括古巴在内的广大拉美和加勒比国家的合法权益。1995～1998 年举行的 4 次拉美理事会例会都通过决议,对美国实施"赫尔姆斯—伯顿法"表示强烈反对,要求美国立即解除对古巴的封锁。2008 年 11 月,拉美理事会第 34 次例会再次抨击"赫尔姆斯—伯顿法"。2009 年 3 月,拉美经济体系强烈呼吁美国的奥巴马政府解除对古巴的封锁。

(六) 对拉美重大问题开展学术研究,为各国提供政策建议

拉美经济体系自成立以来,发表了大量的研究报告、论文以及一些学术专著。自 1996 年起,拉美经济体系研究工作的重点是民主可治理性,贸易与发展,国际移民,国际合作,世界贸易组织与美洲自由贸易区,美洲自由贸易区的机遇与风险,一体化,金融、投资与贸易,金融危机,拉美和加勒比地区在新千年的发展,欧元对拉美的影响,全球化与对外关系,增长与就业,工业政策中的战略变化,拉美和加勒比经济体的贸易问题,工业、技术与竞争力,等等。在贸易和一体化方面包括国际合作、宏观经济协调、智利与南方共同市场的关系、贸易谈

判、美洲自由贸易区、亚太地区的发展、服务贸易、外资待遇、欧元、可持续发展、私有化、世界贸易体系、贸易政策、欧盟与拉美的关系和侨汇等。

2002～2003 年，拉美经济体系陆续发表了 10 篇形势报告，集中分析了这一时期拉美和加勒比国家经济发展面临的种种问题和机遇。内容涉及拉美经济前景、美国的贸易措施对拉美的影响、智利经济前景、欧元与美洲自由贸易区、欧盟与拉美的发展合作、全球化对拉美的影响、拉美国家在世界贸易中的地位、拉美经济调整的理论依据、拉美国家在美洲自由贸易区谈判中的问题和对策、委内瑞拉的经济和社会形势。

2004 年 7 月，拉美经济体系在委内瑞拉召开了以"侨汇是拉丁美洲和加勒比的一种选择吗？"为主题的研讨会。这是拉美学术界关于侨汇问题的一次重要会议。2005 年，拉美经济体系出版了此次研讨会的论文集。

八　对外关系

拉美经济体系自成立以来，与其他国际组织和政府机构开展了广泛合作，共同组织了大量活动。拉美经济体系自身的发展和壮大与这些组织和机构的协助和支持是密不可分的。在与拉美经济体系建立了合作关系的组织中，既有联合国各下属机构、世界银行、世界卫生组织等全球性国际组织，也有美洲开发银行、安第斯共同体、欧盟、拉丁美洲议会等区域性国际组织。

（一）与联合国及其专门机构的合作

拉美经济体系与联合国及其专门机构有着密切往来和广泛合作。联合国、联合国贸易和发展会议、联合国拉美经委会、联合国粮农组织、世界卫生组织、联合国开发计划署、联合国环境规划署、联合国教科文组织、联合国儿童基金会和联合国工业发展组织均为拉美经济体系观察员。1980年，拉美经济体系成为联合国观察员，可参加联合国大会。2008年10月，第63届联合国大会通过一项决议，推动联合国专门机构加强与拉美经济体系的各项合作。

拉美经济体系与联合国贸易和发展会议长期保持紧密合作。从拉美经济体系成立以来，它的常设秘书处就一直与联合国贸易和发展会议保持合作。1975～2008年，它们围绕各类与贸易、贸易谈判和经济发展相关的专题，共同开展研究、举办会议和提供人员培训。2009年4月，它们在加拉加斯共同举办题为"拉美和加勒比的前景与未来挑战"的地区贸易与竞争研讨会。两机构计划在2009年9月至2012年9月共同实施"地区合作共同计划"。该计划的目标是推动拉美经济体系成员国的政府机构、拉美的一体化组织、联合国贸发会议等机构之间开展长期对话，加强对拉美地区之外国家的竞争政策的了解，打造一个系统交换信息、筹备合作计划的地区平台，最终巩固拉美经济体系的地区论坛地位。

拉美经济体系与拉美经委会联合开展研究活动，互派代表出席对方举办的会议，共同发布一系列重要文件。拉美经委会还编制各种主题的专门文件以支持拉美经济体系的活动。1995～2001年，两机构每年在墨西哥共同举办有关中美洲一体化问题的讲习班。

拉美经济体系与联合国粮农组织保持紧密合作，彼此参加对方举行的会议，交换信息和资料。1998～2001年，粮农组织参与了拉美经济体系举办的拉美理事会第25次和第26次例会、国际技术合作负责人第14届会议、自然灾害紧急情况技术合作区域机制第1次会议。1999～2000年，拉美经济体系成员国参加了联合国粮农组织围绕乌拉圭回合农业谈判举办的三次分区域讲习班。

拉美经济体系与联合国教科文组织进行广泛合作，邀请后者参加拉美理事会例会，得到后者提供的技术支持，并与后者合作举办政府间会议和专家会议。目前，根据两机构之间达成的《拉美和加勒比一体化通信协定》，拉美经济体系常设秘书处负责定期出版《拉美和加勒比一体化公报》。

拉美经济体系与联合国工业发展组织定期交换信息和研究成果，并联合对拉美国家的科学技术展开研究。

（二）负责实施"伊比利亚美洲中小企业计划"

1998 年 11 月，在葡萄牙举行的第 8 届伊比利亚美洲国家首脑会议决定实施"伊比利亚美洲中小企业计划"，目的是通过加强中介机构的合作促进相关国家中小企业的发展、提升这些企业的竞争力和国际化水平以及加强中小企业组织和协会。该计划主要由拉美经济体系负责管理，伊比利亚美洲国家首脑会议常设秘书处也参与相关工作。计划的经费来自西班牙外交部国际合作署和伊比利亚美洲国家的捐赠。项目实施 10年以来，已经在大约 20 个拉美和欧洲国家举行 100 多次各类研讨、培训和洽谈活动，活动内容涉及企业合作、生产力和竞争力、中小企业国际化、信息和通信技术、中小企业政策、生产线、微型企业发展等诸多方面。"伊比利亚美洲中小企业计划"推动伊比利亚美洲国家逐步建立范围广泛的中小企业网和专家学者网，并致力于中小企业发展的组织和机构建立合作。

2007 年和 2008 年，拉美经济体系分别在乌拉圭和玻利维亚举行有关企业家能力的国际讨论会。2009 年 5 月，拉美经济体系与西班牙国际合作署等机构合作在委内瑞拉举行"伊比利亚美洲企业家研讨会"。

（三）与中国的关系

中国高度评价拉美经济体系在促进拉美地区合作、推动地区一体化进程、维护拉美国家的合法权益等方面付出的努力和取得的成就，愿与拉美经济体系发展平等互利的友好合作关系。1995 年，国务院外办主任刘华秋在哥伦比亚会见拉美经济体系常务秘书莫内塔。1996 年 11 月 14 日，国务院总理李鹏应邀在拉美经济体系总部发表题为《共同谱写中拉友好合作的新篇章》的重要演讲，阐述中国关于发展与拉美关系的五项原则和扩大经贸合作的四个重点。1998 年，拉美经济体系与中国国际贸易促进委员会签订合作协议，旨在增进拉美和加勒比国家与中国企业界之间的经贸合作关系。拉美经济体系常务秘书莫内塔于 1997 年和 1999 年两次率代表团访华。1999 年 11 月，中国贸促会会长俞晓松致电拉美经济体系，祝贺博耶当选拉美经济体系常务秘书。2003 年 12 月，贸促会会长万季飞电贺瓜尔涅里当选拉美经济体系常务秘书。2006 年，中国外交部代表团访问了拉美经济体系总部。

近年来，随着中国和拉美国家经贸关系的增强，拉美经济体系对中国问题的研究逐步开展起来。

1996 年，拉丁美洲和加勒比经济体系第 46 期《议题》杂志发表了由米利亚姆·费尔南德斯（Miriam Fernández）撰写的《增进拉美和加勒比与中国关系的可能性》一文。作者在文章中分析了中国经历的变化，提出了扩大中国与拉美国家之间贸易和投资机遇的种种可能，认为拉美国家应确立三个基本战略：一是建立有关中国问题的长效信息系统，二是推动交流与咨询工作，三是制定中长期贸易战略。

1999 年 6 月，拉美经济体系与中国贸促会在北京共同举办了中拉经贸关系研讨会。同年 10 月，拉美经济体系常设秘书处向拉美理事会第 25 次例会提交了一份报告，题为《拉美和加勒比国家在危机后与亚太地区的关系》，内容涉及中国的经济形势以及扩大外贸的潜力。

2000 年，拉美经济体系在第 37 期《拉美和加勒比一体化公报》上发表了哥斯达黎加国立大学国际经济政策研究中心的学者撰写的题为《中国加入世界贸易组织：对加勒比盆地国家的风险和机遇》的文章。文章认为中国加入世界贸易组织后，将对加勒比和中美洲国家对美国的出口产生重大威胁，但同时也指出，中国因拥有巨大的市场而很可能成为这一地区重要的贸易伙伴。

2005 年，拉美经济体系第 88 期《拉美和加勒比一体化公报》发表了《中国与安第斯共同体对话的成效》一文。

2009 年，拉美经济体系在加拉加斯召开了关于"中国、印度和俄罗斯与拉美和加勒比国家对外经济关系"的地区性会议。会后发布了题为《拉美和加勒比国家与中国经济关系地区性会议的结论与建议》的报告。

第十一章

美洲开发银行

美洲开发银行是世界上成立最早、规模最大的地区性开发银行，也译作"泛美开发银行"，是由美洲国家组织于 1959 年 12 月 30 日推动建立的、面向拉丁美洲国家的地区性金融机构，其他地区国家也可加入。经过 50 年的发展，美洲开发银行不仅成为美洲地区最有影响力的多边金融机构和拉美经济、社会项目最主要的融资来源，而且也建立起庞大的研究体系，为拉美地区的经济和社会发展发挥了重要作用。

一 成立背景和经过

早在 1890 年召开的第 1 次泛美会议上，拉美国家就提出了关于建立一个地区性私营银行体系的建议，但遭到美国的反对。此后，拉美国家又多次提出建立泛美金融机构的建议，并对新机构的功能展开了一系列讨论，均未得到美国的支持。第二次世界大战结束后，拉美国家面临着经济增长乏力、出口不足等问题，急需外部资金的支持。但此时美国正忙于欧洲的重建计划，根本无暇顾及拉美国家的需要，而且也认为没有必要建立一个为拉美发展注资的新机构。

但是拉美国家并没有放弃努力。1954 年 12 月，美洲国家组织下属的泛美经济和社会理事会在巴西召开了美洲经济特别会议。会上，拉美国家再次明确了建立一个地区性金融机构的目标。智利代表团提出了新机构的资金由各国共同出资组成的设想。

1958年，巴西总统儒塞利诺·库比契克（Juscelino Kubitschek）致信美国总统艾森豪威尔（Dwight D. Eisenhower），建议美国对有利于"泛美思想"的行动加以考虑。这一提议得到了艾森豪威尔的积极响应。同年年底，艾森豪威尔派遣特使对拉美进行了巡访，最后建议美国政府支持建立地区银行。1959年，美国正式宣布将应拉美国家的要求，参与建立新的地区性金融机构。在美国的推动下，新银行的职能很快得到了确立。它定位于"开发性机构"，与其他国际金融机构的区别在于以下几点：一是支持各种开发项目；二是为项目提供技术支持；三是可直接为私人部门发放贷款，无须政府担保。

1959年4月8日，20个拉美国家和美国在华盛顿签订了关于建立美洲开发银行的协议。除了古巴以外，其他国家都批准了该协议。同年12月30日，协议生效。在1960年召开的美洲开发银行第一次理事会年会上，智利人费利佩·埃雷拉（Felipe Herrera）当选为第一任行长。同年10月1日，美洲开发银行正式开业，总行设在美国首都华盛顿。此后，又有7个拉美国家陆续加入。1972年5月，加拿大加入。1976年以后，一些欧洲和亚洲国家也陆续加入。拉美地区以外的国家要成为美洲开发银行的成员国，前提条件是必须先加入国际货币基金组织。根据规定，非拉美国家不能使用该行资金，但可参加该行组织的项目投资。

二　成员

截至2009年，美洲开发银行有成员国48个，其中拉丁美洲国家26个：阿根廷、巴哈马、巴巴多斯、玻利维亚、巴西、伯利兹、智利、哥伦比亚、哥斯达黎加、多米尼加、厄瓜多尔、萨尔瓦多、危地马拉、圭亚那、海地、洪都拉斯、牙买加、墨西哥、尼加拉瓜、巴拿马、巴拉圭、秘鲁、苏里南、特立尼达和多巴哥、乌拉圭、委内瑞拉；北美国家 2 个：加拿大、美国；欧洲国家 16 个：奥地利、比利时、丹麦、德国、法国、芬兰、荷兰、挪威、葡萄牙、瑞典、瑞士、西班牙、意大利、英国、克罗地亚、斯洛文尼亚；亚洲国家 4 个：日本、以色列、韩国、中国。

三　组织机构

美洲开发银行的管理机构分为三级：理事会、执行董事会、行长和执行副行长。理事会为最高权力和决策机构，代表所有的成员国，是银行和各国政府间的联系纽带，由各成员国委派 1 名理事组成，任期 5 年。理事通常由各国的财政部长或经济部长担任。理事会每年召开一次年会，即理事会年会。年会的任务是评审银行的业务活动，讨论和决定银行的重大方针政策问题。必要时可随时召开特别会议。各种决议的通过采取投票形式。理事会的投票权分为两种：一是基本投票权，即每个成员国都有相同的投票权；二是按认缴资本额分配，认缴资本越多，投票权也越多。拉丁美洲国家作为一个集团，是最大的股东，约占 50% 的投票权；美国的投票权占 30%，是最大的单个股东；欧洲和以色列的投票权占 11%，日本占 5%，加拿大占 4%。理事会年会休会期间，由理事委员会处理问题。

执行董事会是理事会领导下的常设机构，负责领导银行的日常业务工作，行使理事会授予的权力。执行董事会由 14 名董事组成，董事由成员国任命或选举，其中拉丁美洲国家 9 名，美国、加拿大和日本各 1 名，其他地区的国家 2 名，任期 3 年。每位董事指定一名副董事在其缺席时作为全权代表。董事会的职责是：批准贷款，确定利率，批准经营政策和在资本市场上的借款。美洲开发银行的经营效益由一个独立的机构"外部考察和审评办公室"来考核，以保障业务活动不偏离宗旨。

行长在执行董事会领导下主持日常工作，由理事会选举产生，任期5年。副行长由行长提名，执行董事会任命。行长负责主持执行董事会的会议，但不参与投票，只在票数各半时才投票表决。

美洲开发银行在拉丁美洲国家设有办事处，帮助审定项目、管理贷款，并监督项目的执行。美洲开发银行在巴黎和东京也设有办事处，负责银行与非本地区成员国、其他国际机构和金融市场的联系，并对银行资助的项目进行监督。

除银行外，美洲开发银行集团还设有两个投资机构：美洲投资公司和多边投资基金会。美洲投资公司是美洲开发银行的一个自治性附属机构，成立于1989年，以向不易获得优惠条件贷款的中小型私人企业提供资金的方式促进地区的经济发展。多边投资基金会成立于1992年，目的是促进投资改革，刺激私营部门的发展。

美洲开发银行下属的研究机构是成立于1965年、设在阿根廷首都布宜诺斯艾利斯的拉丁美洲和加勒比一体化研究中心和设在华盛顿的美洲社会发展学院，任务是培养高级技术人才，研究有关经济、法律和社会等重大问题，为成员国提供咨询。

2006年美洲开发银行决定改组其组织机构。同年12月执行董事会批准了改组方案，于2007年7月1日正式实施。新的组织机构的设计基于对美洲开发银行的三个基本定位：机构导向、国家导向、支持性服务。机构导向是指美洲开发银行作为金融机构，要有清晰的战略和目标；国家导向则围绕银行和国家间关系展开，旨在通过对话、设定战略、实施项目、提高效率等方式推动银行与国家间的互动；支持性服务指服务传送渠道的管理。

此次改组的主要目标是加强监管，使美洲开发银行的决策机制变得更为高效、透明，同时强化银行的领导力和适应性。改组后的组织结构是：由行长、1 名行政副行长和 4 名分别主管国别事务、部门和知识事项、私营领域和无主权担保项目、财务和行政事项的副行长共同组成银行的行政机关。副行长分管的领域又进一步划分为若干个分支部门。在行长之下，设立 5 个直属办公室，分别负责审计、对外关系、战略联盟、风险管理、战略规划和发展效率。

四　主要领导人

美洲开发银行成立至今，共有 4 人先后担任行长一职。

首任行长费利佩·埃雷拉（1922～1996），任期 1960～1971年。年仅 26 岁就被任命为智利财政部长和中央银行总经理。1958 年作为国际货币基金组织负责南锥体国家的执行董事开始在华盛顿工作。作为美洲开发银行的奠基人之一，他率先提出全方位发展银行业务的远大目标。"不仅仅是一家银行"是其重要的至理名言，其深刻内涵就在于：美洲开发银行不但要为成员国的经济发展注资，还要为其提供新的观念、技术和解决问题的手段，成为它们的"思想库"。在他担任美洲开发银行行长期间，银行完成了 3 次增资，吸收了 3 个加勒比国家作为正式成员。

第二任行长墨西哥人安东尼奥·奥尔蒂斯·梅纳（Antonio Ortiz Mena, 1907～2007），任期 1971～1988 年。进入美洲开发银行工作之前，曾在墨西哥多个公共和私人部门担任重要职位。出任行长之前，一直是美洲开发银行理事会成员。1974 年，在奥尔蒂斯的领导和支持下，理事会修改了美洲开发银行章程，允许非美洲地区的国家成为成员国，从而扩大了银行的资本来源。美洲开发银行的成员国由 1971 年的 23 个迅速增加到 1987 年的 44 个，累计贷款总额由 1970 年的 40 亿美元提高到 1987 年的 400 亿美元。奥尔蒂斯十分重视项目的筹备工作和技术合作。在他担任美洲开发银行行长的十多年时间里，银行业务一直朝着多样化、复杂化的方向发展。

第三任行长是乌拉圭经济学家、外交家恩里克·伊格莱西亚斯（Enrique V. Iglesias），任期 1988～2005 年。1972～1985 年，他曾经担任联合国拉美经委会的执行秘书。在美洲开发银行 50 年的发展过程中，伊格莱西亚斯担任行长的 17 年是该行发展最快、对拉美国家帮助最大的时期，批准贷款累计达到 1006.94 亿美元。他上任时提出的目标是：要把美洲开发银行建设成一个更大规模、更富有革新精神、更具创造力、更为有效的银行。在他的领导下，美洲开发银行完成了两次大规模的增资，贷款规模不断扩大，融资和资助手段日益多样化；资助领域更为广泛，社会发展和环境保护成为优先考虑的工作范畴；进行了多次机构改革，形成了完整的制度体系和战略框架；一批欧亚地区的新成员相继加入，扩大了资金来源；更加注重开放和对话，与其他国际金融机构和组织的交往和合作得到了进一步的加强；银行的学术研究工作迈上了一个新台阶，科研水平日渐提高。伊格莱西亚斯不仅实现了他的目标，也使首任行长费利佩·埃雷拉提出的"美洲开发银行不仅仅是银行"的理念得到了深入的贯彻和体现。

现任行长是哥伦比亚人路易斯·阿尔贝托·莫雷诺（Luis Alberto Moreno），2005 年 10 月 1 日正式上任。他此前曾担任哥伦比亚驻美国大使长达 7 年之久。在此期间，哥美关系得到了迅速发展。莫雷诺担任行长后，提出将继续深化其前任秉承的原则，将美洲开发银行建设成一个"更灵活、更富有创新精神和更有效"的金融机构。在莫雷诺的领导下，银行进行了组织机构的调整，简化了项目筹备的手续，并扩大了客户基础。

五　出版物

美洲开发银行的定期出版物十分丰富，大部分可通过网络订阅。

其中简报类有 4 种：《伦理和发展》（*Ética y Desarrollo*），主要提供有关伦理、社会资本、企业的社会责任、志愿行为等方面的信息，以英西葡法 4 种语言每周出版 1 期；《美洲发展思想》（*Ideas para el Desarrollo en las Américas*），包括对影响拉丁美洲和加勒比地区发展的经济和社会问题的最新研究，以英西双语每年出版 3 期；《拉丁美洲和加勒比一体化研究》（*Instituto para la Integración de América Latina y el Caribe*），以地区贸易和一体化方面的文章为主，每月出版 1 期；《美洲微型企业》（*Revista Microempresa Américas*），主要提供与微型企业发展相关的信息和深度分析，以英西双语每年出版 1 期。

工作报告类有 2 种：《年度报告》（*Informe Anual*），是美洲开发银行对地区经济形势、该行金融收支和证券交易状况，以及机构其他工作情况进行的总结和分析；《新闻公报》（*Comunicados de Prensa*），主要是对美洲开发银行工作和活动的报道，一般情况下以英西双语每周出版 7 期。

其他定期出版物还有：《电子商务报告》（*Informe de Comercio Electrónico*），主要内容是信息技术服务，包括电子商务、网络银行等，以英文每季度出版 1 期；《美洲》（*BIDAmérica*），是关于拉丁美洲发展问题的论坛性电子刊物，一般情况下以英西双语每周更新 7 次。

美洲开发银行最重要的学术类定期出版物是首席经济学家和

研究处主编的《经济和社会进步报告》(*Informe de Progreso Económico y Social*),每年出版 1 期。每期就某一个中心议题从不同的视角展开全面且深入的分析。近年来该报告涉及的主题有:公共债务、银行体系、公共政策、劳工市场、国际贸易、竞争力等。2008 年《经济和社会进步报告》以《局外人》为题,重点讨论社会排斥问题。

六 宗旨原则和政策主张

(一) 宗旨原则

美洲开发银行的宗旨如其章程所规定,是"协助拉美地区成员国单独地和集体地加快经济发展和社会进步"。为此,美洲开发银行将自己的职能定位为:促进以开发为目的的公共和私营资本的投资;利用自有资本和在金融市场上获得的资金,为成员国的发展提供资金支持,优先考虑那些能够最有效地促进这些国家经济增长的贷款和担保;鼓励私人投资于有利于经济发展的企业和项目,当私人投资不足时补充私人投资;与成员国合作,将其发展政策引导到将资金优化使用与经济更具有互补性、外贸更有秩序增长相结合的轨道上;为各种开发计划和开发项目的准备、筹资和执行提供技术帮助。为了很好地履行这些职能,美洲开发银行承诺将尽可能地和国家、国际组织以及私人投资机构开展合作。

1994 年,美洲开发银行理事会在第 8 次增资条款中重新确立了其项目资助的 4 个重点领域:减少贫困和促进社会公正、保护环境的可持续性增长、国家现代化和地区一体化。为此,美洲开发银行规定:至少 50% 的项目和 40% 的资金将用于旨在促进社会公正和减少贫困的社会计划;将通过直接提供项目资助的方式推动可持续增长，同时将环境因素纳入对贷款项目的考量；在促进国家现代化方面，银行将提供技术合作贷款，以改进司法体制、平衡财政支出、提高政府机构效率和打击腐败；为促进地区一体化，银行将向南方共同市场、中美洲共同市场、加勒比共同体等一些地区组织提供技术支持、人员培训、信息交流等服务。

（二） 发展战略

近年来，美洲开发银行为提高其工作效率，逐步确立了一系列发展战略，形成了完整的战略体系。

1999 年，美洲开发银行确立了其机构战略，以便更好地贯彻章程确立的基本宗旨和董事会的各项指令。机构战略的两项总体目标是：制定和支持旨在巩固经济增长的投资政策和框架；取得更高的人力发展水平，包括被排斥的团体和个人。为实现这两个目标，美洲开发银行将工作重点放在 5 个领域：社会发展、竞争力、地区一体化、国家现代化和环境。2003 年，美洲开发银行为每个重点工作领域制定了详细的战略。

美洲开发银行的部门战略为银行在 25 个不同部门或行业开展业务提供了行动框架。这些部门涉及技术培训、科技、教育、农产品、自然资源、金融、劳工市场、基础设施、减贫等各个领域。

美洲开发银行还针对各成员国的国情和选举周期，制定了国别战略。内容包括经济总体形势评估、美洲开发银行在该国主要部门的发展战略和未来两年的计划。

随着外部环境的变化，美洲开发银行面临更多的挑战，它需要在拉美地区谋求更广泛的影响。为此，美洲开发银行在 2006 年对其组织机构进行调整的同时，也为其未来的行动制定了战略原则，其基本出发点是：明确国家的关注点，加快对银行商业模式的改革，强化在战略领域解决问题的实力。美洲开发银行确定的重点战略领域为：（1）为绝大多数人口扩大机会，包括提供就业机会、提供获得资金和融资的机会、提供接触信息技术的机会，等等；（2）实施有效的社会政策以帮助最贫困的人口，并实现联合国千年发展计划；（3）支持科技的发展，并帮助科技转化为生产力；（4）加大对基础设施的投资以便吸引更多的其他投资，加强国家的竞争力并促进能源整合，加快地区一体化进程；（5）促进私营和非政府担保项目的发展，对此类项目的投入要达到银行总支出的10%以上，这是未来银行工作的重中之重；（6）支持可再生能源的利用，提高能源利用率，支持成员国加入国际碳交易市场；（7）扩大城市及农村地区饮用水和卫生设施的覆盖率。

自2006年起，美洲开发银行还陆续提出了一些新的议案，涉及"大多数人的机会"、可持续能源和气候变化、可饮用水和卫生设施、教育等。以上4个方面和减贫共同成为美洲开发银行未来3~5年的重点工作领域。其中"大多数人的机会"方案旨在推动私人部门参与到创造就业、促进正规经济、开发和生产优质产品的进程中，以提高低收入群体的生活条件。

（三）对拉美重大问题的看法

1. 关于拉美经济改革

美洲开发银行认为，20世纪90年代拉丁美洲地区的经济和社会状况虽然不尽如人意，但其经济改革的成效值得肯定，例如：加速了经济增长、增强了经济的稳定性、恢复了生产率等。改革之所以没有使经济增长率超越历史水平，主要原因是改革进行得不彻底。拉美国家在贸易和金融方面的改革比较深入，对经济增长的作用也最大。未能处理好税收的管理和征收、金融体制缺乏有效的监管、私有化和劳工改革不够彻底，是改革中存在的主要问题。经济改革最大的不足之处在于没能有效地改善劳动力形势，降低贫困水平，但改革不是这些问题的根源。改革之所以没能改善收入分配，是因为教育水平和教育资源分配的不合理。总之，拉美国家如果进一步深化改革，同时改善教育，加速人力资本的积累，就有可能获得持续、稳定的经济增长和社会平等。

2. 关于建立美洲自由贸易区

美洲开发银行认为，在 34 个经济发展水平和利益诉求截然不同的国家之间进行的美洲自由贸易区谈判虽然困难重重，但一旦建立，就有可能成为推动改革和自由化的发动机，也能为那些失去竞争优势的部门提供更多的机会。因此，拉美国家不应放弃建立美洲自由贸易区的计划。在美洲自由贸易区倡议中，市场准入发挥着战略核心作用，是拉美国家最主要的目标。如果在这方面不能获得实质性进展，美洲自由贸易区的好处将大打折扣。目前美国与拉美国家之间签订的一系列双边贸易协定有助于推动美洲自由贸易区进程，但是否能最终建成、建成后的深度和广度如何，均是未知数。

3. 关于拉美国家债务问题

美洲开发银行认为，拉美国家债务增减的最主要原因不是财政赤字，而是汇率、不确定债务和预算外项目的变动。因此，债务结构隐含的风险比债务水平本身更大。为了控制债务风险，拉美国家不仅需要采取谨慎的财政政策，还应改善债务管理，发展国内债券市场。国际金融机构在改善国际金融秩序方面应发挥以下作用：创造快速兑现的流通手段，减轻融资活动突然中断所带来的影响，并避免产生连锁反应；推动拉美国家建立联合储备机制，以提高自我保护战略的效果；促进本币债券和各类新型债券市场的发展。

七　资金来源

美洲开发银行的主要资金来源有三种：（1）成员国认缴的股份，称为普通资金；（2）特别业务资金，由成员国自愿捐助；（3）其他一些基金和外部筹资。

美洲开发银行开业时筹集的资金总额为 10 亿美元，其中 8.5 亿美元属于普通资金，1.5 亿美元属于特别业务资金。拉美国家认缴的资金占普通资金的 58.5%，特别业务资金的 33.3%。① 经过 1964 年、1967 年、1970 年、1976 年、1980 年、1983 年、1990 年和 1995 年 8 次增资后，美洲开发银行目前的资金规模已经超过 1000 亿美元。

普通资金由实缴资金、待缴资金、储备资金和在国际市场上获得的贷款资金等组成。实缴资金只占普通资金的很小一部分。目前，在美洲开发银行 1010 亿美元的普通资金中，实缴资金只占 4.3%。待缴资金只有在美洲开发银行无力支付借款债务时才按需要支付，但实际上此种情况从未发生，因此代缴资金只是作为美洲开发银行在国际资本市场上发行债券的担保。美洲开发银行每年发行的债券为 50 亿~60 亿美元，相当于普通资金支出的 90%。美洲开发银行发行的债务被国际评级机构评为最高的 AAA 级。储备资金主要来源于贷款和投资收入。截至 2007 年，储备资金达到 146 亿美元，其中净收入为 1.34 亿美元。

特别业务资金是针对本地区困难国家或特殊项目的款项，主要用于向海地、玻利维亚、洪都拉斯、圭亚那、尼加拉瓜等 5 个国家减免债务、提供赠款和低息贷款等；也可用于帮助厄瓜多

---

① BID, *Al servicio de algo más que un banco：Enrique V. Iglesias, Presidente del BID* (*1988 - 2005*), 2006, Washington, D. C, p. 15.

尔、萨尔瓦多、危地马拉、巴拉圭和苏里南支付贷款利率。由于海地在减贫方面做出了不懈努力，2007～2009 年每年获得 5000 万美元的赠款。1979 年以前，只有发达国家是特别业务资金的出资者，后来，一些拉美国家也开始为特别业务资金提供可兑换货币。截至 2007 年底，特别业务资金总额达 63 亿美元。

托管基金是美洲开发银行负责管理的约 40 支信托基金和由某个国家或集团创立的托管基金。这些基金一般为国家或地区的技术合作提供融资，但也为一些投资活动提供贷款。虽然按照相关规定，公共和私人机构都可以申请信托基金的资助，但有些基金的资助只针对特定的地区和部门，而且贷款规模也要受到一定的限制。比较大的基金多来自日本、挪威、瑞典、韩国、西班牙、意大利、法国、加拿大、英国和丹麦。为科技合作提供帮助的最大基金是设立于 1988 年的日本特别基金。2000～2004 年，信托基金为拉美国家的技术合作项目提供了约 1.45 亿美元的资金。

除运用自有资金外，银行还通过与双边和多边机构联合筹资的途径筹措资金。主要的合作伙伴是世界银行及其下属的国际金融公司，以及安第斯开发公司。联合筹资的方式通过调动其他多边机构的力量，非常有利于大型项目的融资，而且可以部分或完全取代贷款国的对等资金，特别是那些财政困难的国家。

美洲开发银行不以追求盈利为主要目的，但也会通过资产管理来获得收入，这与其他商业银行的做法是相同的。收入主要用于支付资本市场上的贷款利息、各种管理和行政开支，以及积累储备资金。2006 年，美洲开发银行的管理性开支为 4.66 亿美元。

20 世纪 60～70 年代，美洲开发银行的业务重点是争取欧洲、加拿大和日本等国的资金，使之成为银行资金的主要来源。为了巩固与这些国家的合作，保障资金来源，美洲开发银行于 1971 年修改了章程，使成员国不再限于美洲国家组织范围。美国、加拿大等非本地区成员国为美洲开发银行出资,但并不从银行借款,而拉美和加勒比地区成员国既是银行的筹资者也是借款者。非本地区成员国的加入大大增强了美洲开发银行的多边基础和筹资能力,但并未改变它的地区特点和宗旨。非本地区成员国和本地区成员国共同参与决策,在平等条件下参与为美洲开发银行贷款资助项目提供货物和劳务的投标。

八 主要活动

美洲开发银行的各项活动都有相关政策指导,除了总则以外,各个领域都有各自的政策。银行最主要的业务是为促进拉美地区的经济发展和社会进步而进行的贷款、赠款、投资或担保等活动,其目的在于帮助成员国发展经济、克服困难、抵御疾病、进行科技合作、实现地区经济的一体化。除此之外,美洲开发银行致力于拉美经济和社会问题的研究,为拉美国家的经济和社会发展出谋划策。

当进口替代工业化战略逐渐被拉美国家扬弃时,美洲开发银行在拉美经济发展进程中的作用逐渐显现出来。它不仅从事融资和贷款等金融活动,还以此对拉美国家的经济决策产生影响。特别是 20 世纪 90 年代以来,美洲开发银行在推动私有化、金融开放、美洲自由贸易区、社会发展等方面发挥了重要作用。

经过 50 年的发展,美洲开发银行实现了成立时的定位目标,即"不仅仅是一家银行,而是一个促进地区合作和团结的机构"。首先,它没有将低收入国家拒之门外,反而为其提供优惠待遇;其次,它资助的范围极其广泛,涵盖了教育、农业、矿业、工业、能源、城市建设、中小企业、一体化、自然灾害、出口等多个领域;再次,它的金融产品日趋多样化,已远远超出了一般金融机构所提供的服务项目。此外,美洲开发银行还积极参与讨论各国经济政策和开发计划的制定。在它的带动下，非洲、亚洲和欧洲的洲际开发银行也相继成立。美洲开发银行的运行模式为它们树立了良好的典范。

（一）金融业务

贷款、赠款、投资和担保是美洲开发银行最重要的金融业务。银行资助的绝大部分项目都是通过贷款获得资金；赠款只是在极少数情况下才使用，多为支持小企业发展；当借贷国需要进入国际资本市场时，银行为它们提供担保。美洲开发银行本身不从事投资，也不在任何私人企业中占有股份，但它旗下的多边投资基金会和美洲投资公司在私人部门有投资活动。其中前者主要投资于各种资本投资基金和小额信贷机构；后者主要通过占有股份，投资于中小企业的项目。此外，美洲开发银行还设有 5 个专项基金，对项目筹备进行资助，以便于项目的批准和执行。

1. 贷款

美洲开发银行在其发展过程中，不断调整信贷手段，以适应各借款国的实际需要。在 20 世纪 80 年代中期以前，美洲开发银行主要采取直接为项目提供低息、长期贷款的方式。随着各国经济条件的改变，美洲开发银行在工作中不断总结经验，努力提高创新能力。越来越多的金融手段和工具被开发出来。

按照贷款期限和利率水平划分，美洲开发银行发放的贷款可分为普通业务贷款和特种业务贷款。普通业务贷款来自于银行的普通资金，主要用于向拉美国家的公共和私人机构提供贷款。对公共部门的贷款期限一般为 15 ~ 25 年，利率根据贷款条件定期调整；对私人部门的贷款期限一般为 8 ~ 15 年，可采用固定利率或浮动利率，一般根据市场水平确定。特别业务基金贷款主要用于经济落后国家的长期经济发展项目，条件比较优惠，贷款期限可长达 40 年，其中包括平均年息仅为 0.25% 的 10 年优惠期。

为了使贷款项目的效益最大化，美洲开发银行规定，私营项目的承包必须经过竞争性的投标；对于公共项目，其货物和劳务的价值超过 100 万美元以上的，也必须通过国际投标才能获得承包资格。专业和技术人员的雇用由借款方负责，但最后须经美洲开发银行批准。

1961~2008 年，美洲开发银行向拉美和加勒比国家批准发放的贷款总额达到 1692.66 亿美元，项目总成本高达 3771.77 亿美元；其中普通资金贷款 1489.91 亿美元，特别业务贷款 185.19 亿美元；实际发放的贷款总额为 1464.61 亿美元，其中巴西得到的贷款最多，为 296.58 亿美元，其次是阿根廷和墨西哥。[①] 批准发放的贷款主要用于国家改革和现代化、能源、社会投资、农业和农村发展、交通运输等领域。

按用途划分，美洲开发银行发放的贷款可分为以下几种：

第一，投资贷款，主要用于拉美各国的公共和私人投资项目。具体又分为特别项目贷款、公共工程项目贷款、一揽子信用贷款（即多行业信用贷款）、分期贷款、有条件信用额度、多阶段项目贷款等 11 种。

第二，政策贷款，又称为部门调整贷款，主要为部门性的机构和政策改革提供资助。这类贷款不要求贷款方提供对等资金。

第三，紧急贷款，主要用于帮助成员国克服金融或经济危机、自然灾害和其他突发性灾害。银行为抵御金融或经济危机提供的贷款须符合国际货币基金组织制定的经济稳定计划，并接受其定期审查，最长期限为 18 个月。

---

① BID, *Celebrar el pasado, construir el futuro: cincuenta años de desarrollo en América Latina y el Caribe*, 2009, Washington, D. C, p. 294.

根据 2005~2008 年贷款计划，普通资金中可批准发放的投资贷款和政策贷款分别达到 206 亿美元和 98 亿美元。

可以向美洲开发银行申请贷款的部门包括各级政府和政府部门、国有企业、大学、获得政府担保的非正规组织、4 个次地区性组织（安第斯开发公司、加勒比开发银行、中美洲经济一体化银行和拉普拉塔流域开发基金会）、金融中介机构和私人部门。

根据有关规定，银行可将全部贷款的 10% 发放给私人部门，无须政府担保。2005 年以后，银行对私人部门的扶持力度有所增强。在此之前，银行向私人部门单个项目的注资和担保金额上限为 7500 万美元，而且只限于基础设施建设、能源和资本市场。而调整后的最大贷款规模扩大到 2 亿美元，在特殊情况下可增加到 4 亿美元。制造业、农产品加工业、矿业、旅游业等部门的私人企业都可以向银行申请贷款。对于新建项目，美洲开发银行提供的贷款原则上不超过项目成本的 25%，但对于经济困难国家，这一比重可放宽到 40%；对于扩建项目，银行的贷款可占总成本的 50%。

1960 年，美洲开发银行向玻利维亚矿业部门提供了第一笔 6.15 万美元的技术援助。1961 年，秘鲁获得了美洲开发银行发放的第一笔贷款，用于市政建设。在美洲开发银行成立后的前 5 年，49% 的普通资本贷款发放给了私人部门，51% 发放给了政府和公共部门。到 1970 年，美洲开发银行向拉美国家批准的贷款总额达到 41.02 亿美元，批准项目超过 600 个，主要集中在农业、交通运输、工矿业、电力、市政建设等领域。其中 38% 的贷款来自于银行的普通资金，49% 来自于特别业务资金。这个时期，普通业务贷款的平均年利率为 8%。由于利率偏高，银行的经营受到一些限制。

20 世纪 70~80 年代，美洲开发银行的贷款仍然主要集中在基础设施建设和生产部门，但是社会领域获得的贷款有所增多。1974 年，美洲开发银行年度贷款额首次超过 10 亿美元。到 1976 年，美洲开发银行已累计批准贷款 100 亿美元。1979 年，美洲开发银行年度贷款额首次超过 20 亿美元。到 1981 年，美洲开发银行累计批准的贷款总额达到 200 亿美元，支持建设的项目造价为 800 亿美元。1983 年，美洲开发银行年度贷款额首次超过 30 亿美元。到 1985 年，银行累计批准发放的贷款总额超过了 300 亿美元。

20 世纪 90 年代，美洲开发银行加大了对社会发展、环境保护、灾害治理等项目的资助力度，更多的贷款被用于帮助拉美地区摆脱贫困和保护弱势群体权益方面。经过 10 多年的努力，美洲开发银行向社会领域提供的贷款比重已由 1985～1989 年的 23.8% 增加到 2000～2004 年的 50.5%。同时，贷款的范围由传统的医疗卫生和教育领域扩大到人力资源管理、养老金改革、社会投资基金、有条件的现金转移计划、预防暴力、印第安群体的社会融入、贫困妇女的就业、扶植微型企业等诸多方面。

第 8 次增资后，美洲开发银行的贷款数额进一步扩大。1998 年，银行年度贷款额首次超过 100 亿美元。2002 年以后，美洲开发银行每年提供给拉美国家的贷款总额都超过 60 亿美元。2007 年和 2008 年批准的贷款总额分别达 111.9 亿和 128.4 亿美元。2008 年，为帮助拉美国家应对国际金融危机，美洲开发银行设立了 5 亿美元的专项基金，用以解决成员国的粮食需求问题；另外，还准备了 60 亿美元的信贷资金，以帮助成员国解决金融体系遇到的困难。目前，为了增强对拉美国家的扶持力度，美洲开发银行正着手研究再次增资的可能性。

2. 担保

为了推动拉美地区的投资活动，美洲开发银行为私人金融机构的贷款提供担保。公共部门可以利用美洲开发银行的担保获得期限更长、利率更低的贷款。美洲开发银行的担保分为政治风险担保和信贷担保两种。前者的最高担保额为项目成本的 50%，以 1.5 亿美元为上限；后者的最高担保额为项目成本的 25%，以 2 亿美元为上限。

（二）项目审查、监督和评估

美洲开发银行拥有完善的项目审查、审计、监督和评估机制。多个专门机构负责对资金和项目的审查工作，其中既包括对招投标工作的监督，也包括对项目筹备、执行和完成情况、采购过程、社会及环境影响的监督和评估。这些工作的目的就在于提高银行发展政策的有效性，确保既定目标的实现，为今后的项目提供可参照的依据。

美洲开发银行定期向各拉美成员国派遣工作小组，与当地政府一起审议该国的发展计划和投资项目，帮助审定优先的开发项目，然后向银行管理机构提交报告。对有希望得到贷款的申请者，银行为其可行性研究和准备工作提供技术支持。如果某项贷款申请由于政策因素未被批准，美洲开发银行也要对其进行分析，提出建议。对已批准的贷款，项目的执行要受到美洲开发银行的监督和评估。美洲开发银行的专家负责监督贷款的管理和拨付，还密切追踪项目的日常进展情况。借款者必须定期向银行提交报告，包括财务报表和项目实际进展情况。此外，对于已经进行的项目还要制定详细的采购政策和信息披露政策。

美洲开发银行负责评估工作的部门有两个，一是经理办公室，二是评估和监督办公室。前者主要负责项目的评估和资金使用情况的监督；后者独立于经理办公室，直接对执行董事会负责，主要任务是对银行战略、政策、金融手段进行分析和评估，以保证银行各项目标的履行。

美洲开发银行对批准项目实行外部审计制度。项目执行单位和项目本身的财务状况均被列入审计范围。

美洲开发银行还设有独立调查机构（MII）。凡是受到银行资助项目不利影响的个人和单位都可向这个机构提出投诉，由其负责进行调查并提出整改建议。此外，银行还设有专门机构，负责处理与银行金融活动相关的腐败和舞弊行为。

（三）各个时期的工作重点及重要会议

20 世纪 60~70 年代，美洲开发银行处于创立初期，它的主要工作是吸收成员国，增加资金，并支持和创立了一些地区性机构。在这一阶段，美洲开发银行经历了 4 次增资，资本金充足。这使得它的资助不仅成为拉美农业发展的最重要工具，也有力地促进了道路、管道、电力、学校和住房等基础设施建设。在美洲开发银行的支持下，拉美自由贸易协会（后更名为拉美一体化协会）和中美洲经济一体化银行于 1960 年和 1961 年相继成立。

这一时期，美洲开发银行不仅与地区内的一些组织，如美洲农业合作协会、泛美卫生组织开展合作，而且积极与西方工业化国家接触，吸收它们成为成员国。1977 年，美洲开发银行的年度报告指出工业化国家和拉美国家应确定一个共同战略以巩固拉美的经济发展。因此，两个集团应在基本商品、拉美制成品进入市场以及公私资金调拨和外资捐助三个方面达成共同战略。美洲开发银行认为拉美国家已达到的工业化程度以及这一地区的庞大资源使它们可以同先进国家合作，来应对通货膨胀和保护自己的经济制度。

20 世纪 80~90 年代初，美洲开发银行将工作重心转移到债务问题、环境和科技发展领域，同时继续支持基础设施建设。1980 年，美洲开发银行决定今后至少 50% 的贷款将被给予低收入国家。1981 年 4 月，美洲开发银行在马德里举行了第 2 次行长会议，指出该机构今后将重点向食品与能源两大行业提供信贷支持。1982 年 3 月，美洲开发银行第 23 届年会在哥伦比亚举行，会议讨论了世界及地区经济形势以及美洲开发银行今后的贷款及援款分配比例问题，决定对中美洲国家予以帮助。1983 年，美洲开发银行成立了环境委员会。1984 年 3 月，美洲开发银行第 25 届年会在乌拉圭召开，会议对如何解决拉美地区面临的3300 多亿外债问题进行了讨论。1986 年 3 月，美洲开发银行第27 届年会在哥斯达黎加首都圣何塞举行。会议期间共签署了向 9个拉美国家和 1 个地区性组织提供总额达 5 亿多美元的 16 项贷款合同和 1 项技术合作协定，同时还签署并批准了成立美洲投资公司的协议，以便向拉美地区私人企业提供融资支持。1991 年 4月，美洲开发银行第 32 届年会在日本的名古屋召开，会议呼吁发达国家为解决中南美国家的债务问题作出努力。年会发表通告，称债权银行与巴西就该国拖欠的约 80 亿美元外债已达成协议。1992 年 11 月，美洲开发银行向日本以外的资本市场公开发行价值 500 亿日元的债券，期限为 5 年，年息 4.5%，发行债券的收入用于补充银行资本金，以帮助该行的拉美及加勒比成员的经济发展。

20 世纪 90 年代中期以后，随着资金规模的扩大，美洲开发银行在经济发展之外，也愈发关注拉美社会的发展，进一步将扶贫、性别平等、市民社会、中小企业、文化、青年、印第安人权益、信息技术、劳工市场、城市化、公共安全、减灾等问题纳入到优先考虑的工作范畴中。1993 年 6 月，美洲开发银行召开董事会决定大幅增加对拉美国家的社会项目贷款，以改善该地区的教育、卫生及妇幼事业。同时，美洲开发银行更多地将环境保护问题纳入自己的议程。1990～2004 年，美洲开发银行对环保项目的贷款超过了 110 亿美元。这个时期，一体化问题也成为美洲开发银行的工作重点。1994 年美洲首脑会议通过了建立美洲自由区的倡议之后，美洲开发银行为该地区一体化工作的推进提供了大量帮助和支持。对于发生在 20 世纪 90 年代中后期和 21 世纪初的几次经济和金融危机，美洲开发银行也伸出援手，为相关国家的金融机构和社会计划注资。

1994 年 4 月，美洲开发银行在墨西哥瓜达拉哈拉举行的第 35 届年会决定进行第 8 次普遍增资工作。拉美地区成员国决定将其部分表决权让给日本和欧洲国家，以换取这些国家更多的资金。增资后，美国、加拿大、拉美分别让出 4.627%、0.374% 和 3.863% 的股份，从而使非美洲国家的股份由原来 7.132% 提高到 15.996%。但美国仍是最大的单个股东，拥有 30% 的投票权。美洲其他国家则拥有 54% 的投票权。增资的目的是为了向有利于社会和谐发展的项目提供更多的资金。

1996 年 3 月，美洲开发银行在布宜诺斯艾利斯举行第 37 届年会。各国代表认为拉美国家 1995 年从美洲开发银行获得的大量资金应该用于生产性投资和解决当前所面临的最紧迫的社会问题，而不能用来平衡日常收支项目。会议认为，外来资金应重点用于有利于经济发展的基础设施项目。会议决定今后将合理地发放贷款，并更多地照顾最贫穷的成员国。同月，美洲开发银行宣布该行发行总额为 10 亿美元的全球债券，期限为 10 年，其筹集资金将纳入美洲开发银行的普通资金，用于资助拉美和加勒比成员国的经济和社会发展。这是该行首次发行此类债券。

1997 年 3 月，在西班牙巴塞罗那举行的第 38 届年会上，伊格莱西亚斯行长对拉美经济改革作出了积极评价。应最贫穷国家的要求，会议决定在扩大资金（即第 8 次普遍增资）的情况下，向这些国家提供的贷款在贷款总额中的比重由原来的 25% 提高到 35%。此外，大会还就筹措特别业务资金问题进行了磋商，以便为拉美地区贫困国家的发展提供"软"贷款。

1998 年 3 月，美洲开发银行在哥伦比亚卡塔赫纳举行第 39

届年会。会议分析了亚洲金融危机的影响，指出拉美是一个对外国投资具有吸引力的地区，但仍然需要尽快深化经济和结构改革，以促进地区的发展。会议期间，美洲开发银行签署了 20 多个价值 12 亿美元的协议和 1.3 亿美元的技术合作协定，设立了由 16 个国家捐助的 8000 万美元的农牧业基金。银行将通过融资方式参与减轻玻利维亚和圭亚那外债的计划，并将帮助秘鲁、玻利维亚和厄瓜多尔等国解决因厄尔尼诺现象所带来许多紧迫问题。美洲开发银行领导人决定成立两个工作小组以研究建立一项解决最贫困国家需求的基金和确定美洲开发银行未来作用等两个基本问题。

2002 年 3 月，美洲开发银行第 43 届年会在巴西召开，会议通过建立一项 60 亿美元的专项贷款议案，用于向遭遇金融危机的国家提供紧急援助。本届年会还通过了 2002～2004 年度总额达 260 亿美元的贷款，其中 160 亿美元用于社会发展项目。

2004 年 3 月，美洲开发银行第 45 届年会在秘鲁首都利马举行。会议发表了《利马宪章》，呼吁地区各国抓住经济增长机遇，加强团结合作，不断加大投资力度，共同推动政治、经济和社会的全面进步。《利马宪章》强调，在基础设施建设方面，拉美各国不但要进一步增加财政投入，还应重视吸收私人资本，以拓展资金来源。另外，要求国际货币基金组织也给予相应的资金支持。

2005 年 4 月，美洲开发银行在日本冲绳举行了第 46 届年会。会议呼吁各国深化经济改革，稳定宏观经济，推动地区经济、社会发展和一体化进程，消除贫困和地区不平衡。大会通过了 2005～2008 年度总额为 380 亿美元的新贷款框架文件，同意实行灵活的贷款条件，推动内部改革。

2006 年 3 月，美洲开发银行第 47 届年会在巴西举行。会议虽然没有通过任何重要决议，但却开了大型国际会议主办方购买

"碳减排"指标的先河。因会议期间与会人员的交通和食宿会增加主办城市二氧化碳等温室气体的排放量，美洲开发银行决定为会议购买"碳减排"指标，也就是为会议产生的污染给予巴西政府补偿。此次销售"碳减排"指标所获得的资金将通过巴西一个非政府组织资助亚马孙地区的环保项目，以帮助巴西减少温室气体排放量。

2007年3月，美洲开发银行在危地马拉首都危地马拉城召开第48届年会，主要议题是"消除贫困"和"实现机会均等"。与会代表承诺将大力消除拉美地区的贫困问题，让更多的人从经济增长中获益。会议决定取消玻利维亚等5个经济困难国家总计34亿美元的债务和10亿美元的利息负担。

2009年3月，美洲开发银行在哥伦比亚麦德林举行第50届年会，并迎来50周年华诞。在全球性金融危机的大背景下，一个由多位著名经济学家组成的咨询委员会在会前向美洲开发银行递交了一份报告，建议其将资金从现有的1000亿美元增加至2800亿美元。因此，是否通过增资来应对国际金融危机成为本届年会的一个主要议题。

（四）研究

美洲开发银行开展研究工作的主要目的是为银行的贷款和融资活动提供必要的信息支持和依据，并为拉美各国政府制定政策提供指导和参考。银行成立后，定期发布各类统计数据，逐渐建立起完善的统计系统和指标体系。目前共有9个数据库，可提供1000多项统计数据，涉及宏观经济、国际贸易、金融、一体化、居民生活水平、劳动力市场、社会发展等。

美洲开发银行的研究工作和学术活动主要围绕以下三个目标开展：（1）战略和政策。指研究工作应有助于美洲开发银行和拉美各国制定战略、政策和经营方向。（2）分析和评估。指评估活动应有助于银行分析和验证所资助的项目、开发目标、战略、政策、公司计划和预算收益，使股东掌握有关银行效益方面的信息，并提供值得借鉴的经验。（3）知识创新和传播。指研究工作不仅应起到为拉美各国提供信息和咨询的作用，还要为将来的分析奠定基础，同时包括对行政管理人员的培训和技术支持。

围绕着以上三大目标，美洲开发银行每年都要组织和举办几十次大大小小的国际会议和论坛。其中既有政府间会议，也有学术研讨会。

1999 年，美洲开发银行为推动和深化拉美和加勒比国家之间的对话，促进经验交流，以应对全球化的挑战和加快地区合作进程，创办了地区政治对话网。它通过举办各种会议的方式，为各国之间思想观点、经验教训的深入交流提供了一个有益的平台，也为政府官员间的对话创造了机会。目前，对话网共建立了8 个对话领域：贸易和一体化、贫困和社会保护、教育和人力资源培养、宏观经济政策和金融政策、公共政策的管理和透明度、自然灾害防治、环境、科学技术和创新。

美洲开发银行自身的研究工作主要由创办于 1994 年的首席经济学家和研究处（RES）来承担，其前身是首席经济学家办公室。目前，首席经济学家和研究处拥有一支学术造诣深厚、经验丰富的研究人员队伍，由 18 名经济学家和 16 名助理研究人员组成。哥伦比亚学者爱德华多·洛拉（Eduardo Lora）担任首席经济学家兼临时处长。此外，研究处还外聘了 12 名专家，他们均来自美国知名大学。

作为美洲开发银行最主要的研究力量，首席经济学家和研究处的任务是对拉美地区的重大问题进行比较研究，使更多创新的知识能够对各成员国的战略决策产生影响，帮助它们获得可持续和平等发展。研究范围集中在与经济和发展密切相关的问题上，研究专长主要体现在以下 5 个方面：（1）金融危机和宏观经济的不稳定性；（2）预算制度和财政政策；（3）拉美结构性改革的影响；（4）就业；（5）贫困和收入分配不均。

首席经济学家和研究处每年进行的学术活动包括：对本地区感兴趣的发展问题进行比较研究；支持和帮助各国研究机构的研究工作；每年出版一份专题性的社会经济比较分析报告——《经济和社会进步报告》（IPES）；协调和组织一个由各国中央银行和财政部参加的高级论坛，商讨宏观经济战略和金融管理问题；协调和组织一个由各国资本市场管理机构参加的论坛，以推动宏观经济和金融方面的思想交流；组织各国劳动部开展对劳工市场的讨论和相关活动；通过战略对话和咨询活动为各国政府提供帮助；管理和实施与地区发展相关的研究课题，重点研究领域集中在宏观经济与贸易、金融、劳工市场、贫困和收入分配、国家和机构改革、人口和国内经济、社会服务等 7 个方面；向学术界和决策者推广研究成果。

首席经济学家和研究处的定期出版物除《经济和社会进步报告》以外，还有简报《美洲发展思想》、电子版的《美洲发展思想号外》，以及用图表形式反映 7 个拉美主要国家劳动力市场形势的《劳工指南》。其他科研成果包括学术著作、工作论文、会议资料、数据库等。其中每年撰写的工作论文有 50 篇左右。

除了首席经济学家和研究处以外，美洲开发银行其他各部门根据各自主管事务和项目的需要，也均开展了不同形式、不同内容的研究活动，包括举办研讨会、讲座、培训等。研究成果以书籍、研究报告、统计数据、工作论文、信息简报、专题报告、会议资料汇编等多种形式体现。美洲开发银行每年出版的学术论著约为 20 部。2000~2007 年，以英语和西班牙语出版的学术论著共计 170 余部，工作论文近 1700 篇。研究内容涉及农业和农村发展、供水和环境卫生、文化、私营部门发展和竞争力、社会发

展和贫困、城市发展、教育、能源、伦理、金融、管理、政府和
公共机关、社会融入和平等、儿童和青少年、一体化和贸易、宏
观经济、环境和自然资源、健康、市民社会、信息技术和通信、
劳动和培训、运输等诸多主题。

九　对外关系

（一）与其他国际组织和机构的关系

美 洲开发银行从成立伊始，就一直很注重同地区内外的
国家和国际机构进行交流与合作。

美洲开发银行同国际货币基金组织和世界银行之间的联系较
为紧密。特别是在第 7 次增资后，美洲开发银行与这两个国际金
融机构之间的合作得到了进一步的加强。它们共同出资帮助拉美
和加勒比地区发展经济、进行社会改革和技术交流。另外，美洲
开发银行同拉美其他地区性金融机构也建立了广泛的合作关系，
包括安第斯开发公司、加勒比开发银行、中美洲经济一体化银行
等。早在 1976 年，美洲开发银行就创办了一个论坛，号召多边
金融机构的领导人在世界银行和国际货币基金组织的年会期间举
行非正式的会晤，进行思想交流。1989 年，美洲开发银行作为
东道主，组织召开了国际金融机构领导人第一次年会。此后，
多边金融机构和开发银行之间的信息交流逐渐成为未成文的惯
例。

美洲开发银行与联合国、美洲国家组织及其下属机构也保
持着友好关系。美洲开发银行在联合国大会和联合国经济及社
会理事会享有观察员地位，同联合国拉美经委会、联合国开发
计划署等联合国系统下的组织签订了工作安排或谅解备忘录，
对联合国提出的"千年目标"给予充分肯定和支持。此外，美

洲开发银行与国际农业发展基金、世界粮农组织、世界卫生组织等联合国专门机构也开展了密切合作。过去 50 多年来，美洲开发银行利用各国际机构提供的专门信息，进行了大量贷款发放和技术合作赠款业务。

美洲开发银行还不断吸收新的非本地区的成员国，从这些国家吸收资金以促进拉美和加勒比地区的发展，也因此同许多欧亚国家建立了良好的合作关系。美洲开发银行同这些国家的政府保持交流和对话，一方面争取它们的资金支持，另一方面也促使它们更加关注本地区的发展问题。作为美洲开发银行的成员国，这些国家不仅能够借此加强与整个拉美地区的经济联系，而且也可以参与银行资助项目的招投标活动，并因此获得比单纯的双边协定更多的利益。在美洲开发银行第 47 届年会上，莫雷诺行长表示欢迎中国和印度早日成为美洲开发银行的成员国。

在对外学术交流方面，美洲开发银行通过研究课题和学术交流网，与成员国的大学、研究中心和其他学术机构保持密切联系。为了加强与教育部门的合作，美洲开发银行为那些有意了解银行工作和积累工作经验的大学生提供寒暑假实习的机会。另外，在日本政府的资助下，美洲开发银行还开展了向有借贷权的成员国大学生提供硕士奖学金的计划。受助者可到成员国的任意大学攻读硕士学位。美洲开发银行首席经济学家和研究处积极开展对外合作，目前共管理着 7 个地区性的学术交流网。其中最主要的有 3 个：拉美中央银行和财政部网、拉美和加勒比研究中心网和拉美金融网。

（二）与中国的关系

从 1991 年起，中国应邀以观察员身份参加了美洲开发银行的历届年会。1993 年 9 月，国务院副总理兼中国人民银行行长朱镕基代表中国政府正式向美洲开发银行提出加入该行的申请。1994 年 2 月，伊格莱西亚斯行长应邀访华。1995 年 9 月，美洲开发银行副行长博塞德女士率团出席了在北京举行的第 4 次世界妇女大会，并与中国人民银行负责人进行了会谈。

2004 年 3 月，黄菊副总理致函伊格莱西亚斯行长，重申中国人民银行加入美洲开发银行的申请。2004 年 5 月和 2005 年 4 月，伊格莱西亚斯两次应邀访华，周文重副外长和杨洁篪副外长分别会见。2007 年 3 月，在美洲开发银行第 48 届年会期间，中国人民银行行长周小川同美洲开发银行行长莫雷诺签署了谅解备忘录，为中国加入美洲开发银行的谈判建立了正式框架。2008 年 10 月，中国被批准正式加入美洲开发银行，成为它的第 48 个成员国。莫雷诺行长访华，杨洁篪外长和周小川行长分别会见。根据相关协议，中国将向美洲开发银行提供 3.5 亿美元资金，获得 0.004% 的投票权，并在执行董事会拥有代表席位。2009 年 3 月，中国首次以正式成员国身份参加了美洲开发银行第 50 届年会。中国国家开发银行和中国进出口银行在年会期间分别与美洲开发银行签署了合作备忘录，其中中国国家开发银行从美洲开发银行获得了总额超过 300 亿美元的合作清单。

随着中国经济的崛起，美洲开发银行对中国的研究从 2004 年起逐渐活跃起来，一批关于中国问题的工作论文相继发表，仅 2004 年就达到 13 篇。

2005 年 3 月，首席经济学家和研究处出版了题为《中国的崛起：对拉丁美洲和加勒比的机遇和挑战》的学术专著，对中国近年来的政策和形势进行了全面总结，并与拉美的情况进行了对比。书中分析了中国竞争力提升背后的因素和中国崛起对拉美发展的战略意义，提出拉美面对中国的成功应该重新制定发展战略。

　　2005 年 5 月，爱德华多·洛拉发表了题为《拉丁美洲应该惧怕中国吗?》的工作论文，文章对中国与拉美的增长条件进行了对比，指出中国的强大包括经济规模的扩大、宏观经济的稳定、大量低成本的劳动力、基础设施的快速完善和创新能力的增强，认为中国的不足之处是国家还没有和市场完全分离。

第十二章

拉丁美洲一体化协会

拉丁美洲一体化协会（以下简称"拉美一体化协会"或"协会"）是拉美和加勒比地区规模最大的政府间经济合作组织。它脱胎于拉丁美洲自由贸易协会，是世界上历史最悠久的地区一体化组织之一。它遵循协调一致、灵活性和区别对待的原则，努力促进成员国相互间贸易，扩大区域内部出口贸易市场，发展区域内部经济合作，在双边和多边合作的框架下推动地区经济一体化进程，最终目标是建立一个拉美共同市场。

一　成立背景和经过

20世纪50年代，随着进口替代战略的实施，拉美各国的工业化进程取得了长足发展，但大多数国家都受制于国内市场规模狭小和出口渠道不畅，因而寄希望于扩大地区内部的经贸合作与交流。联合国拉美经委会主张拉美各国通过实现经济一体化以获得更为广阔和稳定的市场，同时发挥规模经济的效益，改善生产结构和提高产品竞争力，在区域外部共同筑起一道保护自身工业化进程的屏障。

阿根廷、巴西、乌拉圭和智利在拉美地区属于工业发展水平较高的国家，它们之间一直保持着比较密切的经贸关系。在第二次世界大战结束之后的一段时间里，上述四国的贸易额占拉美地区内部贸易总额的一半以上，主要贸易产品是小麦、肉类、水果等农产品。为保护本国利益，四国曾多次针对对方产品征收高额关税，设置一系列壁垒，对贸易涉及的外汇进行管制。为缓解矛盾，它们希望签订一项既符合《关贸总协定》要求、又符合自身利益的地区性贸易合作协定。1958 年 8 月，四国在智利举行专家会议，围绕成立次地区自由贸易区展开讨论。与会者认为必须迅速采取有力措施，建立一个地区性优惠关税体系。1959 年 4 月，四国再次在智利举行专家会议，草拟一份有关在拉美南部建立自由贸易区的详细计划。计划认为，实现四国互惠贸易的最佳途径就是建立自由贸易区，并欢迎其他拉美国家加入；成员国将展开多轮谈判，相互之间逐步取消关税以及其他贸易限制；允许成员国为保护其关键产业或政府特别扶持产业而对一些产品实行进口限制。一个贸易与支付委员会将负责领导自由贸易区的发展进程。此后，玻利维亚、巴拉圭、秘鲁、墨西哥和委内瑞拉受邀参与对该计划的商讨。

1960 年 2 月，阿根廷、巴西、智利、墨西哥、巴拉圭、秘鲁和乌拉圭的政府代表在乌拉圭签订《蒙得维的亚条约（1960）》。该条约的签署是拉美一体化进程中的里程碑，标志着拉美地区一体化思想从理论转变为现实，拉美国家迈出了合作谋发展的重要一步。拉丁美洲自由贸易协会（ALALC）在同年 6 月宣告正式成立。哥伦比亚、厄瓜多尔、委内瑞拉和玻利维亚相继加入其中。协会希望用 12 年时间，通过多边协商逐步降低关税和清除贸易壁垒，在 1973 年建成一个囊括所有成员国在内的自由贸易区，最终目标是创建一个地区共同市场。

在协会成立之后的一段时期里，成员国之间的贸易取得了较快增长。各成员国用于协会内部贸易的商品种类逐渐多样化，一些非传统产品的出口不断扩大。协会对工业生产、金融政策、财政政策等领域的协调与合作进行了初步探讨。但是，各成员国在如何平等分享一体化成果方面一直存在巨大分歧。协会各成员国的幅员、人口规模、经济发展水平参差不齐，从一体化进程受益的程度也各不相同。阿根廷、巴西和墨西哥占协会内部贸易额的比例越来越高，并在与中小成员国的贸易中享有较大顺差。后者很快发现，协会单纯削减关税的做法仅仅有利于大成员国。它们认为，由于协会各成员国在经济规模、工业化水平、科技能力等方面存在较为悬殊的差别，一体化进程所产生的收益未能以均衡的方式进行分配，甚至担心自己沦为大成员国的原料供应国和产品销售地。位于安第斯地区的玻利维亚、智利、哥伦比亚、厄瓜多尔和秘鲁同属拉美中小国家，希望在《蒙得维的亚条约（1960）》确立的框架内首先加强安第斯次地区的一体化，因而在 1969 年签订了《卡塔赫纳协定》，成立安第斯集团（后更名为安第斯共同体）。这是使拉美自由贸易协会趋于灵活化的首个尝试。

　　20 世纪 70 年代，拉美自由贸易协会的一体化进程陷入停滞状态。协会只是每年举行例会，实质性谈判很少。各成员国把关注重点投向本国的经济发展计划，使分阶段降低进口关税的任务难以落实；成员国之间在政治、军事、外交关系方面产生重重矛盾，阿根廷和巴西两国之间的矛盾尤其尖锐。

　　为改变一体化进程的停滞局面，拉美自由贸易协会在 1979 年启动改组协会的筹备工作。1980 年 3 月，协会成员国在委内瑞拉举行会议，讨论对拉美自由贸易协会的改组工作，目的是制定一项新的、更具灵活性的一体化计划，以取代即将于当年年底到期的《蒙得维的亚条约（1960）》。1980 年 6 月，拉美自由贸易协会的 11 个成员国在墨西哥的阿卡普尔科举行特别会议，通过新《蒙得维的亚条约》草案，决定把拉美自由贸易协会转变为拉美一体化协会。协会实际上是要放弃成员国步调一致建成自由贸易区的做法，允许成员国开展多边或双边合作，通过建立与地区现实相适应的目标和灵活合作机制，使协会内部的一体化进程摆脱停滞状态。

1980 年 8 月 12 日，11 个成员国的代表在乌拉圭签署《蒙得维的亚条约（1980）》，拉美一体化协会在当天宣告正式成立，并于 1981 年 3 月正式开始运转。

二 成员

截至 2009 年，拉美一体化协会有 13 个成员国，包括：阿根廷、玻利维亚、巴西、智利、哥伦比亚、古巴、厄瓜多尔、墨西哥、巴拿马、巴拉圭、秘鲁、乌拉圭和委内瑞拉。成员国（不包括巴拿马）总面积为 2000 万平方千米，人口达 5 亿（2007）；2007 年 GDP 约为 2.44 万亿美元，人均 GDP 达到 4875 美元；2007 年进出口总额分别达到 6205 亿美元和 7052 亿美元。①

拉美一体化协会有 16 个观察员国，包括：中国、韩国、日本、哥斯达黎加、萨尔瓦多、危地马拉、洪都拉斯、尼加拉瓜、多米尼加、西班牙、意大利、葡萄牙、罗马尼亚、俄罗斯、瑞士和乌克兰；10 个观察员机构，包括：联合国拉丁美洲和加勒比经济委员会、美洲国家组织、美洲开发银行、联合国开发计划署、欧洲联盟、拉丁美洲经济体系、安第斯开发公司、泛美农业合作学会和泛美卫生组织/世界卫生组织、伊比利亚美洲首脑会议常设秘书处。

---

① http：//www. aladi. org/nsfaladi/indicado. nsf/vvindicadoresweb/ALADI

三　组织机构

部长理事会是拉美一体化协会的最高决策机构，由各成员国的外交部长（或者负责一体化事务的部长或国务秘书）组成。其会议由代表委员会负责安排与召集。部长理事会的主要职责有：根据拉美一体化协会的宗旨颁布规章制度；审查本组织各项任务的成果；依据《蒙得维的亚条约（1980）》第 33 款的规定，在多边领域采行调整性措施；制定供本组织机构在履行职责的过程中遵循的指导方针；就发展本组织与本地区其他一体化组织或机构的关系制定基本准则；审查与修正有关本组织与其他发展中国家合作以及经济一体化各领域的基本规则；对本组织其他机构提出的问题进行审查和决断；授权本组织其他机构就某一具体事务进行处置；接受新成员国；批准对《蒙得维的亚条约（1980）》进行修改；任命秘书长；批准理事会自身的程序规则。部长理事会第 1 次会议于 1983 年 11 月召开。

评估与趋同大会（也译作"评估与汇总大会"）由各成员国政府指派的全权代表组成，每三年召开一次例会，必要时可召开特别会议。其主要职责有：审查一体化各个领域的运转状况，以及个别成员国之间协定通过多边化实现的汇聚程度，就多边领域的调整措施向部长理事会提出建议；推动各成员国在经济一体化领域采取更大范围的行动；定期审查"区别待遇"的贯彻情况；对扶持欠发达成员国发展的各项制度进行评估，并采行调整措施以便使其更具功效；进行多边谈判，确定和深化地区关税优惠待遇；推动本组织地区层面协定的协商和缔结；完成部长理事会交付的任务；将适宜的研究任务委托秘书处完成；批准大会自身的程序规则。

代表委员会是拉美一体化协会的常设政治机构，由成员国派遣一名有投票权的常驻代表和一名轮值代表组成。代表委员会设一名主席和两名副主席。代表委员会的主要职责有：推动各成员国缔结地区层面的协定；批准有关贯彻《蒙得维的亚条约（1980）》及其补充规则的必要措施；对《蒙得维的亚条约（1980）》进行调整；完成部长理事会和评估与趋同大会交付的任务；批准拉美一体化协会的年度工作计划以及年度预算；确定每一个成员国的会费；根据秘书长的建议调整秘书处的结构；召集部长理事会会议和评估与趋同大会会议；向部长理事会和评估与趋同大会提交建议；向部长理事会递交工作报告；对成员国不遵守《蒙得维的亚条约（1980）》规定的行为提出解决方案；对个别成员国之间签订的协定进行评估；设立辅助机构；批准委员会自身的程序规则。

代表委员会根据《蒙得维的亚条约（1980）》的规定，建立了以下带有咨询、顾问性质的辅助机构：金融和货币事务理事会、金融和货币事务咨询委员会、各国海关负责人会议、预算委员会、贸易促进运输理事会、出口融资咨询理事会、旅游理事会、企业咨询理事会、商品目录咨询委员会、产业理事会、劳工咨询理事会、海关估价咨询委员会、海关事务咨询理事会。这些机构由成员国负责一体化政策的官员和不同行业的代表组成。

2001年，代表委员会通过决议，决定根据需要成立一批工作小组，协助代表委员会的工作。自2006年起，工作小组陆续成立。

秘书处是拉美一体化协会的技术性机构，由技术和行政管理人员组成。秘书长由部长理事会任命，任期3年，可连选连任一次。秘书处在履行职责时需充分保持其国际性，不应接受任何政府或国际组织的指令。秘书处的主要职责有：通过代表委员会向本组织的各个机构递交建议，以便使其宗旨和职责得到更充分履行；在国际经济组织层面代表拉美一体化协会；管理本组织的资产；向成员国提供系统的外贸统计数据；定期评估本组织一体化进程，跟踪本组织的各项活动的进展；制定本组织的年度财政预算，供代表委员会批准；制定本组织年度工作计划，并提交代表委员会。秘书处位于乌拉圭首都蒙得维的亚，正式工作语言为西班牙语和葡萄牙语。

四　主要领导人

拉美一体化协会最近 3 任秘书长分别是乌拉圭人迪蒂尔·奥佩蒂·巴丹（Didier Opertti Badán，2005 年 3 月~2008 年 3 月）、巴拉圭人乌戈·萨吉尔·卡瓦耶罗（Hugo Saguier Caballero，2008 年 3 月~2009 年 8 月）和巴拉圭人何塞·菲利克斯·费尔南德斯（José Félix Fernández Estigarribia，2009 年 8 月上任）。

迪蒂尔·奥佩蒂·巴丹，1937 年生于乌拉圭首都蒙得维的亚。法学和社会科学博士，国际私法专家，具有在多家国际机构工作的丰富经历。曾在乌拉圭共和国大学任教，并为美洲国家组织、海牙国际法学院等机构工作，被多个拉美国家的知名高校聘为客座教授。曾长期从事律师工作，是乌拉圭国际法协会的创始人。20 世纪 80 年代中期开始从事外交工作，1988~1993 年担任乌拉圭驻美洲国家组织大使，1995~1998 年担任乌拉圭内政部长，1998~2005 年，担任乌拉圭外交部长，1998 年曾当选为第 53 届联合国大会主席。

何塞·菲利克斯·费尔南德斯，是国际法专家，曾任巴拉圭驻墨西哥、危地马拉、多米尼加和联合国大使、外交部长等职，并曾在多所大学任教。

五 出版物

《拉美一体化协会纪要》（*Cuadernos de ALADI*），2002年创刊，主要介绍与一体化进程密切相关的各种贸易惯例。《对外贸易数据电子简报》（*Boletín Electrónico Comercio Exterior en Cifras*），2007 年由拉美一体化协会秘书处创办，不定期出版，主要提供成员国对外贸易统计和分析数据。

六 宗旨原则和政策主张

（一）基本宗旨和原则

《蒙得维的亚条约（1980）》的缔约国承诺参与地区一体化进程，建立各项与本地区相适应的一体化机制；逐步消除成员国之间的贸易障碍，推动拉美人民之间的团结与合作，推动整个地区实现均衡和谐的经济和社会发展，提高当地人民的生活水平；建立经济优惠区，在此基础上通过稳步推进的方式建立拉美共同市场。[①]

在实现最终目标的过程中，拉美一体化协会的成员国将遵循以下原则：第一，多元性。各成员国愿意在超越政治和经济领域分歧的基础上实现一体化。第二，汇聚性。在着眼于建立拉美共同市场的基础上，通过成员国之间的定期协商，使个别成员国之间的协定逐步多边化。第三，灵活性。允许在个别成员国之间缔结贸易、贸易促进、农业、经济互补等协定，前提是这些协定能

---

① http://www.aladi.org/nsfaladi/preguntasfrecuentes.nsf/5094e65262960d6d0325 6ebe00601b70/f230444052ed859803256ee00046e6f0? OpenDocument

够逐步实现汇合并加强地区一体化进程。第四，区别待遇。根据具体情况，较发达成员国、中等发达成员国和欠发达成员国享受不同待遇。第五，多样性。在遵循一体化进程的目标和义务的前提下，允许在成员国之间缔结各种形式的协定，使用一切能够在地区层面活跃和扩大市场的手段。

（二）《蒙得维的亚条约（1960）》与《蒙得维的亚条约（1980）》

《蒙得维的亚条约（1960）》是拉美一体化协会的前身——拉美自由贸易协会的基本法律框架和行动纲领，反映了当时该组织的主要一体化战略思想。它为协会确立了两大基本原则：

第一，互惠原则。条约规定，成员国彼此提供并享受一致的特许权；享有贸易结算盈余的成员国应当适当增加进口，以保持成员国之间的贸易平衡；对农业做出保留规定，使其不会因贸易开放而受到冲击。

第二，最惠国原则。条约规定，任一成员国向某一成员国或第三方国家提供的任何贸易优惠都将自动惠及协会的其他所有成员国。

协会推动贸易自由化的主要机制包括制定自由贸易计划、签署工业补充协定、协调经济政策、加强财政金融合作、为欠发达成员国提供优惠、举行关税减让谈判等。协会的关税减让包括3个基本货单：第一，每个成员国的"本国货单"。在协会范围内，货单内的商品只被征收较低关税，并以最惠国条款的方式在协会中形成多边互惠，谈判周期为一年，关税减让幅度不低于成员国从地区外进口商品平均关税的8%。第二，适用于各成员国的"共同货单"。货单内容包括协会所有成员国都大规模生产的不征税商品和不受数量限制商品。这些商品经过4个阶段的关税减让，最终在协会内部实现完全的自由流通。谈判周期为一年，关税减让幅度占区域贸易总额的25%。第三，用于优惠欠发达成员国的"专门货单"。货单适用于由欠发达成员国生产的、应当完全或部分免税的一些商品。

1980年，拉美自由贸易协会的成员国代表签署《蒙得维的亚条约（1980）》，宣告拉美一体化协会诞生。拉美一体化协会与拉美自由贸易协会保持着一定的连续性，两者的最终目标都是建立囊括所有成员国在内的拉美共同市场。不过，《蒙得维的亚条约（1980）》对一体化进程做出了调整。第一，它用关税优惠区取代了多边贸易自由化计划及建立自由贸易区的辅助机制。关税优惠区被视为建立地区共同市场的过渡环节，包含下列合作机制：地区性关税优惠待遇、全体成员国之间的合作协定和个别成员国之间的合作协定。第二，《蒙得维的亚条约（1960）》的浓厚商业色彩得到淡化，拉美一体化协会将同时发挥三种作用：推动和管理成员国之间的互惠贸易、实现成员国之间的经济互补和发展成员国之间的经济合作。第三，在《蒙得维的亚条约（1960）》给予欠发达成员国一定的优惠待遇的基础上，《蒙得维的亚条约（1980）》建立起一套扶持欠发达成员国的完整制度；同时确定"中等发达成员国"的范围，以便适用"区别待遇"原则。第四，与拉美自由贸易协会相比，拉美一体化协会具有更高的开放性。它欢迎所有的拉美国家加入其中，同意其成员国与地区外国家开展贸易活动，也愿意与其他发展中国家进行平等合作。第五，《蒙得维的亚条约（1980）》确定了多元性、汇聚性、灵活性、区别待遇和多样性五大原则，在不预先设定时间表的情况下使一体化进程逐步走向深化；而《蒙得维的亚条约（1960）》强调多边主义和互惠原则，其贸易自由化规则比较僵硬。

部长理事会在1980年通过9项重要决议，使之与《蒙得维的亚条约（1980）》共同构成拉美一体化协会的基本法律框架。

这些决议分别为:《决议 1:对蒙得维的亚条约有关贸易自由化承诺的修改》《决议 2:个别成员国之间的合作协定》《决议 3:有助于经济欠发达成员国的市场开放》《决议 4:扶持经济欠发达成员国的特别合作计划与经济发展构件》《决议 5:地区关税优惠的基本规则》《决议 6:成员国类别》《决议 7:新蒙得维的亚条约生效所产生的法律制度环境》《决议 8:1980 年和 1981 年工作计划纲要,秘书处组织结构,以及协会的 1981 年度财政预算》《决议 9:对拉美一体化协会秘书长的任命》。按照《决议 6:成员国类别》的规定,根据经济发展水平成员国分为 3 个等级,巴西、墨西哥和阿根廷为“较发达成员国”,智利、哥伦比亚、秘鲁、乌拉圭、委内瑞拉和古巴为“中等发达成员国”,厄瓜多尔、巴拉圭和玻利维亚为“欠发达成员国”。

《蒙得维的亚条约(1980)》为协会成员国规定了 3 种合作机制:一是原产于各成员国的产品在地区内部享受的关税优惠;二是全体成员国之间的合作协定,例如科技合作协定、文化合作协定、教育合作协定等;三是部分成员国之间的合作协定,目前大约有 100 项,涉及贸易、经济互补、农业等多个领域。此外,《蒙得维的亚条约(1980)》还允许各成员国与其他拉美国家或发展中国家签订合作协定。目前拉美一体化协会成员国与非成员国之间签订了约 35 项协议。

七　主要活动

拉美一体化协会自成立之后,一直致力于推动成员国的一体化进程,其间做了大量协调和组织工作。1980 年,该组织不仅在名称上有所改变,在一体化战略上也进行了调整,这标志着拉美一体化协会的发展进入了一个新的历史阶段。

《蒙得维的亚条约(1980)》签订 30 多年以来,拉美一体化协会成员国签订了7项地区性协定，其中4项涉及贸易自由化机制：3项为玻利维亚、厄瓜多尔和巴拉圭的市场开放清单，1项为《地区关税优惠协定》；另外3项协定分别涉及科技合作、货物流通与文教科技合作、消除技术性贸易壁垒。部分成员国之间签订的合作协定则涉及关税减让、贸易促进、经济互补、农业贸易、金融与财政合作、医疗合作、环境保护、科技合作、旅游业促进、技术标准制定等领域。为推动欠发达成员国玻利维亚、厄瓜多尔和巴拉圭充分参与一体化进程，协会为它们设立优惠体系。该体系内容包括市场开放清单、特别合作项目以及为内陆国家制定的补偿措施。

另一方面，拉美一体化协会依然面临挑战，半个世纪的努力与人们的预期目标仍不相称。目前，成员国之间的许多协议依然未能付诸实施；成员国贯彻一体化协议的政治意愿还有待加强；成员国的部分现行法律不利于人员和物资流通；贸易一体化的观念也尚未深入人心，许多成员国的国有企业与私人企业都把更多的注意力投向发达国家的市场，对地区市场缺乏信心。就客观条件而言，协会成员国的经济发展水平参差不齐，法律、税收和劳工制度千差万别；成员国普遍背负沉重的外债负担，宏观经济不稳定；尽管成员国都已建立民选政府，但一些国家的政局经常陷入动荡之中。在拉美贸易一体化的进程中，国家间的关系仍然是一个干扰因素，巴西与阿根廷之间、阿根廷与智利之间、委内瑞拉与哥伦比亚之间、秘鲁与厄瓜多尔之间、玻利维亚与智利之间都存在着较强的潜在冲突。

（一）1960～1980年（拉美自由贸易协会时期）：一体化进程的尝试阶段

拉美自由贸易协会自成立后，一直期望通过多边协商逐步在成员国之间降低关税和清除非关税壁垒，在

1973 年建立一个囊括所有成员国在内的地区自由贸易区，并在此基础上建立一个地区共同市场。在此目标驱动下，拉美自由贸易协会进行了多方面的尝试，取得了一些进展，但在协调成员利益等方面也遇到了很大困难。

首先，它努力通过建立便利的支付与信贷制度推动成员国之间的贸易往来。协会成员国的中央银行在 1965 年缔结协定，建立"多边补偿和互惠信贷机制"，相互给予信用贷款，用于支付协会内部的货物贸易与服务贸易。此后，各成员国签订一系列协定，成立了负责成员国之间贸易平衡的多边清算机制。这一机制为推动协会内部贸易发挥了重要作用。

其次，拉美自由贸易协会还计划使各成员国的法律法规得到协调。成员国政府签订了《拉美自由贸易协会海运公约》《人员过境议定书》《处理争端议定书》等专门协定；根据《布鲁塞尔海关合作理事会税则》制定了新税则，并为各国海关制度拟订了标准化条例。此外，协会还对工业发展、税则协调、海关法规、动植物卫生状况、农产品质量标准等问题进行了广泛商讨。

再次，为加强海上运输、减少对地区外部运输公司的依赖和节约外汇支出，协会成员国的国营和私营船运企业在 1963 年举行会议，共同创建了拉美船主协会。拉美自由贸易协会在 1968 年为成员国制定了海运方面遵守的一般原则。

但是，协会在运转过程中逐渐暴露出一些问题。成员国的传统贸易结构没有随着协会内部贸易的发展而出现明显变化，初级产品和半制成品在协会内部贸易中依旧占据很大比例。巴西、阿根廷和墨西哥三国占据协会内部贸易份额的大部分，并在与中小成员国的贸易中享有较大顺差，因此被认为是协会内部关税减让政策的最大受益者。这三个国家认为协会应当在推动成员国实行自由贸易方面发挥重要作用；中小成员国则希望协会能够促使新的工业与投资在地区内部实现均衡分布，最终补充本国的经济发展，优化自身的贸易结构和经济结构。这种看法上的分歧不可避免地导致成员国之间的矛盾，使中小成员国丧失了参与协会行动的积极性。它们认为，协会单纯削减关税的做法有利于发达成员国，必然会损害它们的利益，甚至担心协会的一体化进程可能会使它们沦为发达成员国的原料供应国和产品销售地。

为增强协会凝聚力，减少矛盾，成员国与有关各方进行过多种尝试。例如，巴西和智利两国在 1963 年发表联合声明，要求设立较高级别的顾问机构，以便解决一体化过程中出现的问题；智利与美洲开发银行在 1965 年联合倡议加速构建地区共同市场。

1967 年，在乌拉圭埃斯特角举行的美洲国家首脑会议发表《美洲国家总统声明》，以法律的形式规定了拉美各国在推进地区一体化进程中的责任与义务。声明规定，拉美政府将以劳尔·普雷维什等人提出的地区一体化思想为指导，争取在 1970 年之后的 15 年里建成拉美共同市场。这次会议的重要性在于：首先，它是拉美国家历史上首次为解决地区一体化问题举行的首脑会议；其次，拉美各国最终同意接受共同对外关税原则，从而使地区一体化的目标由自由贸易区转向具有关税同盟性质的地区共同市场；再次，拉美各国更加注重通过各种方式减少贸易和投资壁垒，而不仅仅满足于制度性一体化。

1969 年，为振兴一体化进程，协会成员国重新讨论建立地区自由贸易区的期限。根据《加拉加斯议定书》，这一日期被确定为 1980 年 12 月 31 日。考虑到成员国之间经济发展水平的不均衡，协会为欠发达成员国提供了一些贸易优惠待遇，允许它们延长关税削减的时限，单独为它们编列"特殊货单"。但这些政策的实际效用存在欠缺，无法吸引这些国家积极参与协会的一体化进程。

鉴于中小成员国强烈要求加强次地区经济合作，拉美自由贸易协会同意在不违背《蒙得维的亚条约（1960）》的前提下，有关国家可以签署次地区合作协议。1967 年，在巴拉圭举行的部长理事会通过了 202 号决议，为在协会框架内签订的次地区一体化协定确立了基本原则；会上通过的 203 号决议规定了安第斯国家签署次地区一体化协定的基本条件，并授权代表委员会负责审议有关协定是否符合《蒙得维的亚条约（1960）》的基本原则。1969 年 5 月 26 日，秘鲁、玻利维亚、厄瓜多尔、哥伦比亚和智利五国政府的代表在哥伦比亚签署《安第斯次地区一体化协定》。1969 年 7 月，拉美自由贸易协会宣布该协定符合《蒙得维的亚条约（1960）》、202 号决议和 203 号决议的有关规定。安第斯集团在 1969 年 11 月正式宣告成立，其成员国依旧保留拉美自由贸易协会成员国的资格。

　　拉美自由贸易协会在 20 世纪 70 年代未能取得重大成就，多边贸易谈判进程陷入停滞，成员国把更多的注意力投向本国的经济发展，成员国之间的经济竞争乃至政治、军事矛盾一度变得尖锐起来。总体来看，协会的一体化进程在 20 世纪 60～70 年代发展不顺畅的主要成因有：各成员国的经济规模和经济发展水平存在巨大差异；成员国奉行的进口替代经济发展模式带有比较强的贸易保护倾向；《蒙得维的亚条约（1960）》的主要条款缺乏灵活性，设定的目标期望值过高；各成员国都想赢得某种出口优势，导致矛盾增多；一体化的成果分配不均衡，中小成员国受益较少；协会的一体化进程只能依靠一系列复杂的多边谈判推进；各成员国私营部门对一体化进程缺乏热情；成员国的国内局势不稳定以及成员国之间的矛盾导致一体化进程缺乏各国政府的稳定和有力支持；协会只注重进行自由贸易，不注重协调成员国的税收、劳工、社会福利等领域的立法以及货币和汇率政策。

　　尽管这个时期拉美自由贸易协会成员国的一体化进程出现了种种困难，但是成员国之间的贸易关系仍然得到了加强，协会内部进出口贸易额在 20 世纪 60 年代和 70 年代初期出现明显增长。

1961～1975 年，成员国之间的贸易额增加了 6.6 倍。协会内部的出口额从 1961 年的 4.88 亿美元增至 1975 年的 40.59 亿美元；进口额则从 1961 年的 5.86 亿美元增至 1974 年的 41.1 亿美元。[①]协会内部贸易额在协会成员国贸易总额中所占比重从 1961 年的 8.1% 增至 1974 年的 10.7%。[②]

为改变一体化进程的停滞局面，拉美自由贸易协会在 1979 年启动改组工作。成员国意识到，建立共同市场必将经历一段漫长而艰难的过程，地区范围的发展机制不能一蹴而就，未来的一体化目标必须要切合实际。

（二）1980～1989 年：克服债务危机，继续推动内部贸易

19 80 年，拉美一体化协会取代了自由贸易协会，标志着该组织的发展进入了一个新的阶段。但是，随着债务危机的爆发，协会的工作受到很大限制，不得不投入大部分精力用以解决成员国的贸易支付问题。同时，在推动成员国之间贸易方面也采取了一些新的措施。

拉美一体化协会成立之初，成员国之间以及成员国与其他拉美国家之间的双边合作取得了较快发展。1980 年，协会成员国之间达成 7 项双边协定，其中包括玻利维亚与秘鲁签订的能源合作协定，玻利维亚与阿根廷和巴西分别签订的商品减税协定。1981 年，仅巴西和哥伦比亚就签订了 18 项双边合作协定，双方

---

① 《拉丁美洲自由贸易协会（1960～1976）》，《世界经济译丛》1978 年第 3 期，第 75～78 页，梁东升摘译自法国《经济问题》杂志 1977 年 7 月 6 日第 1530 期。

② 《拉丁美洲自由贸易协会（1960～1976）》，《世界经济译丛》1978 年第 3 期，第 75～78 页，梁东升摘译自法国《经济问题》杂志 1977 年 7 月 6 日第 1530 期。

　　将在农牧业、能源、边境一体化等领域展开广泛合作。阿根廷和哥伦比亚在同年制定了和平利用核能的计划；秘鲁则宣布将与洪都拉斯、哥斯达黎加、危地马拉等国分别建立双边渔业公司。

　　由于债务危机在 1982 年爆发，拉美国家的经济陷入停滞状态，财政金融状况严重恶化。协会成员国普遍陷入支付困境，纷纷借助非关税贸易壁垒保护本国市场，中小成员国的产品尤其难以进入阿根廷、巴西和墨西哥这些大成员国的市场，一度加速的协会一体化进程再次遇挫。

　　协会的多边补偿和互惠信贷机制在 20 世纪 80 年代初也因此陷入困境。为此，协会成员国在 1982 年 8 月签署《互惠支付和信贷协定》，对原有机制进行了调整，但依旧保持其总体原则。其要点为：（1）在两个成员国的中央银行之间确定以美元为主要形式的信用贷款；（2）每 4 个月对双边账户进行一次多边清算，拖欠的余额在一般情况下通过美国联邦储备银行以美元形式支付；（3）各成员国中央银行在自愿的基础上通过这一机制进行互惠支付。《临时流动性赤字多边互助协定》（即《圣多明各协定》）是另一个便于地区内部贸易的信贷机制，由各成员国以及多米尼加的中央银行在 1969 年共同签署，后在 1981 年 9 月得到修订。它将主要发挥三重作用：第一，通过协会的支付体系解决成员国由于贸易逆差造成的资金短缺问题；第二，帮助成员国克服因国际收支赤字而出现的问题；第三，解决成员国因为自然灾害而遭遇的困难。

　　1984 年 4 月举行的部长理事会第 2 次会议指出，由于为偿还外债而付出大笔外汇，协会成员国面对严重的外汇短缺问题，无法及时清偿拖欠的贸易款项。因此，协会在下一阶段需要扩大"无外汇贸易"，即扩大拉美国家之间的补偿贸易，然后再把拉美一体化协会的一体化扩展到整个地区，吸收所有拉美国家加入。会议的决议规定，各成员国不再对来自本地区的进口产品实行新的非关税限制,不再扩大现有的非关税限制,并要在 3 年之内通过谈判取消现行的非关税壁垒。与会代表还签署一项协议,规定对来自本地区的进口产品给予 5% 的优惠关税;根据进口国和出口国的发展程度,5% 的优惠关税还可以上下浮动;没有参加一体化协会的拉美国家也可以享受一定的优惠关税。1986 年 7 月在墨西哥举行的拉美一体化协会特别会议表示,为使拉美拥有独立于美元的清偿手段,将制定一项关于建立独立货币计算单位的计划。次年 5 月,各成员国中央银行行长举行会议,决定进一步加强财政金融合作,推动建立拉美统一货币。

《蒙得维的亚条约(1980)》注重促进协会内部贸易,通过推动成员国就实施关税优惠和消除非关税贸易壁垒进行谈判,由此实现贸易创造和贸易转移。在这一原则的推动下,协会成员国在 1984 年批准了"地区关税优惠计划",并在 1987 年和 1990 年两次对其内容进行扩展。该计划在考虑经济发展水平的基础上要求成员国制定一系列的关税减让措施,以扩大地区内部贸易;欠发达成员国可以从较为发达的成员国获得更大比例的关税优惠。由于关税削减的幅度逐步加大,该计划具有较强的趋同效应。当各成员国的关税被全部削减,自由贸易区也就建立起来。拉美一体化协会在 1984 年的另一个重要行动是创建"地区贸易体系",目的是加强地区内部贸易和调节成员国之间的双边贸易协定。1988 年 7 月,协会成员国在经过两年谈判之后签署一项协定,将在 1989 年 1 月 1 日开始实施"贸易恢复和发展计划",阿根廷、巴西和墨西哥将向协会其他成员国提供 60% 的优惠关税,目的是加速地区贸易的增长。

随着世界经济进一步趋向开放和竞争,随着地区民主化进程的加速和许多拉美国家从进口替代发展模式转向出口导向模式,协会成员国在 1985 年发起地区范围的贸易谈判,试图再次在地区层面上启动协会的一体化进程。

（三）1990～1999 年：推动一体化进程迈向新的高度

20 世纪 90 年代以来，世界经济朝着区域化、集团化的方向迅猛发展。面对发达国家严重的贸易保护主义倾向，拉美一体化协会各成员国强烈感受到加强地区合作的重要性和紧迫性。1990 年 6 月，拉美一体化协会对现行的关税优惠制进行修改，决定从当年 8 月 1 日起，降低对成员国之间贸易征收的关税，使其比成员国向第三国征收的关税低 20%。各成员国还保证不对享受协会内部关税优惠的产品施加非关税限制。

拉美一体化协会还一直十分关注国际多边贸易谈判进程。1990 年 12 月，拉美一体化协会发表声明，呼吁《关贸总协定》乌拉圭回合的谈判各方支持一项旨在完善多边贸易体制、维护发展中国家利益的建设性开放政策。1995 年，部长理事会责成代表委员会继续制定与乌拉圭回合达成的协议相适应的贸易规则；决定加入由美洲国家组织、美洲开发银行和联合国拉美经委会组成的、旨在支持美洲自由贸易区谈判的三方委员会；促进由成员国组成的次地区集团（安第斯集团、南方共同市场和三国集团）之间的谈判，加强与中美洲和加勒比国家的联系，推动美洲地区的一体化向前发展。此外，拉美一体化协会认为拉美的一体化进程不应服从美洲自由贸易区谈判。

1990 年 5 月，部长理事会第 5 次会议表示，协会应当为发展成员国之间的关系、深化拉美地区一体化进程发挥作用；呼吁拉美各国加强对话与理解，通过本地区的社会与经济一体化实现拉美国家平衡发展的目标。会议提出了协会在现阶段的主要目标，包括：依据《蒙得维的亚条约（1980）》，对成员国的宏观经济政策进行协调；扩大成员国之间的合作领域，尤其要覆盖金融领域；深化成员国之间的经贸往来，使社会各阶层、各领域积极参与一体化合作。会议还提出一项"三年行动计划"，旨在推动各成员国促进科学技术的发展，促进货物运输、文化、旅游、环境等领域的合作与一体化，加强金融合作，巩固和扩大协会内部市场。计划提出的主要措施包括：加强协会内部贸易合作，推动成员国进一步开放市场，并积极发展与外部国家的经贸关系；加大关税优惠力度，同时给予欠发达成员国更多优惠待遇；加强金融财政领域的合作，通过签订支付协议和提供相互信贷投资解决成员国之间的债务问题；加强技术合作，推动边界地区的一体化，在旅游、文化、环保等领域开展合作。1991 年 12 月，部长理事会第 6 次会议通过决议，赞同成员国之间开展双边和次地区形式的合作，确定协会的职能是给拉美地区一体化提供体制规范和行动准则，从而推动成员国之间签署的次地区的、多边的以及双边的协定最终汇聚为拉美共同市场；认为各成员国政府应当从实际情况出发，把发展多边和双边关系作为加快地区一体化的重要措施。

在上述两次部长理事会的方针政策指引下，拉美一体化协会在推动和加快本地区一体化进程方面取得了较大的成果。

第一，协会成员国在 20 世纪 90 年代签订了众多双边和多边自由贸易协议。在多边领域，墨西哥、委内瑞拉和哥伦比亚 1994 年正式签署自由贸易协定，组成"三国集团"，决定在 10 年内分阶段取消关税和非关税壁垒，巴西、阿根廷、巴拉圭和乌拉圭在 1991 年签署《亚松森条约》，并于 1995 年 1 月 1 日正式启动南方共同市场（以下简称"南共市"）。1998 年 4 月，南共市和安共体签署一项旨在 2000 年建立集团间自由贸易区的框架协议，并相互交换了互惠关税产品清单。在双边领域，智利与墨西哥在 1991 年签订旨在实现自由贸易的《经济互补协定》；智利和委内瑞拉在 1992 年签订自由贸易协定；阿根廷和智利在

1991 年 8 月签署经济合作协议；委内瑞拉与哥伦比亚在 1991 年
决定推进边境地区一体化；墨西哥和哥斯达黎加在 1994 年签署
双边自由贸易协定；墨西哥、委内瑞拉和哥伦比亚分别与中美洲
共同市场成员国签订自由贸易协定；委内瑞拉和哥伦比亚分别与
加勒比共同体国家签署贸易合作协定。上述这些协定极大地增强
了协会成员国之间的经济联系，赋予地区一体化进程更大的活
力，为地区性经济集团的形成创造了物质和技术基础。1994 年，
拉美一体化协会的对外贸易出现显著增长。与 1993 年相比，出
口增幅为 16%，进口增幅为 19%。协会内部贸易的增幅超过与
成员国与其他国家贸易额的增幅。①

　　第二，拉美一体化协会在这一时期比较稳妥地解决了墨西哥
加入《北美自由贸易协定》的问题。《蒙得维的亚条约（1980）》
第 44 款规定，某一成员国从协会以外国家获得的贸易优惠应当
自动惠及其他成员国，但墨西哥在加入《北美自由贸易协定》
的过程中无法遵守这一规定。1994 年 2 月，部长理事会第 8 次
会议未能就墨西哥既参加《北美自由贸易协定》、又保留协会成
员国资格一事达成一致意见。但在同年 6 月，部长理事会最终决
定免除墨西哥依据第 44 款承担的义务，允许它在保留协会成员
国资格的情况下加入该协定，但要求它必须向那些利益因此受到
损害的协会成员国给予经济补偿。

　　第三，拉美一体化协会打破意识形态的束缚，吸收古巴为成
员国。古巴在 1998 年 3 月正式提出加入拉美一体化协会的申请，
明确宣布无保留地接受《蒙得维的亚条约（1980）》，承诺履行
成员国的所有权利和义务。1999 年 8 月，部长理事会举行特别
会议，宣布接纳古巴为正式成员国。古巴的加入体现了该组织乃
至拉美一体化进程的多元化。这既是古巴最终重返拉美大家庭的

---

① http：//www. iadb. org/int/intpub/nota/aladi. htm

第一步，也是拉美地区一体化的重要举措。加入协会之后，古巴与其他 11 个成员国的贸易得到明显增长。

第四，拉美一体化协会努力推动交通运输的一体化进程，以便实现货物、人员和信息的自由流动。协会一直积极参加巴拉圭河—巴拉那河河道政府间委员会的工作和有关会议，以确定该河道运营的共同标准。1992 年，拉普拉塔河流域的 5 个国家签订了《巴拉圭河—巴拉那河河道水上运输协定》。此后，拉美一体化协会继续通过举办研讨会、组织企业界对话等方式加强河流运输对拉普拉塔地区贸易的作用。1989 年和 1992 年，拉美一体化协会组织召开了两次海洋运输专家会议，讨论如何对 1966 年通过的《地区海洋运输协定》进行修订。协会还积极参与《南锥体国际陆地运输协定》的草拟工作，并于 1990 年最终促成该协定的签署。自 1992 年起，协会一直致力于南锥体和安共体国家公路运输的标准制定工作。

（四）2000 年以后：继续深化一体化进程，内部贸易迅猛增长

在经济全球化加速发展的今天，成员国对地区经济一体化有了更深入的认知，促进地区贸易合作的紧迫感进一步增强。2002 年 2 月，部长理事会第 12 次会议在乌拉圭举行。会议决定进一步加强该组织作为地区一体化机构的职能，增强欠发达成员国参与一体化进程的能力；会议决定积极推动 12 个成员国之间的贸易谈判，争取使协会尽早实现建立自由贸易区的目标。会议通过了《关于发挥拉美一体化协会作为地区一体化制度框架的作用》和《关于促进拉美欠发达国家更好地参与一体化进程》两份文件。会议认为拉美国家要想摆脱外部环境产生的不利影响，必须加强各国之间的宏观经济政策协调，推动地区内部的自由贸易谈判。

2004 年 10 月，部长理事会第 13 次会议在乌拉圭举行。会议讨论了拉美一体化协会对于推动地区一体化进程所应发挥的作用和采取的措施；讨论和批准了有关建立囊括 12 个成员国的地区一体化进程的基础条件；批准了帮助欠发达成员国克服妨碍其参与一体化进程的不利因素的指导方针。"南锥体国家工会协调委员会"和"安第斯劳工咨询理事会"的代表与会，向理事会提交一份工会宣言，认为安共体与南共市缔结的自由贸易协定是建设南美洲共同体的重要进展。这些工会代表表示愿意参与地区一体化进程，呼吁部长理事会尽早成立拉美一体化协会的劳工咨询委员会。此外，智利和厄瓜多尔、智利和秘鲁以及秘鲁和玻利维亚都向会议递交了它们新近签署的合作协定。

尽管世界贸易组织和美洲自由贸易区的谈判陷入停滞，协会成员国却重申深化一体化进程、以地区合作来应对全球化挑战的决心。安共体与南共市两大区域经济组织，经过数年的磋商与谈判，并以多项"经济补充协定"为基础，于 2003 年 12 月决定建立自由贸易区。2004 年 10 月，拉美一体化协会第 13 次部长理事会会议在乌拉圭举行。安共体和南共市签署合作协定，约定将在未来 15 年里分阶段削减关税，力争把南美自由贸易区打造为世界最大的贸易集团之一。

从 2003 年以来，拉美一体化协会的成员国一直保持着经济复苏的势头，伴随而来的是协会内部贸易出现大幅攀升，2003 年达到 428.8 亿美元，比 2002 年增长 11%，而 2003 年世界贸易增长率仅为 4.5%。① 这一增长主要得益于阿根廷和巴西两国经

---

① http：//www.aladi.org/nsfaladi/aladiorg.nsf/inicio2004i？OpenFrameSet&Frame = basefrm&Src = _ 55tn76pj1dhgm8q9fc5m62p39dtp6ebjeedj2utjjd5q6irrnclh6ibr2 dtm6at39dpkmsprc64p3ujrgcln48rr3elmmarjk4p0nat3f8pp62rb5cg0_

济的复苏与南共市国家内部贸易出现大幅增长。截至 2007 年，协会成员国（不包括古巴）之间的贸易已经连续 7 年保持增长，并在 2007 年创造新纪录，达到 1097 亿美元①，比 2006 年增加 20.8%；区域内贸易在整个对外贸易中所占比重也由 2000 年的 13% 提高到 2007 年的 16%。

面对全球性金融危机，拉美一体化协会在 2009 年 4 月在乌拉圭举行了题为"促进相互支付和信贷协定及使用本币支付体系"的会议，研究拉美应对这场危机的措施。会议建议各成员国央行和政府经济部门探讨在地区双边和多边贸易中实现去美元化的可行性。秘书长乌戈·萨吉尔指出，贸易体系灵活性越高，出口贸易越便利。基于这一理论，协会成员国寻求将美元替代货币作为外贸支付媒介，最大限度地提高自身支付能力，以便推动地区贸易增长、尽快克服危机的不利影响。

2009 年 4 月，部长理事会第 15 次会议批准巴拿马加入《蒙得维的亚条约 (1980)》，成为拉美一体化协会第 13 个成员国。

八　对外关系

《蒙得维的亚条约 (1980)》明确规定拉美一体化协会成员国可以与拉美地区以外的一体化组织建立和发展友好合作。本着这一原则，协会近年来一直致力于积极扩大与美洲开发银行、世界银行和国际货币基金组织等国际金融机构的联系和交往，为加速实现地区贸易一体化争取资金，同时还努力加强与欧盟、南共市等一体化组织的联系。

---

① http://www.aladi.org/nsfaladi/indicado.nsf/vvindicadoresweb/ALADI

（一）　与其他国际组织或一体化组织的关系

拉美一体化协会一直重视加强与拉美其他一体化组织的合作。20 世纪 90 年代以来，拉美一体化组织积极推动拉美地区交通运输业的发展，努力促成相关国家各类运输业的合作。为此，协会通过提供咨询和培训、共同举办研讨会等方式，与地区公路运输委员会、拉美铁路协会、拉美民航委员会、国际运输业协会联合会等组织展开密切合作。在 1995 年、1999 年和 2005 年，拉美一体化协会分别与中美洲一体化体系、南共市和美洲开发银行签署了合作协议。2001 年 3 月，拉美一体化协会和安第斯共同体签署一项合作协议。协议规定，两组织的秘书处在非关税措施、卫生检疫措施、兑换机制、金融和支付手段、对资本活动的限制等共同感兴趣的问题上交流情报，允许拉美一体化协会秘书处利用安共体秘书处关于成员国对外贸易的最新统计资料。

拉美一体化协会与联合国有关机构建立了良好的合作关系。2004 年，协会与联合国贸易和发展会议（以下简称"贸发会议"）签署谅解备忘录。2006 年 5 月，双方又签订备忘录的附件协定，目的是把原本仅限于信息交流的合作扩展到更广泛的领域。贸发会议将为拉美国家的公务员和拉美一体化协会人员提供培训，支持拉美一体化协会组织关于服务业、竞争力、投资和创意产业等方面的研讨会，帮助拉美国家提高双边、多边贸易谈判的能力，协助拉美国家建立健全信息通信技术的有关指标等。2006 年 8 月，两组织在乌拉圭共同举办题为"拉美国家服务贸易：多边谈判与地区一体化"的国际研讨会。2007 年 10 月，双方又合作举办了有关电子商务的地区性研讨会。2005 年，联合国大会通过决议，接受拉美一体化协会为观察员。

（二）与中国的关系

19 94 年 1 月 20 日，中国向拉美一体化协会提出申请，希望成为其观察员。同年 6 月，拉美一体化协会接受这一申请，从而使中国成为它的第一个亚洲观察员国。1994 年 7 月，拉美一体化协会秘书长安东尼奥·安图内斯（Antonio Antunes）在协会总部会见中国国际贸易促进委员会代表团。2005 年 3 月，李肇星外长致函乌拉圭外长奥佩蒂，祝贺其就任协会秘书长。2008 年 3 月，杨洁篪外长祝贺萨吉尔就任协会秘书长。现任中国常驻拉美一体化协会观察员代表为中国驻乌拉圭大使李仲良。

近年来，中国与拉美一体化协会成员国之间的贸易增长迅速。双方进出口总额（不包括巴拿马）由 2001 年的 127 亿美元增加到 2007 年的 894 亿美元。①

---

① 作者根据中国商务部官方网站国别数据计算得出。

第十三章

安第斯共同体

由哥伦比亚、秘鲁、厄瓜多尔和玻利维亚组成的安第斯共同体（以下简称"安共体"）是拉丁美洲重要的次区域经济一体化组织之一，也是仅次于南方共同市场的拉美第二大贸易集团。诞生 40 年以来，安共体积极推动各成员国加强互利合作，在充分利用本地区丰富自然资源的基础上促进次区域的均衡、协调和自主的发展，增强内部凝聚力，以更具竞争力的姿态参与国际政治和经济事务。

一　成立背景和经过

第二次世界大战之后逐渐兴起的拉美经委会经济一体化理论主张拉美和加勒比各国加强经济一体化，加强区域内部各种形式的经贸合作和交流。在此种思想的推动下，拉美自由贸易协会（后更名为拉美一体化协会）在 1960 年宣告成立，秘鲁、智利、委内瑞拉、厄瓜多尔、哥伦比亚等安第斯国家先后加入其中。

位于安第斯地区的玻利维亚、智利、哥伦比亚、厄瓜多尔、秘鲁和委内瑞拉同属于拉美中小国家，人口较少，国内市场狭小，生产技术相对落后。它们认为，由于拉美自由贸易协会各成员国在经济规模、工业化水平、科技能力等方面存在较为悬殊的差别，一体化进程所产生的收益未能以均衡的方式进行分配；巴西、墨西哥、阿根廷等地区大国从中获利较多，在与中小成员国的贸易中享有较大顺差。这种非常不利的地位导致安第斯国家担心自己沦为发达成员国的原料供应地和产品销售地，因此它们更加倾向于在《蒙得维的亚条约》框架内首先加强安第斯地区的一体化。它们认为，次区域一体化一方面有助于保障各成员国内经济的均衡、合理增长，缩小彼此之间的经济发展差距，另一方面也有助于它们形成与地区大国相抗衡的经济规模，从而提高自身参与地区事务的能力。

1966 年 8 月 16 日，哥伦比亚、委内瑞拉和智利三国的总统以及厄瓜多尔和秘鲁的政府代表联合签署《波哥大宣言》，就展开次地区一体化合作达成共识。宣言强调有必要在拉美自由贸易协会的范围内进一步加强共同行动，通过采取富有实效的政策方案，使经济相对欠发达或市场狭小的成员国实现加速发展。这一声明被视为建立安第斯集团的第一步。

1967 年 4 月，美洲国家首脑会议在乌拉圭的埃斯特角举行。会上发表的《美洲国家总统宣言》支持拉美各国在符合拉美地区一体化目标的前提下达成次地区一体化合作协议。根据《波哥大宣言》的内容，安第斯五国于 1967 年 6 月 30 日在智利的比尼亚德尔马成立了政府间混合委员会，负责研究成立安第斯地区一体化组织的相关事宜。此后，玻利维亚也加入次地区一体化进程之中，于 1967 年 8 月向混合委员会派出常驻代表。

1967 年 8 月底至 9 月初，拉美自由贸易协会部长理事会在巴拉圭首都亚松森举行会议。会上批准的 202 号决议为在该协会框架内签订次地区一体化协定确立了基本原则，203 号决议规定了安第斯国家签署次地区一体化协定的基本条件，并授权该协会的代表委员会审议有关协定是否符合《蒙得维的亚条约》的各项规定。

　　1969 年 5 月，秘鲁、玻利维亚、厄瓜多尔、哥伦比亚和智利五国政府的全权代表在哥伦比亚的波哥大签署《安第斯次地区一体化协定》（又称《卡塔赫纳协定》）。1969 年 7 月，拉美自由贸易协会宣布该协定符合《蒙得维的亚条约》、202 号决议和 203 号决议的原则与规定。《安第斯次地区一体化协定》在1969 年 10 月生效，安第斯集团（又称"安第斯条约组织"）在同年 11 月正式成立。利马被确定为集团的永久总部。

　　安第斯集团总统理事会在 1996 年对安第斯一体化进程进行全面评估，批准了《修改卡塔赫纳协定议定书》（即《特鲁希略议定书》），把安第斯共同体和安第斯一体化体系作为推动次地区一体化进程的新法律框架。1997 年 6 月，安第斯集团正式更名为安第斯共同体。①

　　安共体的内部团结并不牢固。在皮诺切特军政府执政时期，智利与其他成员国在关税、外汇、外资等问题上产生重大分歧，因而在 1976 年 10 月退出安第斯集团。委内瑞拉在 1973 年加入安第斯集团。由于查韦斯政府不满哥伦比亚和秘鲁与美国签署双边自由贸易协定的做法，因而在 2006 年 4 月宣布委内瑞拉退出安共体。在与欧盟缔结自由贸易协定问题上，秘鲁与玻利维亚和厄瓜多尔存在尖锐矛盾，一度表示要考虑退出安共体。

二　成员

　　截至 2009 年，安共体共有 4 个成员国：玻利维亚、哥伦比亚、厄瓜多尔和秘鲁；有联系成员国 5 个：巴

---

① 本章对安共体的称谓以此时间划界，凡 1997 年 6 月之前的事件涉及该组织，均称"安第斯集团"。

西、阿根廷、智利、巴拉圭和乌拉圭；有观察员国2个，分别是
墨西哥和巴拿马。

4个成员国的总面积为379.8万平方千米，2008年GDP为4079
亿美元，总人口9690万，地区内部贸易达到71.71亿美元。[①]

三　组织机构

安共体拥有下述组织机构：总统理事会成立于1990年，
由各成员国首脑组成，是安共体最高决策机构，负责
制定安第斯地区一体化进程中各个领域的指导方针。每年举行一
次会议；如果各方认为有必要，也可以举行特别会议。外长理事
会和安共体委员会的成员以及其他各机构的代表可以列席会议。
总统理事会的职责有：制定安第斯次地区一体化政策；对关系到
次地区共同利益的事务进行指导和推动，协调内部各机构的运
行；对地区一体化进程的发展和成效进行评估；对共同体各机构
递交的报告、倡议和建议进行研究和发表意见；研究一切有关安
第斯次地区一体化的事务以及对外发展计划。截至2009年，总
统理事会会议共举行17次。最近一次于2007年6月在玻利维亚
的塔里哈召开。

总统理事会设立轮值主席一职，各成员国总统轮流担任，为
安共体最高政治代表，任期一年。主席的职责主要有：召集并主
持总统理事会的定期和特别会议；对外代表总统理事会和安共
体；确保总统理事会颁布的指导方针得到安共体各机构的遵照和
执行；执行总统理事会交付的各项任务。

外长理事会成立于1979年。由各成员国外交部长组成，为
安共体政治领导机构，负责确保次地区一体化目标的实现和共同

外交政策的制定与实施。其职责主要有：就与次地区利益有关的事务制定外交政策，为安共体各机构的外交事务确定方向，并进行协调；与安第斯共同体委员会合作，共同制定、执行和评估安第斯次地区一体化的总体政策；执行总统理事会制定的方针政策，确保其他共同体机构同样执行这些方针政策；同第三国或国家间组织或国际机构就外交政策和合作事务签署条约和协定；在其职权范围内协调各成员国在国际事务中的立场；根据《卡塔赫纳协定》的规则和目标，在其权力范围之内，在关系共同利益的事务和行动中代表安共体；在其职权范围内，推荐或采纳确保《卡塔赫纳协定》中的目标完成的措施；确保《卡塔赫纳协定》提出的义务同 1980 年签订的《蒙得维的亚条约》相互协调一致；批准和修改本组织的规章协定；批准总秘书处制定的规章，以及应安第斯共同体委员会要求做出的修改；在其职权范围内，听取和解决涉及共同利益的所有事务。

安第斯共同体委员会（以下简称"安共体委员会"）由各成员国分别任命一名全权代表组成。其职责为：同外长理事会合作，制定、实施、评估安第斯次地区一体化政策在贸易和投资领域的作用；采取必要的措施，完成《卡塔赫纳协定》所规定的目标，执行总统理事会制定的方针政策；在其职权范围之内协调成员国在国际事务中的立场；确保《卡塔赫纳协定》提出的义务同 1980 年签订的《蒙得维的亚条约》相互协调一致；批准和修改自身的规章制度；批准、拒绝或修改成员国（单独或共同）和总秘书处递交的建议；同安共体其他机构保持紧密联系，推动各项计划和措施的协调一致，以完成共同的目标；在其职权范围内，就关系到共同利益的事务代表安共体；批准年度预算，评估总秘书处和安共体法院的预算使用情况，确定每个成员国应当缴纳的会费数额；向外长理事会递交总秘书处提出的规章制度。

总秘书处前身为《卡塔赫纳协定》委员会，于 1997 年 8 月

1 日启动，是安共体的常设执行机构，负责向安第斯一体化体系的其他机构提供技术支持。总秘书处的主要职责有：确保《卡塔赫纳协定》的贯彻和执行，以及安共体各项法律规定之间的协调一致；执行外长理事会和安共体委员会交付的任务；制定决议草案，并按照外长理事会和安共体委员会的职责分别向其提交这些草案，推动、加速《卡塔赫纳协定》的执行，以便在最短的时间之内实现其设定的目标；研究并提交有关玻利维亚和厄瓜多尔优惠待遇的必要措施；每年研究并向外长理事会和安共体委员会报告《卡塔赫纳协定》各项目标的执行情况，优先关注公平分配一体化成果的原则，并提出相关的纠正措施；完成安第斯一体化体系其他机构托付给它的技术研究和合作任务；与共同体各成员国相关机构保持永久工作关系；起草每年的工作纲要；推动各成员国负责制定和执行经济政策的机构定期举行会议；同其他地区一体化和合作机构保持工作联系，以增强双方关系和互惠合作；保管各项会议的记录和安共体其他机构的文件，并负责鉴定其真伪；出版有关《卡塔赫纳协定》的官方公报；充当安共体各机构代表大会的秘书处；履行安共体法律所赋予的其他职责。总秘书处设于秘鲁首都利马。

秘书长负责管理总秘书处的日常事务。秘书长的产生需要得到外长理事会成员的一致同意，任期 5 年，可以连任一次。秘书长可以就秘书处的规章制度向外长理事会或安共体委员会提交动议；向安共体委员会提交年度预算草案；向外长理事会扩大会议提交秘书处年度工作报告。

安第斯议会于 1979 年 10 月成立，设于哥伦比亚首都波哥大，为安共体协商机构。目前，议员来自各成员国国会。未来，所有议会成员将通过全民直接选举产生，并保持充分的国别代表性。安第斯议会的主要职责有：从巩固拉美一体化进程的角度出发，推动和指导安第斯次地区一体化进程；审查安第斯次地区一体化进程以及各项目标的执行状况，要求安共体各机构定期提供有关信息；就安共体各机构的年度预算草案提供建议；就安共体各机构的行动或决议提出建议，目的是促使其修改、调整自身的计划目标和制度结构，或制定新的指导方针；向安共体各机构起草的草案提出建议，参与立法进程；促进各成员国在立法方面的协调一致；促进各成员国议会、安共体各机构以及第三国议会设立的一体化机构之间的合作和协调。

安共体法院成立于1983年，设于厄瓜多尔首都基多，为安共体司法机构。由4名法官组成；各成员国有权指派1名法官。主要职责是调解争端，并有权对未执行该组织条约的成员国实行制裁，为一体化进程提供司法保障。在执行安共体法律过程中出现的争端都依照《建立安第斯共同体法院条约》进行解决。安共体法院有权解释安共体做出的所有决定；如果发现一项决定与安共体法律制度相违背，可以宣布其无效。

除上述机构外，安共体还设有两个下属金融机构——安第斯开发公司和拉美储备基金，两个咨询机构——安第斯企业咨询理事会和安第斯劳工咨询理事会，以及两个社会文化机构——安第斯卫生组织和安第斯西蒙·玻利瓦尔大学。

安第斯开发公司成立于1968年，是一个多边金融机构，负责为成员的可持续发展和地区一体化提供金融支持。总部位于委内瑞拉首都加拉加斯。公司的主要股东是安共体4个成员国和委内瑞拉，其他股东包括阿根廷、巴西、西班牙、智利、哥斯达黎加、牙买加、墨西哥、巴拿马、巴拉圭、多米尼加、特立尼达和多巴哥、乌拉圭12个国家，以及14家私人银行。经过40多年的发展，安第斯开发公司已经成为安共体成员国的一个重要的多边融资渠道。2001～2005年，安第斯国家通过多边金融机构获得287.64亿美元，其中约54%（155.92亿美元）来自该公司。拉美储备基金主要通过提供信贷或向第三方提供贷款担保为安共体成员国提供国际收支援助。它的前身是安第斯储备基金。总部位于哥伦比亚首都波哥大。

以上机构连同 2001 年签署的《西蒙·罗德里格斯协定》共同组成安第斯一体化体系（SAI）。一体化体系代表会议每年举行一次，由外长理事会主席负责召集和主持。

四　主要领导人

安共体总秘书处成立以来，共有四人先后担任秘书长。前三任分别是委内瑞拉人塞巴斯蒂安·阿莱格雷特（Sebastián Alegrett，1997~2002）、哥伦比亚人吉列尔莫·费尔南德斯·德索托（Guillermo Fernández de Soto，2002~2003）、秘鲁人阿兰·瓦格纳（Allan Wagner Tizón，2004~2007）。

现任秘书长弗雷迪·埃勒斯·苏里塔（Freddy Arturo Ehlers Zurita），1945 年生于厄瓜多尔首都基多。曾在厄瓜多尔中央大学学习法律，在荷兰和美国学习电视专业，拥有 30 多年职业记者的从业经历，已撰写 1000 多篇新闻报道和文章。1980~1988 年，曾任《卡塔赫纳协定》委员会安第斯电视计划的负责人。1990 年至今一直担任厄瓜多尔收视率最高的节目《电视》的导演。曾作为记者和学者多次应邀访华。在 1996 年和 1998 年两次作为总统候选人参加厄瓜多尔大选。2002 年当选为安第斯议会议员，后当选副议长。2007 年 1 月当选安共体秘书长，任期 5 年。

五　出版物

《一体化》（*Revista de la Integración*），西班牙语，现已出版 3 期（2007 年 10 月、2008 年 7 月和 2009

年 1 月）。《安第斯宏观经济聚焦》（*Convergencia Macroeconómica Andina*），为安共体总秘书处年度报告，西班牙语。

六　宗旨原则和政策主张

《卡塔赫纳协定》签订于 1969 年，虽经多次修改，依然是安共体的最高准则。该协定规定安共体的目标是：通过经济一体化、经济和社会合作，帮助各成员国在平等的条件下实现均衡、协调的发展；推动各成员国的经济增长，创造更多的就业岗位；便利各成员国参与地区一体化进程，以便最终形成一个覆盖整个拉丁美洲的共同市场；降低各成员国的外部脆弱性，提升它们在国际经济中的地位；增进次地区团结，降低各成员国的发展水平差距。这些目标的最终作用是使安第斯地区人民的生活水平得到长足的提高。

七　主要活动

在各成员国的共同推动下，安第斯地区的一体化进程取得了长足的发展。20 世纪 70～90 年代，安共体将工作重心放在完善制度建设和推动本地区的一体化进程方面。进入 21 世纪以后，安共体关注的领域越来越广泛。虽然委内瑞拉的退出使安共体一度陷入危机，但它仍在为深化区域一体化进程进行着不懈努力。

安共体成立之后，内部贸易曾出现一定波动，但总体呈上升态势。1999 年，受亚洲金融危机以及巴西金融动荡的影响，各成员国普遍遭遇经济衰退，共同体内部贸易出现大幅下滑。直至 2002 年，内部贸易才恢复到 1999 年之前的最高水平。1969～2007 年，安共体内部贸易额由 5300 万美元增加到 58.58 亿美元，年平均增长率达到 13.2% ；区域内贸易在安共体整个对外贸易中所占比重也由最初的 3% 左右提高到 8% 。[1]

（一）20 世纪 70 年代：初步发展时期

20 世纪 70 年代，安第斯集团在建立共同对外关税体系、协调各成员国的发展计划、限制外国资本、促进地区贸易自由化等方面进行了广泛尝试，次地区一体化进程取得较快的发展。这个时期，一体化进程以"进口替代工业化"为主导政策，通过推行高关税来保护成员国的国内工业。

安第斯集团把推动地区工业发展列为工作重点，并为此在 1972 年 9 月制定"联合工业发展计划"，规定由各成员国分工生产以往主要依靠进口的飞机、电动机、水压机、钟表等工业产品。这些产品由获得配额的成员国相关企业负责生产，并可以自由进入其他成员国的国内市场。各成员国不同程度地采取了限制和控制外国资本的措施。安第斯集团在 1971 年制定的《对待外资共同条例》规定，外资不得介入公共事业、保险、金融、运输、出版等部门，外资企业必须在规定期限内把企业控股权出售给所在国企业；外资企业每年汇出的利润不得超过其直接投资的 14% 。在智利退出之后，安第斯集团放宽了对外资的管制，提高了外资企业利润汇出的比例。各成员国还多次举行农业部长会议，协调农业政策，加强本地区的食品自给；在 1974 年成立安第斯航空公司协会，推动航空业的一体化。

安第斯集团在创建之初的 10 年时间里建起一套比较完整的

---

① CAN, *El Comercio Exterior de la Comunidad Andina 1969 – 2007*, http: // intranet. comunidadandina. org/Documentos/DEstadisticos/SGde230. doc

组织结构，《卡塔赫纳协定》委员会、安第斯开发公司、安第斯议会和安第斯外长理事会相继成立，《建立安共体法院条约》也在 1979 年得到签署。

（二）20 世纪 80 年代：调整时期

20 世纪 80 年代，在经济危机的冲击下，安第斯集团各成员国外贸下降、国际收支状况恶化，陷入第二次世界大战结束以来的最困难境地。由于成员国产品的种类和档次相似，因而地区内部出口贸易的竞争比较激烈；债务危机导致各成员国资金外流，支付手段的缺乏使内部贸易难以扩大；各成员国的领导人缺乏推动次地区一体化进程的政治意愿，许多协定在签署之后就束之高阁，重要的发展和工业补充计划无法得到认真实施；由于玻利维亚在 1980 年发生军事政变、秘鲁和厄瓜多尔在 1981 年爆发边界冲突，成员国之间出现政治对立。这些不利因素使安第斯一体化进程未能在这一时期取得重要进展。安第斯集团在 1983 年对原有的一体化机制进行调整，成立了"安第斯一体化机构常设协调体系"，目的是协调集团内部各机构的工作；继而又通过《安第斯一体化进程调整计划》，把贸易、工业、农牧业、金融、科技、旅游、边境一体化和对外关系列为优先调整项目。各成员国在 1987 年签署的《基多议定书》对《卡塔赫纳协定》做出重要修改，强调优先发展农业生产，减少食品进口；采取灵活的工业合作方式，促进次地区工业发展；取消更多的贸易限制；提高筹资能力，放松对外国资本的限制；加强科技合作；把一体化计划的范围扩大到政治领域，使安第斯议会被纳入《卡塔赫纳协定》的立法机构之中；加强以安共体法院为中心的立法监控体系；加强对外关系，在具有共同利害关系的问题上采取一致行动。

（三）20世纪80年代末以来：在"开放的地区主
义"思想指导下的蓬勃发展时期

20 世纪80年代末和90年代初，面对各成员国大刀阔斧
地进行市场导向的经济改革，面对经济全球化向纵深
发展所带来的诸多机遇和挑战，安第斯集团开始谋求把建立在进
口替代发展模式基础上的内向型一体化模式转变为开放的地区主
义。当时的安第斯集团秘书长阿兰·瓦格纳认为，一体化不是为
防止世界经济的冲击而为安第斯地区修筑的"防波堤"，而是增
强各成员国竞争力、更好地融入世界经济、满足人民需求的服务
平台。1989年12月，在厄瓜多尔的加拉帕戈斯群岛举行的安第
斯集团成员国首脑会议批准了《战略纲要》，正式决定以开放的一
体化模式代替原有的封闭模式，把工作重点转移到实现贸易自由
化上。

1. 建立安第斯自由贸易区

建立安第斯自由贸易区的工作在安第斯集团成立初期就已启
动。各成员国在1971年决定，允许6%原产于本地区的货物享
受免税待遇。然而，由于对贸易自由化方式的不同看法、成员国
内部的政治斗争等不利因素的影响，贸易自由化进程在20世纪
80年代进展迟缓。1989年以来，在成员国首脑会议的有力推动
下，这一进程开始步入快车道。玻利维亚、哥伦比亚、厄瓜多尔
和委内瑞拉通过消除关税和贸易限制，在1992年9月完成了贸
易自由化的准备工作。安第斯自由贸易区在1993年1月正式启
动，从而成为西半球第一个自由贸易区，同时也是世界上第一个
完全由发展中国家组成的自由贸易区。参与国家有玻利维亚、哥
伦比亚、厄瓜多尔和委内瑞拉；秘鲁从1997年起逐步加入其中，
其加入进程在2005年12月31日结束，从而使自由贸易区覆盖
整个安共体。安第斯自由贸易区具有两大特点：第一，它要求各

成员国毫无例外地消除所有针对货物贸易的关税和贸易限制；第二，安共体认为自由贸易区只是走向更高程度一体化的中间途径，而非它追求的最终目的。

1998 年，安共体成员国签署《实现服务贸易自由化的原则和准则总体框架协议》，规定最迟到 2005 年实现服务贸易的自由流通。

随着安第斯自由贸易区的全面启动，地区内部市场对于各成员国的重要性日益突出。成员国之间的贸易稳步增长，1990 ~ 2005 年的平均年增长率达到 13.5%，超过各成员国与第三方的贸易增长速度。贸易产品之中的很大一部分是具有高附加值的制成品。地区内部贸易的发展使各成员国新增了一大批工作岗位，各成员国也因此在市场竞争领域积累了丰富的经验。

2. 完善自身制度体系

为适应新形势的需要，安第斯集团决定修改《卡塔赫纳协定》，使自身的制度体系和内聚力得到加强。这一进程在签署于 1996 年的《特鲁希略议定书》的推动下得到实施。该议定书对安第斯集团的制度框架进行了一系列重要修改，把所有的一体化机构和机制归并为"安第斯一体化体系"；把集团最高政治权力授予总统理事会；加强了外长理事会的作用；用总秘书处取代《卡塔赫纳协定》委员会，以秘书长取代《卡塔赫纳协定》委员会的"三驾马车"体制。根据《卡塔赫纳协定》和《特鲁希略议定书》的规定，总统理事会、外长理事会、安共体委员会等安共体一体化机构享有一定的超国家权力。① 这是安共体与其他拉美贸易和一体化组织的一个主要不同之处。为吸引民间人士参与安第斯一体化进程，安共体先后成立企业咨询理事会和劳工咨

---

① http：//www.comunidadandina.org/INGLES/press/speeches/Miguel09 - 21 - 98.htm

询理事会。根据《特鲁希略议定书》的规定，这两个机构的成员可以参加安共体委员会的会议并发表意见。签署于 1997 年的《苏克雷议定书》对《卡塔赫纳协定》做出又一次重大修改。该议定书使安第斯一体化的范围超越纯粹的贸易和经济领域，为安共体新增三项内容：对外关系，服务贸易自由化和接受联系成员。

安第斯集团总统理事会在 1996 年对安第斯一体化进程进行全面评估，决定把安第斯共同体和安第斯一体化体系作为推动次地区一体化进程的新法律框架。1997 年 6 月，安第斯集团正式更名为安第斯共同体。同年，安共体财长、中央银行行长和经济计划负责人咨询委员会成立，负责对各成员国宏观经济政策进行协调。1998 年 3 月，安共体成员国首次以同一个声音参加有关美洲自由贸易区的谈判。自 2002 年起，安共体陆续成立了一批新的专门委员会，主要负责社会发展、环境保护、减灾等方面的事务，使安共体的组织机构更加完整和全面。

3. 建立安第斯关税同盟

为推动次地区一体化进程的发展，安第斯集团一直希望建立安第斯关税同盟，实行共同对外关税。《卡塔赫纳协定》规定，实行共同对外关税分两步走：第一阶段实行最低共同对外关税税率；第二阶段实现共同对外关税（1980 年）。但是，各成员国的步调很不一致，因而未能按期实现这一目标。建立安第斯关税同盟的进程在 20 世纪 80 年代末出现转机，各成员国开始就关税问题进行更多的协调与磋商。1994 年 11 月 26 日，安第斯集团 370 号决议批准在 1995 年实行共同对外关税。1995 年，安第斯关税同盟正式建立。根据产品加工程度的不同，对外共同关税分为 4 级：5%、10%、15% 和 20%。① 各成员国对原材料征收 5% 的关税；对中间产品和资本

货征收 10% 或 15% 的关税；对制成品征收 20% 的关税。① 但是，这一关税同盟还不够完整。在 5 个成员国之中，哥伦比亚、厄瓜多尔和委内瑞拉遵照有关规定征收共同对外关税；玻利维亚享受一系列优惠待遇；秘鲁没有加入这一机制。此外，一些国家的某些生产领域或某些产品可以享受优惠待遇。

近年来，为给共同市场的建立铺平道路，安共体不断对安第斯关税同盟进行完善，展开了有秘鲁参与的新一轮共同对外关税谈判。5 个成员国的外交、农业、外贸、财政和经济部长在 2002 年举行特别会议，商讨对 4 级共同对外关税的税率进行调整。2003 年 4 月，各成员国在安共体委员会会议上完成了有关共同对外关税问题的最终谈判。

4. 建立共同市场的努力和不利因素

安共体一直积极谋求协调各成员国的经济、货币和财政政策，建立共同市场，实现商品、服务、资本和人员在安共体内部的自由流动，最终使各成员国实现更为同质的、可持续的经济发展，形成更强劲的国际市场竞争力。2000 年 6 月举行的第 12 次总统理事会会议表示，安共体将争取在 2005 年 12 月 31 日之前建成安第斯共同市场。各成员国贸易部长与安共体委员会在 2005 年 3 月举行会议，制定《工作计划》，为推动安第斯一体化进程确定明确的短期和中期目标。这份《工作计划》从 5 个领域加强安第斯一体化进程：第一，实现货物和服务的自由流动。各成员国为此需要消除贸易限制，自动承认其他成员国颁发的健康证明，统一关税规则，协调彼此的贸易政策；第二，进一步完善关税同盟，加强安共体在与第三方进行贸易谈判时的地位；第三，加强共同体法律制度体系的建设；第四，创建安第斯投资促进委员会，增加来自国内外的生产性投资；第五，加强对玻利维

---

① http：//www. comunidandina. org/INGLES/press/speeches/Miguel09 – 21 – 98. htm

亚和厄瓜多尔的扶持，帮助其扩大在安共体内部的出口。

安共体努力推动各成员国为实现人员自由流动创造条件，使地区内部旅行的手续不断得到简化。2001 年召开的第 13 次总统理事会会议决定，从 2002 年 1 月 1 日起，各成员国的公民在安共体内部进行跨境旅游时无须申办签证，只需出示其本国颁发的身份证（委内瑞拉除外）。安共体在 2001 年通过 504 号决议，表示将颁发安共体护照，以方便成员国公民将来前往共同体以外的国家和地区旅游。为了使专业人员实现自由流动，安共体计划让各成员国承认彼此颁发的学历，并谋求实行共同劳工政策、保险政策和职业健康政策。此外，安共体不断推动各成员国在投资、贸易竞争、服务贸易、知识产权、旅游业等领域实行共同政策；促进各成员国边界地区的发展与一体化；制定更有力的环保、能源和灾害防治政策，使整个地区走一条可持续发展的道路。

共同农业政策也是安共体为建立共同市场所做的重要准备工作之一。安共体希望使各成员国的农业部门在平等条件下进行竞争，推动联合发展项目，协调农产品出口政策，稳定从非安共体国家进口的农产品的价格，消除价格扭曲，从而巩固安第斯自由贸易区。目前，安共体共同农业政策有三大内容：安第斯农业卫生体系，安第斯价格范围体系和安第斯国家农业政策跟踪。

目前，由于诸多不利因素的限制，安共体未能按照时间表如期启动安第斯共同市场。现实表明，安共体及其追求的次地区一体化进程在今后将面临巨大挑战。

首先，成员国之间缺乏建立共同体的经济和社会基础。尽管地区内部贸易额在近年不断攀升，并在 2005 年创下历史最高纪录，但地区内部贸易在各成员国的对外贸易中所占的比重仍旧很小；使用非关税壁垒保护本国产业和产品的现象仍然普遍；交通、通信等基础设施需要进一步发展，才能满足经济一体化进程的需要；各成员国政府有加速一体化进程的政治意愿，但私人企业部门却对建立共同市场缺乏应有的热情；在大多数情况下，共同体还很难制定具有连贯性的共同外交政策，或以共同外交立场参与国际事务和国际谈判。

其次，各成员国内部政局的不稳定使安共体一体化进程难以得到稳定的政治支持。委内瑞拉总统佩雷斯在 1993 年被迫辞职；秘鲁因 2000 年大选出现严重的局势动荡；厄瓜多尔和玻利维亚多次因严重的社会问题引发政治动荡，导致政府不断出现非正常更迭。这些因素或使总统理事会会议无法按期举行，或使安共体的重要决议无法在成员国内得到及时执行。

最后，成员国之间的矛盾和分歧影响到该组织的内部团结。秘鲁总统藤森在 1992 年强行解散国会，委内瑞拉随即冻结与秘鲁的外交关系。哥伦比亚政府实施由美国资助的打击贩毒活动的"哥伦比亚计划"，引起邻国的不安。秘鲁和厄瓜多尔在 1995 年发生边界军事冲突，陷入敌对状态。秘鲁在 1992 年宣布中止对安第斯集团成员国承担经济义务；1997 年，秘鲁由于同其他成员国之间贸易逆差严重并且在共同关税问题上与其他成员分歧较大，一度声称退出安第斯集团。2008 年 3 月，哥伦比亚政府军越境进入厄瓜多尔，打击哥最大的反政府武装组织"哥伦比亚革命武装力量"。这次越境军事行动引起厄瓜多尔和委内瑞拉的强烈谴责与抗议，厄瓜多尔宣布同哥伦比亚断绝外交关系，地区局势一度紧张。2009 年 5 月，秘鲁宣布为玻利维亚 3 名受到通缉的前政府部长提供政治庇护。作为反击，玻利维亚总统莫拉莱斯（Evo Morales）表示，玻方将就秘鲁的这一行为向海牙国际法院提出诉讼。玻秘关系就此陷入僵局。

围绕是否与美国签署双边自由贸易协定一事，经济实力最强、人均 GDP 最高的委内瑞拉与哥伦比亚、秘鲁和厄瓜多尔产生尖锐分歧。委内瑞拉坚决反对安共体成员国单独与美国进行自由贸易谈判，并在 2006 年 4 月断然宣布退出安共体。在此次危机的打击下，安共体一度被认为有解体的危险。2006 年 6 月，玻利维亚、哥伦比亚、秘鲁和厄瓜多尔在基多举行安第斯总统理事会特别会议。会上发表的《基多宣言》重申各成员国继续加强与巩固安共体的决心，声明安第斯一体化进程的原则与宗旨继续有效。在克服分歧、加强内部团结的基础上，安共体希望智利能够重新加入共同体之中。玻利维亚、哥伦比亚、厄瓜多尔和秘鲁四国政府在 2006 年 8 月共同向智利表达了这一意向。目前，双方正在就此事进行磋商。

2007 年，第 17 次总统理事会会议强调以更具有效性的途径推动安第斯的一体化进程，实现包括社会、文化、经济、环境、贸易等方面的全面一体化。总秘书处制定的"2008 年工作计划"体现了会议的构想：在社会和政治领域，各成员国通过加强社会参与、深化政治合作等措施消除贫困、社会排斥、不平等和不对称；在环境领域，由一系列促进可持续发展的次地区行动构成的"安第斯环境议程"正在付诸实施；在对外关系领域，"共同对外政策"框架内的安共体联合对外行动加强了成员国的谈判能力，有助于它们在国际事务中发挥更为积极的作用；在经贸领域，工作目标是巩固扩大之后的市场，以确保商品和服务在安第斯地区范围内无障碍地流动，同时确保创造更多的就业机会；在制度领域，工作目标是实现对一体化进程的高效管理。

5. 维护地区安全

安共体认为，和平与发展紧密相关；在地区经济迫切需要发展的情况下，维护地区安全尤为重要。因此，各成员国应该进一步加强相互之间的友好合作关系，裁减军费开支，放弃购买进攻性武器，集中物力和财力用于发展地区经济，解决日益严重的贫困问题。2002 年 6 月，安共体各成员国外交部长和国防部长签署《利马承诺：安第斯和平与安全宪章以及国防开支限度与控制》，这份文件旨在形成安共体有关地区安全的共同政策，其内容包括创建安第斯和平区，打击恐怖主义，打击武器、弹药和爆炸物的非法贩卖，限制国防开支，控制常规武器，保持军事领域的透明度。安共体还计划推动拉丁美洲宣布自身为没有空对空导弹、中程导弹和远程导弹的地区，主张完全禁止核武器、化学武器和生物武器。2003 年 2 月，安共体成员国在波哥大举行首届安全与增强信任高级小组会议，主要目的是推动各成员国的外交部长与国防部长建立对话与合作机制。2004 年 7 月，安共体批准《共同外部安全政策指导方针》，旨在使各成员国能够有效应对以有组织方式出现的安全威胁。2004 年 7 月，第 15 次总统理事会会议批准《关于建立和发展安第斯和平区的基多宣言》。宣言确定了和平区的地理范围，确定其主要作用是为和平解决争端创造必要条件，以及确保安第斯成为一个无核武器、化学武器和生物武器的和平区。安共体希望借此推动南美洲和平区的发展。

安共体认为毒品的生产、销售与消费对人类的健康与幸福构成严重威胁，因而主张对其进行严厉打击。安共体各成员国均已建立全国监控机制，对毒品种植区进行密切监视。2001 年 6 月，第 13 次总统理事会会议强调进一步推进安共体的反毒斗争。这次首脑会议制定了安共体历史上第一个共同反毒战略——《安第斯控制毒品及相关罪行的合作计划》。该计划主张在团结合作、恪守国际法、尊重国家主权和领土完整的基础上，展开联合反毒行动，使安共体成为南美洲乃至西半球反毒战略的轴心。2004 年 12 月，安共体批准《安第斯控制用于非法生产毒品和神经药物的化学物质的规章》，旨在使地区进出口贸易中不含有违禁化学品。为了根除毒品的种植，各成员国在 2001 年决定共同启动替代作物种植发展计划，帮助农民寻找合适的替代作物。2004 年，安共体批准《安第斯可持续整体替代发展战略》，旨在以全面的、可持续的方式帮助毒品种植区的人民脱离贫困，不再以从事毒品生产谋生。

除毒品犯罪以外，安共体还将打击非法武器的贩卖活动纳入议事日程。2003 年，安共体批准"安第斯预防、打击和根除小型和轻型武器非法运输计划"，成为世界上第一个拥有这类政策的一体化组织。

6. 促进环境保护

早在 1983 年，安第斯集团就通过决议，建立了有关农业、食品安全和环境保护方面的体系。进入 20 世纪 90 年代以后，安第斯集团更加重视环境保护问题。分别于 1993 年和 1996 年建立了"植物品种多样化维护者权利保护共同制度"和"获取基因资源共同制度"。1998 年，安共体成立了安第斯环境部门委员会，负责对成员国环保政策进行协调和提供咨询。2001 年和 2002 年，安共体陆续通过了"环境管理和可持续发展方针"以及"地区多样性战略"两个指导性文件。2004 年，安共体又成立了环境和可持续发展部长理事会，负责制定、协调和审议通过与环保相关的共同政策。安共体还制定了题为《2006～2010 年安第斯环境日程》的五年环保计划，以生物多样化、气候变化和水资源为三大工作重点，包含了一系列中短期行动计划，以提高各成员国在环境保护和可持续发展方面的能力。

7. 应对金融危机

2008 年 10 月，在厄瓜多尔举行的安共体特别首脑会议呼吁各成员国协调立场，共同应对世界金融危机。根据此次首脑会议的决议，财政部长、中央银行行长及经济计划负责人咨询理事会在 2008 年 11 月举行第 10 次例会，分析国际金融危机给安第斯地区带来的短期和中长期影响，强调有必要通过深化一体化降低危机的不利影响。理事会在 2009 年 2 月举行第 11 次例会，呼吁各成员国推动小额信贷体系的建设，以便帮助基层部门获得贷款；完善地区和次地区的银行体系，为侨汇的流动提供便利；加强拉美储备基金作为替代融资渠道的作用，以便帮助成员国应对流动性不足和国际融资困难；提升成员国应对危机措施的透明度和相关信息交流；实现国际金融监管机制的民主化和透明，为此支持联合国大会有关建立新的国际金融体系的倡议。

8. 其他活动

近年来，安共体的工作范围更加广泛，主要目的就是从各个方面推动安第斯地区的一体化进程。

在推动社会发展方面，2001 年，安共体成员国签署《西蒙·罗德里格斯协定》，成立安共体讨论、参与和协调社会劳动问题的论坛；2002 年，印第安人权利工作小组成立；2004 年，安第斯社会发展部部长理事会和教育部长与文化政策负责人理事会相继成立；同年，安共体制定了"社会发展总体计划"并通过了安第斯社会保障政策。

在国土开发方面，安共体于 2003 年创建安第斯城市网，于 2004 年成立了市政当局咨询理事会，并积极制定国土开发和竞争力战略。

在边境开发方面，安共体于 1999 年制定一体化和边境开发共同政策，并于 2001 年建立了边境一体化区。

在农村发展和食品安全方面，安共体制定了"安第斯农村发展和农业竞争力计划"以及帮助成员国改善食品安全的战略和手段。2005 年 7 月，安共体决定成立农村发展和农业生产基金，负责推动成员国的农业发展。

在能源合作方面，安共体于 2003 年成立了能源、电力、石油和矿产部长理事会，同年启动了电力一体化进程。

在促进投资方面，安第斯集团早在 1991 年就实施了对待外资共同制度和跨国公司统一制度，明确了对外资和跨国公司采取国民待遇，于 2003 年又制定了安第斯促进投资战略。

在宏观经济政策的制定方面，安共体努力追求成员国之间的协调一致。1997年，安共体财政部长、中央银行行长和经济计划负责人咨询理事会成立。此后，在该理事会的推动下，安共体分别就通货膨胀、公共债务和财政赤字制定了统一标准；2004年，成员国还批准实施了避免双重征税和防止偷漏税的制度，并通过了两项关于增值税和选择性消费税的统一征税标准；2005年，安第斯证券市场管理者委员会成立。

在灾害预防和处理方面，2002年，安共体成立灾害预防和处理委员会，此后又制定了安第斯预防和处理灾害战略以及支持防灾计划。

在促进贸易方面，安共体于2003年成立了安第斯出口促进委员会，由各成员国出口促进最高机构的代表组成；此外，安共体还开展了大量技术培训和援助计划，为成员国进入国际市场、开拓贸易渠道、扩大商业信息交流等提供便利。

除上述活动以外，安共体还制定了有关原产地、自由竞争、知识产权保护、社会保障、劳工移民、国际运输、动植物检疫和化妆品检验等方面的共同标准，并在促进中小企业发展、电信业一体化、信息技术发展、市民社会参与现代化进程等诸多方面做了大量卓有成效的工作。

八 对外关系

安共体在对外关系方面的主要目标是希望与拉美和加勒比国家建立更紧密的关系，加强与美国和欧盟的合作，扩大与亚太地区的经济往来，以共同立场参与世界贸易组织和有关建立美洲自由贸易区的各项谈判。

安共体成立后，对外贸易实现稳步上升。它的主要出口产品为石油、石化产品、矿产品、钢铁、农产品和纺织品，主要进口产品为日常消费品、化工产品、药品、纺织品和工业制成品。安共体的最大贸易伙伴为美国，其次为欧盟。2008 年，安共体向世界其他国家和地区的出口达到 931.42 亿美元，进口达到 941.76 亿美元。[①]

（一）制定共同外交政策

随着一体化进程的深入，安第斯集团成员国首脑在 1979 年 5 月签署《卡塔赫纳授权书》，要求各成员国外长在国际事务中采取共同行动。同年 11 月，各成员国在利马创建外长理事会，由其负责就与次地区利益有关的事务制定外交政策，同第三方国家或国家间组织就外交政策和合作事务签署条约和协定。

签署于 1996 年的《特鲁希略议定书》把外长理事会列入《卡塔赫纳协定》的法律结构之中，规定其决议具有法律约束力。《苏克雷议定书》最终确定共同体实行共同外交政策。外长理事会在 1999 年 5 月批准 458 号决议，着手制定"共同外交政策指导方针"。共同外交政策的实施增强了安共体的内部凝聚力和民众的认同感，也使该组织在国际舞台上的地位得到增强。

安共体把共同外交政策建立在以下共同理念之上：尊重联合国和美洲国家组织倡导的国际法原则和权利，共同的安第斯认同感，维护次地区以及国际和平与安全，巩固拉美的一体化进程。共同外交政策的目标是：捍卫和推广共同安第斯认同感、价值观和利益；增强地区和平与安全；提高本组织国际谈判的能力；巩固和推动一体化进程；增进拉美地区的一体化、和平与团结；加强国际多边主义和国家关系的民主化，巩固民主制度和法治，捍卫人权，消除极端贫困，提高安第斯人民的生活水平；促进次地

[①]　http：//www.comunidadandina.org/quienes.htm

区的可持续发展和环境保护；打击毒品制售；打击腐败、恐怖主义和其他任何形式的有组织犯罪。①

（二）安共体与美洲自由贸易区谈判

在共同外交政策原则的指导下，安共体成员国作为一个整体参与美洲自由贸易区的谈判。安共体认为参与美洲自由贸易区谈判进程的主要目的之一是要确保美洲自由贸易区的谈判考虑安第斯国家参差不齐的发展程度和经济规模，"为安第斯国家的平等参与创造必要条件"。② 安共体成员国在小组讨论、谈判委员会会议、部长及副部长会议等各个级别的讨论中基本上做到用同一个声音捍卫本地区的利益。例如在原产地规则谈判中，安共体就"原产地特殊要求"提出综合性标准；在关税谈判中，安共体坚持以 1994 年《关贸总协定》第 24 款作为谈判基础，主张充分考虑经济发展程度的高低、经济规模的大小以及西半球国家当前的市场准入条件，以渐进方式推动自由化进程；在农业问题上，安共体与一些国家一道坚持贯彻世界贸易组织 SPS 协定。但是，安共体国家之间对于推动服务贸易谈判的步骤等问题存在某些分歧。③

（三）与世界贸易组织（以下简称"世贸组织"）的关系

所有安共体国家都是世贸组织成员。与世贸组织的谈判直接影响到安共体国家的发展战略，因此，安共体国家历来重视世贸组织框架内的各项活动，力求以整体和协调的形

---

① http：//www. sice. oas. org/trade/JUNAC/Decisiones/Dec458e. asp
② http：//www. comunidadandina. org/ingles/Exterior/ftaa. htm
③ http：//www. comunidadandina. org/ingles/Exterior/ftaa. htm

象参与这些活动。根据安共体委员会在 2005 年 3 月制定的《工作计划》，安共体国家在世贸组织谈判中主要围绕农业、市场准入和知识产权进行协调。

（四）在国际事务中维护拉美国家利益

安共体在国际事务中坚持不干涉原则，勇于捍卫拉美乃至广大发展中国家的利益。1979 年 9 月，安第斯集团五国在第 6 次不结盟国家首脑会议上发表联合声明，坚持不结盟运动的根本原则；1979 年，安第斯集团五国签署《巴拿马纪要》，支持巴拿马和美国签订的新运河条约；1982 年 4 月，安第斯集团五国就英国和阿根廷的马岛战争发表联合声明，支持阿根廷，谴责欧共体对阿根廷实行经济制裁；安第斯集团的一些成员国成功地推动成立"孔塔多拉集团"、"利马支持集团"和"里约集团"，为解决中美洲冲突发挥了重要作用；2000 年 4 月，安共体成员国外长一致批评美国利用选举干涉秘鲁内政的做法。

（五）加强与拉美其他一体化组织的关系，以推动整个地区的一体化进程

安共体把拉美地区一体化作为一项优先关注目标列入议事日程之中，目的是使安共体成为联结南美洲、中美洲和加勒比地区的纽带。它与拉美的次地区一体化组织的关系在20 世纪 90 年代以来取得长足发展。

安共体与中美洲一体化体系签订《政治对话与合作协定》，并正在与后者就签订自由贸易协定进行谈判。两组织同意在每年的联合国大会期间举行成员国外长会议。安共体总秘书处还与中美洲一体化体系在 2004 年签订《合作框架协定》，承诺合作处理双方具有共同利益的事务。双方秘书处还在制定和实施联合计划，组织论坛、研讨会和专家交流等方面开展了密切合作。

安共体重视与加勒比共同体（以下简称"加共体"）发展合作关系。早在 1996 年，安共体下属机构安第斯开发公司就与加共体签署合作协议；安共体总秘书处领导人多次前往加共体秘书处访问；围绕世界贸易组织多哈谈判、美洲自由贸易区谈判、与欧盟贸易谈判等重要问题，两集团曾多次举行磋商。2007 年，安共体与加共体的双边贸易额为 9.8 亿美元。[1]

1999 年，安共体与美洲开发银行下属的拉丁美洲和加勒比一体化研究中心签署协议，共同开办了"安第斯一体化培训计划"，对安共体国家的青年公务员进行专业培训。截止到 2006 年年底，这项计划已经举办了 16 届培训班。

南方共同市场（以下简称"南共市"）是安共体的第三大贸易伙伴。2007 年，5% 的安共体出口产品输往南共市，13% 的安共体进口产品来自南共市；双边贸易额达到 129 亿美元。[2]

1995 年 2 月，安共体与南共市的代表在蒙得维的亚举行会议，首次探讨两大组织建立自由贸易区的可行性。双方在此后又多次举行类似会议，继而在 1998 年 4 月签署了有关创建自由贸易区的框架协定。协定规定有关谈判分两阶段进行：首先，两组织在现有协定的基础上就签订一项关税优惠协定展开谈判；其次，围绕签订自由贸易协定展开谈判。从 1998 年 6 月起，安共体与南共市开始第一阶段谈判。谈判最初以组织对组织的形式进行。由于在敏感产品清单和免税时间表上分歧很大，谈判一直没有取得实质性进展。后来在巴西的建议下，谈判改为安共体与单个南共市国家分别进行谈判。安共体与巴西在 1999 年、与阿根

---

① CAN, *El Comercio Exterior de la Comunidad Andina 1969 – 2007*, http://intranet. comunidadandina. org/Documentos/DEstadisticos/SGde230. doc

② CAN, *El Comercio Exterior de la Comunidad Andina 1969 – 2007*, http://intranet. comunidadandina. org/Documentos/DEstadisticos/SGde230. doc

廷在 2000 年分别签署《部分经济补充协定》，从而使两大区域
组织向建立自由贸易区迈进一大步。2000 年，第 1 届南美国家
首脑会议在巴西举行。会议决定加快安共体和南共市之间的合作
进程。第二阶段谈判在 2001 年 4 月展开。安共体与南共市于
2002 年 12 月在巴西利亚签署一项《经济补充协定》，决心在
2003 年 12 月 31 日之前完成有关自由贸易协定的谈判。南共市
四国为此与安共体的哥伦比亚、厄瓜多尔和委内瑞拉在 2003 年
12 月签署《第 59 号经济补充协定》，目的是通过扩大贸易范围
和贸易多样性、消除关税以及非关税限制形成一个自由贸易区。
双方商定在未来 10 ~ 15 年内逐步取消关税，并自 2004 年 4 月开
始制定减免关税产品清单。在此之前，玻利维亚与南共市在
1996 年 12 月、秘鲁与南共市在 2003 年 8 月分别签署《经济补
充协定》。

　　2004 年 10 月，第 13 次拉美一体化协会部长理事会会议在
蒙得维的亚举行。安共体五国、南共市四国与智利在会上共同签
署协定，将在未来 15 年内分阶段削减关税，力争把南美自由贸
易区打造为世界最大的贸易集团之一。

　　安共体和南共市之间还展开了内容广泛的政治对话。在
2000 年和 2002 年南美国家首脑会议举行期间，两组织的成员国
首脑就地区事务和世界局势举行了会谈。2001 年 7 月，安共体、
南共市以及智利的外长共同在玻利维亚的拉巴斯建立"政治对
话与协调机制"（即政治对话制度化），目的是加强各国在政治
事务、经济一体化、外交关系、基础设施建设、社会文化等方面
的交流与合作。2005 年 7 月，安共体外长理事会授予南共市成
员国巴西、阿根廷、巴拉圭和乌拉圭以联系成员国地位。另一方
面，安共体四国也是南共市的联系成员国。

　　安共体对委内瑞拉于 2005 年加入南共市表示支持，认为这
将有助于推动南美洲国家共同体的建设。各成员国借此重申它们

建设南美洲国家共同体的决心，希望加强与拉美其他地区一体化组织的合作。

（六）加强与美国和欧盟的合作

安共体在对外关系中注重发展与美国和欧盟的合作。长期以来，它们都是安共体成员国的主要贸易伙伴和经济援助提供者。

1. 与美国的关系

美国是安共体最大的贸易伙伴。2007年，29%的安共体出口产品输往美国，21%的安共体进口产品来自美国；双边贸易额达到370亿美元。①

美国在1981年开始给予安共体关税优惠。1998年10月，安共体国家与美国签署有关成立"安第斯—美国贸易和投资理事会"的协定，使双方的经贸关系得到有力提升。该理事会旨在推动安共体对美国的出口贸易，同时为该地区吸引更多的美国投资。

美国国会在1991年通过《安第斯贸易优惠法案》，向积极配合美国扫毒政策的玻利维亚、哥伦比亚、厄瓜多尔和秘鲁提供对美出口关税优惠待遇，有效期为10年。应安共体国家的强烈呼吁，美国总统布什（George Walker Bush）在2002年批准了《安第斯贸易促进和根除毒品法案》，使安第斯国家享受的贸易优惠待遇不仅延长到2006年年底，还有所扩大。美国希望通过这项法案达到与安第斯国家合作打击毒品、巩固这些国家民主化进程和扩大双边贸易的目的。

随着法案到期日的临近，一些安第斯国家希望延长原有期限

---

① CAN, *El Comercio Exterior de la Comunidad Andina 1969 – 2007*, http://intranet. comunidadandina. org/Documentos/DEstadisticos/SGde230. doc

或签订新的贸易协定以继续享受贸易优惠。而美国也希望通过与安共体国家签署自由贸易协定来代替本国单方面给予这些国家的关税优惠。哥伦比亚、秘鲁和厄瓜多尔在 2004 年 5 月开始同美国进行自由贸易谈判。美国认为玻利维亚国内政治形势不稳定，因而没有将其列为谈判对象，但玻利维亚可以作为观察员参与谈判进程。经过多次延期之后，哥伦比亚和秘鲁分别在 2006 年 2 月 27 日和 4 月 12 日同美国签订自由贸易协定。由于厄瓜多尔政府在 2006 年 5 月宣布中止与美国石油公司的运营合同，两国之间的自由贸易谈判破裂。

2. 与欧盟的关系

欧盟是安共体第二大贸易伙伴。2007 年安共体 15% 的出口输往欧盟，12% 的进口来自欧盟；双边贸易额达到 190 亿美元。[①] 安共体对欧盟出口的绝大多数产品是基础产品和初级产品，欧盟对安共体出口的绝大多数产品是制成品。

安共体与欧盟的关系在不同的时期体现出不同的特点：20 世纪 70 年代，双方的合作集中在贸易领域；80 年代，欧洲经济共同体向安第斯集团提供了大量经济援助；自 90 年代以来，双方逐步建立起一整套工业、科技和企业合作机制。

安第斯集团在 1977 年 7 月与欧共体发表加强双方经济合作的公报，继而与后者共同组建安第斯—欧洲混合秘书处，由欧共体向安第斯集团提供资金和技术援助。双方在 1983 年签署第一份双边合作协定（时效期 5 年），以加强在政治和经济领域的合作。

20 世纪 90 年代中期以来，安共体与欧盟展开日益紧密的政治对话。双方在 1992 年签署《合作框架协定》，后又在 1996 年签署《罗马宣言》，为双边政治合作确定了比较完整的制度框

---

① CAN, *El Comercio Exterior de la Comunidad Andina 1969 ~ 2007*, http://intranet. comunidadandina. org/Documentos/DEstadisticos/SGde230. doc

架。2003 年 12 月，双方在罗马签署《欧盟—安共体政治对话与合作协定》，将两组织政治对话的内容扩充到冲突预防、善治、移民、反恐等方面。

鉴于安第斯集团在打击毒品方面的卓著成效，欧共体在1990 年建立"安第斯关税优惠特别体系"，允许大部分安第斯集团工业品和一部分农渔产品免税进入欧共体市场。欧盟针对发展中国家实施的"欧盟优惠总体系"也使安共体国家受益良多。目前，安共体和欧盟正在就签订"联系协定"展开积极谈判。该协定将全面提升两组织之间的政治、经济、社会和文化联系，其中包含的自由贸易内容将使安共体产品稳定地进入欧盟市场，同时为安共体国家吸引更多的欧洲投资奠定基础。为展开有关签订《联系协定》的谈判，两组织在 2005 年对安第斯一体化进程进行了联合评估，其内容涉及安第斯经济一体化的机制框架、关税同盟、贸易规则框架、商品和服务贸易的非关税壁垒等问题。2006 年 5 月，安共体和欧盟在维也纳认可评估结果，决定在当年启动有关谈判"联系协定"的准备工作。2007 年 6 月，在玻利维亚的塔里哈举行的安共体总统理事会第 17 次会议决定启动与欧盟的自由贸易协定谈判。同年 9 月，第一轮谈判在哥伦比亚首都波哥大启动。2008 年 6 月，欧盟以未能与安第斯国家就知识产权和可持续发展达成协议为由，宣布中止原定在欧盟总部布鲁塞尔举行的第四轮谈判。目前，安共体成员国对与欧盟签署自由贸易协定存在较大的分歧。秘鲁和哥伦比亚持积极态度，但玻利维亚和厄瓜多尔并不急于达成协议。

联合打击毒品制售在安共体和欧盟关系中占有重要地位。从1995 年起，双方就此定期举行禁毒高级官员特别对话。此外，欧盟委员会在 1995 年 12 月与安共体成员国分别签署专门协定，以加强对用于提炼毒品的化学物质的控制。截止到 2005 年，禁毒特别对话已举行 8 次，控制制毒化学物质的会晤已举行 6 次。

在西半球范围内，安共体配合美洲国家组织下属的泛美滥用毒品控制委员会展开反毒行动。正是在认可安共体国家打击毒品成绩的基础上，美国和欧盟向全体安共体成员国给予贸易优惠待遇。

欧盟是安共体最大的发展援助提供者。2002～2006年，欧盟向安共体国家提供了4.4亿欧元的援助。①

（七）扩大与亚太国家的往来

安共体与加拿大保持紧密关系。1999年6月，安共体成员国和加拿大在渥太华签署《贸易和投资合作谅解协定》，一致同意加强经贸联系和加快贸易与投资自由化的步伐；成立一个由外贸部长组成的贸易与投资咨询小组，负责探讨相关适宜。安共体与墨西哥建立了对话和政治协调机制，接受墨西哥成为其联系成员国，并谋求与其建立自由贸易区。此外，以中国、日本、印度为代表的亚洲国家与安共体国家的关系日趋紧密。秘鲁受安共体委托，推动该组织与亚太经合组织的关系。2000年5月，安共体与东南亚国家联盟在泰国首都曼谷举行首次合作研讨会，探讨如何在政治、经贸、科技、文化等领域加强双方的合作关系。2001年，安共体与俄罗斯建立了政治对话和合作机制，以加强和扩展双边关系、相互理解、经贸往来和文化交流。

在亚太国家中，中国、日本、墨西哥和智利是安共体最重要的贸易伙伴。

（八）与中国保持稳定的合作关系

1999年1月，中国同安共体就建立磋商机制达成一致。同年5月，江泽民主席向安共体首脑会议发去贺电，

---

① http://ec.europa.eu/comm/external_ relations/andean/intro/

庆祝该组织成立 30 周年，并委派我驻哥伦比亚大使出席了会议。2000 年 3 月，中国外长唐家璇与访华的秘鲁外长、安共体外长理事会轮值主席德特拉塞格涅斯（Fernando de Trazegnies Granda）在北京签署《关于建立政治磋商与合作机制的协议》。中国政府根据协议确定的原则和精神，于 2002 年 1 月帮助安第斯西蒙·玻利瓦尔大学在中国人民大学举办了为期三周的"中国经济增长研修班"，以推动中国和安共体成员国之间，就经济建设的政策措施及其成效进行交流，探讨经贸合作的新途径、新领域、新方式，进一步增进友好合作。2002 年 10 月，中国外长唐家璇在波哥大与安共体五国外长进行首次磋商，正式启动中国—安共体政治磋商与合作机制。双方同意以后的会议可以在副外长级别举行，每两年召开一次。2003 年 9 月，李肇星外长在第 58 届联合国大会期间会见安共体成员国外长，双方就落实中安政治磋商与合作机制首次外长会议成果交换了意见。2003 年 10 月，安共体国家高级电信官员及企业家代表团访华。2004 年 9 月，中国—安共体政治磋商与合作机制第 2 次会议在北京举行，委内瑞拉外长赫苏斯·阿纳尔多·佩雷斯代表安共体与会。双方承诺将共同应对新的全球化挑战，加强在禁毒、反洗钱和打击有组织跨国犯罪方面的合作，推动在世贸组织框架内的协调以捍卫发展中国家的利益，并为建立中国—拉美合作机制创造条件。2005 年 1 月，中国国家副主席曾庆红在利马与秘鲁外长曼努埃尔·罗德里格斯·夸德罗斯（Manuel Rodríguez Cuadros）等安共体五国外长以及安共体秘书长举行会晤，同意进一步扩大双方的贸易和投资规模，扩大能源、科技和环保技术交流。安共体外长们重申坚持一个中国的政策。2005 年 3 月，安第斯议会议长恩里克·乌尔基迪（Enrique Urquidi）率团访华，受到全国人大常委会委员长吴邦国、副委员长成思危和副外长杨洁篪的分别会见。

　　近年来，中国与安共体成员国之间的贸易呈快速增长态势。根据安共体的统计，双边贸易年平均增长率在 1969～2007 年期间达到 20%，在 1998～2007 年高达 34%[①]。根据中国商务部的统计，2007 年，双边贸易额达到 106.1 亿美元，比 2006 年增长 45%；中国向安共体的出口为 49.8 亿美元，从安共体的进口为 56.3 亿美元；在安共体成员国中，秘鲁是对华出口最多的国家，占安共体对华出口总额的 77%；哥伦比亚是进口最多的国家，占安共体从中国进口总额的 45%。[②③]

[①]　CAN, *El Comercio Exterios de Bienes entre los Países Andinos y China 1998～2007*, http://intranet. comunidadandina. org/Documentos/DEstadisticos/SGde237. doc

[②]　作者根据中国商务部官方网站国别数据计算得出。

[③]　本段数据均不包括委内瑞拉。

第十四章

南方共同市场

南方共同市场（以下简称"南共市"），是由阿根廷、巴西、巴拉圭和乌拉圭四国于 1991 年 3 月 26 日建立的地区经济一体化组织，于 1995 年 1 月 1 日正式启动。其目标是促进成员国之间商品、人员和资本的自由流动，推动政治和文化一体化进程。经过十多年的发展，南共市已成为拉美地区规模最大的经济一体化组织。

一　成立背景和经过

20世纪 80 年代中期，阿根廷和巴西开始酝酿建立南锥体地区一体化组织。1985 年 5 月，阿根廷和乌拉圭签署了《经济互补协议》，决定增加两国贸易。同年 11 月，阿根廷和巴西两国总统在巴西的福斯—德—伊瓜苏发表了关于加强双边经济一体化进程的声明，提出了实现两国经济一体化的纲领、计划和实施方案，决定成立"一体化和合作高级混合委员会"。这项声明为南共市的建立奠定了重要基础。

1986 年 7 月，两国总统签署了《阿根廷—巴西一体化纪要》，制定了《阿根廷—巴西经济一体化和合作规划》，确定在坚持逐步、灵活、对称和均衡等原则的基础上，相互间实行比对第三者更为优惠的政策，加强相互间的政策协调，同时通过了进行双边合作的 12 项议定书，以便在资本货、能源、生物技术、核能、小麦、钢铁、金融、交通运输等关键部门进行合作。1987 年 12 月，阿根廷和巴西又签署了《民主、和平和发展纪要》和 20 项双边合作文件。1988 年 4 月，阿根廷、巴西、乌拉圭三国总统在巴西利亚签署了《黎明宫纪要》，提出建立南共市。同年 11 月 29 日，阿根廷和巴西两国签署了《巴西—阿根廷一体化、合作和发展条约》。该条约于 1989 年 8 月 23 日生效，同时决定邀请乌拉圭加入。条约确定了建立南共市的两个步骤：第一阶段在最多不超过 10 年的时间内，逐步取消地区内商品和劳务的关税和非关税壁垒，协调关税、贸易、科技等政策，调整财政、货币和资本流动等宏观经济政策；第二阶段开始为建立共同市场而协调其他经济政策。

1990 年 6 月 7 日，巴西和阿根廷两国总统签署了《布宜诺斯艾利斯协议》，根据国际形势的变化，决定加快筹建南共市的步伐，将取消相互间关税的期限提前到 1994 年 12 月 31 日。同年 12 月 30 日，阿根廷和巴西签署了《部分领域经济互补协定——第 14 号》，确定了减免关税的具体计划和平衡贸易的事项，并决定吸收乌拉圭和巴拉圭参加地区一体化组织。1991 年 3 月 26 日，阿根廷、巴西、乌拉圭、巴拉圭四国签署了《亚松森条约》，正式宣布建立南共市。该条约于当年 11 月 29 日生效。条约规定，从条约生效之日起到 1994 年 12 月 31 日为过渡时期，从 1995 年 1 月 1 日起，确立共同对外关税，建立关税同盟。

1993 年 7 月 1 日，南共市宣布自当年 7 月 1 日起内部贸易减免 75% 的关税，以后每半年再减少 7 个百分点，1994 年底基本消除所有关税和非关税壁垒，形成自由贸易区。

经过几年的共同努力，建立共同市场的基础逐步得到奠定。1994 年 12 月，在巴西欧鲁普雷图召开的第 6 次共同市场理事会会议通过了《欧鲁普雷图议定书》（亦译作《黑金城议定书》），作为《亚松森条约》的补充。1994 年 12 月 16 ～ 17 日举行的第 7 次南共市首脑会议宣布，自 1995 年 1 月 1 日起南共市正式启动，实行统一的对外关税税率，并明确了共同市场的对外整体法人地位。

二 成员

南共市有 4 个成员国，包括：阿根廷、巴西、巴拉圭和乌拉圭。智利、玻利维亚、秘鲁、哥伦比亚、委内瑞拉和厄瓜多尔先后成为南共市的"联系国"。墨西哥为南共市的观察员国。2005 年 12 月，南共市各成员国一致同意吸收委内瑞拉为其正式成员，2006 年 7 月，委内瑞拉签署了《加入南共市议定书》。按照规定，该议定书在得到各国议会批准后一个月，委内瑞拉方可成为正式成员国。截止到 2009 年 12 月，只有巴拉圭议会还没有批准该议定书。因此，委内瑞拉从法律意义上讲还不是南共市正式成员，但南共市一些下属机构已经吸收委内瑞拉代表加入。目前，南共市总面积约为 1300 万平方千米；总人口约为 2.63 亿（2007）；五国 GDP 合计 18438 万亿美元（2007）；人均 GDP 达到 6222 美元。[①] 2006 年 7 月，墨西哥正式向南共体申请成为联系国。2006 年 12 月，玻利维亚表示希望成为南共市的正式成员国。智利也已就成为正式成员同南共市展开谈判。

三 组织机构

《**欧**鲁普雷图议定书》规定，南共市的组织机构包括：共同市场理事会、共同市场小组、贸易委员会、

---

① GDP 与人均 GDP 两项数字根据国际货币基金组织国别数据计算得出。

议会联合委员会、行政秘书处、经济和社会咨询论坛。其中前三个机构是南共市的决策机构，其决定、决议或指令对成员国具有强制性，其执行必须经过所有成员国的一致同意。近年来，南共市对部分机构的名称和职能进行了一些调整，但组织框架基本没有改变。2002 年，行政秘书处更名为"秘书处"。2003 年 10 月，南共市常设代表委员会成立。2007 年 5 月以后，议会联合委员会被南共市议会所取代。

共同市场理事会（以下简称"理事会"）为最高决策机构，负责共同市场的政治领导和决策。理事会由成员国的外交部长和经济部长组成。理事会主席由成员国外交部长轮流担任，任期半年。理事会的主要职能是：对共同市场进行政治指导，并作出决策，以确保《亚松森条约》确定的目标如期实现；提出共同市场发展的措施；行使法人资格，与第三国、国家集团和国际机构谈判或签署协议；筹备和组织成员国首脑会议和各领域的部长级会议。理事会有权确定或修改对外共同关税。理事会会议可根据需要随时召开，至少每半年举行一次，必要时可召开若干次。会议由成员国外交部长协调，可邀请其他部长和部级机构代表出席。

2003 年 10 月，理事会通过决议，成立南共市常设代表委员会。该委员会由六人组成，包括主席和每个成员国各一名常驻代表。主席一般由政界要人担任，任期为两年。2003～2005 年，这一职务由阿根廷前总统爱德华多·杜阿尔德（Eduardo Duhalde）担任。南共市常设代表委员会的主要任务是配合理事会及其轮值主席的工作，加强南共市内部的经济、社会和议会关系，代表南共市参加国际谈判。

理事会下属的政治咨询和协调论坛负责协调组织文化、教育、内政、司法、社会发展、人权等方面的部长级会议。

共同市场小组是南共市的执行机构。其职能是负责实施《亚松森条约》和理事会通过的各项决议；就执行自由贸易计划、协调宏观经济政策、与第三方谈判、解决市场内部争端等问题提出具体的实施措施；监督贸易委员会和行政秘书处的活动；拟定保证共同市场正常运行的工作计划；建立下属工作小组，制定工作计划，协调和指导他们的工作，召开专门会议处理其提出的问题。共同市场小组由成员国各派4名正式成员和4名候补成员组成，分别代表外交部、经济部或相关的部级机构（工业、贸易或经济协调部门）和中央银行。共同市场小组主席由成员国轮流指派，任期半年。共同市场小组至少每三个月召开一次正式会议，必要时可召开特别会议。

为协调宏观经济和部门经济政策，共同市场小组下设14个工作小组，负责协调通信、矿业、能源、工业、农业、劳工就业和社会保障、环境、卫生、技术准则、运输、金融、投资、电子商务、机构事务等政策。它们的职能是就重要问题向共同市场小组提出建议，以便后者通过有关决议。每个工作小组每季度召开一次会议，在成员国轮流召开，或在秘书处所在地举行。在提案准备阶段，吸收成员国私人部门代表参加；在做决议阶段，只有官方代表参加。共同市场小组还下设了若干专门会议和特别小组，负责就需要特别关注的问题进行讨论，并向共同市场小组提交建议。另外，共同市场小组还有一些附属机构，如南共市培训学院、南共市社会劳工委员会、南共市民主观测站、南共市劳动力市场观测站，等等。

贸易委员会是共同市场小组的协助机构，负责南共市一切与贸易和关税相关的事务，具有决策权。贸易委员会由每个成员国各派4名非部长级成员组成，至少每月召开一次会议。主要职能是负责监督实施成员国共同贸易政策措施；审议成员国提出的与对外共同关税和其他共同贸易政策的实施有关的申请；向执行机构提出建议，提出新的或修改原有的贸易和关税准则。贸易委员会下设7个技术委员会，负责向贸易委员会提出建议以供决策；

此外，还设有一个贸易保护委员会。

议会联合委员会是成员国立法机关的代表机构，无决策权，具有咨询和协商的性质，由各成员国议会委派的 16 名议员组成，任期为两年，其工作由成员国总统组成的主席团协调。其主要职能是保持各成员国议会之间的信息联系；协调各国议会工作和立法；推动南共市各有关机构出台的标准尽快得到各成员国的审议批准；为建立南共市议会做准备工作；分析一体化进程中遇到的问题，向理事会提出有关一体化运行的建议。议会联合委员会每年召开两次会议，特殊情况下可由成员国总统召集特别会议。

2004 年 12 月，议会联合委员会受理事会的委托，开始草拟成立南共市议会的文件。2005 年 12 月 9 日，南共市议会正式成立。2007 年 5 月 7 日，南共市议会在乌拉圭首都蒙得维的亚举行首次会议，这标志着南共市议会的正式启动。来自 5 个成员国（包括委内瑞拉）的议员出席了会议，他们被授权加强地区一体化，协助巩固这个集团。乌拉圭副总统诺沃亚（Rodolfo Nin Novoa）称这个新的机构将"使一体化进程更加符合现实，更有效率，有多元化的代表性，使贸易协议和发展政策等领域取得进展"，并有助于克服地区不平衡。这次会议后，议会联合委员会不再存在。

南共市议会是独立和自治机构，不具备决策职能，主要任务是推动民主和保护人权。议会每年须提交一份关于本地区人权状况的报告，还要对南共市所有决策机构的决议、方针、政策提出意见和建议。议会下设 10 个委员会。议会会议每月召开一次，可通过网络进行，无须议员亲自出席。南共市议会实行一院制，由 90 名议员组成，每个国家 18 名。2011 年以后，议员的选举机制将逐步改变。从 2014 年起，南共市议会议员将通过直接普选产生。现任议长为阿根廷参议员何塞·胡安·包蒂斯塔（José Juan Bautista）。

南共市秘书处成立于 1994 年，设在乌拉圭首都蒙得维的亚，负责向南共市下属的其他机构和部门提供服务。2002 年以前，它的主要工作包括处理日常事务，保管文件和档案、出版和发放公报、为南共市各类会议提供后勤保障等。2002 年以后，随着一体化进程的加快，秘书处的职能扩大到技术支持和技术咨询。2007 年，秘书处设立了 3 个技术性部门。

南共市常设审查法庭是南共市的司法机构，成立于 2002 年 2 月 18 日，自 2004 年 8 月 13 日起正式启用。所在地为巴拉圭首都亚松森。南共市常设审查法庭由 5 名成员组成，其中 4 名由各成员国直接任命，任期 2 ~ 3 年，可连任 2 次；第 5 名成员作为法庭庭长，须经成员国一致同意，任期 3 年，无特殊情况不得连任。南共市常设审查法庭一方面直接受理国家或个人提出的针对成员国的投诉；另一方面也负责对特别法庭作出的判决进行审查。

经济和社会咨询论坛是南共市经济和社会部门的代表机构，具有自治性，但无决策权。由南共市成员国的私人部门和非政府组织组成。关税同盟、一体化进程、对外关系和社会问题是经济和社会咨询论坛重点关注的 4 个领域。该论坛的全体会议每年召开两次，由成员国各派 9 名代表出席，其中 4 人来自工会系统，4 人来自企业界，1 人来自消费者组织。1998 年，经济和社会咨询论坛创办了妇女论坛，以推动南共市成员国的性别平等。

南共市的其他重要机构还有劳工行政法庭和南共市法治国家促进中心。

四　主要领导人

签署《亚松森条约》的 4 位成员国总统分别是：阿根廷总统卡洛斯·萨乌尔·梅内姆（Carlos Saúl Menem）、巴西总统费尔南多·科洛尔（Fernando Collor）、乌拉圭总统路易斯·阿尔韦托·拉卡列·埃雷拉（Luis Alberto Lacalle Herrera）、巴拉圭总统安德列斯·罗德里格斯（Andrés Rodríguez）。成员国现任总统分别是阿根廷总统克里斯蒂娜·费尔南德斯·德基什内尔（Cristina Fernández de Kirchner）、巴西总统路易斯·伊纳西奥·卢拉·达席尔瓦（Luiz Inácio Lula da Silva）、乌拉圭总统塔瓦雷·巴斯克斯（Tabaré Vázquez）、巴拉圭总统费尔南多·卢戈（Fernando Lugo）。

南共市常设代表委员会现任主席是阿根廷前副总统卡洛斯·查科·阿尔瓦雷斯（Carlos Chaco Álvarez）。他出生于 1948 年。曾任联合国开发计划署顾问。1999～2000 年曾担任阿根廷副总统和参议院议长。曾在多所大学任教。2005 年当选为南共市常设代表委员会主席，2007 年连任。

五 出版物

南共市的定期出版物为《南共市官方简报》（*Boletín Oficial del Mercosur*），以西班牙语和葡萄牙语出版，原来为季刊，后改为每半年出版一期。主要内容是通报南共市各有关机构做出的决定、决议、指令、声明、公告、建议，以及对争端的判决结果。

南共市秘书处每年出版一份《活动报告》（*Informe de Actividades*），对秘书处一年的工作进行总结。

六 宗旨原则和政策主张

南共市成立的宗旨是通过有效利用资源、保护环境、协调宏观经济政策、加强各经济部门的互补，促进成员国科技进步和实现经济现代化，进而改善人民生活条件并推动拉美地区经济一体化进程。

根据《亚松森条约》的规定，南共市的 4 个目标是：通过取消关税、非关税壁垒等措施实现商品、服务和生产要素的自由流动；建立关税同盟和共同贸易政策，协调在地区和国际经贸论坛上的立场；协调宏观经济和行业政策，以确保成员国之间保持合理的竞争力；协调相关领域的立法，以推动一体化进程。

七　主要活动

南共市自成立以来，通过了自由贸易、合理利用资源、保护环境、协调宏观经济、加强文化科技合作等一系列协议，在扩大一体化规模、推动自由贸易、协调经济政策、制定对外共同关税、合理解决争端等方面取得了一定进展。

南共市首脑会议是成员国领导人定期会晤和沟通、协调立场、讨论重大问题的重要场所，一般每半年召开一次。截止到 2009 年 12 月，南共市共举行了 38 次首脑会议。主要议题包括：南共市的机构建设和内部改革、对外共同关税政策、成员国经济形势、同区域外国家或集团进行贸易谈判的立场、成员间的贸易纠纷、一体化建设，等等。第 38 次南共市首脑会议于 2009 年 12 月在乌拉圭首都蒙得维的亚举行。

目前，由于各成员国经济发展水平不同，经济规模有较大差异、宏观经济政策不一致，南共市的发展还面临不少问题。经济一体化给各成员国带来的利益不均衡、贸易保护主义思想的存在、对美洲自由贸易区的不同立场、在汇率和对外共同关税等政策上的意见相左等原因，导致成员国之间，特别是巴西和阿根廷之间，争端、分歧和摩擦不断，多项协议未能落实，南共市一体化进程无法得到进一步的深化。但各国正在努力协调相互关系，进一步加强合作。一方面积极把合作从贸易扩大到政治、基础设

施、社会、文化等领域；另一方面，努力把合作范围扩大到整个
南美洲地区，并建议同中美洲和加勒比地区实现一体化。2004
年7月，第26次南共市首脑会议正式提出建立"南美洲国家共
同体"的目标。

（一）推动自由贸易，扩大区域内贸易

自 由贸易的主要目标是取消关税和非关税壁垒。首先，
将各国的进口关税降低75%，之后每半年再减少
7%，到1994年12月底降为零，这些目标已基本实现；取消非
关税壁垒，实现货物和劳务的自由流通。其次，逐步取消例外清
单，规定每年减少项目的20%，巴西和阿根廷于1994年底、巴
拉圭和乌拉圭于1995年底全部取消例外清单。但从执行情况来
看，取消例外清单的工作并不顺利。

在1991年签订《亚松森条约》之前，南共市4个成员国之
间的贸易总额仅为51亿美元。[①] 自1995年南共市正式运行以后，
成员国之间的大部分贸易实现了自由化，地区内部贸易迅速发展
起来，区内贸易额逐年增加，1997年达到205亿美元。随后，
在南共市成员国相继发生经济和金融危机的情况下，区内贸易额
在2002年一度下降到101.9亿美元。从2003年起，随着各国经
济的全面复苏，南共市区内贸易也逐年回升，2006年达到256
亿美元[②]，超过了危机前的水平，2007年则超过320亿美元[③]。
巴西和阿根廷之间的双边贸易额占区内贸易总额的四分之三左
右，因此这两个国家之间的贸易关系对整个南共市区内贸易的发

① 周志伟：《南方共同市场运行十周年回顾及展望》，载《2005年拉丁美洲和
加勒比发展报告》，社会科学文献出版社，2006，第205页。
② 根据拉丁美洲一体化协会国别统计数据得出。http://nt5000.aladi.org/
siicomercioesp/
③ 这一数据中，巴拉圭对其他3个成员国的统计为2007年前8个月。

展起着至关重要的作用。目前，巴西已成为阿根廷最大的贸易伙伴；阿根廷也成为巴西的第二大贸易伙伴，仅次于美国。

（二）确立对外共同关税，协调成员国在地区和国际论坛上的立场

19 94 年 8 月，四国签署有关协议，决定从 1995 年 1 月 1 日起，对 85% 的进口商品实行对外共同关税，平均税率为 14%；对来自成员国免税区的商品也适用于对外共同关税。由于成员国经济发展水平的差异，各国对建立关税同盟的立场有较大不同，关税协议包括许多例外的规定，例如部分资本货、电信产品等。属于例外货单的商品，将逐步向共同对外关税靠近。

1997 年 6 月，在亚松森举行了第 12 次南共市首脑会议。会议主要探讨如何加强现行关税同盟、消除内部贸易障碍等问题。会议发表联合公报，重申决心完善关税同盟，加强共同的贸易政策，巩固集团的统一性。同年 12 月，在蒙得维的亚举行了第 13 次首脑会议。为防止亚洲金融危机的冲击，会议决定从 1997 年 12 月 1 日起至 2000 年 12 月 31 日止，将 4 个成员国的共同对外关税提高 3 个百分点，即最高共同关税达到 23%（乌拉圭、巴拉圭暂不实施）。

2000 年，南共市成员国决定开启地区一体化进程的新阶段，这被称之为"南共市的重新启动"，主要目标是巩固关税同盟。各成员国政府认为以下问题将得到优先考虑：边界手续的灵活化、统一对外共同关税和取消双重征税、关税在成员国之间的分配标准、南共市的机构建设，以及对外关系。2001 年 10 月，南共市成员国在拉美一体化协会总部正式签署了汽车贸易协定。规定自 2001 年 10 月 11 日至 2006 年 12 月 31 日在南共市成员国内部生产并销售的各式汽车及配件关税降为零，对地区外汽车、农

用机车和配件分别征收 35%、14% 和 2% 的共同进口关税。

2004 年，理事会第 54/04 号决议确定了向完全实现关税同盟转变的指导方针，规定从南共市以外地区进口的商品如果履行了共同关税政策，将可以享受南共市原产地商品的待遇。

2008 年初，阿根廷表示将在担任 2008 年上半年南共市轮值主席国期间，推动共同关税法的制定，争取在年底前完成整个立法程序，2009 年使之生效。一旦共同关税法获得生效，南共市成员国之间的双重征税将被避免，从而实现真正意义上的关税同盟。但到 2009 年年底为止，成员国之间仍未能就对外关税的二次征收问题达成一致。

2009 年 12 月，南共市决定将对外共同关税例外产品清单机制和特别进口机制的实施期限由 2010 年年底分别延期至 2011 年 12 月 31 日和 2016 年，并提高部分产品的对外共同关税。

（三）协调成员国的宏观经济政策，解决地区发展不平衡问题，以保证成员国的产品质量和国际竞争力

成员国之间相互协调部门经济政策，达成部门间协议，是为了最好地利用和调动生产要素，并达到有效的运作规模。为此，南共市各成员国就基础设施建设项目合作、能源开发合作、工业政策协调、农业政策协调、科技合作、贸易政策协调和金融政策协调签署了一系列的协议和议定书。这些协议和议定书具有渐进性、灵活性、选择性和平衡性的特点，各国可根据自己的实际情况，来决定参加哪些部门协定。

1999 年，第 16 次南共市首脑会议决定成立宏观经济协调高级小组，确定了通过协调成员国宏观经济政策、建立本地区货币联盟的战略目标。

2004 年，理事会第 45/04 号决议批准成立"南共市结构协调基金"，目的是推动各成员国结构的统一，支持经济规模较小

的成员国进行经济结构的调整以缩小与其他成员国之间的地区差距，增强成员国产品的竞争力，通过卫生、扶贫、就业等计划促进社会凝聚，加强南共市机构建设和一体化进程。"南共市结构协调基金"将至少运行 10 年，资金由各成员国筹措，每年的筹资额将达到 1 亿美元。巴西、阿根廷、乌拉圭和巴拉圭分别承担 70%、27%、2% 和 1%。"南共市结构协调基金"的使用将优先考虑小经济体，因此 80% 的资金将分配给巴拉圭和乌拉圭。

"南共市结构协调基金"于 2006 年启动后，资助范围主要是住房、运输、中小企业、生物安全、技术培训、南共市机构建设和医疗卫生等。在批准的项目中，一半左右由巴拉圭获得。

2007 年 6 月，南共市第 33 次首脑会议在巴拉圭首都亚松森举行。在本次会议上，地区发展不平衡问题得到了充分重视。会议通过了成立高级工作组的决定，要求该工作组从即日起到 12 月制定短期、中期和长期计划，有针对性地解决多年来困扰南共市发展的地区不平衡问题。决定还要求短期计划最晚必须在 2008 年 6 月开始实施，中长期计划则应在 2010 年 1 月开始实施。为了使小国能够真正成为这项决定的受益者，该决定要求计划的制定遵循以下指导思想，即着眼于无出海口国家的发展、小国竞争力的增强、南共市内外最大限度的市场准入和社会的发展。为了消除巴拉圭和乌拉圭等国对南共市内部发展不均和机会不均的批评，会议同时决定创立支持和推动中小企业的基金，会议还通过了一系列有利于巴拉圭和乌拉圭产品进入阿根廷和巴西市场的决议。与此同时，共同关税的有效期将从 2012 年延长至 2020 年。

（四）确定了协商解决争端的原则和程序，以及解决争端的仲裁办法

2004 年之前，南共市成员国在解释、执行或履行《亚松森条约》的规定，以及理事会和共同市场小组作出的

决议过程中出现争端时，主要依据《亚松森条约》和《巴西利亚议定书》的有关规定解决。共同市场贸易委员会内部出现争端，应首先由有关双方直接谈判；谈判未果，则提交贸易委员会或直接交给共同市场小组；如贸易委员会未作出决议，就提交技术委员会；如果没有达成一致意见，则交给共同市场小组处理；如果争端仍得不到解决，则可通过仲裁法庭进行仲裁。2002 年 2 月 18 日，南共市成员国签署了《关于解决争端的奥里沃斯条约》。自 2004 年 1 月 1 日该条约生效后，南共市开始依照新的原则和程序解决争端。按照该条约的有关规定，南共市的仲裁机构包括常设审查法庭和特别法庭；出现争端的成员国可向特别法庭提起诉讼，也可直接将诉讼提交给常设审查法庭；成员国如对特别法庭的判决不服，可向常设审查法庭提起上诉；成员国在可能的争端发生之前，可请求常设审查法庭做出临时判决，以避免不可挽回的损失。常设审查法庭和特别法庭的裁决对成员国具有强制性。

此外，如果成员国之间某种进口产品对进口国市场造成了严重威胁，双方可通过共同市场小组调解。如果成员国受到非成员国倾销产品的损害，也可由共同市场小组和仲裁法庭协调。

（五）推动生产体系的一体化

从 2006 年起，南共市提出了"加强地区生产一体化"的倡议，并围绕着这一目标展开了积极讨论，内容涉及协调科技政策、形成地区生产链、建立对生产部门进行资助的基金、促进中小企业和合作社，等等。2008 年，理事会通过了"南共市生产一体化计划"，其核心目标是加强成员国企业的生产竞争力，特别是中小企业和小经济体企业生产链的一体化。共同市场小组为推动这一计划的实施，专门成立了"生产一体化小组"。理事会还准备成立"南共市中小企业担保基金"，用以直接或间接地为中小企业融资提供担保。基金规模为 1 亿美元，各成员国的筹资额与"结构协调基金"相同。这项计划已经得到南共市首脑会议的批准。

（六）加强政治领域的合作

除了努力推动经济和贸易一体化进程以外，南共市成员国和联系国还致力于加强政治领域的合作，力图将南共市发展成为一个"共同的政治空间"。1992 年，南共市首脑会议决定在"南共市条约"中增加"实行民主体制"的条款。1996 年，南共市 4 个成员国签署了《南共市成员国政治磋商和协调的总统声明》，并与智利和玻利维亚签署了《关于民主承诺的总统声明》，强调民主制度是南共市存在和发展的必要条件。在同年签署的另一份声明中，南共市再次重申了对阿根廷在马尔维纳斯群岛主权问题上的支持。1998 年，上述六国签订了《关于民主承诺的乌斯怀亚条约》，指出民主秩序的改变将严重阻碍地区一体化进程的连续性。在《南共市、玻利维亚和智利作为和平地区的政治声明》中，六国一致同意加强在安全、防务等问题上的磋商与合作，努力实现核裁军、核不扩散等目标。同年召开的第 14 次南共市首脑会议发表声明，宣布南共市及其联系国为"无大规模杀伤性武器的和平区"，强调民主体制是一体化进程的根本保障。1999 年 6 月，第 16 次南共市首脑会议在巴拉圭首都亚松森举行。会议重申，南共市内不允许独裁政府存在，持续实施民主体制是南共市一体化进程得以发展的基本条件，并对经历了 3 月政治危机之后成立的巴拉圭新政府表示支持。

2007 年，考虑到民主制度对一体化进程的重要作用，根据理事会第 05/07 号决议，"南共市民主观测站"成立。其主要任务在于推动实现《关于民主承诺的乌斯怀亚条约》的目标、跟踪各成员国的选举进程、与各成员国的选举监督机构进行协调、对地区民主制度的巩固进行研究并组织相关活动。

（七）推动成员国对社会问题的关注和解决

尽管劳工问题并未纳入南共市最初的发展目标和机构设置中，但从 1995 年起，南共市陆续设立了有关下属机构，旨在推动政府、企业主和工会之间的对话。1997 年，成员国签署了《南共市社会保障多边协定》。

1998 年 12 月，南共市 4 个成员国的总统在里约热内卢签署了《南共市社会劳工声明》，达成了对劳动者权利的保护、促进高质量就业、提高劳动者福利水平、推动社会对话等问题的共识，一致认为地区一体化进程不应仅局限于贸易和经济领域，还应触及社会问题。声明不仅明确了劳动者的个人权利，还规定了结社自由、工会自由、集体谈判、依法罢工等集体权利。各成员国在声明中对劳工保护、推动就业、人力资源的培训等问题做出了承诺。

2004 年 12 月，南共市成立了就业高级小组，负责起草有关促进就业方面的战略计划。2006 年第 30 次南共市首脑会议通过了《南共市增加就业战略》，正式将就业问题纳入到南共市的发展战略体系中。主要内容是：建立由南共市社会劳工委员会、经济与社会咨询论坛、各成员国经济、生产、发展、规划部共同组成的高级机构；各国推动就业的政策中应涉及如下目标：提高就业质量、推动某些劳动密集型部门、为中小企业制定特殊政策、职业培训、促进失业人员再就业。

2007 年 1 月，第 31 次南共市首脑会议在巴西里约热内卢召开。各国一致认为应推进社会凝聚，解决贫困问题，提高居民生活水平。同年，理事会决定成立南共市社会研究所。其主要任务是加强南共市发展过程中的社会因素、协助制定地区社会政策、整理和更新地区社会指标，等等。2008 年，南共市社会研究所正式运行。

2008 年 12 月，理事会决定成立南共市社会事务部长协调委员会，以推动成员国人文发展，协调社会政策。

（八）促进南美能源合作

近年来，随着能源在国民经济发展中的作用日益提升，南共市成员国开始将能源合作和能源一体化建设等问题纳入议事日程。2006 年 12 月，南共市成员与委内瑞拉签署了《关于成立生物燃料特别工作小组的谅解备忘录》。2007 年，理事会通过了"南共市关于生物燃料合作的行动计划"，并在共同市场小组框架内成立了专门小组，以完成计划中的相关活动。

（九）促进人员自由流动

在人员往来方面，南共市与玻利维亚和智利于 2002 年12 月第 23 次南共市首脑会议期间签署了《南共市成员国、玻利维亚和智利公民长期居留协议》。协议规定这 6 个国家的公民，只要无犯罪记录，都可自由居住在任何一国，并有工作的权利。

目前，南共市成员国的公民可凭有效身份证进入其他成员国，无须使用护照。2008 年 6 月召开第 35 次南共市首脑会议则决定将这一便利扩大到联系国，以实现整个南美地区的人员自由往来。

八　对外关系

南共市在巩固和加强区内合作的同时，积极推行"开放的地区主义"政策，发展与其他国家和区域经济集团的关系。

（一）与拉美国家的关系

在区域内，南共市积极发展新的成员国和联系国。1994年 9 月，南共市首脑会议强调了它的开放性和非排他性，并决定邀请其他南美国家加入共同市场，以便形成以南共市为核心的南美自由贸易区。对此，智利首先做出积极反应。1996年 6 月 25 日，智利总统与南共市四国总统在阿根廷的圣路易斯城签署了《经济互补协定》。智利成为南共市的"联系成员国"。根据协定，智利与南方共同市场之间 80% 进出口商品的关税立即开始降低，到 2004 年实现零关税，一小部分敏感商品到 2006年开始逐渐减税，到 2011 年实现完全的自由贸易，届时智利将成为南共市正式成员国。1996 年 10 月 11 日，玻利维亚也与南共市签署了《经济互补协定》。该协定于 1997 年 1 月 1 日生效。根据协定，玻利维亚的 1000 多种商品将免税进入南共市，另外7000 多种商品的关税将比签约时降低 30%。秘鲁在 2003 年，哥伦比亚、厄瓜多尔和委内瑞拉在 2004 年相继与南共市签订了《经济互补协定》，成为南共市联系国。2005 年 11 月，哥伦比亚国会批准了与南共市的自由贸易协定。2002 年 7 月，在阿根廷首都布宜诺斯艾利斯召开的第 22 次南共市首脑会议上，南共市同墨西哥签署了允许成员国单独与墨发展双边自由贸易的框架协议。

2000 年，南共市决定加快旨在吸收古巴加入南共市的双边自由贸易谈判。2006 年 7 月，南共市与古巴签署了一项旨在扩大双方经济、贸易互补合作的协议，就削减关税、技术支援、动植物检疫、贸易争端解决机制等达成一致，对古巴具有极其重要的意义。

此外，南共市还与其他区域内一体化组织开展合作。2004年 10 月，南共市同安第斯共同体经过数年谈判与磋商后（详见本书第十三章），正式签署了自由贸易协定，双方承诺将在未来 10 年内取消 80% 商品的关税，15 年内取消全部关税，为建立南美统一的市场做准备。同年 12 月，南共市 4 个成员国同 5 个安共体成员国及其他 3 个国家在秘鲁成立了南美国家共同体。此外，南共市还同中美洲国家签署了旨在推动两地区间经济合作的《贸易投资框架协议》。

（二）与世界主要国家和集团的关系

在南美地区外，南共市先后启动了与欧盟、海湾合作委员会及亚非一些国家的自由贸易谈判，并取得重要成果。南共市还与美国不断进行对话，在西半球经济一体化进程中正在发挥越来越重要的作用。南共市主张以集团的身份与北美自由贸易区进行谈判，通过集团与集团之间的谈判来建立美洲自由贸易区。

南共市与欧盟的关系日益加强。欧盟已成为南共市最大的贸易伙伴，2006 年双边贸易额达到 595.74 亿美元[①]，南共市处于顺差地位。早在 1992 年，欧共体就与南共市签署了一项机构间协议，旨在为南共市的机构组成提供技术支持。1995 年 12 月 15日，双方在西班牙马德里签署了《区域合作框架协定》，决定在2000 年以前完成自由贸易谈判，2005 年建成跨大西洋自由贸易区。合作框架协议的达成，标志着南共市与欧盟之间的关系进入一个新的发展阶段。自 1996 年起，双方在合作框架协议的指导下，展开定期政治对话。1998 年 7 月 22 日，欧盟委员会决定启动与南共市四国和智利建立自由贸易区的谈判。南共市第 14 次首脑会议对欧盟提出的谈判倡议予以积极回应，在第 16 次首脑会议上协调了和欧盟谈判的共同立场。1999 年 2 月，南共市一

---

① http：//www. bilaterals. org

欧盟第 1 届商务论坛在巴西的里约热内卢举行，南共市四国首脑
及私营企业界人士与会。1999 年 6 月，欧盟 15 国、南共市 4 国
和智利在第 1 次欧盟与拉美和加勒比地区首脑会议期间发表联合
公报，宣布将于当年 11 月就建立自由贸易区谈判的原则、方式
和非关税问题正式开始磋商，于 2001 年 7 月 1 日启动关税和敏
感商品的谈判，于 2005 年以前实现贸易自由化。自 2000 年 4 月
起，双方进行了近 20 轮谈判，虽然取得了一些进展，但仍未就
关键问题达成协议。欧盟在农产品补贴、南共市在服务业和制造
业价格方面均不肯做出让步。2005 年底，由于世界贸易组织多
哈回合谈判陷入僵局，南共市与欧盟的自贸谈判也随之搁浅。两
个集团都希望在多哈回合谈判结束后，再以此为基础，重启自由
贸易谈判。在 2009 年 12 月举行的第 38 次南共市首脑会议上，
巴西和阿根廷均表达了在 2010 年与欧盟重启自由贸易谈判的愿
望。

　　2000 年 12 月，南共市与欧洲自由贸易联盟在日内瓦签署了
加强贸易和投资合作的协议。

　　2002 年 9 月，欧盟委员会出台了《南共市地区战略文件》，
计划向南共市国家提供总额为 4800 万欧元的资助，用以完善南
共市内部市场、加强机构建设和支持市民社会。2007 年 12 月，
欧盟公布了 2007～2013 年度的《南共市地区战略文件》，将向
南共市成员国提供 5000 万欧元的无偿援助。这笔资金除用于加
强南共市机构建设以外，还将用于技术标准的制定、环境保护、
教育发展等项目。2009 年 12 月，欧盟与南共市签署了一项合作
协议，以支持南美地区的可持续发展，双方为此将分别出资
1800 万美元和 900 万美元。

　　在同其他国家关系方面，1998 年 7 月，南共市及其联系国
首脑与南非总统曼德拉（Nelson Rolihlahla Mandela）共同签署了
关于扩大南共市与"南部非洲发展共同体" 14 个成员国间贸易

的谅解备忘录。2008 年 7 月，第 35 次南共市首脑会议批准了同土耳其和约旦展开自由贸易谈判的框架协议。2009 年 4 月，"南部非洲关税同盟"与南共市签署了一项贸易协议，为将来两个集团之间达成自由贸易协定做准备。1999 年 6 月，澳大利亚和新西兰分别同南共市签署了《相互鼓励和保护投资的协定》。2002 年 11 月和 2003 年 4 月，南共市分别与泰国和印度举行了首轮自由贸易谈判。2004 年 1 月，南共市与印度签署了《贸易优惠协议》，对双方的 647 项产品实行特别税率。协议自 2009 年 6 月 1 日生效。目前，南共市已经同中国、俄罗斯、日本、韩国、东盟、澳大利亚和新西兰等建立了对话或合作机制。

2007 年 12 月，南共市与以色列在 2005 年签署的相关框架协定基础上，签署了自由贸易协定。这是南共市与区域外国家签订的第一个此类协定。根据协定，关税将分 4 个阶段逐步减免。

（三）与中国的关系

南共市同中国保持着良好关系。1996 年 11 月，钱其琛副总理兼外长致函南共市时任轮值主席国巴西外长兰普雷亚（Luiz Felipe Lampreia），提议建立中国—南共市对话机制，得到南共市的积极响应和支持。1997 年 10 月，由南共市轮值主席国、乌拉圭外交部埃斯皮诺萨大使率领的南共市代表团访华，同中方举行首次对话。代表团分别同外交部李肇星副部长和外经贸部孙振宇副部长就双边政治和经贸关系以及共同关心的国际问题进行了会谈。钱其琛副总理和外交部部长助理杨洁篪分别会见了代表团。双方签署了首次对话纪要。1998 年 10 月 9 日，中国和南共市在巴西首都巴西利亚举行第二次对话。中国外交部副部长杨洁篪和外经贸部部长助理高虎城共同率团同由南共市代理轮值主席、巴西大使雷纳多·马尔格斯（Renato Marques）率领的南共市代表团进行了对话。双方一致强调，要进一步加强经贸和企业合作，并就促进技术合作问题进行了磋商。双方签署了第二次对话纪要，并举行了企业家座谈会。

2000 年 10 月 18 日，应中国外交部邀请，南共市轮值主席国、巴西副外长若泽·利马（José Alfredo Graça Lima）率领的南共市代表团访华，在北京同中方举行第三次对话。温家宝副总理会见。中国外交部副部长杨洁篪和外经贸部副部长周可仁分别与南共市代表团举行了工作会谈。双方就中国同南共市政治和经贸关系以及重大国际问题交换了看法，表示愿意继续加强在国际经贸领域的合作。杨洁篪副外长和南共市代表团团长利马签署了第三次对话纪要。中国贸促会会长俞晓松会见了代表团。2003 年 9 月，外交部副部长周文重率团赴乌拉圭，举行中南第四次对话，双方就进一步加强对话机制和开展务实合作交换了意见。中方提出愿在企业交流、农牧、医疗和人力资源开发等领域与南共市各国进一步开展合作。南共市提出拟于 2004 年在上海举办商展。2004 年 6 月，周文重副外长与以南共市轮值主席国阿根廷副外长雷德拉多为团长的南共市代表团在北京举行中南第五次对话，双方回顾了自 1997 年建立对话关系以来中南友好合作所取得的重要进展，一致认为对话为增进相互了解和推动双方政治、经济等领域的合作不断深化发挥了积极作用；双方决定正式启动中国—南共市对话联络小组，并初步就中国—南共市自由贸易谈判交换了看法，决定各自开始进行可行性研究。2005 年 12 月，胡锦涛主席特使、建设部部长汪光焘应邀出席南共市第 29 次首脑会议。

中国与南共市成员国的贸易持续增长。2007 年双边贸易额达到 410.5 亿美元，其中中国从南共市进口 250.3 亿美元，向南共市出口 160.2 亿美元。巴西是中国在南共市最大的贸易伙伴，2007 年双边贸易额达到 297 亿美元，比 2006 年增长 46%。①

① 本段数据由作者根据中国商务部官方网站国别数据计算得出。

第十五章

中美洲共同市场

中美洲共同市场作为区域性经济合作组织，是拉丁美洲和第三世界最早建立的经济一体化组织。成立40多年来，中美洲共同市场的活动对推动该地区的一体化进程发挥了重要作用。

一　成立背景和经过

中美洲的哥斯达黎加、危地马拉、洪都拉斯、尼加拉瓜和萨尔瓦多五国，在殖民时期曾是西班牙的5个省。独立后成立过中美洲联邦，后因内部分歧而解体，成为5个共和国，但政治统一的影响依然存在。此后，中美洲国家从未放弃实现一体化的尝试。

1951年，五国先后成立了中美洲地峡经济合作委员会和中美洲国家组织，这标志着该地区一体化进程的正式开始。在联合国拉美经委会的推动下，这些国家陆续订立了各种多边和双边的关税和经贸合作协定。1958年，五国在洪都拉斯签署了《中美洲经济一体化和自由贸易多边条约》，就这些国家的关税统一问题和避免本地区某些工业部门重叠的问题做了规定。1960年初，危地马拉、萨尔瓦多和洪都拉斯三国签订了《经济联合条约》，规定对大多数商品取消关税，实行自由贸易，同时资本和人员可自由流动。不久，尼加拉瓜也签字加入。1960 年 12 月 13 日，上述四国在尼加拉瓜首都马那瓜签订了《中美洲经济一体化总条约》（通称《马那瓜条约》），除了承认《经济联合条约》的内容外，还限期取消少数仍存在关税壁垒的商品的关税，并对第三国大多数商品制定共同对外关税。该条约于 1961 年 6 月 3 日生效。1962 年 7 月哥斯达黎加也签署了该条约。中美洲五国于1962 年 8 月 2 日在哥斯达黎加首都圣何塞签订了建立中美洲共同市场的协议。至此，中美洲共同市场正式成立。总部设在危地马拉首都危地马拉城。

1991 年 12 月，中美洲共同市场 5 个成员国与巴拿马签署了《特古西加尔巴议定书》，决定成立中美洲一体化体系，以取代原来的中美洲国家组织。1993 年，为了建立和巩固在中美洲一体化体系框架内的经济一体化进程，上述六国签订了《中美洲经济一体化总条约议定书》（即《危地马拉议定书》），成立了经济一体化次体系，由中美洲共同市场的 5 个成员国组成。从此，中美洲共同市场作为经济次体系的一个重要组成部分，与政治、社会和文化等 3 个次体系，共同构成中美洲一体化体系。

二 成员

中美洲共同市场包括哥斯达黎加、萨尔瓦多、危地马拉、洪都拉斯和尼加拉瓜 5 个成员国。总面积为423930 平方千米，总人口约为 3770 万（2007）。成员国之间历史关系十分密切，经济规模较小，发展水平相对接近。2007年，中美洲共同市场的 GDP 约为 986 亿美元，人均 GDP 为

2615 美元。① 危地马拉是共同市场中最大的经济体，2007 年 GDP 达到 340 亿美元。哥斯达黎加是共同市场中人均 GDP 和生活水平最高的国家。

1969 年，洪都拉斯与萨尔瓦多发生武装冲突，洪都拉斯宣布退出共同市场。后经成员国多方协调，洪都拉斯于 1973 年重新回到共同市场。巴拿马自 1963 年起以准会员国资格参加共同市场的活动。

三 组织机构

中美洲共同市场成立后，设立了由成员国的经济部长和副部长组成的中美洲经济委员会（即后来的部长委员会）、由各成员国的一名政府官员和候补委员组成的总条约执行委员会、由成员国经济部长、财政部长和中央银行行长组成的三方委员会、常设机构中美洲经济一体化秘书处等机构。

1993 年签订的《危地马拉议定书》对中美洲经济一体化次体系的组织机构予以明确规定。后来又进行了一些小的调整。目前，中美洲经济一体化次体系由以下 4 类机构组成：第 1 类是领导机关，包括中美洲首脑会议、经济一体化部长理事会、经济一体化部长部门间理事会、经济一体化部长部门理事会和经济一体化执行委员会；第 2 类是技术和管理机关，包括中美洲经济一体化秘书处、中美洲农牧业理事会秘书处、中美洲货币理事会秘书处和中美洲旅游业一体化秘书处；第 3 类是下属机构，包括中美洲经济一体化银行和中美洲公共管理学院；第 4 类是咨询机构，

---

① SIECA, *Relaciones Comerciales entre Centroamérica y la Unión Europea*, febrero de 2009.

指经济一体化咨询委员会。

经济一体化部长理事会由成员国经济部长和中央银行行长组成，负责制定次体系的基本方针政策，确保首脑会议的决议得到执行。

经济一体化部长部门理事会由各部门的部长会议、中美洲农牧业理事会、中美洲货币理事会，以及工业、贸易、基础设施、旅游业、服务业等部门的部长理事会组成。每个部门理事会负责解决本行业的问题，协调部门政策。

经济一体化执行委员会受经济一体化部长理事会领导，由各成员国委派一名常驻代表和一名候补代表组成，主要负责执行经济一体化部长理事会的决定。

中美洲经济一体化秘书处（SIECA），是中美洲经济一体化进程的常设行政和技术机构，即中美洲共同市场总部，享有国际法人资格，负责日常工作。主要职能是确保各多边、双边一体化和自由贸易协定的实施以及经济一体化部长理事会和执行委员会决议的顺利执行，完善中美洲共同市场，促进本地区经济与世界经济的融合，同时进行有关的研究和培训工作。秘书长由经济一体化部长理事会任命，任期 4 年。

中美洲经济一体化银行成立于 1961 年，总部设在洪都拉斯首都特古西加尔巴。它是中美洲共同市场的金融机构，负责发放贷款，资助本地区工业企业。

经济一体化咨询委员会由私人机构的代表组成，负责向中美洲经济一体化次体系中的其他机构提供咨询。

四　主要领导人

中美洲经济一体化秘书处现任秘书长是萨尔瓦多人约兰达·马约拉·德加维迪亚（Yolanda Mayora de

Gavidia)。她作为经济学家，曾长期从事竞争力、生产力和国家现代化等方面的咨询工作。曾任萨尔瓦多经济部长，参与了中美洲共同市场与美国《自由贸易协定》的谈判，并促成萨尔瓦多成为第一个签署协定的国家。曾担任萨尔瓦多驻中美洲经济一体化银行的代表。2009 年 4 月起担任中美洲经济一体化秘书长。

五　出版物

中美洲经济一体化秘书处每周出版一期《信息简报》（*Boletín Informativo*），主要提供中美洲共同市场的最新动态和统计数据。

六　宗旨原则和政策主张

（一）宗旨原则

《马那瓜条约》规定：中美洲共同市场成立的目的是统一经济，共同推动中美洲发展以改善居民生活水平，加快一体化进程，巩固当前的成果和为未来奠定基础。

自中美洲共同市场形成以来，一直遵循以下宗旨和原则：促进中美洲的经济一体化，协调各成员国的经济政策；逐步取消各成员国之间的关税壁垒，统一对外关税，限制进口，通过贸易促进成员国民族工业的发展；组成关税同盟，建成中美洲自由贸易区；在财政金融、运输、农业、通信、教育、劳工和旅游等领域开展合作，开发综合性的基础设施，促进地区内投资。共同市场的最终目标就是实现中美洲一体化和建立中美洲经济社会共同体。

（二）　不同时期的一体化战略和目标

20 世纪 60 年代，中美洲共同市场成员国的主要一体化战略，即所谓"最初的地区主义"，其内容是逐步取消地区内贸易的关税壁垒，实行统一的对外关税，并采用共同的关税目录，以此扩大内部市场，为进口替代工业化计划的制定和实施创造条件。

20 世纪 80 年代初，在外债负担加重、经济活动减少和大部分中美洲国家发生政治和军事危机的压力之下，中美洲共同市场的成员国为维持各自的贸易平衡，节省有限的外汇，采取了保护性措施，破坏了共同关税制度。在减少出口的同时，提高了进口税，对进口产品实施临时性的附加税。共同市场的职能被大大削弱。

20 世纪 90 年代以来，中美洲国家对共同市场的发展表现出十分积极的态度。成员国首脑就进一步巩固和加强共同市场达成了一致，并同意对其进行调整和改革。成员国重新确定了一体化的方向，明确提出一体化的目标是加强向国际市场的渗透，促进生产联系和推动公共和私人部门之间的创造性关系。"开放的地区主义"成为本地区贸易政策的中心内容。这个特点有别于以前的一体化进程和其他地区的一体化战略。它的目的并不仅限于加强内部市场，而是要创造条件使成员国更好地参与国际劳动分工，使经济变得更为开放。在这种战略的指导之下，5 个成员国陆续加入了世界贸易组织，同时与主要的贸易伙伴谈判或签订了自由贸易协定。

在新的国际形势下，中美洲共同市场对一体化进程有了新的认识，认为一体化除了应有利于经济政策和国家发展战略目标的实现以外，还应该能够为所有成员国创造净收益，并以国家政治计划为依托，同时争取各阶层民众的支持。

在经济政策方面，中美洲国家近年来一直采取旨在更好地融入国际贸易的发展战略，通过稳定化和经济调整的计划和措施，重视经济的调整和现代化。因此，宏观经济政策的协调成为长期一体化的基础。在短期内，这可以避免一个国家的政策阻碍其他成员国竞争力的提高，找到地区贸易和生产关系的契合点；在中期内，可以实现中美洲自由贸易的框架。换言之，要将地区政策的协调作为实现持续、稳定的经济一体化的必要条件。

另外，一体化进程还应特别重视提高和扩大中美洲谈判能力、为经济活动引进技术进步、共同利用地区资源、发展相互依存和互补的生产体系以及加强本地区资本市场的开发和一体化。

中美洲共同市场成员国认为，对共同市场进行的改革要通过4个重要步骤来完成。首先，要改革自身的一体化制度框架，建立包括政治、经济和社会3个附属体系在内的中美洲一体化体系（Sistema de Integración Centroamericana）；其次是完善中美洲一体化，包括制定和实施一系列与关税、海关、动植物安全标准、紧急措施、保护条款、服务业、投资、政府采购和解决争端相关的规章制度；再次是扩大共同市场的地理范围，吸收巴拿马和多米尼加加入共同市场；最后是加入美洲自由贸易区。

（三）贸易准则及关税政策

中美洲共同市场实施的贸易准则包括：关于商品原产地的规定，关于保护措施的规定，关于贸易中的非法行为的规定，关于国际通关制度和申报表的规定，关于规范化、计量和审批程序的规定，关于卫生和植物检疫措施和程序的规定以及贸易争端的解决机制。

根据《中美洲一体化总条约》，除了在条约附件中涉及的产品以外，其他所有原产于中美洲的产品均实行自由贸易。到2009年12月，五国共同的例外产品为生咖啡和蔗糖。另外还有

4 种例外产品适用于不同成员国之间的双边贸易。根据中美洲关税制度（SAC），各成员国实行的关税标准是：对非产自本地区的资本货和原材料实行零关税政策，对产自中美洲的原材料征收 5% 的关税，对产自中美洲的中间产品征收 10% 的关税，对最终消费品征收 15% 的关税。在此标准之上存在一些例外，主要为应对特殊情况，例如世界贸易组织框架内已达成的多边承诺、某一生产领域自身的特点等。2006 年年底，中美洲共同市场平均关税为 6.5%。目前，已有 95.7% 的商品确定了共同关税；在尚未实行共同关税的例外商品中，农产品占 64.4%。在关税管理方面，中美洲共同市场拥有《中美洲统一关税法》（CAUCA）及其细则（RECAUCA）。前者旨在建立各国基本的关税立法，以适应共同市场和地区一体化的要求；后者旨在澄清关税方面的原则和承诺。这两项法典已于 2008 年 8 月 25 日起正式生效。

此外，中美洲五国还制定了一系列运输方面的政策、规范和管理制度，其中包括：中美洲关于公路运输的协定，中美洲关于统一道路标志的协定，中美洲公路养护手册，中美洲地区级公路设计标准手册，中美洲沥青路面设计手册，中美洲关于设计、建造和养护公路的环境标准手册等。

七　主要活动

40 多年来，中美洲共同市场的活动对推动该地区的一体化进程发挥了重要作用，但其发展并不稳定，先后经历了兴盛、停滞和恢复几个不同阶段。

该组织成立之初，五国间的经济贸易活动比较活跃，贸易额大幅度增长，促进了中美洲地区的经济发展。同时，在减免和统一关税方面取得了较大进展，并建立了一系列合作和协调机构。但自洪都拉斯退出后，共同市场的活动一度陷入停顿状态。20

世纪 70 年代中后期有所恢复。20 世纪 80 年代初，因中美洲地区的政治危机和战乱，加之经济发展水平的不均衡和经济结构的相似，成员国之间的经济贸易合作受到很大影响，一体化进程十分缓慢。随着 80 年代后期中美洲和平进程的推进，共同市场逐渐恢复生机。20 世纪 90 年代以来，中美洲一体化取得了一系列发展，中美洲共同市场进入稳定发展阶段。

在中美洲共同市场形成后的 40 多年中，尽管出现了一些波折和起伏，但总的来看，共同市场的活动还是取得了很大的发展。从 1960 年到 2008 年，成员国之间的出口额平均年增长率达到 11.8%，高于与世界其他地区的出口贸易增长速度（7.8%）。2008 年，5 个成员国之间的贸易总额达到 63.7 亿美元；在内部贸易中，危地马拉是出口最多的国家，洪都拉斯是进口最多的国家。2008 年，中美洲共同市场国家的进口总额为 483.9 亿美元，出口总额为 216.5 亿美元。① 近几年来，进口的增长速度明显快于出口。

中美洲共同市场的对外出口以农产品和工业加工品为主，主要包括热带水果、咖啡、蔗糖、机器零部件、集成电路等；进口产品以能源和制成品为主，包括汽油、半导体、药品和轿车等。共同市场内部贸易的产品则以加工食品和工业品为主，如药品、塑料用品、饮用水、饮料、纸制品、钢材、洗涤用品、食品调料等。

（一）20 世纪 60 年代：蓬勃发展时期

这 个时期，中美洲共同市场各成员国对一体化均采取了十分积极的态度。在对外贸易方面，共同市场成果显

---

① SIECA, *Estado de Situación de la Integración Económica Centroamerica*, febrero de 2009.

著。到 1965 年，中美洲已有 94% 的商品取消了关税壁垒，纳入自由贸易范围。这些商品的价值占共同市场内部贸易总值的 95%。[1] 同时，98% 的商品实行了统一的对外关税。由于取消了关税，地区内部的贸易得到了很大发展。贸易总额由 1960 年的 3300 万美元升至 1968 年的 2.58 亿美元。[2] 同时，在对外统一关税的作用下，共同市场的对外贸易也发展迅速。进口总额由 1961 年的 4.72 亿美元升至 1968 年的 10.7 亿美元，出口总额由 4.5 亿美元升至 9.2 亿美元。[3] 这种关税政策推动了进口替代工业化的发展。一个积极的变化体现在贸易构成方面。成员国之间的贸易由以食品为主过渡到以工业品为主。对外出口中，农产品等传统产品所占的比重有所下降，工业品的比重有所上升。1969 年 3 月，各成员国取消了各自的工业法，通过了共同工业法。[4]

在财政金融方面，中美洲经济一体化银行的作用不容忽视。到 1969 年，它为成员国提供的贷款达到 1.93 亿美元，其中洪都拉斯获得的贷款最多。1964 年和 1969 年，共同市场还先后成立了中美洲货币委员会和中美洲货币稳定基金会，使一般经济贸易关系发展到货币交换领域。

（二）20 世纪 60 年代末至 70 年代末：停滞和缓慢发展时期

20 世纪 60 年代末，由于成员国之间经济发展水平的差异，洪都拉斯、尼加拉瓜和哥斯达黎加的贸易逆差问题越来越严重。减免关税也加剧了这些国家的财政困难。各国之间的矛盾开始显现出来。为此，中美洲共同市场于 1968 年签订

---

① 《国际经济资料》1978 年第 28 期。
② 《国际经济资料》1978 年第 28 期。
③ 《国际经济资料》1978 年第 28 期。
④ 由于萨、洪两国的武装冲突，共同工业法只实行了 4 个月。

了《圣何塞议定书》，规定对第三国大多数进口货物征收 30% 的"经济稳定税"，对消费品征税 20%，其中也包括从成员国进口的消费品。但是这个协议对于稳定共同市场并没有起到太大的作用。1969 年 2 月，尼加拉瓜由于连年贸易逆差，采取单方面行动，宣布对成员国大部分进口商品征收"补偿消费税"。同年，洪都拉斯和萨尔瓦多因移民和边界问题发生武装冲突，两国关系破裂。洪都拉斯因此宣布退出中美洲共同市场，并对其他成员国的进口货物重新征收不超过 25% 的进口税。这些做法对于已经取消关税壁垒的共同市场而言，无疑意味着倒退。中美洲的一体化进程陷入了低潮和停滞。

为解决洪、萨两国的纠纷，共同市场内部成立了"正常化委员会"。1972 年，洪都拉斯新政府上台后，对萨尔瓦多采取了较为和解的态度，为共同市场的重建提供了有利条件。在"正常化委员会"和后来取而代之的"高级委员会"的协调下，洪都拉斯于 1973 年重新回到共同市场。尽管如此，共同市场仍缺乏活力。经济一体化秘书处重建共同市场的努力屡遭失败，它提出的一系列一体化计划因种种原因都没有得到成员国的响应和通过。

共同市场的活动虽然陷于停顿，但对外贸易还是取得了发展。成员国之间的贸易总额由 1970 年的 2.98 亿美元增加到 1979 年的 8.86 亿美元。[①] 另外，中美洲经济一体化银行和货币稳定基金会的信贷业务也比较活跃，向成员国提供了大量贷款。到 1976 年年底，一体化银行共向它的成员国发放了 7.87 亿美元的贷款，占该地区投资总额的 12%，相当于这家银行原始基金的 90 多倍。[②]

---

① 江时学：《中美洲地区的经济合作》，载《国际经济合作》1985 年第 8 期，第 26 页。

② 新华社电讯稿《中美洲经济一体化银行开展活动促进本地区经济发展》，1977 年 2 月 5 日。

（三）20 世纪 80 年代：危机时期

从 20 世纪 70 年代末开始，尼加拉瓜等国先后发生内乱，政治局势动荡不安。同时，受债务危机和进口替代工业化衰竭的影响，经济形势不断恶化。在这种情况下，各国采取了独立的措施，恢复贸易壁垒，通过制定优先商品名单减少了出口，其中包括原产于中美洲共同市场的产品。同时提高了进口税，对进口产品，尤其是消费品实施临时性的附加税，这意味着不再实行对外共同关税和中美洲共同市场框架内的贸易流通。由于缺乏资金，中美洲经济一体化银行的大量贷款无法收回，中美洲货币稳定基金会等机构也无法正常运转。成员国之间的债务拖欠问题严重影响到双边经贸关系的发展。共同市场的运行变得越来越困难，其职能效率大大削弱。一个重要表现就是：共同市场内部贸易严重倒退，1987 年的贸易额不足 4 亿美元，只相当于 1980 年的 1/3，直到 1994 年才恢复到 1980 年的水平。

在这个过程中，中美洲国家一直在尝试重振共同市场。虽然尼加拉瓜与其他四国关系紧张，但尚能本着和平、合作的原则商讨地区发展事宜。1980 年 3 月，经济一体化部长会议通过了《圣何塞声明》，重申一体化进程改革的意愿。1983 年共同市场又成立了"外部财政合作地区协调小组"，其目的一是统一中美洲同国际金融集团对话的共同立场，二是妥善解决地区内部的分歧和不团结现象。1986 年，中美洲五国召开了第 1 届首脑会议，奠定了解决地区争端的初步基础。同年，《中美洲关税、海关新协定》正式生效，取消了对工业的财政鼓励，但保留对进口产品的保护性关税。1987 年召开的第 2 届中美洲首脑会议签署了建立中美洲稳定、持久和平进程的历史性文件。到 20 世纪 80 年代末，在中美洲各国的努力和国际社会的支持下，地区和平进程逐步巩固，政治趋向稳定，为共同市场的复兴提供了有利条件。

（四）20世纪90年代以来：全面复苏和稳定发展时期

进入20世纪90年代，随着经济和政治形势的普遍好转，中美洲共同市场重新活跃起来。各国首脑频繁接触，达成了加快一体化进程、推进结构改革的共识和决心。1990年，制定新的进口关税的工作开始启动。同年，中美洲各国总统签署了《中美洲经济计划》，强调了振兴一体化进程和地区经济的重要性，并确立了一体化的新模式，即"对外开放和生产现代化"。1991年，中美洲国家决定建立"中美洲一体化体系"，以取代中美洲国家组织。1993年，该体系正式运转。同年，除哥斯达黎加以外的中美洲四国签署了一体化总条约新的议定书（即《特古西加尔巴议定书》），提出了逐步取消关税，建立关税同盟，实现资本和人员的自由流动和货币及金融的一体化等新目标。这标志着中美洲的一体化进入了一个新的发展阶段。共同市场的活力因此大大恢复。1997年，第19届中美洲一体化体系首脑会议通过了对中美洲一体化体系进行机构改革的决定，其主要内容是加强中美洲议会，改革中美洲法庭，并将各秘书处合并为一个总秘书处。

20世纪90年代上半期，中美洲五国陆续加入了当时的《关税与贸易总协定》（以下简称《关贸总协定》），并开始为建立关税同盟进行运作。1996年5月，在经济一体化和地区发展部长委员会的第4次会议上，经济一体化秘书处提出了"关税同盟的几点考虑"，指出了启动关税同盟的基本条件，得到各国的响应。1999年，萨尔瓦多和危地马拉总统任命各自的经济部长着手协调和启动关税同盟进程，同时指定经济一体化秘书处提供技术支持。2000年8月，经济一体化部长理事会批准洪都拉斯和尼加拉瓜加入关税同盟进程。2002年3月，中美洲五国总统批准一项行动计划，以加快关税同盟的建成，并成立一批工作小组负责计划的实施。同年 6 月，哥斯达黎加也加入该进程。

　　2004 年 6 月，经济一体化部长理事会通过了关税同盟谈判的总体框架。为了将其付诸实施，共同市场成员国举行了数次部长和副部长级的论坛，以及关税管理部门、关税协调部门、税收和动植物检疫等部门的技术会议，并启动了若干个工作小组，负责有关关税、产品注册、卫生防疫、海关立法、海关手续、风险与诉讼、国内税收、原产地标准等方面的技术工作。2006 年 3 月，共同市场成员国政府首脑特别会议提出了建立关税同盟的新行动计划，确定了具体目标，并计划在 2006 年 12 月 31 日正式签署建立中美洲关税同盟的协定。关税委员会根据这次特别会议发表的总统声明重新修订了《中美洲统一关税法》及其细则。2008 年 4 月，经济一体化部长理事会通过了修改后的《中美洲统一关税法》及其细则。此外，中美洲共同市场成员国还对《国际通关制度细则》进行了修改，制定了《海关服务人员和辅助人员行为法典》等加强海关管理的规章制度。成员国之间在产品注册的相互承认、动植物检疫手续的简化、动物运输的卫生防疫措施等方面也取得了进展。2007 年 12 月，中美洲共同市场五国政府签署了《关于建立中美洲关税同盟》的框架协议，明确要求巩固建立关税同盟的目标和原则。

　　在服务贸易方面，2002 年 3 月，签署了《中美洲国家投资与服务贸易协定》，其目的是通过明确、透明和互惠的条款，建立司法秩序，以推动和保护投资，通过鼓励不同经济部门的积极参与，促进服务贸易的自由化。

　　随着一体化进程的恢复，地区内部贸易也重新活跃起来。据美洲开发银行统计，1990 ~ 1998 年，成员国之间的贸易额由 6.56 亿美元增加到 20.73 亿美元，在全部对外贸易中的比重由 16.2% 提高到 19.6%，其中 1992 ~ 1995 年连续 4 年超过了

21%。2000~2008 年，这种趋势继续保持，成员国之间的贸易额年均增长率为 11.8%，超过与世界其他地区出口贸易额的年均增长率近 5 个百分点。地区内部贸易的繁荣使成员国经济受益匪浅，并创造了大量就业机会。

八 对外关系

中美洲共同市场成立初期，代表成员国的利益积极参与国际经济活动，发展同其他第三世界国家和地区的经济关系。但 20 世纪 70~80 年代，对外经济贸易合作进展缓慢。20 世纪 90 年代以后，在"开放的地区主义"战略的指导下，商品和服务贸易的对外开放格局得到推动。中美洲国家开始陆续与世界其他国家和地区组织谈判并签订自由贸易协定，以促进对外经贸交流。

（一） 与世界贸易组织的关系

美洲共同市场的 5 个成员国与《关贸总协定》的谈判是分别进行的，加入时间也有先后。尼加拉瓜早在 1950 年就加入了《关贸总协定》，而其他 4 个国家都是在 20 世纪 90 年代才成为《关贸总协定》的成员国。由于各国的谈判没有事先商定协调和信息互通机制，因此谈判的结果也各不相同。中美洲四国最终在 1994 年 4 月签署了多边贸易谈判乌拉圭回合最后议定书，包括关于建立世界贸易组织的协定、关于商品贸易的多边贸易协定、服务业贸易总协定、与贸易相关的知识产权协定，以及其他一些决议和谅解书。

在乌拉圭回合谈判中，中美洲国家就商品贸易作出了关于市场准入的承诺，主要是降低和巩固关税水平。这些承诺在 1994 年《关贸总协定》第二章的附属名单中有所体现，规定在 1995~2004

年的 10 年间完成。从产品类型上看，每个国家的关税减让表都分为农产品和其他产品两个部分。

在农产品方面，中美洲国家承诺减少对农产品生产的内部支持和出口补贴，取消非关税壁垒或将其转化为相应关税，同时降低这些关税的水平。承诺增加进口量，使进口品占国内消费品的比重由 3% 升至 5%。

（二） 与美国的关系

中美洲共同市场的发展与美国有着十分密切的关系。长期以来，美国一直是中美洲国家最大的贸易伙伴和投资者。为了控制中美洲的重要工业和扩大出口，从 20 世纪 50 年代起，美国就积极参与中美洲一体化运动。共同市场建立后，美国于 1962 年在危地马拉设立了国际开发署驻中美洲和巴拿马地区办公室，通过各种方式协助中美洲共同市场的工作。中美洲经济一体化秘书处一半左右的经费由美国提供，经济一体化银行的大部分资金也来自美国。1960 ~ 1971 年，美国在该地区的投资增加了近 7 亿美元。20 世纪 80 年代，美国继续其干涉主义政策，向中美洲的反政府武装提供了大量的军事援助。随着冷战的结束，中美洲的战略地位下降，美国的态度也发生了变化，一方面同意由中美洲人自己寻找解决问题的办法，另一方面也将经济援助的重点由军事转向经济。

在贸易方面，美国向中美洲共同市场国家提供的贸易优惠措施包括：1974 年生效，针对世界上 128 个国家的普遍优惠制；1983 年生效，针对 24 个国家的《加勒比盆地倡议》。根据这些优惠，中美洲向美国出口的大部分商品都享受免税待遇，只有纺织品、金枪鱼、钟表和皮革制品除外。免征关税的待遇是单边性质的。《加勒比盆地倡议》后来经过了修改，于 2000 年重新生效，2008 年到期。

自 1994 年《北美自由贸易协定》生效后，中美洲产品在美国市场上的竞争力受到很大威胁，这迫使中美洲共同市场成员国不得不进行更大的努力，推动产品进入美国市场。

1998 年 3 月，中美洲国家、伯利兹、多米尼加和美国签署了关于建立中美洲—美国贸易与投资地区委员会的协议。该委员会将负责通过经济一体化、自由贸易和投资，推动地区的繁荣。

2002 年 1 月，美国总统布什宣布美国拟寻求与中美洲签订自由贸易协定的可能性。2003 年 1 月，中美洲各国主管对外贸易的部长与美国贸易代表在华盛顿开始进行自由贸易谈判。5 个国家先后于 2004 年 8 月和 2005 年 1 月与美国达成协议。2005 年 5 月，多米尼加也加入该协定。协定内容十分详尽，共包括国民待遇与市场准入、海关管理、动植物检疫、投资、服务贸易、金融、电信、电子商务、知识产权、环境、争端处理、劳动力等 22 章。该协定在所有国家均已正式生效。

目前，美国是中美洲共同市场最大的贸易伙伴。2008 年，中美洲共同市场国家从美国的进口额达到 161.6 亿美元，占总进口额的 33.4%；向美国的出口额为 68.5 亿美元，占总出口额的 31.6%。[①]

（三）与中美洲一体化体系其他国家的关系

中美洲一体化体系于 1993 年正式运转。它的成员国包括中美洲共同市场五国、巴拿马和伯利兹，多米尼加为联系成员。主要任务是协调和监督地区性首脑会议达成的协定的执行情况，特别是与经济、贸易、金融有关的协定。中美洲共同市场与这 3 个国家之间的贸易近年来呈快速增长的态势，其中

---

① SIECA, *Estado de Situación de la Integración Económica Centroamerica*, febrero de 2009.

对伯利兹和多米尼加的贸易均为顺差，对巴拿马为逆差。这主要
得益于地区一体化进程的加快。

1997 年 11 月，在圣多明各召开的中美洲五国、巴拿马、多
米尼加、伯利兹政府首脑会议达成了实施经济和贸易一体化的共
识。此后，中美洲五国与多米尼加开始就签订自由贸易协定进行
谈判。1998 年 4 月，双方就自由贸易协定的准则部分达成协议。
此后，多米尼加又分别与中美洲五国签订了包括附件在内的补充
协议。多米尼加与共同市场成员国之间的贸易额不大，2008 年
仅为 5.3 亿美元，但共同市场五国处于顺差地位。

早在 20 世纪 70 年代，中美洲共同市场中除萨尔瓦多以外
的 4 个国家就与巴拿马签订了优惠贸易协定，规定对部分商品
实行优惠待遇。2000 年 3 月，中美洲共同市场国家开始与巴拿
马进行自由贸易谈判。2001 年 5 月，双方就自由贸易协定的准
则部分达成协议。而附件部分的谈判是以双边形式进行的。萨
尔瓦多最先签署了附件部分的协定，于 2003 年 4 月正式生效。
2006 年，另外 4 个国家重新启动了与巴拿马的双边谈判，以最
终达成自由贸易协定。目前，除尼加拉瓜以外，其他国家都已
签署附件部分的协定，并已生效。巴拿马是中美洲共同市场成
员国在拉美地区第二大贸易伙伴，2008 年贸易额为 17.7 亿美
元。

（四） 与加勒比共同体的关系

1992 年，中美洲共同市场五国与加勒比共同体（以下
简称"加共体"）之间建立了部长会议机制。双方就
科学、技术、运输、环境、旅游、开发银行、自然灾害、体育等
问题进行了广泛的磋商。在 1996 年举行的部长级会议上，批准
了"中美洲—加勒比共同体合作框架计划"，将双方经济关系、
旅游、打击毒品买卖和非法武器交易作为工作重点。

2002 年 1 月，哥斯达黎加与特立尼达和多巴哥完成了自由贸易谈判。加共体随即表示愿意作为一个整体加入该自由贸易协定。双方的谈判于 2003 年 3 月结束。该协定在哥斯达黎加、特立尼达和多巴哥、圭亚那已正式生效。2007 年 5 月召开的第 2 届中美洲一体化体系和加共体首脑会议决定以哥斯达黎加—加共体自由贸易协定为基础开启两个一体化集团之间的自由贸易谈判。同年 8 月，中美洲共同市场与加共体的自由贸易谈判正式启动。

在双边贸易方面，2008 年，中美洲共同市场向加共体的出口总额为 3.98 亿美元，从加共体的进口总额为 1.48 亿美元。[①]

（五）与南方共同市场的关系

1998 年 4 月，在第 2 届美洲国家首脑会议期间，南方共同市场（以下简称"南共市"）成员国与中美洲共同市场成员国签订了《贸易与投资框架协议》，旨在加强双方的一体化和贸易关系。其中制定的目标是：加强双方在贸易、投资、技术转让等领域的经济关系；共同确定增进双方贸易关系的步骤和行动；保持自由市场经济的运行，重视私人部门的创造力；加强和丰富双方的合作；建立投资促进和保护机制。2004 年 11 月，南共市与中美洲一体化体系为深化双边经贸关系，在巴西的里约热内卢举行外长会议。2005 年 2 月，两集团发表联合声明，表示将为推动一体化进程而继续努力。

2008 年，中美洲共同市场五国从南共市国家的进口总额达到 29.7 亿美元，而出口总额仅为 4700 万美元。[②]

---

① SIECA, *Estado de Situación de la Integración Económica Centroamerica*, febrero de 2009.

② SIECA, *Estado de Situación de la Integración Económica Centroamerica*, febrero de 2009.

（六）　与墨西哥的关系

由于地理位置的接近和文化传统的相似，墨西哥与中美洲的关系一直比较密切。在能源供应方面，墨西哥向中美洲提供了大力支持。1980 年 8 月，墨西哥和委内瑞拉签订了《圣何塞协议》。根据这项协议，两国以优惠条件，各自向中美洲五国及巴拿马、伯利兹和加勒比国家提供石油，其中油款的 20% 作为这两个国家提供的中长期贷款，用于上述国家的对外贸易和经济发展。1991 年，墨、委两国决定将油款的另外 80% 存入美洲开发银行，用于向中美洲五国提供发展贷款。1986 年，墨西哥成为中美洲经济一体化银行的首批地区外会员，开始为中美洲国家提供资金支持。

在政治方面，1983 年，墨西哥与其他 3 个拉美国家组成孔塔多拉集团，为寻求中美洲的和平积极斡旋。

中美洲共同市场与墨西哥实现自由贸易方面的努力始于 1991 年。当时 6 个国家的总统发表了《图斯特拉—古铁雷斯声明》，同意签订经济互补协定，并决定在 1996 年 12 月以前建立自由贸易区。此后，墨西哥与中美洲国家开始进行自由贸易谈判。1992 年 8 月，双方签订了《建立自由贸易区的框架协议》。哥斯达黎加和尼加拉瓜先后与墨西哥达成了"自由贸易协定"，分别于 1995 年和 1998 年正式生效。2000 年，萨尔瓦多、危地马拉和洪都拉斯共同签署了三国与墨西哥的"自由贸易协定"，2001 年正式生效。目前，墨西哥是中美洲共同市场在拉美的最大贸易伙伴。2008 年，双边贸易总额达到近 45.2 亿美元，中美洲共同市场逆差 18 亿美元。①

2001 年，中美洲共同市场五国与墨西哥、巴拿马和伯利兹

---

① SIECA, *Estado de Situación de la Integración Económica Centroamerica*, febrero de 2009.

共同合作的"普埃布拉—巴拿马计划"正式启动,它的目的是在可持续发展的框架内,保护和加强中美洲地区的人文和生态财富,确保文化和种族的多样化。上述八国家各自负责一项工作,包括:可持续发展、人文发展、预防和减少自然灾害、促进旅游、加强贸易往来、交通一体化、能源互通和电信一体化。

(七) 与拉美其他国家的关系

20世纪70年代,在石油价格不断上涨的情况下,委内瑞拉就开始以优惠条件向中美洲国家供应石油,以促进这些国家的经济发展。1983年,委内瑞拉加入了孔塔多拉集团,参与调解中美洲国内冲突。1991年,中美洲经济一体化银行正式接纳委内瑞拉为地区外会员。1992年9月,中美洲五国与委内瑞拉签署了一项《经济补充协议》,允许中美洲地区的311种产品免税进入委内瑞拉市场,委内瑞拉商品也将以优惠条件进入中美洲市场。1993年2月,委内瑞拉和哥伦比亚与中美洲共同市场签署了《贸易和投资协定》,旨在逐步降低和取消关税,最终建立自由贸易区。1995年,中美洲五国因在关税减让方面出现分歧而单方面中止了该协定。

委内瑞拉投资25亿美元在尼加拉瓜建造的一座炼油厂,于2007年7月正式动工兴建,这将成为中美洲最大的炼油厂。这座炼油厂预计在2011年落成,计划每天加工原油15万桶,不仅可以满足尼加拉瓜的用油需求,还可以每天出口10万桶燃油。目前,委内瑞拉以优惠价格向中美洲国家日供原油8万桶。

2008年,中美洲共同市场从委内瑞拉的进口额达到11.9亿美元,而出口仅为7000万美元。[①] 这主要是由于国际石油价格

---

① SIECA, *Estado de Situación de la Integración Económica Centroamerica*, febrero de 2009.

的上涨。

1999 年 10 月，中美洲共同市场与智利签署了自由贸易协定的准则部分。附件部分的谈判以双边形式进行，目前只有尼加拉瓜尚未完成。共同市场与智利的贸易处于严重逆差状态。2008年，5 个成员国从智利进口 7.1 亿美元，对智利出口仅 3700 万美元。[1]

（八）与欧盟的关系

20世纪 70 年代中期，欧洲共同体（以下简称"欧共体"）开始向中美洲国家提供各种经济援助，同时不断加大直接投资的力度。20 世纪 80 年代后期，随着美国对中美洲政策的变化，欧洲与中美洲的关系进一步加强。1984 年，欧共体与中美洲国家及孔塔多拉集团召开了第 1 次"圣何塞对话会议"。次年签订了《卢森堡协议》，并成立了混合委员会，负责协议的执行。协议的目的一是获得更多的外部经济技术援助，克服地区面临的各种困难，二是逐步摆脱仅仅依靠美国的局面。1985 年，欧共体与中美洲经济一体化银行签署了一项促进中美洲工业发展的协定，共提供 1700 万美元的技术援助。1986 年，欧共体向中美洲经济一体化银行设立的经济社会发展基金注入了8000 万美元。1993 年，欧共体将对中美洲的经济援助提高到1.5 亿美元。

在贸易方面，中美洲共同市场成员国享受欧共体于 20 世纪70 年代初开始实施的、针对发展中国家的普遍优惠制（SGP）。20 世纪 80 年代中期，为支持安第斯国家打击毒品，欧共体向这些国家提供了特殊优惠待遇。在中美洲国家的一再要求下，1991

---

[1]　SIECA, *Estado de Situación de la Integración Económica Centroamerica*, febrero de 2009.

年，欧共体最终同意将其中一些优惠扩展到中美洲国家，使原产自中美洲的农产品可以自由进入欧共体市场。中美洲共同市场国家的制成品也被纳入这项优惠待遇。

1998年12月，欧盟委员会颁布了新的关税普遍优惠计划，有效期从1999年1月1日至2001年12月31日，使更多的进入欧盟市场的中美洲产品获得了优惠关税。2004年10月，欧盟委员会推出了普惠制改革方案。自2006年1月1日起，新的普惠制开始实施。2007年，在中美洲共同市场输往欧盟的25种主要商品中，50.1%的出口额享受到普惠制的好处。哥斯达黎加是受益最大的国家，萨尔瓦多是受益最小的国家。

2003年10月，在布鲁塞尔召开的中美洲—欧盟混合委员会第12次会议上，草拟了《欧盟—中美洲政治与合作协定》，为两个地区关系的发展开辟了更为广阔的空间。在2005年1月召开的中美洲—欧盟混委会第13次会议上，中美洲各国再次表示，希望于2006年启动双方伙伴协定的谈判，作为自由贸易协定的前站。2006年5月，欧盟—拉美和加勒比第4次首脑会议在奥地利首都维也纳举行。其间，欧盟和中美洲达成了启动伙伴协定谈判进程的共识。2006年，中美洲一体化体系指定中美洲外长和经济一体化部长部门间理事会为伙伴协定谈判的领导机构。2007年4月，欧盟委员会在危地马拉召开的中美洲—欧盟混合委员会第15次会议上表示将正式采纳伙伴协定谈判的既定方针。同年6月，中美洲—欧盟混合委员会在布鲁塞尔举行高级会议，决定正式启动伙伴协定的谈判进程。截至2009年1月，双方已为此举行了6轮谈判，焦点问题集中在农产品、制成品、农业补贴、反倾销措施、劳工权利和环保等方面。

欧盟是中美洲共同市场的第二大贸易伙伴。2008年，中美洲共同市场国家从欧盟的进口额为42.8亿美元，占其全部进口的

8. 8%；向欧盟出口额为 28. 6 亿美元，占其全部出口的 13. 2%。①

　　在欧洲国家中，西班牙由于与中美洲存在深刻的历史渊源而成为中美洲共同市场在欧洲最重要的经贸伙伴之一。早在 1966 年，西班牙就与中美洲经济一体化银行和中美洲经济一体化秘书处签署联合公报，承诺开展财政、技术援助、贸易和联合投资等全方位的合作。此后，西班牙向中美洲共同市场国家提供了大量经济技术援助。20 世纪 80 年代，西班牙参与了中美洲和平进程的推动工作。20 世纪 90 年代初，当中美洲国家要求获得与安第斯共同体相同的关税优惠待遇时，欧共体内部对此分歧较大，西班牙是持支持态度的国家之一。在 2001 年 11 月召开的伊比利亚国家首脑会议上，中美洲国家与西班牙发表了《中美洲国家与西班牙声明》，表示将在第 2 届欧盟—拉美和加勒比首脑会议的筹备工作中密切合作。

　　（九）与中国台湾和中国大陆的关系

　　从 20 世纪 90 年代初起，台湾开始加强对中美洲的经济渗透。每年向该地区提供大量贷款和捐赠，并不断派遣经贸代表团访问中美洲，推动台商投资。1991 年 8 月，台湾与中美洲六国发表联合声明，承诺将向中美洲各国提供援助和加强双边贸易关系。1992 年，台湾以 1. 5 亿美元的出资额，正式成为中美洲经济一体化银行的地区外会员，通过该机构为中美洲的一些项目注资。其中数额较大的一笔是 1998 年为中小企业发展提供的 5000 万美元贷款。

　　1997 年 7 月，台湾成立了中美洲经贸办事处，相关经贸活动由台湾全额补助。同年，台湾与中美洲五国建立了"首脑会

---

① SIECA, *Estado de Situación de la Integración Económica Centroamerica*, febrero de 2009.

议"机制，每两年召开一次。

1997 年 9 月，中美洲共同市场国家与台湾签订了《经济互补协定》。在该协定的推动下，双方建立了"部长级"的经济委员会、"副部长级"的技术委员会、"外长级"的混合合作委员会；中美洲共同市场在台北设立了中美洲商务代表处；双方共同出资 2.4 亿美元成立了经济发展基金；台湾作为伙伴成员加入了"中美洲可持续发展联盟"。

台湾于 2005 年与危地马拉、于 2006 年与尼加拉瓜、于 2007 年与萨尔瓦多和洪都拉斯分别达成了自由贸易协定，并已全部生效。

台湾与中美洲共同市场五国之间的贸易呈现出贸易额较小、台湾长期处于顺差地位、中美洲五国对台出口产品品种单一等 3 个明显特征。2006 年，双边贸易额为 5.3 亿美元。

在中美洲共同市场成员国中，只有哥斯达黎加与中华人民共和国建立了外交关系。中国没有与中美洲共同市场发展官方关系。2007 年，中国与中美洲五国的双边贸易额为 45.8 亿美元，其中中国出口 22 亿美元，进口 23.8 亿美元。[①]

2007 年 6 月 1 日，中国和哥斯达黎加建立大使级外交关系。在此之前，哥斯达黎加与台湾保持了 63 年的所谓外交关系。2007 年 10 月，哥斯达黎加总统奥斯卡·阿里亚斯（Óscar Arias）对中国进行了国事访问，同胡锦涛、温家宝等国家领导人举行了会谈。阿里亚斯强调哥方坚持一个中国政策，反对台湾"加入"联合国。2008 年 11 月，中国国家主席胡锦涛访问哥斯达黎加，两国首脑共同宣布启动中哥自由贸易协定谈判进程。到 2009 年 6 月，中哥自由贸易协定谈判已举行 3 轮。2007 年，中国与哥斯达黎加双边贸易额为 28.7 亿美元，其中中国从哥斯达黎加进口 23 亿美元，占中国从中美洲共同市场五国进口总额的 97%。

① 作者根据中国商务部官方网站国别数据计算得出。

（十）与加拿大的关系

19 98 年 3 月，加拿大与中美洲五国签订了贸易和投资谅解备忘录。哥斯达黎加于 2001 年 4 月与加拿大签署了"自由贸易协定"。2006 年 7 月，其他国家与加拿大开始进行联合谈判以签订多边自由贸易协定。

加拿大与中美洲共同市场之间的贸易额较小，2005 年为近 5 亿美元，2008 年增加到 12.9 亿美元。

第十六章

加勒比共同体

加 勒比共同体（以下简称"加共体"）是西半球历史最
悠久的经济一体化组织之一。其成员以英语加勒比国
家为主，同时也包括非英语国家苏里南和海地。尽管成员数量众
多，但就其经济总量、人口和国土面积而言，它是拉美和加勒比
地区各一体化组织中规模最小的。成立 30 年以来，加共体努力
克服各种困难，积极推动本地区一体化进程，并已取得长足的进
步。在经济全球化迅速发展的今天，加共体各成员坚持不懈地沿
着合作自强的道路前进，谋求创建"单一市场和经济"，为实现
共同的发展目标而努力奋斗。

一　成立背景和经过

第 二次世界大战结束以后，英属加勒比殖民地人民要求
实现民族解放和独立自主的呼声日益高涨。英国政府
采取的对策是把它们组成联邦，使其以单一政治实体的身份获得
独立。根据英国政府在 1956 年颁布的《英属加勒比联邦法》，
西印度联邦在 1958 年 1 月宣告成立，其 10 名成员分别是牙买加、
特立尼达和多巴哥、巴巴多斯、格林纳达、圣基茨—尼维斯—安

圭拉[①]、安提瓜和巴布达、圣卢西亚、圣文森特和格林纳丁斯、多米尼克和蒙特塞拉特。联邦首府为特立尼达和多巴哥的西班牙港。伊丽莎白二世为联邦元首，黑尔斯勋爵（Lord Hailes）担任总督，巴巴多斯总理格兰特利·亚当斯（Grantley Adams）担任首相。联邦议会为两院制。众议院由 45 名议员组成，议员由选举产生；参议院由 19 名议员组成，议员由总督在咨询首相意见的基础上任命。联邦成立后，其主导权很快落入最大的两名成员——牙买加与特立尼达和多巴哥的手中，众多小成员与之存在尖锐矛盾。各成员的政府都不愿向联邦让渡权力，在联邦直接征税权、联邦首都位置、建立关税同盟、修改联邦宪法等问题上存在严重分歧。最终，人口最多的成员牙买加在 1961 年以全民公决的方式决定退出联邦。此后，另一主要成员特立尼达和多巴哥也决定退出。在这些因素的打击下，联邦在 1962 年 1 月宣告解体。作为一项政治领域的合作安排，西印度联邦由于内部缺乏相应的经济基础和社会凝聚力而归于失败，但它成为加勒比地区未来一体化进程的先声。

加勒比各英属殖民地在取得政治独立之后，都面对着相似的困境：国土面积狭小，易受自然灾害侵袭；人力和物力资源贫乏，社会发展水平低；经济依赖于初级产品的生产和出口，国内市场容量有限，外部市场的冲击严重。因此，它们在反对英国强加的政治一体化的同时，渴望改变以往彼此之间的割裂状态，通过加强经济合作促进发展。特立尼达和多巴哥在取得独立之前便提议建立一个加勒比共同体，其成员不仅包括西印度联邦的 10 名成员，还要包括当时的英属圭亚那、法属圭亚那、荷属圭亚那以及加勒比地区所有已经独立或尚未独立的岛。

[①] 圣基茨—尼维斯—安圭拉，为英属殖民地。1967 年 5 月，安圭拉脱离三岛联合。1983 年，圣基茨和尼维斯宣告独立。

　　第二次世界大战之后产生的拉美经委会经济一体化理论主张拉美和加勒比各国密切国家之间的经济合作，加强经济一体化，推动地区内部的贸易，降低对地区外国家的依赖程度。在这种思想的推动下，拉美自由贸易协会和中美洲共同市场于1960年和1961年相继成立，加勒比地区的经济一体化进程也由此得到极大的推动。

　　加勒比经济一体化进程首先在历史、政治、经济和文化上存在着密切联系的英联邦加勒比国家和未独立地区之间启动。1963年7月，牙买加、特立尼达和多巴哥、巴巴多斯与当时尚未独立的英属圭亚那在西班牙港举行了首届英联邦加勒比地区政府首脑会议，讨论加强本地区合作事宜。1964年1月，它们在牙买加首都金斯敦再次举行政府首脑会议；同年11月，巴巴多斯、安提瓜和巴布达、多米尼加、蒙特塞拉特、圣基茨—尼维斯—安圭拉、圣卢西亚、圣文森特举行部长会议，商讨成立新的西印度联邦。

　　1965年12月15日，安提瓜、巴巴多斯、英属圭亚那与特立尼达和多巴哥在安提瓜的迪金森湾签署了《建立加勒比自由贸易协会的协定》（又称《迪金森湾协定》）。缔约各方同意在未来把自由贸易协会发展成为加勒比共同市场，并吸收所有英联邦加勒比地区成员加入其中。1968年5月1日，协定生效，加勒比自由贸易协会正式成立，安提瓜、巴巴多斯、特立尼达和多巴哥与圭亚那①成为其创始成员。多米尼克、格林纳达、圣基茨和尼维斯、圣卢西亚、圣文森特、牙买加、蒙特塞拉特在1968年6月加入，伯利兹在1971年加入。协会旨在推动整个地区经济的均衡发展，以及贸易的增长、多元化和自由化，维护公平竞争；确保各成员从自由贸易中公平受益；促进欠发达成员的工业发展；推动椰子产业的发展；实现农业生产的合理化；为取消某

---

　　① 英属圭亚那于1966年宣布独立，首都乔治敦。

些产品的关税确定较长的时间段。协会在圭亚那的乔治敦设立英联邦加勒比地区秘书处作为执行机构。

在加勒比自由贸易协会成立之初，协会内部贸易取得较快发展，但贸易的分布存在失衡：特立尼达和多巴哥、圭亚那、巴巴多斯和牙买加4个大成员占协会内部贸易额的绝大部分，而为数众多的小成员只占贸易额的很小比例，因此要求修改既定的一体化模式，由较发达成员向欠发达成员提供财政支持。此外，协会没有包含实现劳动力和资本自由流动的目标，也无力推动各成员协调其农业政策、工业政策和外交政策。

作为英联邦成员，加勒比自由贸易协会各成员在向英国出口原材料和制成品时享受优惠关税待遇。1973年，英国正式加入欧洲经济共同体，这种优惠贸易条件被随之取消，加勒比国家因此受到较大的冲击。许多人认为，单纯建立一个自由贸易区不足以使协会各成员从地区一体化进程中充分受益。加勒比地区的一体化进程必须迈向新的深度和广度。

1972年10月，第7届英联邦加勒比地区政府首脑会议在西班牙港举行。会议决定把加勒比自由贸易协会转变为一个共同市场，并成立加勒比共同体（共同市场将是其组成部分）。1973年4月，第8届英联邦加勒比地区政府首脑会议在圭亚那首都乔治敦举行。会议发表的《最后公报》表示，为在最短的时间内帮助加勒比人民实现工商业发展、充分就业和改善生活水平的共同愿望，与会各方决定成立加勒比共同体，努力使共同体所有成员都有机会平等分享地区经济一体化产生的收益，加强本地区国家同地区外国家和国家集团的谈判能力。巴巴多斯、圭亚那、牙买加和特立尼达和多巴哥将首先加入其中，另外8个欠发达成员将延后加入。

1973年7月4日，特立尼达和多巴哥、巴巴多斯、圭亚那和牙买加在特立尼达和多巴哥的查瓜拉马斯签订《建立加勒比共同体条约》（又称《查瓜拉马斯条约》）。同年8月1日，条约生效，加勒比共同体和共同市场正式宣告成立。加勒比自由贸易协会自1974年5月1日起自行解体并终止活动。

牙买加、特立尼达和多巴哥、巴巴多斯与圭亚那成为加共体创始成员；安提瓜、伯利兹、多米尼克、格林纳达、圣卢西亚、蒙特塞拉特、圣基茨和尼维斯、圣文森特在1974年成为正式成员；1983年7月，巴哈马被接纳为第13名成员；1995年7月，苏里南成为第14名成员，也是加共体的首个非英语成员；海地在1998年7月成为临时成员，在2002年7月被接纳为第15名正式成员。加勒比共同体和共同市场均为独立法定单位实体。《查瓜拉马斯条约》的附件中包括《建立共同市场协定》。这一制度安排意味着某一国家或地区在加入共同体时，不必同时加入共同市场。巴哈马由于自身的经济发展水平高于加共体其他成员，因而在加入共同体的同时并未加入共同市场。

二　成员

至2009年，加共体共有15个成员，包括：安提瓜和巴布达、巴哈马、巴巴多斯、伯利兹、多米尼克、格林纳达、圭亚那、牙买加、蒙特塞拉特、圣基茨和尼维斯、圣卢西亚、圣文森特和格林纳丁斯、苏里南、海地与特立尼达和多巴哥。在共同市场内部（巴哈马未加入其中），巴巴多斯、圭亚那、牙买加、苏里南与特立尼达和多巴哥被视为较发达成员，其他成员被视为欠发达成员。加共体总面积约为46.3万平方千米[1]，2006年总人口约为1604万人。[2] 2005年，加共体GDP（不

---

[1]　根据加共体和中国外交部数据计算得出。其中海地领土面积来源于中国外交部网站。http://www.caricomstats.org/Files/Publications/CARICOM% 27s_Selected_ Economic_ Indicators 2002. pdf

[2]　http://www.caricomstats.org/Files/Databass/Population/MYP_ 00－07. pdf

含海地）总额为 895.62 亿东加勒比元，人均 GDP 为 13424.8 东加勒比元（1 美元约合 2.7 东加勒比元）。① 加共体内部实行一种类似内阁部长的分工制度，各成员分别负责一项对共同体发展至关重要的领域：牙买加负责对外贸易谈判；巴巴多斯负责单一市场和经济事务（包括货币联盟）；圣基茨和尼维斯负责公共卫生和人力资源事务；格林纳达负责科学和技术事务；巴哈马负责旅游事务；安提瓜和巴布达负责服务业（包括信息和通信）；圭亚那负责农业、农业多样化和食品安全事务；特立尼达和多巴哥负责能源和安全事务（包括毒品和非法武器问题）；多米尼克负责劳动力事务（包括技术人员在共同体内部的流动）；伯利兹负责司法和治理事务；苏里南负责共同体发展和文化合作事务（包括文化、青年和体育）；圣卢西亚负责可持续发展事务（包括环境和灾害管理）；圣文森特和格林纳丁斯负责海上和空中交通事务。

截至 2009 年，加共体有 5 个联系成员：特克斯和凯科斯群岛、英属维尔京群岛、安圭拉、开曼群岛和百慕大；7 个观察员：阿鲁巴、哥伦比亚、多米尼加、墨西哥、荷属安的列斯、波多黎各和委内瑞拉。

三 组织机构

政府首脑会议是加共体最高决策机构，由各成员政府首脑组成（首脑也可指定一位部长或其他人士代表他出席政府首脑会议）。政府首脑会议的主要职权是：有权代表加共体同其他国际组织或国家缔结条约和建立关系；有权就维持加共体运转所必需的财政安排做出决定，享有处置共同体财政事务

---

① http://www.caricomstats.org/Files/Databases/National _ Accounts/Constant/CCCON.htm

的最高决定权；有权设立它认为实现共同体目标所必然需要的机构；有权发布对共同体其他机构具有普遍或特定指导意义的政策指示（涉及那些为实现共同体目标而将被奉行的政策）；有权解决成员之间的争端；有权与加勒比地区或其他组织的实体进行协商，并可为此建立它认为必要的谈判机制；负责授予某个非成员国或地区观察员地位。

由于需要处理的事务日渐增多，1992 年 10 月举行的加共体政府首脑特别会议决定设立政府首脑会议局，其成员由政府首脑会议本届、上届和下届主席组成，对政府首脑会议负责。它的主要职责是：提出发展倡议；增进各成员对政府首脑会议将要决定的重大问题的共识；推动共同体决议在国别或地区层面的执行；就政策问题向秘书处提供指导。现任轮值主席为多米尼加总理罗斯福·斯凯里特（Roosevelt Skerritt），任期为 2010 年 1 月 1 日至 6 月 30 日。

共同体部长理事会的权力仅次于政府首脑会议，由各成员负责共同体事务的部长或其他被指定的部长组成。除个别情况外，决议的通过一般需要全体成员的一致赞成。总体而言，它的主要职责是制定共同体发展战略，协调地区经济一体化，进行职能合作和发展对外关系。具体而言，它负责审查和批准共同体的财政预算；整合和分配执行共同体各项计划的资金；建立包含地区和国家两大层面的协商机制，以便加强共同体的决策和政策执行；建立地区性技术援助服务体系；为政府首脑会议的举行进行筹备；确保单一市场和经济的有效运行，找出其中存在的问题；受理共同体内部纠纷（包括共同体各机构之间的纠纷）；根据政府首脑会议的指令，向共同体各机构和秘书处发出指示，以便使共同体的有关决议得到及时执行；履行政府首脑会议交付的各项任务。

部长理事会下设 4 个职能部长理事会，分别是：（1）贸易与经济发展理事会，由各成员委派一名部长参加，主要职责是促进共同体贸易与经济发展，监督单一市场与经济的运作情况；（2）外交与共同体关系理事会，由各成员负责外交事务的部长组成，主要负责处理共同体与国际组织和第三国的关系；（3）人文与社会发展理事会，由各成员委派一名部长参加，主要职责是促进人文与社会发展；（4）财政与计划理事会，由各成员委派一名部长参加，主要职责是协调成员经济政策及财政与货币的一体化。

加共体还设有专门委员会，包括：（1）法律事务委员会，由各成员负责法律事务的部长或总检察长组成，负责就条约、国际法律、共同体内部法律协调等问题以及其他法律事务向加共体机构提供建议；（2）预算委员会，由各成员高层官员组成，负责审查秘书处为共同体提出的预算草案和工作计划，向共同体部长理事会提供相关建议；（3）中央银行行长委员会，由各成员中央银行行长组成，负责就货币和财政事务向财政与计划理事会提供建议。

加共体秘书处是执行机关，设有秘书长和副秘书长各一人。秘书长是共同体行政事务负责人，由政府首脑会议根据共同体部长理事会的推荐任命，任期5年，可以连任。秘书处的主要职能是：为共同体上述主要机构的会议提供服务，实施适当的后续行动以落实会议决定；提议、组织和进行与实现共同体宗旨相关的专题研究；为成员收集、储存并提供与实现共同体宗旨相关的信息；协调与共同体相关的捐助机构以及国际、地区、国家机构的活动；制定共同体预算草案；根据授权调查成员相关情况等。秘书处设于圭亚那首都乔治敦。

加共体还设立了一批下属机构，包括加共体议员大会、加勒比农业研究与发展研究所、加勒比发展管理中心、加勒比气候变化中心、加共体犯罪和安全执行局、加勒比航空安全和保障监管体系、加勒比法院、加勒比灾害应急反应署、加勒比环境卫生研究所、加勒比考试委员会、加勒比食品和营养研究所、加勒比食品公司、加勒比气象组织、加勒比气象研究所、加勒比税务人员组织、加勒比地区渔业机制、加勒比地区标准和质量组织、加勒比通信联盟、法律教育理事会、加共体竞争委员会。

　　加共体的联系机构包括加勒比开发银行、圭亚那大学、西印度大学、加勒比法律研究所、东加勒比国家组织等。

四　主要领导人

　　加　共体成立至今，共有 5 人先后担任秘书长。
　　首任秘书长为特立尼达和多巴哥人威廉·德马斯（William Demas，1973 ~ 1974），第二任秘书长为格林纳达人阿利斯特·麦金太尔（Alister McIntyre，1974 ~ 1977）；第三任秘书长为巴巴多斯人库利·金（Kureigh King，1979 ~ 1983），第四任秘书长为牙买加人罗德里克·雷恩福德（Roderick Rainford，1983 ~ 1992）。

　　现任秘书长为特立尼达和多巴哥人埃德温·卡林顿（Edwin Carrington）。他在 1992 年首次就任秘书长，此后一直连任；在 2007 年 8 月再次连任，任期 5 年。他毕业于西印度大学，曾在 1985 ~ 1990 年担任非洲、加勒比与太平洋国家集团秘书长。

五　出版物

　　加　共体的主要出版物有：《加勒比共同体秘书长年度报告》（*Annual Report of the Secretary-General of the Caribbean Community*）、《加勒比共同体观点》（年刊）（*CARICOM Perspective*）和《加勒比共同体观察》（*CARICOM View*）（不定期），均为英文。

六　宗旨原则和政策主张

加 共体各成员在《修订后的查瓜拉马斯建立加勒比共同体条约（含加勒比共同体单一市场和经济）》（简称《修订后的查瓜拉马斯条约》）中承诺：通过建立单一市场和经济推动地区经济一体化，增强国际竞争力、协调经济与外交政策和扩大与第三国经贸联系，由此实现可持续的经济发展。

条约强调：各成员认识到全球化和自由化对国际竞争力具有重要影响；决心增强共同体的决策及其实施手段的有效性；希望重构加共体和共同市场的机构与制度，以便加强人民对一体化进程的参与；认识到推动共同体的货物和服务生产达到最高效率的必要性，在提高国际竞争力、保障食品安全、实现结构多元化和提高人民生活标准的基础上扩大外汇收入；意识到共同体企业的最优化生产需要依托地区生产的结构性一体化，尤其是资本、劳动力和技术的自由流动；决心创造条件，推动其国民在非歧视基础上享受地区内部的公共资源；确信市场带动的产业发展是实现经济和社会发展所必需的；认识到充分一体化和自由化的内部市场将为可持续的、市场导向的货物和服务生产创造有利条件；认识到创造和维护一个健全稳定的宏观经济环境有助于吸引投资；认识到各成员在资源禀赋和经济发展水平方面的差异可能影响共同体工业政策的实施；认识到中小企业对共同体经济扩大和保持活力的潜在贡献，以及大企业在生产进程中产生规模效益的重要性；确信在发展与第三国贸易关系方面采取共同行动对扩大各成员的地区内外贸易是必不可少的；承诺采取有效措施和机制帮助共同体内部的弱势成员、地区和部门；坚信采用国际认可的争端解决机制将有助于实现条约规定的目标；坚信加勒比法院的司法权对于单一市场和经济的成功运转是不可或缺的。

条约规定加共体的宗旨为：提高各成员人民的生活和工作水平；充分利用包括劳动力在内的各种生产要素；加速、协调和保持经济的发展与凝聚；扩大与其他国家的贸易和经济联系；增强自身国际竞争力；共同提高生产和生产效率；使各成员在与其他国家、国家组织或实体交往时具有更大的经济影响力和效力；加强各成员外交和经济政策的协调；加强各成员的职能合作，包括帮助各成员在有益于民众的共同服务和行动中实现更为有效的合作，加深各成员人民之间的了解，推动各成员社会、文化和技术的发展，在诸如卫生、教育、交通、通信领域展开更多合作。

七　主要活动

加共体成立之初，各成员之间开展了广泛的合作。20世纪80年代受债务危机的影响，加共体的活动较少。经过"失去的十年"之后，加共体的一体化进程重新恢复了活力。加共体的发展大体上可分为三个阶段。

（一）初步发展阶段

加共体在成立初期注重推动本地区实现食品自给，强调地区工业化必须建立在强大的农业基础之上。它在1976年开始执行以实现奶制品、肉类和鱼产品自给为目标的"十年食品发展纲要"，并先后成立加勒比食品公司、加共体玉米和大豆公司等多边合作企业。在能源领域，加共体主张本地区的资源和产品应当首先用来满足本地区的需要。特立尼达和多巴哥政府承诺对加共体成员的燃料需求给予优惠。加共体鼓励各成员利用本地区原料发展工业。圭亚那、特立尼达和多巴哥与牙买加三国在1974年决定在特立尼达和多巴哥、圭亚那分别建立一座年产量20万吨的合营炼铝厂。此外，加共体还关注共同体内部公共医疗卫生事业的发展，在巴哈马、特立尼达和多巴哥、巴巴多斯、圭亚那和牙买加设立了医疗人员培训点。

（二）停滞阶段

加共体各成员原有经济基础落后，其经济结构和传统的生产项目和方式一时不易改变，经济一体化所要求的调整变化往往因涉及各成员眼前利益而遭遇很大阻力。加共体内部还存在意识形态和政治立场的分歧。牙买加和圭亚那倾向较为激进的政治立场，而巴巴多斯与特立尼达和多巴哥倾向温和的政治立场。与此同时，外部环境的变化也给加共体各成员的经济形成巨大冲击。国际市场的石油价格在 1973 年中东战争爆发之后猛涨，给除特立尼达和多巴哥之外的加共体许多成员造成了极大的经济负担。与此同时，初级产品价格下跌、进口工业品价格上涨、旅游业萧条、外汇短缺、外债上升和失业人数增加等问题导致各成员之间的贸易摩擦加剧，利益分歧尖锐，加共体的许多内部合作项目停顿下来。一些成员因为国际收支困难，外汇短缺，开始推行贸易保护主义政策。20 世纪 80 年代初债务危机爆发之后，加共体的合作进程陷入停滞和调整时期。

（三）蓬勃发展阶段

20世纪 80 年代末和 90 年代初，面对自身在经济发展过程中遇到的局限和困难，面对经济全球化向纵深发展所带来的诸多机遇和挑战，加共体各成员认识到：联合自强才能最大限度地在激烈的国际竞争中保护本地区利益，避免陷入边缘化的被动处境；必须对共同体进行制度和结构改革，深化共同体的一体化进程，唯有如此才能克服自身市场狭小、经济分割、依赖外部市场等缺陷，优化对人力和自然资源的配置，从而实现经济的均衡增长。在这一紧迫感的推动下，加共体一体化进程得以再次走上快车道。

1989 年，加共体第 10 届政府首脑会议在格林纳达的格朗当斯举行。会议决定把共同市场转化为"单一市场和经济"，并发表关于建立"单一市场和经济"的《格朗当斯宣言》。"单一市场和经济"被设想为一种工具，能够创造出巨大的一体化经济空间，用来推动加共体各成员在不断自由化和全球化的国际环境中实现更为同质的、可持续的经济发展。"单一市场和经济"的主要内容包括：实现货物和服务的自由流动；毫无限制地允许在任一成员成立共同体拥有的企业；实行共同对外关税，所有成员对来自共同市场之外的进口产品按照相同税率征税；允许来自共同市场之外的进口产品自由流动；实现资本和劳动力的自由流动；实行共同贸易政策。加共体希望能够有效利用本地区劳动力以及其他生产要素（自然资源和资本），提高生产的竞争性，提供更具多样性和高品质的货物和服务产品，以便更好地与其他国家和地区进行贸易。加共体各成员为此需要采取的措施包括：消除地区内部的贸易壁垒，协调产品标准；消除外汇管制，实现各成员货币的可兑换或发行共同货币，建立一个得到整合的资本市场（例如成立地区证券交易所）；在合作的基础上协调对外贸易政策；取消有关劳动力和旅行者在地区内部迁徙的诸多限制；协调社会服务政策（例如教育和医疗），允许社会保障收益的转移，制定共同的认证标准；协调法律规定（例如公司法和知识产权法）。从总体看，各成员需要为此采取一系列经济措施、财政和货币措施，协调宏观经济政策、外资政策、汇率与利率政策和税收政策，整合商业银行市场，控制政府预算赤字。加共体认为，"单一市场和经济"在分阶段建成之后将使各成员人民的工作和生活水平得到极大改善；加共体也将大幅提升自身的影响力，从而能够更有力地在国际舞台上捍卫各成员的利益。

此后，加共体的一体化进程主要是围绕着实现"单一市场和经济"的目标而进行。目前取得的主要进展集中在以下几个方面。

1. 修改《查瓜拉马斯条约》，以适应"单一市场和经济"的要求

由于《查瓜拉马斯条约》无法满足建立"单一市场和经济"的需要，加共体在 1989 年决定逐步对其进行修改。1992 年，加共体成立一个政府间工作小组，负责修改《查瓜拉马斯条约》。1997 年，第 18 届加共体政府首脑会议在牙买加的蒙特哥贝举行，正式决定对该条约进行修改。修改过程在 2000 年结束，共产生 9 个议定书：《议定书 1：对加共体机构与制度的调整》《议定书 2：有关公司、服务和资本的权利》《议定书 3：工业政策》《议定书 4：贸易政策》《议定书 5：农业政策》《议定书 6：交通政策》《议定书 7：欠发达国家、地区和部门》《议定书 8：竞争政策、消费者保障、倾销和补贴》《议定书 9：争端解决》。2001 年 7 月，第 22 届加共体政府首脑会议将上述 9 个议定书合订为《修订后的查瓜拉马斯建立加勒比共同体条约（含加勒比共同体单一市场和经济）》，从而为建立"单一市场和经济"确立正式法律框架。截至 2009 年，加共体已有 13 个成员签署该条约，巴哈马和海地尚未签署。

2. 实行"加共体护照"和"旅行卡"，以促进人员的自由流动

加共体各成员目前普遍实行工作许可制度，来自其他成员的人员只有获得工作许可才能在当地工作。经济相对发达的成员普遍担心人员的自由流动将导致大量移民进入本国。考虑到这一因素，《修订后的查瓜拉马斯条约》规定，未来"单一市场和经济"下人员自由流动范围初步限于媒体工作者、大学毕业生、音乐家、艺术家、运动员等 5 类人员。此外，自由职业者、企业家、经理人员和技术人员及其配偶和直系亲属也被列入自由流动范围。人员的自由流动要求成立各类地区资格鉴定机构。为此，6 个加共体成员缔结了《医学及其他卫生从业人员教育资格评定协定》，决定将在牙买加成立一个负责评定该地区医生和其他卫生从业人员资格的机构。采用统一护照是加共体实现人员自由流动的客观需要。它既有助于帮助各成员的公民树立共同体意识，也将使他们在地区内部和国际上的旅行更为便捷。2007 年 12 月是实行加共体统一护照的最后期限。2005 年 1 月，苏里南成为第一个开始使用"加共体护照"的加共体成员。圣文森特和格林纳丁斯、圣基茨和尼维斯在 2005 年 4 月和 10 月相继成为第二个和第三个使用"加共体护照"的成员。此后又有 9 个加共体成员陆续发放了"加共体护照"，只有巴巴多斯、蒙特塞格特和海地尚未使用。

2007 年 2 月 1 日至 5 月 15 日，牙买加等 10 个共同举办 2007 年世界杯板球赛的加共体成员临时实行统一签证政策，颁发加共体统一特殊签证。在此期间，这些成员成为一个"单一的国内空间"。同年 2 月举行的加共体成员政府首脑会议决定成立一个专门小组，负责研究永久实施加共体统一签证的可行性。

2008 年召开的第 28 届加共体成员政府首脑会议通过了在地区内部使用加共体旅行卡的决议。加共体成员公民和在任何成员国拥有合法居留权的外国人都可以领取旅行卡，持卡人无须护照即可在加共体内部自由旅行。此卡于 2010 年 7 月正式生效。

3. 成立加勒比法院

成立加勒比法院是加共体一体化进程中的重要一步。由于历史的原因，许多加共体成员在独立之后的司法终审权仍然被英国掌握。早在 1970 年举行的第 6 届加共体政府首脑会议上，牙买加就提出建立加勒比法院，替代英国枢密院司法委员会成为加勒比地区的最高法院。在 2001 年举行的加共体第 12 届届间政府首脑会议上，大多数成员签署了《成立加勒比法院协定》。截至 2009 年 12 月，只有海地、蒙特塞拉特和巴哈马未签署。第 24 届加共体政府首脑会议决定于 2003 年 11 月成立加勒比法院，首任院长为特立尼达和多巴哥法官迈克尔·德拉巴斯蒂德（Michael de la Bastide）。法院设在西班牙港，所需资金由加勒比开发银行提供。2005 年 4 月，随着法官宣誓就职，加勒比法院正式宣告成立。从 2005 年最后一个季度起，法院开始受理第一批案件。作为加共体下属机构的加勒比法院将取代英国枢密院司法委员会，成为各成员的终审法院，受理民事和刑事案件，行使上诉审判权。在"单一市场和经济"的环境下，它将作为国际法院行使高等法院的审判权，解决各成员之间的贸易纠纷，并负责解释加共体法律文件。截至 2009 年 1 月，仅有巴巴多斯和圭亚那完成了加入加勒比法院的全部法律程序。

4. 设立加共体发展基金

《修订后的查瓜拉马斯条约》规定设立加共体发展基金，以提供资金支持或技术支持的方式消除和缓解一体化进程给处于弱势地位的成员、地区或产业部门带来的不利冲击，从而巩固地区一体化进程。2008 年 6 月，第 29 届加共体政府首脑会议正式决定设立这一基金。基金的总规模为 2.5 亿美元。各成员同意以分摊的方式提供 1.2 亿美元，作为基金的启动资金。此后，加共体将借助援助国和国际发展机构筹措剩余的资金。基金总部位于巴巴多斯首都布里奇顿，加共体设立的董事会负责管理该基金。2008 年 11 月，牙买加人洛恩·麦克多诺（Lorne T McDonnough）就任首席执行官。

加共体原计划在 2001 年年底全面启动"单一市场"，后未能如期实现。2005 年 7 月举行的加共体第 26 届政府首脑会议通过决议，"单一市场"将在 2006 年 1 月 1 日开始启动。2006 年 1

月 1 日，巴巴多斯、牙买加、特立尼达和多巴哥、苏里南、圭亚那和伯利兹成为率先启动"单一市场"的 6 个成员。2006 年 1 月 19 日，在圭亚那举行的加共体贸易与经济发展理事会会议上，安提瓜和巴布达、多米尼克、格林纳达、圣基茨和尼维斯、圣卢西亚、圣文森特和格林纳丁斯的代表同意在 2006 年 6 月底之前完成加入"单一市场"的相关法律手续。2006 年，12 个加共体成员由此正式启动这一历史性的地区贸易机制，在经济联合的道路上迈出至关重要的一步。作为英国的海外领土，蒙特塞拉特正在寻求英国政府同意其加入"单一市场"；海地因为内部局势动荡而暂时无法加入其中；巴哈马因为国内对"单一市场"中有关人员自由流动的规定存在分歧，尚不能加入。

加共体"单一市场"启动之后，形成了一个涵盖 12 个国家、面积 42 万平方千米的贸易区，覆盖 644 万人口，GDP 达 120 亿美元（2004 年）。货物、人员、服务和资本将在该区域内自由流动。[①]"单一市场"的成员还将享受其他加共体成员单独与哥伦比亚、古巴、哥斯达黎加、委内瑞拉和多米尼加达成的双边自由贸易协定所带来的优惠。事实上，加共体内部已经实现货物的自由贸易。大多数加共体成员均实施共同对外关税，符合加共体原产地原则的货物可以进行免税贸易（巴哈马和海地除外）。加共体成员还为此成立加勒比地区标准与质量组织，负责制定各成员必须遵守的货物生产和贸易标准。

1996～2001 年，加共体内部进口贸易额从 21 亿东加勒比元增至 28 亿东加勒比元（10 个成员的统计数据），年平均增长率为 6.2%。[②]同一时期加共体内部出口贸易额从 24 亿东加勒比元

---

① http：//dm. mofcom. gov. cn/aarticle/ztdy/200601/20060101355230. html

② http：//www. caricomstats. org/Files/Publications/Quick% 20Ref% 20Files/Updated% 20files/Section% 2012 – % 20Intra – CARICOM. pdf

（11 个成员的统计数据）增至 34 亿东加勒比元（10 个成员的统计数据），年平均增长率为 7.8%。[①] 牙买加与特立尼达和多巴哥在加共体内部贸易中占据重要地位。

　　加共体虽然成员数量众多，但总体经济规模有限。即使在海地加入之后，它的总人口也只有 1600 万。在加共体内部，由于各成员之间社会经济发展差距较大，国力相差悬殊，内部意见不易统一。在对外贸易方面，仅特立尼达和多巴哥一个国家的贸易量就占整个加共体的 70% 以上；牙买加的人口占加共体总人口（不含海地）的近一半。特立尼达和多巴哥与牙买加两国均希望在加共体内部发挥更大的作用，但遭到众多小成员的反对。虽然加共体各成员的领导人都承诺致力于一体化，却受制于国内的政治、经济、社会等方面的诸多因素，导致一体化进程远比预期目标迟缓。"单一市场和经济"要求各成员相互取消对商品、劳动力和资本自由流动的限制，要求各国法律相互兼容，但在实施过程中遇到非常大的阻力。建立"单一市场和经济"的复杂谈判需要耗费大量人力、物力和财力，但加共体各成员的实力有限，无法拿出充裕的资金。因此，有关一体化进程的协调和谈判迟迟难以完成。加共体内部贸易仍面临一些障碍：共同对外关税还没有得到充分贯彻；交通运输方面存在瓶颈；通信设施和金融服务的落后限制了地区内部贸易和投资的展开。此外，由于共同体的法规与各成员的国内法不相吻合，许多成员需要对涉及关税、消费者权益保护、金融、知识产权、反倾销、贸易仲裁、食品和药品管制等方面的众多国内法进行修订，而这将是一个长期过程。

　　2008 年以来，加共体成员普遍感受到国际经济危机带来的压力。受经济危机的影响，前往加勒比地区度假的游客人数大幅

[①]　http://www.caricomstats.org/Files/Publications/Quick%20Ref%20Files/Updated%20files/Section%2012-%20Intra-CARICOM.pdf

下降，各航空公司削减了加勒比地区航线，加勒比地区的酒店房间预订率下滑。这些因素导致加勒比地区的旅游业收入严重萎缩。外国直接投资也呈下降趋势。2009 年 1 月，加共体财政与计划理事会推动成立特别工作组，其成员来自加共体秘书处、加勒比开发银行、西印度大学、东加勒比国家组织秘书处等机构和组织。工作组负责研究当前国际经济危机对加勒比国家的影响，并为各成员提出应对策略。

加共体十分关注地区安全问题。它认为要实现地区的可持续发展，就必须创造良好的安全环境，因而主张严厉打击当地普遍存在的暴力犯罪、贩毒和贩卖人口，谴责各种形式的恐怖主义行为，支持各种旨在阻止恐怖主义蔓延直至将其消灭的合法的国际努力。2005 年举行的第 26 届加共体政府首脑会议同意组建加共体安全政策咨询委员会、犯罪和安全事务执行委员会和犯罪与安全管理机构，由其具体负责打击跨境犯罪事务。2009 年年初，加共体决定建立地区联合武器监控网络，对本地区的枪支弹药进行监督管理。通过该网络获得的情报将有助于加共体成员合作打击有组织犯罪集团在地区内部的流窜作案。

加共体大多数成员是在 20 世纪 60 年代以来取得独立的小国，历史遗留问题较多，特别是与邻国存在的领土争端问题。对于伯利兹与危地马拉两国之间的领土纷争，加共体坚决支持伯利兹的主权和领土完整，敦促两国在美洲国家组织监督下加紧谈判，尽早和平、公正、明确地解决领土纷争。对于圭亚那与委内瑞拉之间的领土争执，加共体呼吁委内瑞拉接受 1899 年签订的边界仲裁条约，尊重圭亚那的领土完整。

加共体在海地问题上坚决支持民选政府。阿里斯蒂德总统被推翻之后，加共体冻结了海地的成员资格，把此后成立的拉图尔特政府视为外国支持的政变产物，拒绝派军事人员参加联合国海地维和部队。但是，加共体对海地安全局势持续恶化表示关切，愿意在海地各派之间进行积极的调解。2005 年 7 月，在圣卢西亚首都卡斯特里举行的加共体政府首脑会议决定，继续拒绝承认海地临时政府，呼吁尽早进行自由、公平和全面的选举。2006 年，加共体对普雷瓦尔当选海地总统表示祝贺，并在此后恢复海地的成员资格。

截至 2009 年 12 月，加共体共召开了 30 届政府首脑会议、20 届政府首脑届间会议和 13 次特别首脑会议。

八　对外关系

加共体积极推动各成员之间的合作，谋求在全球事务中增强自身的地位。20 世纪 80 年代中期以来，它每年举行成员政府首脑会议，外交政策的协调成为会上讨论的重要内容；共同体内部设有由各成员外长组成的外交与共同体关系理事会，负责发展共同体与国际组织和第三国的关系，在重大国际问题上发出自己的声音。

加共体作为一个次地区一体化组织不断密切与联合国、美洲国家组织、里约集团等国际和地区多边组织的联系，以积极的姿态参与各项重大谈判议程，努力发挥其小型经济体代言人的作用。加共体在 1991 年成为联合国观察员，并在纽约联合国总部设立了常驻办事处。加共体对联合国改革给予高度重视，主张对联合国机构进行调整，以适应冷战后新形势的需要，使所有国家都在主权平等的基础上民主参与联合国事务；支持扩大安理会，特别关注小型发展中国家能否在安理会获得平等代表性的问题，同时强调不能因为安理会改革而忽视联合国其他方面的改革，尤其不能忽视与发展问题紧密联系的联合国经济及社会理事会的改革。加共体和美洲国家组织在 1992 年 5 月签署协议，正式开展合作。1995 年以来，两组织的秘书处已经共同举办 4 届成员大会，探讨各项合作事宜。2007 年，第 19 届里约集团领导人会议在圭亚那举行。这是首次由一个加共体成员举办这一会议。加共体认为当前的国际贸易体系存在严重失衡现象，主张改革世界贸易组织，使其运作符合所有成员特别是弱小经济体的发展需要，给予弱小国家相应的特殊和差别待遇。

加共体在 1997 年建立地区谈判机制，以协调共同体的对外谈判，其优先关注领域包括美洲自由贸易区、洛美协定、同欧盟的关系、第 1 届美洲国家首脑会议的非经济倡议和世界贸易组织。加共体将作为一个整体来处理与美洲自由贸易区和世界贸易组织的谈判。即使在"单一市场和经济"尚未建立的情况下，加共体也可以作为整体加入未来的美洲自由贸易区。

加共体不断深化与美国、加拿大和欧盟的传统合作关系，同时有选择地与拉美国家展开双边自由贸易的谈判，大力开拓与中国、日本、印度、南非等亚非地区重点国家的经贸合作。加共体与西班牙建立了领导人定期会晤机制。2008 年 7 月，第 4 届加共体—西班牙政府首脑会议在马德里举行。加共体和日本建立定期协商机制。2007 年 8 月，双方代表在圭亚那首都乔治敦举行第 12 届加共体—日本协商会议。日本通过"日本—加共体友谊与合作基金"长期资助加共体成员的经济发展。20 世纪 90 年代以来，加共体积极推进同西半球国家的自由贸易谈判，先后与古巴、多米尼加、哥斯达黎加等国签署此类协定。2007 年 8 月，加共体和中美洲一体化体系启动自由贸易谈判。这一自由贸易协定将在加共体—哥斯达黎加自由贸易协定的基础上进行谈判，把萨尔瓦多、危地马拉、洪都拉斯、尼加拉瓜和巴拿马纳入其中。2007 年 10 月，加共体和加拿大启动自由贸易谈判。加共体希望在完成与加拿大谈判的基础上启动同美国的自由贸易谈判。

加共体在次地区和西半球事务上的作用日益凸显。它长期谋求实现大加勒比地区的多边合作，最终促成加勒比国家联盟的成立。2006 年 1 月，加共体在里约集团的代表圭亚那担任该集团的轮值主席；同时，加共体支持伯利兹单独申请成为该集团成员。加共体在 2005 年支持智利候选人因苏尔萨（José Miguel Insulza）担任美洲国家组织秘书长，而它提名的苏里南驻美洲国家组织大使阿尔伯特·拉姆丁（Albert Ramdin）成功当选副秘书长。2009 年 4 月，第 5 届美洲国家首脑会议在特立尼达和多巴哥举行。这是首次在加共体成员举行这一领导人会议。

（一）与美国的关系

加共体与美国一直保持密切的政治和经贸关系。美国是加共体的主要贸易伙伴，许多加共体成员在铝矿业、旅游业、金融保险业等领域得到大量美国投资。美国政府还曾多次向加共体成员提供数额不等的贷款和赠款，用于资助一些重要的社会和经济发展项目。20 世纪 80 年代以来，美国在推出《加勒比盆地倡议》的基础上制定了一系列法案，推动加勒比国家的经济发展和出口多元化。它在 1983 年颁布《加勒比盆地经济复兴法》，给予加勒比国家广泛的贸易优惠待遇；在 1990 年颁布《加勒比盆地经济复兴扩展法》作为该法案的补充；在 2000 年颁布《美国—加勒比盆地贸易合作法》，继续向加勒比国家提供贸易优惠待遇。《美国—加勒比盆地贸易合作法》于 2008 年 9 月 30 日到期。2008 年 5 月，美国国会通过决议，将它的有效期延长至 2010 年 9 月。目前，绝大多数加共体成员都是《加勒比盆地倡议》的受益国。"9·11"事件发生之后，加共体发表声明，谴责恐怖分子对美国发动的袭击，并表示将在反恐问题上与其进行配合。此外，加共体还不断推动其成员在非法移民、缉毒、洗钱等问题上与美国进行紧密合作。2007 年 6 月，加共体与美国举行政府领导人会议。圣文森特和格林纳丁斯总理拉尔夫·冈萨尔维斯（Ralph Gonsalves）、巴巴多斯总理欧文·阿瑟

（Owen Arthur）和圭亚那总统贾格迪奥（Bharrat Jagdeo）代表加共体成员与美国总统布什举行会晤，讨论了经济发展、贸易、移民、安全、生物燃料等问题。

近年来，加共体与美国的贸易保持增长势头。2005～2007年，加共体（13个成员的统计数据）从美国的货物进口从58.40亿美元增至70.42亿美元；加共体对美国的货物出口从61.24亿美元增至84.59亿美元。① 加共体从美国主要进口机械、运输设备、自动数据处理设备、通信设备以及各类制成品，向美国出口石油、石油制品、液化天然气、铝矿石、甲醇、氨等产品。

但是，加共体在一些国际事务上与美国也存在分歧。它反对美国入侵伊拉克，主张在尊重联合国宪章的基础上解决伊拉克问题，反对任何绕过联合国安理会的单方面行动，并对战争给加勒比地区经济产生的不利影响表示担忧。加共体主张国家之间互相尊重主权，抵制任何大国对小国的操纵和胁迫。美国曾要求特立尼达和多巴哥、安提瓜和巴布达、巴巴多斯、伯利兹、多米尼克与圣文森特和格林纳丁斯不要支持国际刑事法院以"战争罪"和"反人类罪"对美国公民进行起诉，但遭到它们的坚决反对。2003年7月，美国将上述六国列入停止向其提供军事援助的35个国家之列。加共体对美国的这一做法表示强烈抗议。世界贸易组织在坎昆举行部长级会议期间，加共体支持以巴西为首的"21国集团"的立场也使美国感到不快。加共体反对美国对古巴采取孤立和制裁措施，长期呼吁美国解除对古巴的经济、贸易和金融封锁。在2008年年底举行的第3届加共体—古巴首脑会议上，加共体成员领导人呼吁美国当选总统奥巴马尽快调整美国的对古政策。

---

① http：//www. caricomstats. org/Files/Databases/Trade/eXCEL% 20FILES/CC _ USA. htm

（二）与欧盟的关系

加共体在成立初期便积极发展与欧洲经济共同体的关系。加共体在 1975 年参与签订《洛美协定》，并在此后参与签订第二个《洛美协定》以及《科托努协定》。[①] 1976年 7 月，欧共体在圭亚那首都乔治敦设立常设办事处。2005 年 9 月 28 日，欧盟—加勒比论坛部长会议在圣卢西亚召开，欧盟贸易代表曼德尔森（Peter Mandelson）和加共体各成员以及多米尼加的代表与会。欧盟代表在会上保证，未来签署的《经济伙伴协定》将保证加共体成员的产品在进入欧盟市场时享受的优惠待遇不亚于《科托努协定》。

在《洛美协定》时期，加共体秘书处负责协调加勒比地区的有关行动。由于非加共体成员海地和多米尼加加入第 4 个《洛美协定》，加勒比国家在 1992 年成立"加勒比论坛"，以协调地区各国的行动。论坛的成员包括加共体的绝大多数成员（不含蒙特塞拉特）。2007 年底，加勒比论坛和欧盟有关签署《经济伙伴协定》的谈判宣告成功，成为非洲、加勒比与太平洋国家集团之中首个完成这一谈判的地区。2008 年 10 月，加勒比论坛的下列成员正式与欧盟签署《经济伙伴协定》：安提瓜和巴布达、巴哈马、巴巴多斯、伯利兹、多米尼克、多米尼加、格林纳达、牙买加、圣基茨和尼维斯、圣卢西亚、圣文森特和格林纳丁斯、苏里南、特立尼达和多巴哥。

2005～2007 年，加共体（13 个成员的统计数据）从欧盟的

[①] 1975 年 2 月，非洲、加勒比和太平洋地区 46 个发展中国家和欧共体 9 国在多哥首都洛美签订《洛美协定》。它是迄今最重要的南北合作协定，自 1975 年以来共执行了 4 期。欧共体/欧盟通过该协定向这些发展中国家提供财政支持、技术援助和贸易优惠。在此基础上，非洲、加勒比海和太平洋地区国家集团 77 个成员国和欧盟 15 国在 2000 年 6 月签订《科托努协定》。

货物进口从 18.24 亿美元增至 22.18 亿美元；加共体对欧盟的货物出口从 8.94 亿美元增至 24.54 亿美元。① 加共体从欧盟主要进口机械、药品和运输设备，出口欧盟的主要商品是铝矿石、蔗糖、甲醇和香蕉。

加共体与欧盟目前在农产品问题上存在较大利益分歧。欧盟成员国农业部长于 2005 年 11 月达成一致协议，将在此后 4 年之内大幅削减欧盟对进口蔗糖的补贴，降低食糖保护价格。加共体反对欧盟单方面改变有关蔗糖价格的优惠规定，认为这一做法违背了《科托努协定》的规定。另外，欧盟计划从 2006 年起，大幅提高香蕉的进口关税。加共体认为欧盟的这一做法将对其成员的经济和社会产生极为不利的影响。由于加共体成员的香蕉出口额在 2007 年普遍出现下滑，2008 年举行的加共体第 29 届政府首脑会议再次呼吁欧盟大幅削减香蕉的进口关税。

（三）与加拿大的关系

大多数加共体成员与加拿大在历史上同为英国殖民地，关系一向紧密。加拿大曾向西印度联邦提供包括商船在内的捐赠。在加共体成立之后，加拿大向其提供了大量资助。1979 年 1 月，加共体和加拿大签订《贸易和经济合作协定》。此后，双方围绕该协定签署了一系列议定书，例如 1998 年签署的《朗姆酒议定书》。加拿大为来自加共体的商品提供最大限度的贸易便利。根据 1986 年签署的《加拿大—加勒比贸易协定》，加拿大赋予加共体非互惠贸易优惠待遇。加共体成员（不含海地和苏里南）出口加拿大的绝大部分产品都可以享受免税待遇。这一贸易优惠的有效期直至 2011 年。此外，加拿大还与巴巴多

---

① http://www.caricomstats.org/Files/Databases/Trade/eXCEL% 20FILES/CC _ EU.htm

斯、特立尼达和多巴哥签署双边投资协定。加拿大是加共体获得外国投资的一个重要来源。它对加勒比经济体的投资从 2000 年的 280 亿美元上升至 2006 年的 530 亿美元。另一方面，加共体也在扩大对加拿大的直接投资，其投资额从 2000 年的 5.31 亿美元上升至 2006 年的 7.6 亿美元。巴哈马和巴巴多斯是投资最多的加共体成员。[①] 在人员往来方面，加拿大与牙买加、特立尼达和多巴哥、巴巴多斯和东加勒比国家组织各成员签署谅解备忘录，允许其农业工人在每年的特定季节前往加拿大工作。2001年 1 月，两年一次的加拿大—加共体首脑会议在牙买加举行。牙买加总理帕特森（Percival J. Patterson）代表加共体提出建立自由贸易区的建议，加拿大对此表示赞同。之后，双方在 2007 年启动自由贸易谈判。2008 年 6 月和 11 月，双方举行两次重要的技术工作小组会议，就谈判内容达成一系列共识。

2005 ~ 2007 年，加共体（13 个成员的统计数据）从加拿大的货物进口从 3.65 亿美元增至 6.18 亿美元；加共体对加拿大的货物出口从 4.89 亿美元增至 6.46 亿美元。[②] 加共体主要从加拿大进口食品、工业制成品、机械和运输设备，向其出口铝土等原材料。

（四） 与拉美和加勒比国家的关系

加共体与拉美和加勒比国家签署了一系列优惠贸易协定：在 1992 年与委内瑞拉缔结《贸易和投资协定》，在 1994 年与哥伦比亚签署《贸易、经济和技术合作协定》，在 1998 年 8 月与多米尼加签署自由贸易协定（2001 年 12 月生效），

---

① http: //new. crnm. org/index. php? option = com_ content&view = article&id = 51: caricom - canada&catid = 44: bilaterals&Itemid = 121

② http: //www. caricomstats. org/Files/Databases/Trade/eXCEL% 20FILES/CC _ Canada. htm

在 2000 年 7 月与古巴签署局部范围的自由贸易协定，在 2004 年 3 月与哥斯达黎加签署自由贸易协定。

加共体注重发展与古巴的经贸关系，并在技术、环境、人才培训、治疗艾滋病、旅游等方面加强与后者的合作，支持古巴加入加勒比国家联盟和《科托努协定》。加共体反对孤立和制裁古巴，强调古巴是加勒比大家庭的一员；呼吁美国解除对古巴长达 40 多年的经济、贸易和金融封锁，允许其重返美洲国家组织；呼吁美国把炸毁古巴飞机的恐怖分子绳之以法。1993 年，加共体与古巴成立混合委员会。双方还在 2000 年签署《经济合作与贸易协定》。加共体和古巴建立了首脑定期会晤机制，每三年举行一次首脑会议。2002 年 12 月，第 1 届首脑会议在古巴举行；2005 年 12 月，第 2 届首脑会议在巴巴多斯举行；2008 年 12 月，第 3 届首脑会议在古巴举行。下届首脑会议将于 2011 年 12 月在特立尼达和多巴哥举行。2009 年 6 月，美洲国家组织宣布废除在 1962 年做出的驱逐古巴的决定，加共体对此表示欢迎。为感谢古巴给予的帮助和支持，加共体把每年的 12 月 8 日确定为"古巴与加勒比共同体日"。

加共体积极推动与中美洲的合作。加共体与中美洲共同市场在 1992 年 1 月启动部长会议机制，此后定期就自由贸易、科学技术、运输、环境、旅游、金融、自然灾害、体育等问题进行广泛的磋商。1996 年，为促进两地区贸易，双方共同组建了商船队。加共体和中美洲一体化体系建立了首脑定期会晤机制，每三年举行一次首脑会议。2002 年 2 月，第 1 届首脑会议在伯利兹举行；2007 年 5 月，第 2 届首脑会议在伯利兹举行；2009 年 6 月，第 3 届首脑会议在尼加拉瓜举行。第 1 届首脑会议讨论了两地区签署自由贸易协定的可行性。目前，多边谈判进程陷入停顿，但加共体与中美洲国家的双边谈判进程取得一定的发展。2004 年 3 月，加共体与哥斯达黎加缔结自由贸易协定。两地区

都极为关注气候变化和防灾减灾。2007 年 5 月，25 个中美洲和
加勒比地区国家在巴拿马城举行红十字会工作会议。会议呼吁通
过加强协调配合，最大限度地发挥与会国家红十字会的能力，从
而更为有效地应对飓风灾害。2004～2006 年，加共体（13 个成
员的统计数据）从中美洲共同市场的货物进口从 1.72 亿美元增
至 2.36 亿美元；加共体对中美洲共同市场的货物出口从 0.48 亿
美元增至 1.14 亿美元。①

　　加共体与南美洲国家长期保持密切的关系。加共体赞扬巴西
在拉美地区一体化进程中发挥的重要推动作用，以及巴西在联合
国海地维和任务中发挥的领导作用。2005 年 2 月，巴西总统卢
拉在访问圭亚那和苏里南时表示，现在是巴西与加共体建立一个
巩固结合的适当时机；苏里南和圭亚那已经加入南美国家共同
体，两个共同体之间的一体化已经开始。2005 年 4 月，巴西与
加共体签署防治艾滋病的协议。根据协议，巴西将向加勒比国家
转让生产治疗艾滋病药品的技术，为该地区预防艾滋病的行动提
供合作。加共体目前正在与南方共同市场就缔结自由贸易协定进
行谈判。2005～2007 年，加共体（13 个成员的统计数据）从南
方共同市场的货物进口从 11.36 亿美元增至 13.11 亿美元；加共
体对南方共同市场的货物出口从 0.77 亿美元增至 0.98 亿美元。②
同一时期，加共体（13 个成员的统计数据）从安第斯共同体的
货物进口从 11.66 亿美元增至 18.30 亿美元；加共体对安第斯共
同体的货物出口从 1.97 亿美元增至 3.06 亿美元。③

---

① http：//www. caricomstats. org/Files/Databases/Trade/eXCEL% 20FILES/CC _
CACM. htm

② http：//www. caricomstats. org/Files/Databases/Trade/eXCEL% 20FILES/CC _
MERCOSUR. htm

③ http：//www. caricomstats. org/Files/Databases/Trade/eXCEL% 20FILES/CC _
Andean. htm

自从《圣何塞协定》（1980）签署以来，委内瑞拉长期以优惠价格向许多加共体成员提供石油。2005 年 6 月，加勒比能源峰会在委内瑞拉举行，包括牙买加和巴哈马在内的 11 个加共体成员参与签署了《加勒比石油能源合作框架协议》。委内瑞拉允诺通过加勒比石油公司以优惠条件向它们提供石油。加共体与委内瑞拉在 1992 年缔结《贸易和投资协定》，委内瑞拉单方给予原产地为加共体成员的商品免税入关的优惠待遇。2004 年 3 月，委内瑞拉表示支持加共体要求联合国调查海地问题的呼吁，并赞同加共体提出的海地和平倡议。目前，委内瑞拉在埃塞奎博地区的归属问题上与加共体成员圭亚那存在争议，在阿韦斯岛的主权问题上与多个加共体成员有分歧。

（五）与中国的关系

中国赞赏加共体在区域一体化建设和地区经济社会发展中发挥的重要作用，长期以来重视发展同加勒比国家和加共体的关系。目前，中国与绝大多数加共体成员保持友好关系。在加共体 14 个已独立的成员国中，与中国建交的有 9 个：牙买加、巴巴多斯、特立尼达和多巴哥、圭亚那、苏里南、多米尼克、格林纳达、巴哈马、安提瓜和巴布达；与中国未建交的成员国是：海地、圣卢西亚、圣基茨和尼维斯、圣文森特和格林纳丁斯与伯利兹。牙买加已成为中国在加共体的最大贸易伙伴。巴巴多斯、圭亚那、苏里南、特立尼达和多巴哥、牙买加、格林纳达、安提瓜和巴布达、圣卢西亚和多米尼克均已宣布承认中国的市场经济地位。1996 年，中国—加勒比经济贸易研讨会在圭亚那首都乔治敦举行，加共体秘书长卡林顿以及来自加共体各成员的官员和企业家与会。这是中国首次在加勒比地区举办经贸研讨会。1997 年，中国被接纳为加勒比开发银行（加共体联系机构）成员国。2004 年，"中国—加勒比经贸合作论坛"的成立为扩大中国同加共体成员之间的互利合作提供了平台。2005 年 2 月，中国政府宣布将安提瓜和巴布达、巴巴多斯、巴哈马、圭亚那、多米尼克、苏里南、特立尼达和多巴哥、牙买加和格林纳达列入旅游目的地国。

　　加共体积极支持中国举办世界博览会。2008 年 11 月，加共体秘书长埃德温·卡林顿率团对中国进行访问。访华期间，卡林顿在上海代表加共体及其 10 个成员与上海世博会组织者签署联合参展协议。2009 年 4 月，上海世博会组织者代表团访问圭亚那，出席加共体成员参展上海世博会第二次协调员会议。截至 2009 年年底，除蒙特塞拉特之外的 14 个加共体成员确认参加 2010 年上海世界博览会。

第十七章

拉丁美洲社会科学理事会

拉丁美洲社会科学理事会（以下简称"拉美社科理事会"或"理事会"）成立于 1967 年，是拉美各国社会科学研究机构的联合组织和协调机构。创始会员有 35 个。总部设在阿根廷首都布宜诺斯艾利斯。

一　成立背景和经过

与欧美国家相比，拉美地区的社会科学研究起步较晚。到 20 世纪 30 年代，在拉美少数几个城市，社会科学研究工作才进入制度化进程。20 世纪 50～60 年代，社会科学在拉美地区得到了很大发展，一批重要的研究成果相继问世。但是，拉美学术界内部的联系相对薄弱，需要建立一个具有协调性质的机构。它不仅能够起到巩固和推动社会科学研究的作用，并创造条件使其更好地为全面理解拉美的历史和社会问题服务，还要在促进拉美地区文化、科学和学术研究领域的一体化以及国际交流方面有所作为。

在这种情况下，美国的社会科学工作者率先提出应该建立一个机构，将拉美地区的学者组织起来，对学术活动加以有效的协调。1961～1965 年，美国社会科学研究理事会所属的拉丁美洲研究联合委员会和美国学术机构理事会在斯坦福、圣地亚哥和里约热内卢召开了 4 次会议，对拉美社会科学研究现状和前景，以及美国的拉美研究进行了全面总结。会议的组织者提出了在拉美地区建立一个类似于美国社会科学理事会的地区性社会科学理事会或联合会的设想。这一倡议立刻得到了拉美地区社会科学工作者的积极响应。他们认为，这样一个机构的成立，符合拉美社会科学发展进程的需要和特点，因为当时只有一部分拉美国家建立了社会科学研究协会，涉及的学科也十分有限。

1964 年，托尔夸托·迪特加（Torcuato di Tella）学院与国际社会科学理事会和联合国教科文组织共同举办了以"比较社会学"为主题的研讨会。与会者通过一项决议，希望托尔夸托·迪特加学院能够组织力量，成立一个拉美社会科学研究的常设性协调机构。为此，托尔夸托·迪特加学院对拉美地区已有的各类研究机构的历史和现状进行了分析总结，并结合实地考察，于 1966 年提出了对新机构的初步设想。

1966 年 10 月，第 1 届拉美社会科学研究中心和机构领导人会议在委内瑞拉中央大学举行，会上成立了组织委员会，对新机构的性质和作用达成了共识。1967 年 10 月 14 日，第 2 届拉美社会科学研究中心和机构领导人会议在哥伦比亚的安第斯大学召开，宣布正式成立拉丁美洲社会科学理事会。会议通过了理事会章程，选出了第 1 届领导委员会，并推选阿尔多·费雷尔（Aldo Ferrer）为第一任执行秘书。

拉美社科理事会在成立后的几年时间里迅速发展，会员由最初的 30 多个增加到 100 多个。一批专门性的委员会和工作小组陆续成立，研究生培养、研究资助和国际合作等各项计划也顺利开展起来。

1973 年，智利发生军事政变，给拉美社会科学的发展造成了巨大的消极影响。因为自联合国拉丁美洲和加勒比经济委员会在智利成立后，这里不仅集中了一大批在拉美地区极具重要性和影响力的学术研究机构和大学，而且还吸引了众多知名学者和拉美各国的留学生。政变发生后，军政府采取了学术压制政策，一大批研究中心被迫关闭，专业被取消，相当一部分学者和教授被解雇或遭驱逐。

面对这样的困境，拉美社科理事会迅速担负起新的职责，即捍卫受到政治迫害的学者的权利。在 1973 年和 1974 年的代表大会上，理事会制定了"团结和保护受迫害社会科学工作者计划"。执行秘书处组织成立了一个工作小组，先后将 1200 多名在智利政变中受到牵连的专家学者安置到拉美其他国家、欧洲、美国和加拿大。同时，继续开展研究资助，通过多方筹集资金，支持研究小组的活动和研究生的教学工作，使那些失去机构背景的研究者能够继续进行研究工作。在这个过程中，拉美社科理事会建立起应对突发政治事件的能力。此后，拉美国家又相继发生了几次政变，理事会在保护社会科学工作者免受影响方面继续发挥着重要作用。

经过 40 多年的发展，拉美社科理事会已在拉美地区建立起庞大的社会科学研究网络，成为该地区最重要的学术协调和组织机构。

二　成员

按照章程规定，凡是从事社会科学领域的研究和教学工作的公立和私立机构都可以加入拉美社科理事会。截至 2009 年 12 月，拉美社科理事会共有 259 个正式会员，它们分属于下列 25 个国家和地区：阿根廷、玻利维亚、巴西、智利、哥伦比亚、哥斯达黎加、古巴、厄瓜多尔、萨尔瓦多、危地马拉、海地、洪都拉斯、墨西哥、尼加拉瓜、巴拿马、巴拉圭、秘鲁、波多黎各、多米尼加、乌拉圭、委内瑞拉、德国、美国、西班牙和葡萄牙。其中阿根廷、墨西哥和巴西的会员数量最多，分别达到41个、40个和37个。

拉美社科理事会的会员包括研究中心、研究所、大学的院系、研究生的培养机构以及从事研究工作的基金会和工作室等，由几千名专职研究人员组成。正式会员每年应向理事会缴纳会费，但古巴、海地、洪都拉斯和尼加拉瓜的研究机构可以免交会费。正式会员可分享理事会的科研资助，有权进入理事会的电子图书馆和数据库获取信息，参加各种科研活动，接受远程培训，在代表大会享有发言权和投票权。

拉美和加勒比地区以外的研究机构可以作为联系会员加入理事会，可享受正式成员的大部分权利和义务，但不能获得科研资助，也无投票权。

拉美社科理事会的经费主要来自两个渠道：一是会员缴纳的会费；二是基金会的资助。近年来，由于经费紧张问题日益突出，理事会提出了建立一个信托基金的设想。

三 组织机构

根据拉美社科理事会2009年确立的新章程，其组织机构由代表大会、领导委员会和执行秘书处组成。代表大会是理事会的最高决策机构，每2～3年召开一次会议，负责审议领导委员会的提案、财务报告和收支预算，选举领导委员会成员，批准新会员，讨论理事会的学术计划和方针等。经领导委员会决定，或1/3以上会员申请，可举行特别代表大会。

领导委员会由8名享有较高学术声誉的拉美籍专家组成，任期3年，其中4人可连选连任一次。其职能主要是指导理事会的工作，监督工作计划的执行。领导委员会每年至少召开一次会议，必要时可召开特别会议。每名领导委员会委员均配有一名候补委员。

执行秘书处负责理事会的日常管理、组织和服务工作。秘书长任期 3 年，可连任一次。

四　主要领导人

拉美社科理事会成立至今，共有 7 人先后担任执行秘书长，分别是阿根廷人阿尔多·费雷尔（Aldo Ferrer，1967～1969）、阿根廷人恩里克·奥特萨（Enrique Oteiza，1969～1975）、阿根廷人弗朗西斯科·德利奇（Francisco Delich，1976～1983）、玻利维亚人费尔南多·卡尔德龙·古铁雷斯（Fernando Calderón Gutiérrez，1983～1991）、波多黎各人玛尔西亚·里维拉（Marcia Rivera，1991～1997）、阿根廷人阿蒂略·博龙（Atilio Borón，1997～2006）、巴西人埃米尔·萨德尔（Emir Sader，2006 年至今）。

拉美社科理事会前任执行秘书长阿蒂略·博龙博士是拉美政治和社会学领域的知名学者。1976 年他在哈佛大学获政治学博士学位，曾在拉丁美洲社会科学学院智利分院、阿根廷布宜诺斯艾利斯大学社会学系任教。他的研究领域是拉美和西欧新自由主义改革过程中的国际关系、市场和民主。他撰写了大量论文和著作，近期出版的专著主要有：《帝国和帝国主义》（2002），《马克思主义政治哲学》（2003），《拉丁美洲的国家、资本主义和民主》（2003），《新的世界霸权》（2004，主编），《现代政治哲学》（2006，主编），等等。

现任执行秘书长埃米尔·萨德尔也是一位拉美问题的著名学者，已在各类学术期刊上发表了 100 多篇论文。1990 年在巴西圣保罗大学获得政治学博士学位。曾担任拉美社会学协会会长、拉美社会科学理事会领导委员会成员。长期从事教学和研究工作。1984～2005 年，共参与撰写或主编了 43 部学术书籍。近期科研成果主要有：《拉美结构调整：社会代价和替代》（2001，主编）、《古巴：建设中的社会主义》（2002）、《历史的复仇》（2004）、《前景》（2005）、《批判与解放》（2008，主编），等等。

五　出版物

拉美社科理事会的定期出版物是《拉丁美洲社会观察》杂志（*Observatorio Social de América Latina*），2000 年 6 月创刊，每 4 个月出版一期，专门面向研究人员、社会运动和政治组织的有关人士。《拉丁美洲社会观察》杂志通过大事记的形式，对拉美地区发生的主要社会冲突事件进行跟踪介绍，也包括一些由拉美知名学者和工作小组成员撰写的对重大事件的分析和对前景的评估。2000～2009 年，该杂志共出版了 26 期。第 26 期于 2009 年 10 月出版，主题是"最近 10 年的变化。"

自 2007 年 10 月起，拉美社科理事会与拉美一些重要的出版社合作，每月出版一期由拉美著名社会思潮评论家撰写的《拉丁美洲批判思想纪要》（*Cuadernos de Pensamiento Crítico Latinoamericano*）。

六　宗旨原则和政策主张

拉美社科理事会是不以营利为目的的非政府组织。它的宗旨是通过加强会员的机构发展和网络建设，促进地区性研究、比较研究、国别研究和产业研究，加强对拉美社会科学工作者的培训和知识更新，加强拉美学术界与世界其他地区的学术和信息交流等活动，推动拉美和加勒比地区社会科学的发展。将社会科学应用于拉美经济和社会发展的现实和实际问题中，是理事会的重要任务。

拉美社科理事会的职能如下：制定并推动研究和教学计划的开展，确保研究工作的独立性；推动会员之间在研究和培训计划等方面的信息交流，成为研究人员在重要发展问题上的信息交流中心；促进拉美社会科学工作者之间的相互了解，为会员之间的学术合作搭建平台；为会员的研究和教学计划提供咨询服务，在必要时还可为其寻求资助；调动会员的积极性和学术兴趣，推动地区内部的人才流动，鼓励研究人员更好地服务于本地区的社科事业，防止人才流失；支持和帮助会员举办各类专题讨论会；完善工作人员培养、数据库、出版体系的配套建设，使之更好地服务于研究工作；将拉美的社会科学与其他国家和地区的社会科学研究工作相结合；重视与基础研究机构和国际研究机构的关系；鼓励对拉美一体化问题的研究；支持通过奖学金、奖金和其他资助开展个体和集体研究项目。

拉美社科理事会认为拉美学者应对新自由主义等西方国家提出的思想展开学术争论，主张更多具有"替代选择"倾向或更具有知识分子使命感的学者加入到研究队伍中。理事会鼓励拉美学者对本地区重大问题展开广泛的、深刻的和有组织的讨论，主张通过集体的力量为拉美寻找到一种更科学的模式，能够替代国际金融机构在拉美推行的霸权主义政策。

七　主要活动

拉美社科理事会的活动主要包括：学术研究，提供文献信息、培训、咨询、出版，科研成果推介，与其他机构和组织开展合作等。

（一）代表大会

截止到 2009 年，拉美社科理事会共召开了 23 次代表大会。最近的两次分别于 2006 年 10 月和 2009 年 10 月在巴西的里约热内卢和玻利维亚的科恰班巴举行。代表大会的主要议程包括：进行换届选举工作、讨论和批准会员的入会和退会、听取执行秘书处的科研管理工作报告和财务工作报告、制定下一阶段的工作计划和活动安排。

从第 19 次代表大会起，拉美社科理事会还同时举办拉丁美洲和加勒比社会科学研讨会。到 2009 年，已举办了 5 届。

2007 年 10 月，拉美社科理事会时值成立 40 周年之际，在哥伦比亚的波哥大召开庆祝大会，主题为"拉丁美洲批判思想现状"。

（二）科研和教学活动

拉美社科理事会的研究范围十分广泛，涉及社会科学的各个领域。近年来，拉美社科理事会的科研和教学工作主要通过以下计划实施。

1. "工作小组"计划（Programa de Grupos de Trabajo）

工作小组计划一直是拉美社科理事会在成立后的 40 多年时间里最重要的科研活动，其目的是推动对拉美地区重大社会问题的比较与合作研究。工作小组由理事会会员机构中的 3000 多名研究人员组成，负责对某一社会、经济和政治问题进行专题研究。2008～2009 年，理事会共设有 28 个工作小组，它们的研究领域包括：科学、技术和社会；媒体化通信、信息资本主义和公共政策；文化与权力；权利与解放；农村发展；城市发展；政治生态学；世界经济、跨国公司与国家经济；教育、政治与社会运动；拉丁美洲 200 年：两个世纪的革命；美国研究；家庭与儿童；政治哲学；性别、全球化与发展；霸权与解放；近代史；一体化与拉美联盟；青年与新政治实践；移民、文化与政策；拉美的印第安人运动；拉美和加勒比的历史评论思想；贫困与社会政策；拉美的主导产业；安全与民主；宗教与社会；劳动、就业、职业评定、劳动关系与劳工认同；大学与社会。

工作小组的研究在拉美社会科学领域影响很大。除了一大批知名学者参加了工作小组以外，一些学者型的政界要人，如巴西前总统卡多佐（Fernando Herique Cardoso）和智利前总统拉各斯（Ricardo Lagos）也都曾是工作小组的成员。

每个工作小组的活动分为两个部分。一是每 18 个月举行一次会议，小组成员要向协调人（组长）提交一份正规的讨论文件；二是在理事会的虚拟大学为每个小组建立的平台上进行交流和讨论。工作小组成员的成果经匿名评审后将以论文集形式出版，并被收录到理事会的电子图书馆中。

此外，工作小组还积极组织内容广泛的学术研讨会，扩大交流。自 1999 年以来，共举办了 70 多次学术会议，参加者有 900 多人，其中相当一部分来自于非理事会会员机构。各个工作小组还根据研究重点，组织人员参加一些大型和重要的国际论坛或学术活动，如世界社会论坛等。

2. 地区奖学金计划（Programa Regional de Becas）

地区奖学金计划是拉美社科理事会于 1998 年着手开展的学术活动，它的目的是推动社会科学的培训工作，加强社会研究，确保研究成果的传播，鼓励各国研究人员之间的学术交流，开展对拉美社会问题的深入讨论和思考，扩大拉美社科理事会的影响力，推动青年学者积极参与研究和讨论。

地区奖学金计划包括向研究项目提供资助和向论文提供资助两项内容。瑞典国际发展署（Agencia Sueca de Desarrollo Internacional，ASDI）、挪威合作开发署（Agencia Noruega de

Cooperación para el Desarrollo，NORAD)、联合国教科文组织、"贫困比较研究计划"(Comparative Research Programme on Poverty，CROP) 等多个机构资助了该计划。地区奖学金计划对所资助项目的申请、批准、经费使用、成果评估、研讨会组织都有严格和完善的规定。

瑞典国际发展署所资助的对象分为初级、中级和高级三个档次，每个档次有不同的年龄和资历要求。其资助活动包括：1998~1999年，资助了16个高级研究项目，提供经费32万美元，研究内容涉及贫困与不平等、民主、妇女、暴力与安全等4个方面；1999年，为了支持青年学者的研究工作，资助了48名青年研究人员，提供奖学金18万美元；2000~2002年，共为高级和初级两档项目提供了94.3万美元的资助。自2003年起，瑞典国际发展署的资助范围有所扩大，将学者年龄划分为三个档次，每档有不同的奖学金份数和金额。2003~2005年，共提供了102万美元的资助。

联合国教科文组织主要对35岁以下青年学者的研究论文进行资助。2002年共提供了1.25万美元的研究经费。

"贫困比较研究计划"所资助的项目与贫困问题的研究有关。2002~2004年，资助总额为23万美元。

此外，理事会在2003年为庆祝建会35周年，也专门拨款1万美元，资助了4项论文研究。

1998~2003年，共有来自16个拉美国家的228名研究人员通过地区奖学金计划获得了研究资助。

3. 虚拟大学

拉美社科理事会对信息技术的应用十分重视，近年来一直致力于网络建设和数字化管理，以适应新形势，最大限度地满足拉美社会科学工作者的需要。1998年它创办了虚拟大学，主要任务是为理事会管理的学术计划提供网络和通信服务，并开展远程教学工作。虚拟大学的课程由权威的地区性或国际性学术机构组织，内容十分广泛。学员在虚拟课堂上与导师和同学进行交流和讨论，并可利用虚拟大学的电子图书馆查阅信息。1999~2008年，虚拟大学共开设了133个网络教室，来自36个国家的4900名学员通过网络接受了虚拟大学的培训，其中包括理事会的会员和地区奖学金计划的受益者；授课教师达到400人。

在虚拟大学开展的远程教育中，一项重要的教学工作就是开办"社会科学理论与方法论"的远程硕士学位课程。学制2年，其间学员的学习和与导师的交流都是通过网络进行。学员在完成所有课程的学习并通过最后的论文答辩之后，可获得拉美社科理事会和其他权威机构颁发的学位证书。

另一个重要内容是创立了以巴西著名社会学家弗洛雷斯坦·费尔南德斯（Florestan Fernandes）的名字命名的讲坛，以纪念这位知名和多产学者。这项教学计划的目的是推动拉美地区评论思想的发展，加强对拉美社会结构变革的理论研究，鼓励理论创新。该讲坛于2000年建立，2001年起正式授课，每年开设5门课程，供学员选修，并聘请知名教授和学者授课。截至2004年，共有约400名学员参加了"弗洛雷斯坦·费尔南德斯"讲坛的学习。

虚拟大学除了完成自身的远程教学工作外，还配合理事会开展的各类研究计划，提供网络支持，搭建电子平台，帮助研究人员在网络上开展学术活动。此外，虚拟大学还经常参加拉美地区的一些与网络技术、远程教育等相关的国际会议。

2008年9月，拉美社科理事会在虚拟大学框架内创办了社会科学研究生网，其目标是促进各会员在招生和教学计划上的经验交流、为研究生与教师之间的交流搭建平台、推动合作研究、加强研究生教学薄弱地区（如中美洲、加勒比国家、玻利维亚和巴拉圭等）的办学力量、鼓励信息技术在研究生教学工作中的普及、加强拉美社科理事会与国际性论坛之间的联系。为实现上述目标，拉美社科理事会制定了一系列计划。社会科学研究生网拥有学术委员会，负责确定指导政策和具体计划。目前共有21 个国家的 135 个学术机构的 524 项研究生计划被纳入了社会科学研究生网。

4. "拉美社会观察"计划（el Programa del Observatorio Social de América Latina）

这是拉美社科理事会于 2000 年 2 月启动的一项特别计划。它的任务是推动对实行新自由主义政策以来拉美资本主义新现实的深刻思考和分析，不同形式的社会对抗和社会运动的特点是该计划关注和跟踪的重点。理事会希望通过对相关问题的研究来活跃拉美社会思潮，加强对社会运动的研究，促进学者与社会运动之间的联系。

"拉美社会观察"计划有定期出版物，还经常组织一些讨论会，收集和制作关于社会冲突的影像资料，在理事会的虚拟大学中开设关于社会运动的课程，出版有关学术著作，鼓励研究人员参加世界社会论坛等一些反全球化或与新自由主义政策相关的活动。

（三）出版物和数字图书馆

自成立以来，拉美社科理事会每年出版大量书籍和论文。出版物的编辑、校对和印刷等工作全部由执行秘书处负责。近几年来，理事会每年出版的学术书籍约为 20 ~ 30 种，其中包括与其他出版社合作出版的作品。理事会定期将出版物汇集制作成光盘，方便读者查阅。

理事会每年将一部分图书赠送给拉美地区的公立图书馆和国际组织。为了推广其各种出版物、扩大发行渠道，理事会积极参加拉美各地举办的图书博览会；还印制了大量宣传品，包括机构介绍、课程安排、会议资料等，利用各种机会发放，扩大其影响。

自 20 世纪 90 年代末以来，理事会电子图书馆的建设取得了很大发展。目前，图书馆的虚拟阅览室中共收录了 2 万篇（册）全文信息。每年有 100 多个国家的几十万读者点击查询。

八　对外关系

拉美社会科学理事会十分重视对外交往与合作。近年来，理事会与世界各国、各地区研究机构和组织之间的友好关系得到了很大发展。

理事会在联合国教科文组织中享有咨询地位，是其正式承认的国际学术研究机构。联合国教科文组织委托理事会成立了一个研究拉美大学问题的工作小组，以便为教科文组织提供建议。理事会为此专门联络了工作小组中从事拉美教育研究的专家，为联合国教科文组织提供了一切必要的信息。理事会的会员也经常应邀出席联合国教科文组织举办的各种活动。教科文组织还为理事会的地区奖学金计划提供资助。

理事会与北欧一些基金会和政府机构的关系十分密切，并且得到了大量资助。瑞典国际发展署和挪威合作开发署是理事会最重要的合作伙伴。很多计划和项目都得到了这两个基金会的大力支持和赞助。此外，理事会还尽可能扩大资金来源，争取更多的资助。在它的努力下，加拿大和比利时的基金会也相继成为理事会科研计划的赞助者。

在对外学术交流方面，理事会与欧美一些研究机构建立联系，开展合作。比如，加拿大的科研机构参加了理事会两个工作小组的研究工作。在"拉美社会观察"计划中，理事会也与加拿大和巴西的一些机构签订了协议，由它们负责整理相关的信息。近年来，随着影响力的扩大，理事会还不断受到南方共同市场成员国政府、世界社会论坛、世界教育论坛的委托，组织一些学术研讨会。欧洲和北美地区的大学要求入会的申请也越来越多。

在南南合作方面，理事会制定了拉丁美洲、加勒比与非洲、亚洲学术交流南南计划，目的在于推动拉美和亚非地区社会科学工作者之间的交流与合作，鼓励学者从整个南半球的视角分析和研究社会和历史问题。该计划得到了墨西哥、巴西、古巴、哥伦比亚等国一些亚非问题研究中心的响应和支持。在这项计划的推动下，理事会与津巴布韦、塞内加尔、埃塞俄比亚等非洲国家的研究机构签订了合作协议。比利时、荷兰和西班牙的一些研究中心也为该计划的实施提供了帮助。

与"贫困比较研究计划"的合作也是理事会重要的学术交流活动之一。该计划由国际社会科学理事会（Consejo Internacional de Ciencias Sociales）于 1992 年建立，专门从事对发达国家和发展中国家贫困问题的比较和跨学科研究。秘书处设在挪威的卑尔根。双方的合作始于 2002 年，主要目的在于开展对拉美贫困问题的研究，举办专题讨论会，从学术的角度帮助拉美国家消除和减少贫困。两个机构的工作重点包括：建立一个拉美贫困问题的专家网络，促进拉美地区与非洲地区学者之间的交流，加强拉美国家的比较研究，将研究成果应用于实际的扶贫工作中，搜集贫困方面的最新科研成果以提供给各地的研究人员。研究对象起初以中美洲和加勒比国家为主，后来扩展到玻利维亚、巴拉圭和厄瓜多尔。这项合作计划的内容分为奖学金、国际研讨会和培训班3 个部分。至今已在安提瓜和巴布达、尼加拉瓜、玻利维亚、巴西、古巴等国举办了多次国际研讨会。

拉美社科理事会与拉美地区另外一个重要的学术机构——拉丁美洲社会科学学院（FLACSO）保持着良好的合作关系，并从各自不同的侧重点和目标出发，在拉美社会科学研究领域互为补充，共同发挥着重要作用。拉美社科理事会的很多创建者和领导委员会成员都曾经在拉美社会科学学院或下属的研究中心接受过培训；而拉美社会科学学院的 9 个下属学术单位都是拉美社科理事会的会员，很多教学工作由理事会的研究人员承担。

在出版方面，理事会积极寻求合作者，扩大合作出版的途径，与阿根廷、墨西哥和巴西等国家的出版社和杂志社建立了长期合作关系。

拉美社科理事会与中国社会科学界的关系是近几年才建立并发展起来的。2003 年中国学者应邀参加了理事会第 21 次代表大会和随后举办的第 3 届拉美和加勒比社会科学研讨会，并在大会上发言。此后，中国学者多次访问理事会执行秘书处。为促进学术交流与合作，拉美社科理事会与中国社会科学院签订了《框架合作协定》。2008 年 12 月，拉美社科理事会执行秘书长埃米尔·萨德尔应中国社会科学院的邀请来华参加了"改革开放 30 周年国际学术研讨会"。

第十八章

拉丁美洲社会科学学院

拉丁美洲社会科学学院（以下简称"拉美社会科学学院"或"学院"）是拉美和加勒比地区的区域性、自治性科研与教学机构，主要目标是促进拉美和加勒比地区社会科学领域的教学和研究工作。

一 成立背景和经过

19 57 年，在联合国教科文组织的倡议下，拉美社会科学学院在智利首都圣地亚哥成立。主要任务是通过开展本地区社会科学领域的教学和研究工作，培养高级教师和科研人员。这个时期正是拉美社会科学发展和进步的重要阶段，拉美社会科学学院的成立对此起到了进一步的推动作用。当时它的工作重点是培养社会学和政治学两个学科的研究生。

1973 年 9 月智利发生军事政变后，拉美社会科学学院的工作被迫中断。1974 年，联合国教科文组织提议对学院的组织结构进行调整，实行分散化，以确保其持续、正常的运转。1975 年，在厄瓜多尔首都基多举行的学院代表大会通过了上述提议，决定在会员国分别建立下属学术机构，通过它们各自的学术计划推动学术活动的开展。1979 年，学院确定哥斯达黎加为秘书处所在地。此后，拉美社会科学学院陆续在阿根廷、巴西、智利、哥斯达黎加、厄瓜多尔、危地马拉、墨西哥、萨尔瓦多、多米尼加、古巴、巴拉圭和乌拉圭 12 个国家建立了分支机构，前 7 个为分院，后 5 个称为"学术计划"或"学术项目"。

二　成员

拉美社会科学学院正式签约的会员国有 16 个，包括：阿根廷、玻利维亚、巴西、哥斯达黎加、古巴、智利、厄瓜多尔、洪都拉斯、危地马拉、墨西哥、尼加拉瓜、巴拿马、巴拉圭、多米尼加、苏里南和乌拉圭。

会员每年应向拉美社会科学学院缴纳会费。具体数额根据会员国向联合国教科文组织支付会费的一定比例计算。

三　组织机构

拉美社会科学院的组织机构分为领导机构、管理机构和下属学术单位三级。

领导机构包括代表大会、高级委员会、领导委员会和各学术单位学术委员会。代表大会是拉美社会科学学院的最高领导机构，由所有会员国的代表组成；每两年召开一次会议，负责确定学院的总体方针政策。从 1972 年召开第一次代表大会起到 2008 年，共召开 18 次代表大会。高级委员会由 7 名设有分院的会员国代表、6 名以个人名义当选的会员国知名学者和学院秘书长组成，负责两次代表大会之间的领导工作，每年召开一次会议。现任高级委员会主席是弗朗西斯科·瓦尔德斯（Francisco Valdés）博士。领导委员会由各学术单位负责人、秘书长和一名教师代表组成，负责规划和实施学院的各项活动，每年召开两次会议。学术单位的学术委员会由单位负责人、各研究领域的协调人、一名教师代表和一名学生代表组成，负责对本单位的学术活动进行规划和评估。

秘书处是学院的行政管理部门，由秘书长和 4 名分别负责学术工作、研究与国际合作、财务工作、减灾与风险管理研究工作的协调员组成。总部设在哥斯达黎加首都圣何塞。秘书处的职能是负责组织和协调整个学院的科研和教学工作。

学院下属的学术单位分为三级：分院、学术计划和学术项目。其中分院要通过学院与有关国家的政府签署协议才可成立。学术计划是学院在某一国家开展的一系列高水平学术活动。学术项目则是在一定时间内进行的特定学术活动。

四　主要领导人

拉美社会科学学院成立至今，共有 9 人先后担任秘书长，分别是智利人古斯塔沃·拉各斯·马图斯（Gustavo Lagos Matus，1957～1965）、智利人阿尔韦托·里奥塞科·巴斯克斯（Alberto Rioseco Vásquez，1965～1972）、智利人里卡多·拉各斯·埃斯科瓦尔（Ricardo Lagos Escobar，1972～1973）、阿根廷人阿图罗·奥康纳（Arturo O'Connell，1974～1979）、哥斯达黎加人丹尼尔·卡马乔·蒙赫（Daniel Camacho Monge，1979～1984）、危地马拉人埃德贝托·托雷斯·里瓦斯（Edelberto Torres Rivas，1985～1993）、墨西哥人胡里奥·拉巴斯蒂达·马丁·德尔坎波（Julio Labastida Martín del Campo，1993～1996）、多米尼加人威尔弗莱多·洛萨诺（Wilfredo Lozano，1996～2004）、智利人弗朗西斯科·罗哈斯·阿拉贝那（Francisco Rojas Aravena，2004 年起）。

拉美社会科学学院现任秘书长弗朗西斯科·罗哈斯·阿拉贝

那，在荷兰乌得勒支大学获政治学博士学位，是国际关系和国际安全问题专家。1996～2004 年，曾担任拉美社会科学学院智利分院院长。从事过教学和咨询等工作。2004 年当选为拉美社会科学学院秘书长，任期 4 年，2008 年获得连任。他撰写和主编了 10 多部著作，包括《美洲的国际合作与安全》（1999）、《阿根廷、巴西和智利：一体化与安全》（1999）、《人类安全、冲突预防与和平》（2002）、《9·11 后的拉美安全》（2003）、《全球范围内的恐怖主义：对拉美和加勒比的影响和预防机制》（2003），等等。

五　出版物

《拉丁美洲一体化纪要》（*Cuadernos Integración en América Latina*）是拉丁美洲社会科学学院的系列出版物，目前已出版 10 期，题目分别为《2006 年拉美和加勒比经济初步总结》《对外政策与一体化——机遇和挑战》《一体化的新舞台和新问题》《拉美和加勒比的多边主义和一体化》《里约集团》《普埃布拉—巴拿马计划》《南美国家共同体》《拉美玻利瓦尔替代计划》《亚马孙合作条约组织》《加勒比国家联盟》。

自 2005 年起，秘书处每年发表秘书长年度报告，主题分别是《拉丁美洲的可治理性》（2005）、《国际有组织犯罪：拉美和加勒比民主的新威胁》（2006）、《地区一体化：政治战略计划》（2007）、《拉丁美洲的一体化：行动与疏忽，冲突与合作》（2009）。

六　宗旨原则和政策主张

（一）宗旨和目标

拉美社会科学学院致力于在拉美和加勒比地区社会科学思想与公共政策之间架起一座桥梁，为政府、议会、国际组织、市民社会和非政府组织提供一个对话空间，促使它们在公共政策方面取得基本的共识。其基本任务是通过研究生教育计划，培养拉美社会科学领域的新一代人才；通过社会科学及公共政策领域的研究工作，加深对拉美社会和政治生活的了解和分析。

拉美社会科学学院的工作重点包括：推动对拉美社会各种现实问题的研究，研究对象是具体的社会进程；通过研究生课程和短期培训课程，确保拉美社会科学领域和公共管理领域高级人才的培养，为学生提供最先进的理论、方法论和技术工具，以及学习所需的必要信息；通过各种途径，在政府和有关机构的协助下，本着服务和合作的原则，推广社会科学知识，特别是自身的研究成果；为本地区各国政府、研究机构和教育机构提供社会科学咨询；与其他教育和研究机构开展合作，推动各种规模的政府和非政府组织之间的交流与协作；开展各种与社会科学相关的、并有助于拉美各国发展和拉美一体化的学术活动。

2008 年，拉美社会科学学院秘书长提出了未来工作的 7 个战略目标，包括：吸引更多国家加入学院、加强机构建设、推动学术研究和国际合作、加强国际性科研项目、发展战略联盟、继续实施地区性科研项目、加强基础设施建设和行政管理。

（二）对重大地区问题的看法

拉美社会科学学院重点关注本地区发展面临的内外环境变化和地区内部合作面临的挑战等问题，现将其相关的观点归纳如下。

关于拉美和加勒比地区当前形势的 10 个特点。（1）拉美国家实现了民主，但近年来不平等的加剧和社会凝聚力的缺乏，导致民众对民主的支持在下降。（2）拉美地区存在着大量边缘人群，导致社会对抗性和社会分化加剧，其重要表现就是民主体制的削弱和民众对民主的厌倦。（3）由于缺少战略协调，拉美地区在很多重大国际问题上发挥不了重要作用。事实上，拉美完全可以利用能源、矿业资源、生物多样性和水资源等四大潜能，争取更多的发言权。（4）拉美国家之间差异巨大，导致各国在全球化进程、对美政策、发展模式等诸多问题上观点不一致。（5）自2003年以来，拉美国家经济保持了较高的增长率。（6）近年来拉美国家在政治和经济政策的制定上出现明显差别。争论的焦点是应实行"外向型"模式还是"内向型"模式。目前拉美地区存在着关于发展模式的三种主张：一是与市场发展密切联系的模式，二是在国家与市场之间寻求更大平衡的模式，三是更强调国家作用的模式。（7）拉美国家缺乏有效解决冲突和争端的地区性机制。（8）拉美缺乏有效的地区领导力量，这不利于拉美成为国际体系中的主角。（9）拉美国家人与人之间缺乏足够的相互信任，难以形成一个团结的集体。（10）拉美国家在全球化进程中缺乏战略方向。

拉美和加勒比地区一体化组织之间存在着4个需要解决的矛盾。（1）各国首脑的会议负担过于沉重。（2）相互之间缺乏协调，各组织提出的倡议有所重复，在同类倡议下又没能开展合作，使拉美地区失去了制定地区性战略规划的机会。（3）在融资方面存在竞争。（4）近期提出的一体化计划缺乏健全的组织机构。

拉美和加勒比地区一体化进程面临的主要挑战。（1）结构性挑战，包括经济增长、贫困和不平等、缺乏社会凝聚、新旧冲突交织、国际影响力不足、国际有组织犯罪，等等。（2）政治挑战，包括民主的巩固、左派政治力量的崛起、民众认同感和归属感的建立。（3）制度挑战，例如一体化制度的设计、运行和效能存在缺陷。

拉美和加勒比地区一体化进程中需要加强的工作。（1）关注环境、自然灾害、气候变暖、贩毒、艾滋病等世界性问题。
（2）建立合作和多边机制，反对分裂和单边主义。（3）加强国家的能力。（4）以大多数人的利益为目标。（5）加强经验交流。（6）提高公共政策的质量和管理水平。（7）建立统一的贸易制度框架。（8）重点考虑基础设施和能源一体化的问题。（9）为改善地区安全进行合作。（10）推动参与式民主。

七　主要活动

拉美社会科学学院的主要活动包括教学、研究、学术成果推广、学术交流和技术合作，等等。学院在50多年的发展过程中，通过每年出版和发行大量学术专著、论文集、杂志等科研成果，为丰富和活跃拉美社会思想作出了重要贡献。为了促进学术交流，学院每年举行各种形式、各种规模的讲座、研讨会、论坛等学术活动，并与欧美和拉美国家的知名大学共同制定了多种学生交换计划。

在成立后的50多年中，拉美社会科学学院一直把培养社会科学各专业的研究生作为一项中心工作。毕业生总数达到4830人[1]，其中不乏杰出人士。在学院培养的研究生中，很多都成为各下属学术单位的科研和教学骨干。智利前总统里卡多·拉各斯（Ricardo Lagos）、巴西前总统费尔南多·恩里克·卡多佐（Fernando Henrique Cardoso）、美洲国家组织现任秘书长何塞·米格尔·因苏尔萨（José Miguel Insulza）、厄瓜多尔现任总统拉斐尔·科雷亚（Rafael Correa）等都曾在学院任教或任职。

上述活动主要由下属各学术单位来承担，它们根据自身规

---

[1] Héctor Pérez Brignoli, *Los 50 años de la FLACSO y el desarrollo de las Ciencias Sociales en América Latina*, Costa Rica, 2008, p. 143.

模、资金实力、地理位置等因素确定各自的教学和研究计划。因此，拉美社会科学学院的活动具有较强的分散性。

拉美社会科学学院的发展可分为以下 4 个阶段。

（一）1957 ~ 1973 年

拉美社会科学学院成立后的首要任务就是开展研究生的培养工作。1957 年，学院在智利大学社会学学院的帮助下成立了拉丁美洲社会学学校（以下简称"拉美社会学学校"），第一任校长是拉美著名学者、联合国拉美经委会的专家何塞·梅迪纳·埃查瓦里亚（José Medina Echavarría）。虽然他在拉美社会学学校的任职时间不长，但他的思想却对学校的办学观念产生了深远的影响。拉美社会学学校的第二任校长是瑞士人彼得·海因茨（Peter Heintz）。在他的领导下，拉美社会科学学院的研究生培养计划逐步确立起来。1965 年，巴西人格拉乌西奥·阿里·迪雍·索阿雷斯（Gláucio Ary Dillon Soares）开始担任拉美社会学学校的第三任校长。他上任后，提出了扩大教师队伍、提高学生阅读量、加强研究力量等目标，力求把拉美社会科学学院变为一个"在理论和方法论方面多元化的机构"，而不仅仅是一所学校。当时拉美社会科学学院自身的教师为数很少，任课教师中很多都是从法国、瑞士等国聘请的外教，还有一些是联合国拉美经委会的学者和智利大学的老师。

1966 年，在美洲开发银行的资助下，拉美社会科学学院创办了拉丁美洲政治学和管理学学校（以下简称"拉美政治学和管理学学校"）。这所学校的毕业生中包括拉丁美洲社会科学理事会（CLACSO）的前任执行秘书长阿蒂略·博龙和美洲国家组织现任秘书长何塞·米格尔·因苏尔萨。

在拉美经委会及其下属的拉美和加勒比经济与社会规划学会（ILPES）、智利大学等机构的帮助下，到 20 世纪 60 年代末时，拉美社会科学学院下属两个学校教师队伍的本土化趋势开始形成。

作为拉美社会科学学院的所在地，智利为学院提供了大量经费支持。1959~1970年，在学院获得的150万美元资助中，智利政府贡献了52%，联合国教科文组织占38%。① 1969年，联合国教科文组织停止了对拉美社会科学学院的资助。这不仅意味着经费上的困难，而且也意味着学院失去了政治上的依靠。在这种情况下，智利、古巴和巴拿马三国政府与学院于1971年签署了政府间协议，授予学院国际法人资格，并继续向其提供资助。协议确定了学院的组织机构由代表大会、领导委员会和秘书处组成，设立了学院主席一职，

1959~1973年，共有331名研究生从拉美社会科学学院毕业②，其中大部分来自于阿根廷、智利、巴西和墨西哥四国。另外，大约70%左右的毕业生都获得了联合国教科文组织和美洲国家组织的奖学金资助。

这个时期，拉美社会科学学院更像是一个"承担着拉丁美洲使命的智利机构"，这不仅因为它深受智利大学、智利政治和社会环境的影响，而且也因为智利政府是其重要资助者之一。

（二）1973~1984年

1973~1979年，是拉美社会科学学院发展进程中最困难的时期。由于一些国家政府更替频繁，加之大部分军政府对社会科学采取了一种不支持、不扶植的态度，拉美社会科学学院的处境异常艰难。但也正是因为环境所迫，拉美社会科学学院才逐渐发展成为一个真正的拉美地区性的组织。

① Héctor Pérez Brignoli, *Los 50 años de la FLACSO y el desarrollo de las Ciencias Sociales en América Latina*, Costa Rica, 2008, p. 44.

② Héctor Pérez Brignoli, *Los 50 años de la FLACSO y el desarrollo de las Ciencias Sociales en América Latina*, Costa Rica, 2008, p. 143.

1973 年 9 月，智利发生军事政变后，拉美社会科学学院的一些教师受到拘捕和审讯，两名玻利维亚学生被逮捕后惨遭杀害。学院的教学工作因此被迫中断。在这种情况下，学院决定进行迁址。1973 年年底，时任学院秘书长里卡多·拉各斯开始在秘鲁首都利马着手建立分院，但无果而终。早在 1970 年，阿根廷政府就表示愿意加入拉美社会科学学院，但双方未能于次年签署政府间协议。1973 年，阿根廷政府再次表达了希望与学院合作办学的愿望。1974 年 1 月，学院与布宜诺斯艾利斯大学签署协议，共同开展教学工作。

1974 年，在法国巴黎召开的拉美社会科学学院第 2 次代表大会上，联合国教科文组织的专家、阿根廷人阿图罗·奥康纳被选为学院临时秘书长，任期半年。

1975 年 4 月，拉美社会科学学院在厄瓜多尔的基多召开特别代表大会，准备对学院章程进行修改，其核心目的是对学院工作进行分散化管理。经过与智利军政府的谈判，各方达成共识，决定设立高级委员会，取消学院总部所在地的特权，建立分院，扩大学院的职能，加大科研在学院工作中的分量。大会选举阿图罗·奥康纳为学院秘书长，任期两年。秘书处法定所在地仍为智利，但实际办公地点暂定在阿根廷的布宜诺斯艾利斯。

在大会召开前不久，墨西哥、哥斯达黎加和厄瓜多尔也分别与拉美社会科学学院签署了建立分院的政府间协议。这些分院的建立不仅为所在国家社会科学研究力量的壮大和发展提供了可能，也为因智利政变而流亡的各国研究人员重新开始科研工作提供了新的舞台。

1977 年，在巴拿马召开了拉美社会科学学院第 3 次代表大会。会议决定将学院主席和秘书长的任期延长到 4 年，但秘书处的选址问题仍然没有结果。

1979 年，拉美社会科学学院第 2 次特别代表大会在哥斯达黎加的圣何塞召开。阿图罗·奥康纳卸任，哥斯达黎加人丹尼尔·卡马乔当选为新任秘书长。会议对学院章程进行了再次修改，决定取消下属学校，不再设立学院主席的职务，其职能由高级委员会主席承担，秘书处将只作为协调机构，学院各下属学术单位将拥有更大的自主权。会议决定将秘书处所在地迁往哥斯达黎加首都圣何塞。

迁址后，秘书处的工作逐渐步入正轨。学院的财政状况因国际资助的增加和财务管理的完善而好转起来。墨西哥和厄瓜多尔分院的科研和教学工作得到快速发展，阿根廷学术计划在历经几年的停滞之后也重新恢复，巴西和玻利维亚学术项目升格为学术计划。与此同时，乌拉圭和巴拉圭学术项目没能继续进行，而智利也退出了拉美社会科学学院。

学院实行分散化管理后，最大的挑战莫过于国别研究力量有所增强，而地区性研究的力度不足。为此，秘书处组织成立了5个地区研究小组，旨在从不同国家角度出发对共同问题进行研究。但是，各分院各自为政的情况还是没有得到改善。

1983年，学院第5次代表大会在墨西哥城召开，丹尼尔·卡马乔连任秘书长。又有一批新成员加入了拉美社会科学学院，智利学术项目重新启动。1984年，卡马乔辞去秘书长的职务，由危地马拉人埃德贝托·托雷斯·里瓦斯担任临时秘书长。

20世纪70年代，是拉美地区政局不断发生危机和转变的时期。因此拉美社会科学学院研究和教学工作的主导议题也由经济发展和现代化转向政治体制、民主、极权、权力合法性、国际关系等内容。

（三）1985～1993年

19 85年，埃德贝托·托雷斯被选为拉美社会科学学院秘书长。在他任职的9年中（1985～1993），学院工作得到了很大的发展。硕士生专业由 4 个增加到 16 个，并设立了 1 个博士生专业；授课教师由 114 人增加到 568 人；学院年度预算由不足 200 万美元提高到近 900 万美元；研究项目由 92 个增加到 260 个，分院数量由 2 个扩大到 5 个。① 智利在 1990 年重新加入拉美社会科学学院。

在中美洲陷入内战、南美国家恢复民主、拉美经济持续低迷的大环境下，埃德贝托·托雷斯·里瓦斯提出学院将"有效参与到对危机的理解和寻求解决办法的进程"中。为此，拉美社会科学学院展开了一系列关于中美洲问题的研究项目，其中影响最大的是"中美洲通史"。1993 年，6 卷本的《中美洲通史》在西班牙马德里出版发行。

（四）1993～2008 年

1993 年，拉美社会科学学院第 10 次代表大会选举墨西哥人胡里奥·拉巴斯蒂达·马丁·德尔坎波为新任秘书长。但因个人原因和对秘书处经费和职权等问题存在不同意见，他于 1995 年递交了辞呈。1996 年，多米尼加人威尔弗莱多·洛萨诺当选为新任秘书长。在他任职期间，拉美社会科学学院继续发展壮大。1996～2003 年，学院经费支出由 920 万美元增加到 1980 万美元，硕士生和博士生专业由 15 个和 2 个分别增加到 47 个和 5 个。这段时间内，共有 45 名博士生和 534 名硕士生从学院毕业。各下属学术单位共出版了 678 种专著，科研项目的数量达到 1541 个。② 危地马拉学术计划于 1998 年升格为分院；哥斯达黎加学术项目于 1990 年升格为学术计划，并于 1997 年进

① Héctor Pérez Brignoli, *Los 50 años de la FLACSO y el desarrollo de las Ciencias Sociales en América Latina*, Costa Rica, 2008, p. 79.

② Héctor Pérez Brignoli, *Los 50 años de la FLACSO y el desarrollo de las Ciencias Sociales en América Latina*, Costa Rica, 2008, p. 95.

一步发展为分院；1999 年，多米尼加政府与学院签署了政府间协议。很多学术单位通过新建、改建和扩建办公大楼，使硬件设施的水平得到了很大的提升。

2000 年，拉美社会科学学院第 13 次代表大会通过了《学院2000 年计划》，确立了财务明细公开、批准教学项目和资金使用等机制。

自 2001 年起，秘书处的资金来源开始减少，这一方面是由于一些地区性项目的结项，另一方面也与部分会员国政府拖欠会费有很大关系。巴西和阿根廷连续 3 年未缴纳会费，导致秘书处自 2002 年起开始出现财务危机。尽管提出了一些解决办法，但都难以操作，因此，这一问题直到 2007 年都未能得到有效解决。

2004 年，弗朗西斯科·罗哈斯担任拉美社会科学学院秘书长后，为加强学院作为地区性多边组织的作用，提出了促进地区性研究小组的科研力量、定期召开国际会议以推动人员交流、加强地区性的教学活动和重视网站建设等 4 项目标。在他任职期间，巴拉圭、秘鲁和乌拉圭相继加入拉美社会科学学院；学院秘书处通过参加美洲国家组织全体大会等国际性会议，积极参与多边对话；学院与联合国教科文组织通过互访也加强了联系；学院以秘书长的名义每年发表一份学术性和政策性的报告；地区性研究项目也有所增加。在资金方面，秘书长通过与几个拖欠会费的国家进行谈判，与之签订了支付协议，使资金紧张的情况得以缓解。另外，资金的使用更加透明，审计制度也建立起来。

近年来，学院的招生规模不断扩大。目前，学院各分支机构共实施了 7 项博士生计划、47 项硕士生计划、27 项专业培训计划。[①] 由学院直接管理的教学项目是"中美洲社会科学研究生计

① Héctor Pérez Brignoli, *Los 50 años de la FLACSO y el desarrollo de las Ciencias Sociales en América Latina*, Costa Rica, 2008, p. 106.

划",其目的是为中美洲国家培养社会科学专业的研究生,提高中美洲社会科学研究的整体水平。学院为一部分学生提供奖学金。

2007年10月,为庆祝建院50周年,拉美社会科学学院在厄瓜多尔召开了"拉丁美洲和加勒比社会科学"大会,来自拉美、欧洲、美国、亚洲和非洲的1800多名研究人员和学生参加了为期3天的会议,从16个方面对拉美面临的挑战进行了广泛的讨论,并分析了拉美政治、经济和社会问题的研究现状。

在研究方面,拉美社会科学学院总部目前共开展了以下4个科研项目。

一是对自然灾害和风险管理的地区性研究。1999年正式启动,已出版了两部论文集,收集了大量信息资料,建立了相关的数据库,举办了多次大型研讨活动。未来将主要围绕三大目标展开工作:制定一个城市风险观测计划,为高等院校中有关风险和灾害管理的专业提供咨询与合作,为致力于减灾工作的各种组织提供咨询。

二是拉美与美国在控制和预防使用武力方面的合作。重点关注两个方面的问题:一是美拉关系,二是轻型武器的生产、销售、非法买卖、转移、持有和使用。在这个项目下共有两个研究课题:"小型和轻型武器:对西半球安全的严重威胁"和"面对布什第二任期的拉丁美洲:在敏感问题上的预防行动"。这两个课题均由福特基金会资助。其中第一个课题的研究成果《小型和轻型武器:对西半球安全的威胁》于2007年出版,书中详细介绍了西半球地区小型和轻型武器的非法买卖、严重失控以及对社会的消极影响等问题。第二个课题从安全、移民和贸易三个角度对布什第二任期内美拉关系的发展进行了全面分析,并于2008年出版了3部研究成果。

三是拉美和加勒比研究地区小组计划(GRILAC)。包括12

个方面的内容：民主可治理性、政府与地方发展、教育政策与管理、社会运动与公民权、移民、地区一体化、贫困与社会不公、劳动、性别、人口与自然资源、公民安全、风险和自然灾害管理。这些课题主要由学院下属学术单位负责实施。为了鼓励研究人员了取得高水平的学术成果，学院秘书处于2006年启动了评奖制度。

四是拉美青年集体计划。主要目标是增进青年对社会的了解，加强他们与拉美各国公共政策和社会计划的联系。该项目成立了一个委员会，由伊比利亚美洲青年组织、联合国人口基金会、拉美社会科学学院、联合国拉美和加勒比经济委员会等国际组织的代表和来自危地马拉、巴西、乌拉圭、秘鲁四国的青年代表组成。主要活动包括：各国青年讨论小组开展研讨，利用网络互动平台进行交流，提供奖学金和编辑、发行出版物。

随着2006年一些拉美国家进行大选和政府更替，拉美社会科学学院认为，拉美一体化的进程和模式将会发生重要变化。因此，学院于2006年12月与联合国拉美和加勒比经济委员会共同举办了题为"拉丁美洲一体化困境"的国际研讨会。会后，在卡洛琳娜基金会资助下，学院组织专家撰写了一系列与一体化热点问题相关的研究报告，并于2007年和2008年分别出版了《拉美一体化：地区和次地区视角》和《拉美与欧盟：既充满希望又不易实现的一体化》两本学术专著。

八　对外关系

拉美社会科学学院作为拉美地区最大的社会科学研究机构之一，历来十分重视与本地区及世界其他地区的高等学府、研究机构、国际组织的合作与交流。一方面，它通过秘书处与相关机构建立联系，然后组织各下属学术单位参加合作与交流项目；另一方面，由于各学术单位具有较强的独立性，可根据自身的条件和需要直接与本国、本地区和世界其他地区的大学和研究机构建立合作关系，共同开展研究和教学活动。一些较大的学术单位在对外学术交流方面表现得十分活跃。

学院及其下属学术单位与其他机构的合作形式如下：（1）通过撰写一些形势评估报告和政策建议，为政府机构和国际组织提供咨询。（2）与本国、拉美、北美和欧洲的高等院校、教育机构和科研单位合作办学：一方面，这些学校为各分院的课程设置出谋划策；另一方面，各分院聘请知名教授参与教学；此外，一些分院还与国外大学签署协定，为这些学校的在校生和教师组织短期培训，为学生提供实习机会，或互换教师。（3）获得本国和国外一些基金会的资助。（4）根据研究方向，独立或与其他机构联合组织各类国际研讨会、论坛、讲座等，邀请国内外专家学者参加。（5）与国外研究机构和出版社合作出版学术成果。（6）派遣本机构的学者参加国内外其他机构组织的研讨会、学术活动、教学工作和培训。（7）利用各类图书博览会和国际学术会议，展示学术著作，扩大对外影响。

【附录】拉美社会科学学院各分院和学术计划概况

一　阿根廷分院（Sede Académica de Argentina）

阿根廷分院作为学术计划创建于 1974 年，但由于军政府的统治，它的教学和科研工作直到 1985 年才获得全面的发展。1992 年，阿根廷政府与拉美社会科学学院签订了在阿根廷建立下属学术机构的协议。1994 年 1 月，该协议正式生效，"阿根廷学术计划"升级为阿根廷分院。在 30 多年的发展过程中，阿根廷分院秉承严谨治学、百家争鸣、服务社会的理念，积极开展社会科学领域的研究、教学、技术合作等活动。在研究领域，阿根廷分院不断有新的科研项目启动，至今已出版了800多种学术书籍和工作文件；在教学领域，除了博士生和硕士生的培养工作以外，分院还常年开设各类专业培训班。目前，阿根廷分院已成为拉美社会科学学院最重要的学术机构之一。

鉴于阿根廷分院的不断发展，1998年，学术秘书处成立。它的主要职能是参与分院内部活动的管理，负责拉美社会科学学院各项活动在阿根廷的开展、协调和推广，推动与其他机构的联系。因此，其主要任务是：对内，要确保研究与教学计划之间的联系；对外，要优化知识向整个社会和其他教育机构的转移，为有需求的公共和私人机构提供更多的信息。

阿根廷分院下设5个研究和教学部门：经济和技术研究部，教育研究部，政治研究部，对外关系研究部以及性别、社会和政策研究部。每个部门的人员构成还包括若干不同级别的研究人员、技术人员、研究生课程协调人、出版物负责人和行政管理人员等。截止到2006年，阿根廷分院共有研究人员125名，其中75名为专职，其余为兼职或外聘。

在教学方面，阿根廷分院开设了1个博士专业和11个硕士专业。这些专业主要是围绕着上述5个研究领域设置的。此外，阿根廷分院还开办了研究生短训班、专业培训班和高级证书研修班。1975~2007年，阿根廷分院的毕业生达到2143人，占同期拉美社会科学学院毕业生总数的48%。[①]

阿根廷分院的定期出版物为《生物伦理前景》（*Perspectivas Bioéticas*）和《教育建议》（*Propuesta Educativa*）。

---

① Héctor Pérez Brignoli, *Los 50 años de la FLACSO y el desarrollo de las Ciencias Sociales en América Latina*, Costa Rica, 2008, p. 228.

二　墨西哥分院（Sede Académica de México）

1975 年，墨西哥政府与拉美社会科学学院签订了在墨建立分支机构的协议。1976 年，墨西哥分院开始学术活动。分院成立以来，墨西哥政府不仅长期提供资金扶持，而且还在聘用智利和阿根廷流亡教师方面创造各种便利条件。

墨西哥分院自然环境优美，硬件设施先进。共建有 9 个多功能会议室，可组织各种规模的学术活动。

在教学方面，墨西哥分院招收社会科学专业的博士生和社会科学、人口与发展、政府与公共事务、比较公共政策、人权与民主等 5 个专业的硕士生，并且开设了合法性文化、政治与教育管理两门专业课程。此外，还提供性别与公共政策、从性别角度看社会发展、有利于性别平等的预算政策等专业的高级培训。1975～2007 年，墨西哥分院的毕业生达到 1019 人。[①]

在学术研究方面，墨西哥分院主要致力于 4 个方面的研究工作：一是拉美的政治秩序、公共政策与社会凝聚力的挑战；二是执政、制度变化与好政府；三是人口、领土与公民权；四是拉美的新社会问题。作为学术活动的一部分，教师与学生之间在课题设计和实施上的合作在墨西哥学院得到了积极的鼓励。

墨西哥分院无论在研究生培养，还是在公共政策研究方面都独树一帜，它在这两方面的成果以及多元化的研究视角已经得到了国内外的广泛认可。

墨西哥分院的定期出版物为《拉丁美洲侧记》（*Perfiles Latinoamericanos*）。

---

① Héctor Pérez Brignoli, *Los 50 años de la FLACSO y el desarrollo de las Ciencias Sociales en América Latina*, Costa Rica, 2008, p. 228.

三 厄瓜多尔分院 (Sede Académica de Ecuador)

厄瓜多尔分院成立于 1975 年，20 世纪 80 年代逐渐发展起来，成为厄瓜多尔重要的教育、培训、研究和咨询机构。它作为厄瓜多尔教育体系的一个重要组成部分，2000年得到高等教育法的承认。它的活动以本国和安第斯地区的研究生培养和社会科学领域的研究为主。20 世纪 80 年代中期和 90年代中期，厄瓜多尔分院曾两次陷入财务危机，面临被迫关闭的境地。但在时任院长的领导下，分院渡过难关，不仅完整地保全下来，而且不断发展壮大。

厄瓜多尔分院的教学计划分为三部分：一是招收政治学和政治人类学两个学科的社会科学博士生和发展经济学博士生，以及国际关系、政治学、环境经济学、发展经济学、地区发展、传媒、社会环境研究、人类学、性别与发展等 14 个专业的硕士生。二是开办了政治学与医疗管理，发展规划的制定、管理与评估，网络公共政策 3 个高级培训班，采取网络教学的方式。三是开设了地区发展专业的硕士课程。

厄瓜多尔分院的研究领域包括：政治学、国际关系、性别、人类学、环境社会学、经济学、公共政策与管理、交通、城市研究。

厄瓜多尔分院的定期出版物为1997 年创刊的《圣像——社会科学杂志》(*Íconos. Revista de Ciencias Sociales*)。

四 巴西分院 (Sede Académica de Brasil)

巴西分院作为一个学术项目成立于 1981 年，1984 年改为学术计划。1989 年，巴西政府与拉美社会科学学院签订了在巴西建立下属学术单位的协议，巴西分院正式成立。

巴西分院的活动以加强与各级政府、大学、市民社会以及其他国际机构的合作为指导方针。社会领域的公共政策和地区一体化进程是这种合作的主要内容。为此，巴西分院建立了4个体系。

一是研究生体系，主要活动是与巴西利亚大学合作培养社会科学专业的博士生，此外还开设公共政策方面的专业课程，招收比较公共政策专业的硕士生。

二是拉美专家交流体系，自2003年起进行了拉美各国学者之间的互访。

三是以性别研究和劳工研究为主的社会科学研究体系，近期又增加了医疗卫生和环境研究。此外还进行战略领域的地区比较研究，为合作和教学活动提供支持。

四是出版物体系。

五　智利分院（Sede Académica de Chile）

1973年军事政变后，拉美社会科学学院在智利的教学工作几乎中断。1979年，智利政府宣布中止与拉美社会科学学院的协议，智利分院降级为"学术计划"。但是，在一些宗教组织的保护下，智利分院原有的机构得以保存。1979～1990年，其研究主要集中在民主化、公共政策、安全、国际关系等方面。1990年，智利政府与拉美社会科学学院重新签署协议，智利学术计划恢复为分院。

由于拉美社会科学学院最早是在智利成立的，因此智利分院具有雄厚的研究基础和实力。经过40多年的发展，智利分院已成为本国和拉美范围内社会科学领域重要的研究机构。分院的活动以研究为主，教学、咨询、技术合作、成果推广等为辅。它的研究领域包括：性别研究、国际关系与战略研究、政治经济学与环境研究、公共舆论研究。此外，分院还制定了专门的国际教学计划和科研服务计划。

在科研服务方面，智利分院的独特之处在于其掌握着丰富的信息资源。图书馆拥有 3 万册藏书，以及大量文献、论文等。另外还保存了 720 种定期刊物，涉及国际关系、国防、性别研究、公共政策、教育、文化、政治经济学等类别。

智利分院还建有三大数据库。一是民意调查数据库，包括就业、医疗、教育、选举等方面的民意调查。其中比较重要的是"阿姆依档案"，它收集了 1961 ~ 1973 年期间进行的各种政治民意调查资料。二是国际关系、国防与国际安全数据库，它拥有一个文献中心，其中收集了各种报刊材料，内容涉及智利对外政策、国防、拉美地区安全等，已成为形势研究和中长期趋势预测的重要信息来源。三是"埃乌赫尼奥·鲁伊斯·塔格雷"文献库，它收集、分析并整理了各种与智利在 20 世纪 70 ~ 80 年代恢复民主化相关的政治、社会人物和经济部门的原始文献，为智利特殊时期的历史研究提供了第一手材料。

智利分院的学术成果一方面通过网络，另一方面还通过出版各类学术书籍进行传播。平均每年出版约 10 种学术著作。定期出版物为 1985 年创刊的《武装力量和社会杂志》（*Revista Fuerzas Armadas y Sociedad*）。

六　哥斯达黎加分院（Sede Académica de Costa Rica）

1991 年，哥斯达黎加分院作为学术计划成立，1997 年正式设立分院。它的建立得益于拉美社会科学学院秘书处自身学术活动的延伸和转移。在福特基金会（Fundación Ford）和一些北欧国家政府的资助下，哥斯达黎加分院的学术活动得以顺利开展。

它的活动以推动学术交流和比较研究为指导方针，因此在研究和教学方面均采取国际合作战略。在该战略下，哥斯达黎加分院优先发展了与拉美社会科学学院其他分院之间的联系，其次加强了与拉美和世界其他学术机构的合作，此外还重视与本地区各类政府机构、私人部门和非政府组织的关系。

哥斯达黎加分院的教学工作主要围绕着"中美洲社会科学专业研究生计划"展开，主要目的是加强中美洲地区的社会科学研究，建立一个地区性的学术空间，以便更好地应对在全球化背景下出现的政治、社会问题对中美洲提出的挑战。该计划包括硕士生和博士生培养。

其研究领域包括国际移民、劳动力市场、地方发展、城市管理、民主可治理性、贫困、社会排斥等。

七　危地马拉分院（Sede Académica de Guatemala）

拉美社会科学学院在危地马拉开展活动要归功于当时的秘书长、危地马拉人埃德贝托·托雷斯·里瓦斯。正是在他的支持和推动下，学院的影响才得以延伸到中美洲地区。1986 年，危地马拉学术项目成立，1989 年升格为学术计划。20 世纪 90 年代，危地马拉学术计划不仅在研究项目和科研成果的数量上得到了很大的提升，而且也获得了充足的资金支持。1998 年，危地马拉学术计划升级为分院。危地马拉政府不仅承认分院作为国际机构的重要作用，而且也承诺将提供额外的经费支持以改善分院的硬件水平。2006 年，危地马拉分院自有办公楼建成。

分院的教学工作主要围绕着"中美洲社会科学专业研究生计划"进行，招收食品安全与贫困专业的研究生，并且开设了中美洲性别研究高级培训班。研究领域包括政治学、性别、可持续发展和人口。它的图书馆拥有 2 万册（份）图书资料，是目前危地马拉国内最大的社科类图书资料中心。其定期出版物为 2001 年创刊的月刊《对话》（Diálogo）。

八　古巴学术计划 （Programa Académico de Cuba）

早在 1971 年，古巴政府就与拉美社会科学学院签署了协议，但学术活动很晚才开展起来。1984 年，古巴学术项目创立，1988 年升格为学术计划，挂靠于哈瓦那大学。其学术活动的理论基础为马克思主义关于社会科学的观点，它将社会发展定义为社会的整体转变，不仅包括经济、社会和政治领域，也包括文化、生态、道德和人文等方面。

古巴学术计划以加勒比地区的社会发展研究为重点，其研究和教学工作的内容都围绕着这一重点进行。学术计划的宗旨是加强对科学活动不同方面的研究，既包括社会科学，也包括自然科学和技术；理论研究与现实研究并重，包括生活质量、贫困、农村发展、环境、性别、家庭、儿童等内容；加强对国际格局变化的研究；加强对各种具有社会学特点的概念研究，对古巴社会现存问题进行分析，积极寻找解决办法；对社会发展进行比较研究，为国家决策提供可参考的依据。

九　多米尼加学术计划 （Programa Académico de República Dominicana）

多米尼加学术计划创建于 1986 年，当时得到了多米尼加多所大学的支持。1998 年，多米尼加政府与拉美社会科学学院签署协议，正式承认该学术计划作为国际机构，在社会科学领域推动教学、研究和技术合作等方面的重要作用，从而推动了多米尼加学术计划的开展。

在教学方面，多米尼加学术计划招收发展与国际关系专业的硕士生，并开设了国际关系、管理与公共政策、改革与社会政策、教育等专业课程。

十　萨尔瓦多学术计划（Programa Académico de El Salvador）

拉美社会科学学院在萨尔瓦多的活动始于 1992 年 5 月，当时学院秘书处准备在该国实施几个特别项目。同年 12 月，学院领导委员会决定将萨尔瓦多作为学术项目加入学院。1994 年，萨尔瓦多学术计划正式创立。起初，萨尔瓦多学术计划的主要工作是举办论坛、会议、短训班、讨论会等。自 1996 年起，学术研究和教学活动得到了加强。

萨尔瓦多学术计划的活动集中在中美洲地区。与哥斯达黎加分院和危地马拉分院进行协调行动是它的主要任务。因此，它的工作重点是与本国和国外的学术机构、大学等进行合作。在教学方面，主要致力于"中美洲社会科学专业研究生计划"。

第十九章

拉丁美洲工人工会团结
常设代表大会

拉丁美洲工人工会团结常设代表大会（以下简称"拉美工人工会团结常设代表大会"）是 20 世纪 60～80 年代拉美重要的区域性工人组织之一，在反帝国主义、反霸权主义、维护拉美国家民族自决方面发挥过重要作用。

一　成立背景和经过

19 38 年 9 月，在墨西哥的工会领袖隆巴多·托莱达诺（Vicente Lombardo Toledano）的领导下，拉美一些国家和地区的工会组织成立了拉丁美洲劳工联合会，其目的一是开展反法西斯斗争，二是与美国的进步工会建立联系。其指导原则是阶级斗争和无产阶级国际主义。第二次世界大战前，该组织在拉美工人运动中有较大影响，会员总数达到 600 万人。战后，它曾积极参与 1945 年世界工会联合会（以下简称"世界工联"）的创建工作，并协助拉美很多国家建立了进步的工会组织。冷战时期，意识形态的分歧导致拉美劳工联合会出现了内部分裂，加之受拉美其他两大工会集团的影响，该组织在工人运动中的领导地位逐渐削弱。

1962 年，拉美 6 个国家的工会领导人在智利首都圣地亚哥举行会议，讨论建立一个统一的、不分派系地团结一切工会组织的拉丁美洲工人团结工会。1964 年 1 月，拉丁美洲工人工会团结代表大会在巴西利亚召开。出席会议的有 600 多名巴西代表以及 120 名来自拉美其他国家和东欧地区的代表。大会决定成立拉丁美洲工人工会团结常设代表大会，拉美劳工联合会宣布自行解散。该大会总部设在智利，后迁至巴拿马城。

20 世纪 70～80 年代，拉美工人工会团结常设代表大会的发展并不顺利。除了古巴等少数几个国家以外，它的会员都是较小、较弱的工会组织。

二　成员①

19 84 年拉美工人工会团结常设代表大会有会员约 2300 万人。在下列国家和地区有会员组织：阿根廷、巴拿马、巴西、秘鲁、波多黎各、玻利维亚、伯利兹、多米尼加、厄瓜多尔、法属圭亚那、哥伦比亚、哥斯达黎加、古巴、瓜德罗普、圭亚那、洪都拉斯、马提尼克、墨西哥、尼加拉瓜、萨尔瓦多、圣文森特和格林纳丁斯、特立尼达和多巴哥、危地马拉、委内瑞拉、乌拉圭、牙买加和智利。

三　组织机构②

拉 美工人工会团结常设代表大会的最高权力机关为代表大会，每两年召开一次。政治局由 11 个会员组织的

---

① 由于缺乏该组织的详细信息，本部分资料来源于《拉丁美洲和加勒比百科全书》。
② 由于缺乏该组织的详细信息，本部分资料来源于《国际工会运动知识手册》。

代表组成，至少每年开会一次。书记处由 7 个会员组织的代表组成，其中一名为协调书记，负责日常工作。目前该组织已很少召开大规模的机构会议。

四　主要领导人

拉美工人工会团结常设代表大会目前的最高领导人是协调书记华金·贝尔纳尔·卡梅罗（Joaquín Bernal Camero）。他曾任古巴共产党中央委员会委员。1976 年当选为古巴桑克蒂·斯皮里杜斯省省委第一书记。

五　宗旨原则和政策主张

早在拉美工人工会团结常设代表大会正式成立之前，其基本的斗争纲领就在筹备会议上被确定下来：经济独立、土地改革、与世界各国建立联系、人民自决权、收回国家财富和支持古巴。1964 年举行的拉美工人工会团结代表大会通过了《巴西利亚宣言》，以此作为共同行动的纲领。宣言提出了拉丁美洲工人争取权利斗争的目标和原则，包括：争取最低生存的工资；争取城乡劳动者每周的劳动时间不超过 40 小时；反对冻结工资；反对工厂主和政府根据国际货币基金组织强加的条件解雇工人；要求改进社会救济制度；支持工人自由组织的权利，要求国家和企业主不干涉工会事务；主张将外国垄断集团控制的基础工业收归国有；保卫古巴革命；要求进行土地改革，重新分配土地，消灭大庄园制；发展多种农业生产，提高农民生活水平；加强工人在捍卫权利和争取民族解放斗争中的相互声援；广泛支持受迫害的政治家；争取贸易自由和扩大贸易；保卫和平，支持全面裁军和销毁核武器；主张国家冲突通过谈判方式解决，和平利用原子能。

拉美工人工会团结常设代表大会反美倾向明显，认为拉美的政治、经济和社会问题，以及工会权利和人权受到严重侵犯，都是美帝国主义、寡头集团和国际货币基金组织实行的新殖民主义政策和剥削掠夺的结果。强烈反对美国的侵略和干涉政策，要求建立国际政治、经济新秩序。积极支持各国工人阶级为争取公正的、有尊严的生活和社会正义所进行的一切斗争。

近年来，拉美工人工会团结常设代表大会竭力反对美洲自由贸易区的建立，认为这必将加重饥饿、贫困、歧视、剥削和各种社会不公，导致拉美经济完全被跨国公司所控制。该组织支持各国工人组织反对新自由主义政策和全球化的行动，以及无地农民的斗争。在私有化问题上，该组织明确反对国有企业和医疗、教育、社会保障等公共部门的私有化，认为这是对劳动者利益的损害。该组织还提出要保护退休工人和农村劳动者的利益，以及印第安群体的生存权。

六　主要活动

20世纪 60~80 年代，拉美工人工会团结常设代表大会的工作比较活跃，其斗争矛头直指美国以及国际垄断组织。

1964 年 1 月，在拉美工人工会团结代表大会上，与会者就拉美各国工人为争取权利、改善劳动条件、工会自由、民族独立而开展斗争的情况，以及保卫古巴革命的斗争情况进行了讨论。在大会开幕式上，所有代表默哀一分钟，悼念在反美爱国斗争中牺牲的巴拿马烈士。大会强调必须保卫古巴革命的成果，呼吁代表们为反对美国的扩张政策而继续战斗。

同年 7 月，拉美工人工会团结常设代表大会总理事会在乌拉圭首都蒙得维的亚召开。会议通过了《蒙得维的亚宣言》，支持古巴革命及各国人民的反帝、反殖民主义斗争，谴责美国侵略越南，号召拉美所有工会组织展开声援古巴的运动，以挫败美国反古巴的阴谋和企图。

1975 年，拉美工人工会团结常设代表大会第 5 次全体会议在巴拿马城召开，20 个拉美国家的工会以及世界工联的代表出席了大会。会议通过一项名为《巴拿马信件》的最后声明，指出了拉美各国人民在争取民族解放斗争中所取得的成绩，表示了各国劳动人民摆脱寡头政治、垄断组织和帝国主义压迫的决心。声明反对智利等一些拉美国家的军事政变和独裁统治，支持各国人民为建设民主的、正义的社会而进行不懈的斗争。

1984 年，拉美工人工会团结常设代表大会在庆祝成立 20 周年时发表声明，表示要争取自由、民主、独立和民族主权，争取人民自决权，反对跨国公司的剥削和掠夺，主张建立国际社会和经济新秩序，争取和平和社会进步。

在中美洲问题上，拉美工人工会团结常设代表大会坚决反对美国干涉中美洲国家内政，强烈谴责美国军事入侵巴拿马。

在外债问题上，拉美工人工会团结常设代表大会的立场十分明确。1985 年，该组织派代表出席了在哈瓦那召开的外债大会，坚决主张取消外债和利息或者无限期地推迟偿还外债。还积极参加乌拉圭、巴西等国独立工会成立的解决外债问题的协调委员会的活动。

1988 年，拉美工人工会团结常设代表大会向古巴领导人菲德尔·卡斯特罗（Fidel Castro）颁发了金质奖章，以表彰他为第三世界国家减免外债和建立国际经济新秩序所作出的杰出贡献。

20 世纪 90 年代以后，拉美工人工会团结常设代表大会在拉美地区的影响力不断下降，独立活动大大减少。工作的重点一是组织和参加各种声援古巴、抗议美国对古巴经济封锁的活动，利用各种机会抨击美国反古政策；二是积极参与反对新自由主义和全球化的活动；三是参加世界工联和其他国际组织召开的一些多边会议。

七　对外关系

拉美工人工会团结常设代表大会与世界工联关系密切，参加世界工联的代表大会，还定期举行会谈，交流双方对拉美地区形势、工人斗争的看法和意见，协调相互间的立场。双方同意在相互尊重独立的基础上，通过交流信息与经验，加强双方合作。

20 世纪 80 年代，拉美工人工会团结常设代表大会与拉丁美洲工人中央工会和美洲区域工人组织在外债问题上的立场比较接近。三方都积极寻求对话和联合行动，以促进拉美各派工会之间的团结，共同解决拉美面临的问题。为此，拉美三大工会组织进行了多次协商，一度出现了在 1985 年三方共同召开拉美工会外债会议的可能性。但拉美工人工会团结常设代表大会在 1985 年 5 月单方面宣布将在哈瓦那举行拉美及加勒比地区工会债务会议，这引起另外两个工会组织的强烈不满，表示拒绝出席大会，三方合作的可能性化为泡影。

20 世纪 90 年代以后，在新的国际形势下，拉美工人工会团结常设代表大会明确提出加强同其他工会组织的对话和相互理解，以便更好地应对跨国公司和国际信贷机构操纵的新自由主义政策。拉美工人工会团结常设代表大会派代表出席了拉丁美洲工人中央工会的九大和十大。

拉美工人工会团结常设代表大会与中华全国总工会（以下简称"全总"）保持良好关系。1964年全总曾受邀出席该组织成立大会，但因签证问题未能成行。全总在大会当天致电表示热烈祝贺。电报说："在反对我们共同的敌人、维护民族独立、争取社会进步和保卫世界和平的斗争中，中国工人将永远同拉丁美洲工人和人民站在一起。"1984年以后，双方代表在多边活动中有友好接触。

第二十章

美洲工人工会联合会

美洲工人工会联合会（以下简称"美洲工联"）是区域性工会组织。它由美洲地区两个最大的工会组织合并而成，因此其重要性在美洲地区无可比拟。

一　成立背景和经过

2006 年 11 月，国际工会运动历史上两个最大的国际性工会组织——受社会民主主义影响的国际自由工会联合会和有基督教背景的世界劳工联合会在维也纳宣布合并，成立国际工会联合会。在此背景之下，国际自由工会联合会和世界劳工联合会各自在美洲地区的分支机构——美洲区域工人组织（ORIT）和拉丁美洲工人中央工会（CLAT）[①] 也开始加强合作，酝酿联合。经过一年多的协商与对话之后，2008 年 3 月 26 ~ 28 日，两组织在巴拿马召开代表大会，宣布合并，成立美洲工人工会联合会，总部设在巴西圣保罗。美洲区域工人组织和拉丁美洲工人中央工会随之解散，原有组织机构停止运行。

---

① 有关这两个组织的情况详见附录 4 和附录 5。

美洲工联是以美洲区域工人组织为主建立的,而且在宗旨原则和行动纲领等方面秉承美洲区域工人组织的精神,因此一些原来隶属于拉美工人中央工会的会员组织并没有随之加入。

二 成员

共有 29 个国家和地区的 65 个工会组织加入了美洲工联,代表 5000 万劳动者。这些国家和地区包括:阿根廷、阿鲁巴、巴巴多斯、博内尔、巴西、加拿大、智利、哥伦比亚、哥斯达黎加、库拉索、多米尼克、厄瓜多尔、美国、萨尔瓦多、危地马拉、圭亚那、海地、洪都拉斯、墨西哥、尼加拉瓜、巴拿马、秘鲁、波多黎各、多米尼加、圣卢西亚、苏里南、特立尼达和多巴哥、委内瑞拉。

三 组织机构

根据章程规定,美洲工联的组织机构包括代表大会、执行委员会、书记处和财务委员会。

代表大会是最高权力机关,主要任务是选举执行委员会成员、主席、总书记等领导,批准管理和财务报告,制定下一阶段的工会政策,审议下属成员提交的工作计划,修改章程等。代表大会会议每 4 年召开一次,必要时可召开特别大会。参加代表大会的代表根据下属成员组织的规模确定,青年和妇女代表的数量不能少于一定比例。

执行委员会负责执行代表大会的各项决议、组建咨询委员会和工作小组、批准年度预算等,每年召开一次会议。执行委员会

由 33 名成员组成，包括书记处的 6 名成员、下属成员任命的 24
名副主席、美洲女性劳动者委员会的主席和副主席、美洲青年劳
动者委员会的主席。其中下属成员组织任命的副主席均同时配有
2 名候补副主席。美洲妇女劳动委员会和美洲青年劳动者委员会
是执行委员会的咨询机构。

书记处是美洲工联的常设性管理机构，负责日常工作，每年
至少召开两次会议。书记处由美洲工联主席、副主席、总书记以
及 3 名分别负责工会政策和教育、经济政策和可持续发展、社会
政策的书记组成。

财务委员会由 3 名正式委员和 2 名候补委员组成，负责美洲
工联的财务工作。

美洲工联的资金来源包括：下属成员的会费、国际工会联合
会的拨款、下属成员或其他个人及机构的捐赠、工会资产的金融
收益等。

四 主要领导人

美洲工联首任主席是原美洲区域工人组织主席琳达·查
韦斯·汤普森（Linda Chávez-Thompson），副主席是
原拉美工人中央工会主席胡里奥·罗伯托·戈麦斯（Julio
Roberto Gómez），总书记是原美洲区域工人组织总书记维克多·
巴埃斯·莫斯克拉（Víctor Báez Mosqueira）。

琳达·查韦斯·汤普森，1944 年生于美国得克萨斯州一个
贫寒的墨西哥移民家庭，从小就与父母一起从事农业劳动。初
中毕业后因家境困难未能继续求学。1967 年加入工会。1971
年开始为美国州郡市劳工联合会工作，负责立法、政治行动、
教育计划等方面的事务。1995 年，当选为美国劳联一产联执行
副主席，成为有史以来跻身于该组织领导层的第一位女性和第

一位有色人种。她主张推行立法和教育计划以抵制裁员和缩减预算。她还同时担任美国全国民主委员会的副主席。2001 年 4 月，当选为美洲区域工人组织的主席，2005 年第 16 次代表大会连任。

五　宗旨原则和政策主张

美洲工联的宗旨和原则是：完全尊重和推动人权，特别是所有人参与工会的权利和劳动权；促进性别平等和女性参与工会运动及其他社会组织，以保证男女发展机会均等；推动工会发展，以改善劳动条件，提高生活水平，为此将致力于缩减劳动时间、兼顾工作和家庭、促进劳动保护；加强劳动者之间及其所属工会组织之间的团结；协调下属工会组织成员之间的行动；与其他政治社会运动建立战略联盟，以捍卫劳动者实现社会正义的目标；推动建立在有效的社会参与和对话基础上的政治、社会、劳工和经济民主；加强法治国家，使之成为民主发展和社会正义的基石；推动经济、社会和文化的一体化，以实现均衡的可持续发展；主张和平和民族自决，反对任何形式的不利于劳动者解放事业的奴役。

美洲工联在《行动纲领》中重点阐述了对拉美和世界重大问题的立场和观点，其中比较重要的有：支持古巴的民族自决权，反对封锁和禁运；要求取消最贫困国家的外债；反对新自由主义；主张推动可持续发展和环境保护战略；主张工会进行自我改革，以团结包括非正规就业者在内的所有劳动者；强调工会培训的重要性；重视劳工权利和人权，主张社会对话与协商；尊重性别平等，反对性别歧视；支持地区一体化，但反对以牺牲拉美国家利益为前提的自由贸易协定；要求企业，特别是跨国公司履行必要的社会责任。

六　主要活动

美洲工联成立后，立即根据章程和《行动纲领》的原则履行职责，并在维持劳动者权益、关注国际经济形势、捍卫民主等方面发挥作用。

2008 年 6 月，美洲工联向世界贸易组织提交了一份工会声明，要求后者在农产品的市场准入谈判中充分考虑发展中国家的利益。

2008 年 7 月，美洲工联表示支持秘鲁举行的旨以抗议政府私有化政策的全国性大罢工；另外，美洲工联还对发生在危地马拉、哥斯达黎加、哥伦比亚、墨西哥等国的工会成员遭到无理由解雇、拘捕、暴力袭击和暗杀的行为表示强烈谴责，同时致信这些国家的总统，要求政府保证劳动者的合法权利不受侵害。

2008 年 7 月，美洲工联在尼加拉瓜组织召开了第 1 次能源、环境和劳动地区工会会议。

2009 年 3 月，美洲工联在巴拿马召开成立一周年总结大会，对如何加强工会团结，以应对全球性经济危机的问题进行了重点讨论。

洪都拉斯在 2009 年 6 月 28 日发生军事政变后，美洲工联于7 月 8 日发布执行委员会决议，谴责政变，表示不承认政变上台的政府，并对部分企业参与政变并胁迫其员工支持政变的做法表示不满。

七　对外关系

作为国际工会联合会的地区分支，美洲工联自成立后就与它保持着密切联系。美洲工联要参与国际工联发起的工会运动，执行其决议，向其通报重要活动和财务状况。

自成立后，美洲工联积极参与多边论坛，力求与更多的组织和机构建立联系，扩大发言权。2008 年 5 月，美洲工联参加了由拉美和欧洲的一些非政府组织在秘鲁利马举行的"人民峰会"，参与了对移民和人权、就业、劳工权利、跨国公司的影响等问题的讨论。2009 年 1 月，美洲工联参加了在巴西举行的世界社会论坛的活动。论坛期间，美洲工联代表与世界各地的非政府组织广泛接触，就共同关心的问题进行讨论，交换意见。

美洲工联成立后，比较关注中国的发展，其代表曾多次在国际会议和论坛上参与对中国问题的讨论。

附录 1

拉丁美洲和加勒比地区其他政府间国际组织一览表

编号	组织名称	成立时间	总部所在地	成员
1	拉丁美洲发展管理中心（Centro Latinoamericano de Administración para el Desarrollo，CLAD）	1972 年	委内瑞拉首都加拉加斯	阿根廷、玻利维亚、巴西、哥伦比亚、哥斯达黎加、古巴、智利、厄瓜多尔、萨尔瓦多、西班牙、格林纳达、危地马拉、圭亚那、洪都拉斯、墨西哥、尼加拉瓜、巴拿马、巴拉圭、秘鲁、葡萄牙、多米尼加、乌拉圭、委内瑞拉
2	拉丁美洲能源组织（Organización Latinoamericana de Energía，OLADE）	1973 年	厄瓜多尔首都基多	阿根廷、巴巴多斯、玻利维亚、巴西、智利、哥伦比亚、哥斯达黎加、古巴、厄瓜多尔、萨尔瓦多、格林纳达、危地马拉、圭亚那、海地、洪都拉斯、牙买加、墨西哥、尼加拉瓜、巴拿马、巴拉圭、秘鲁、多米尼加、苏里南、特立尼达和多巴哥、乌拉圭、委内瑞拉

续表

编号	组织名称	成立时间	总部所在地	成　员
3	亚马孙合作条约组织（Organización del Tratado de Cooperación Amazónica, OTCA）	1978 年	巴西首都巴西利亚	玻利维亚、巴西、哥伦比亚、厄瓜多尔、圭亚那、秘鲁、苏里南、委内瑞拉
4	加勒比开发银行（Caribbean Development Bank, CDB）	1969 年 10 月签署协议，1970 年 1 月生效	巴巴多斯首都布里奇顿	安圭拉、安提瓜和巴布达、巴哈马、巴巴多斯、伯利兹、英属维尔京群岛、开曼群岛、牙买加、海地、圣卢西亚、圣文森特和格林纳丁斯、特立尼达和多巴哥、特克斯和凯科斯群岛、加拿大、中国、德国、意大利、英国
5	中美洲一体化体系（Sistema de la Integración Centroamericana, SICA）	1991 年 12 月，其前身为成立于 1951 年 10 月的中美洲国家组织（ODECA）	萨尔瓦多老库斯卡特兰市	正式成员包括伯利兹、哥斯达黎加、萨尔瓦多、危地马拉、洪都拉斯、尼加拉瓜、巴拿马；多米尼加为联系成员
6	东加勒比国家组织（Organization of Eastern Caribbean States, OECS）	1981 年 6 月 18 日	圣卢西亚首都卡斯特里	正式成员包括安提瓜和巴布达、多米尼克、格林纳达、蒙特塞拉特、圣基茨和尼维斯、圣卢西亚、圣文森特和格林纳丁斯；安圭拉和英属维尔京群岛为联系成员

续表

编号	组织名称	成立时间	总部所在地	成 员
7	香蕉出口国联盟（Unión de Países Exportadores del Banano, UPEB）	1974 年 9 月 17 日	巴拿马城	哥伦比亚、哥斯达黎加、危地马拉、洪都拉斯、尼加拉瓜、巴拿马、委内瑞拉
8	南美国家联盟（Unión de Naciones Suramericanas, Unasur）	2004 年 12 月 8 日，前身为南美国家共同体（Comunidad Sudamericana de Naciones）；2007 年 4 月改现名	厄瓜多尔首都基多	正式成员包括阿根廷、玻利维亚、巴西、智利、哥伦比亚、厄瓜多尔、圭亚那、巴拉圭、秘鲁、苏里南、乌拉圭和委内瑞拉；墨西哥和巴拿马为观察员国
9	美洲玻利瓦尔联盟（Alianza Bolivariana para los Pueblos de Nuestra América – Tratado de Comercio de los Pueblos , ALBA – TCP）	2004 年 12 月，前身为美洲玻利瓦尔替代计划（La Alternativa Bolivariana para América Latina y El Caribe, ALBA），2009 年 6 月改现名	暂无	正式成员包括安提瓜和巴布达、玻利维亚、古巴、多米尼克、厄瓜多尔、尼加拉瓜、圣文森特和格林纳丁斯、委内瑞拉；观察员国包括海地、圣基茨和尼维斯、乌拉圭、格林纳达

续表

编号	宗旨或原则	最高权力机关	与其他国际组织的关系	出　版　物
1	宗旨是通过组织专业性的国际会议、出版著作、提供文献和信息服务、开展调查研究，在成员国之间实施技术合作项目等活动，推动与国家改革和公共管理现代化相关经验和信息的分析和交流	由各成员国政府代表组成的领导委员会	是伊比利亚美洲首脑会议框架下公共管理和国家改革部长会议的常设技术秘书处，与多个国际组织签署了合作协议	《改革与民主》（*Reforma y Democracia*）
2	加强各成员国之间的团结，使它们充分利用和捍卫本国和本地区的自然资源；促进各成员国能源生产的独立发展；保护本地区能源资源，对本地区进行合理利用；推动成员国之间的直接协商，以便保障它们所需能源的稳定供应；促进能源工业化和产业扩张；鼓励成立金融机构，以便执行本地区的能源计划以及各类相关计划；推动创建拉美能源市场；鼓励制定和发展共同能源政策；加强技术合作以交流，采取有效措施应对因石油天然气导致的环境污染	由成员国能源部长组成的部长会议	与联合国开发计划署保持合作关系；是联合国经社理事会指定的常驻安理会观察员	《拉丁美洲能源组织信息简报》（*Boletín Informativo OLADE*）、《生物燃料简报》（*Boletín de Biocombustibles*）、《能源效率改革简报》（*Boletín de Eficiencia Energética*）、年度报告《能源统计报告》（*Informe de Estadísticas Energéticas*）
3	各成员国采取共同行动，在公平互利、保护环境和合理利用自然资源的基础上推动各自的亚马孙地区领土发展；保障亚马孙商业航行的完全自由；各成员国对本国领土上的自然资源享有专有权，它们对这一权利的行使不受任何国际法之外的限制；努力使该地区的河流成为连接各成员国之间的交通渠道；合理利用动植物资源，保障生态平衡；加强科技合作以便	成员国外长会议	与联合国贸易和发展会议、安第斯共同体、亚马孙流域印第安组织协调机构等签署了谅解备忘录；与安第斯开发公司签署了合作协议；与泛美卫生组织签署了框架协议；与美洲	《简报》（*Boletín*）

续表

编号	宗旨或原则	最高权力机关	与其他国际组织的关系	出版物
3	为该地区实现经济和社会的加速发展创造条件；加强医疗服务的协调，改善卫生状况，预防和应对流行性疾病；修建适当的交通和通信设施；发展边境贸易和旅游		开发银行签署了关于"加强对亚马孙地区生物多样性可持续利用的联合管理"的协议	
4	为地区注入开发性的资金，与其他开发性的机构进行有效合作，以通过经济和社会发展减少贫困；协助成员国优化资金的使用，发展经济，并扩大生产和贸易；推动公共和私人投资，促进地区资本市场和信贷市场的发展	理事会	是加勒比共同体的联系机构	《年度报告》(Annual Report)、《国家贫困评估报告》(Country Poverty Assessment Reports)、《通讯》(Newsletters)
5	巩固民主，加强制度建设；在维持合理武装力量、消除贫困，促进可持续发展，保护环境，减少暴力和腐败以及恐怖主义的基础上保持地区持久和平；推动建立能够确保个人与社会协调发展的制度；实现经济同盟，巩固金融体系；维护中美洲国家在对外关系上的自决权	首脑会议	1995年成为联合国大会观察员	《工作备忘录》(Memoria de Labores)
6	推动成员之间的合作与团结，捍卫其主权和领土完整，协调成员的对外政策，推动可持续发展和经济一体化	由各成员政府首脑组成的管理局	2004年成为联合国大会观察员	

续表

编号	宗旨或原则	最高权力机关	与其他国际组织的关系	出 版 物
7	开拓香蕉市场，扩大香蕉消费，保持香蕉的产销平衡，提高香蕉种植的生产率，捍卫合理的和公平的香蕉价格水平，促进共同政策，推动出口生产与生产国之间的对话	成员国部长会议	得到联合国开发计划署、联合国贸易和发展会议、美洲国家组织的支持	
8	通过政治对话、社会政策以及教育、能源、基础设施、金融领域方面的全面的一体化，共同参与建设社会经济、政治、社会文化领域的全面一体化，以消除社会经济不平等，实现社会融合和公民参与，加强民主，重点关注政治对话、环境、能源一体化、金融机制创建建设、社会凝聚、地区平衡、电信等问题	成员国元首和政府首脑理事会	与安第斯共同体、南方共同市场、加勒比共同体等拉美和加勒比地区的经济一体化组织开展广泛合作	暂无定期出版社，主要思想和观点以决议和声明形式公布
9	坚持团结、合作、互补等原则；合理地、合理利用自然资源；以南美解放者玻利瓦尔的一体化思想为指导，通过"大国家"方案，加强地区密切的社会合作；发挥各国优势解决本地区人民最迫切的社会问题，消除贫困和社会不公；实现人民的一体化和拉美国家大联合，抵制并最终取代美国倡议的美洲自由贸易区	总统理事会		暂无定期出版社，主要思想和观点以决议和声明形式公布

拉丁美洲和加勒比部分
地区性非政府组织一览表

拉美和加勒比地区的非政府组织数量繁多，本表只选择了其中一小部分。收录其中的非政府组织的选取，主要基于以下原则：一是在联合国经济及社会理事会中享有咨询地位，总部设在拉美或加勒比国家，成员以拉美和加勒比国家为主的地区性组织；二是在美洲国家组织中正式注册，即享有咨询地位，总部设在拉美或加勒比国家，成员以拉美和加勒比国家为主的地区性组织；三是与联合国教科文组织建立正式关系，总部设在拉美或加勒比国家，成员以拉美和加勒比国家为主的地区性组织；四是成立时间较长，至今在拉美和加勒比地区某一领域仍有较大的影响力或仍表现得比较活跃的地区性组织。其中第四类组织因编者信息收集渠道有限，疏漏在所难免。本表收录的非政府组织按西班牙语或英语缩写排序。

编号	组织名称	成立时间	总部所在地	成员
1	伊比利亚美洲商会协会(Asociación Iberoamericana de Cámaras de Comercio, AICO)	1975年6月14日	墨西哥城	阿根廷、玻利维亚、巴西、智利、哥伦比亚、哥斯达黎加、尼瓜多尔、萨尔瓦多、西班牙、美国、危地马拉、洪都拉斯、墨西哥、尼加拉瓜、巴拿马、巴拉圭、秘鲁、葡萄牙、波多黎各、多米尼加、乌拉圭、委内瑞拉
2	美洲卫生和环境工程协会(Asociación Interamericana de Ingeniería Sanitaria y Ambiental, AIDIS)	1948年4月11日	巴西圣保罗	在24个美洲国家和地区的分支机构中拥有会员3.2万人,包括阿根廷、玻利维亚、巴西、加拿大、智利、哥伦比亚、哥斯达黎加、古巴、厄瓜多尔、墨西哥、尼加拉瓜、巴拿马、巴拉圭、海地、洪都拉斯、美国、萨尔瓦多、危地马拉、秘鲁、波多黎各、多米尼加、乌拉圭、委内瑞拉,还有1个加勒比地区性协会
3	拉丁美洲工业协会(Asociación Industrial Latinoamericana, AILA)	1985年10月	委内瑞拉加拉加斯	阿根廷、玻利维亚、巴西、哥伦比亚、哥斯达黎加、智利、厄瓜多尔、墨西哥、巴拿马、巴拉圭、秘鲁、波多黎各、乌拉圭、委内瑞拉
4	拉丁美洲设计协会(Asociación Latinoamericana de Diseño, ALADI)	1980年	阿根廷布宜诺斯艾利斯	阿根廷、玻利维亚、巴西、哥伦比亚、哥斯达黎加、智利、古巴、厄瓜多尔、墨西哥、尼加拉瓜、波多黎各、危地马拉、秘鲁、多米尼加、乌拉圭、委内瑞拉
5	拉丁美洲铁路协会(Asociación Latinoamericana de Ferrocarriles, ALAF)	1964年	阿根廷布宜诺斯艾利斯	正式会员包括阿根廷、古巴、巴西、智利、哥伦比亚、洪都拉斯、哥斯达黎加、墨西哥、巴拉圭、乌拉圭、危地马拉、委内瑞拉、萨尔瓦多、秘鲁;另有阿根廷、西班牙、哥斯达黎加、西班牙、法国、秘鲁、葡萄牙、委内瑞拉的37个铁路企业、行业协会和管理机构的18个联系会员

续表

编号	组织名称	成立时间	总部所在地	成 员
6	拉丁美洲信息社(Agencia Latinoamericana de Información, ALAI)		厄瓜多尔基多	
7	拉丁美洲人权协会(Asociación Latinoamericana para los Derechos Humanos, ALDHU)	1980年	厄瓜多尔基多	在20多个国家设有办事处
8	拉丁美洲广播教育协会(Asociación Latinoamericana de Educación Radiofónica, ALER)	1972年	厄瓜多尔基多	阿根廷、玻利维亚、巴西、哥伦比亚、哥斯达黎加、智利、厄瓜多尔、萨尔瓦多、巴拿马、巴拉圭、秘鲁、多米尼加、委内瑞拉的100多家电台和广播机构
9	拉丁美洲开发性金融机构协会(Asociación Latinoamericana de Instituciones Financieras Parael Desarrllo, ALIDE)	1968年1月24日	秘鲁利马	正式会员包括安提瓜和巴布达、阿根廷、玻利维亚、巴西、哥伦比亚、古巴、库拉索、智利、厄瓜多尔、萨尔瓦多、危地马拉、海地、洪都拉斯、多米尼加、墨西哥、尼加拉瓜、巴拿马、巴拉圭、秘鲁、波多黎各、圣基茨和尼维斯、特立尼达和凯斯科群岛、乌拉圭、委内瑞拉的65个金融机构;此外还有10个伙伴会员和9个合作会员
10	拉丁美洲促进发展组织协会(Asociación Latinoamericana de Organizaciones de Promoción al Desarrollo, ALOP)	1979年	哥斯达黎加圣何塞	秘鲁、危地马拉、古巴、委内瑞拉、厄瓜多尔、玻利维亚、哥伦比亚、哥斯达黎加、萨尔瓦多、墨西哥、洪都拉斯、巴拉圭、乌拉圭、巴西、阿根廷、智利等18个国家的50个组织

续表

编号	组织名称	成立时间	总部所在地	成　员
11	加勒比医学协会（Asociación Médica del Caribe, AMECA）	1994年10月26日	古巴哈瓦那	拉美及欧洲35个国家的6000多名会员，包括医生、心理学家、社会学家、护士、专业技术人员、医疗系统管理人员等
12	泛美圆桌会议联盟（La Alianza De Mesas Redondas Panamericanas, AMRP）	1944年	多米尼加圣多明各	美洲17个国家和波多黎各的212个圆桌会议
13	泛美教育信贷机构协会（Asociación Panamericana de Instituciones de Crédito Educativo, APICE）	1969年	哥伦比亚波哥大	在17个国家有65个成员，包括加拿大、美国、玻利维亚、巴西、智利、哥伦比亚、哥斯达黎加、多米尼加、厄瓜多尔、危地马拉、尼加拉瓜、墨西哥、巴拿马、巴拉圭、秘鲁、委内瑞拉、西班牙等
14	拉丁美洲和加勒比石油和天然气企业协会（原拉丁美洲国家石油互助协会，Asociación Regional de Empresas de Petróleo y Gas Natural en Latinoamérica y el Caribe, ARPEL）	1965年	乌拉圭蒙得维的亚	阿根廷、玻利维亚、巴西、智利、哥伦比亚、哥斯达黎加、墨西哥、厄瓜多尔、巴拉圭、秘鲁、乌拉圭、委内瑞拉的27个国有和私有石油和天然气企业
15	拉丁美洲知识产权协会（Asociación Interamericana de la Propiedad Intelectual, ASIPI）	1964年	秘书处位于乌拉圭蒙得维的亚	美洲、欧洲、亚洲和非洲52个国家的800多名知识产权活动家

续表

编号	组织名称	成立时间	总部所在地	成 员
16	加勒比女性研究与行动协会（Caribbean Association for Feminist Research and Action, CAFRA）	1985 年 4 月 2 日	特立尼达和多巴哥	巴哈马、巴巴多斯、伯利兹、古巴、多米尼克、海地、波多黎各、圭亚那、圣文森特和格林纳丁斯、荷属安的列斯、圣卢西亚、圣基茨和尼维斯、苏里南、特立尼达和多巴哥、美属维尔京群岛
17	安第斯法学家委员会（Comision Andina de Juristas, CAJ）	1982 年 8 月 9 日	秘鲁利马	委内瑞拉、玻利维亚、智利、哥伦比亚、厄瓜多尔、秘鲁
18	加勒比资源保护协会（Caribbean Conservation Association, CCA）	1967 年	巴巴多斯	安圭拉、安提瓜和巴布达、巴哈马、巴巴多斯、百慕大群岛、英属维尔京群岛、库拉索、多米尼加联邦、格林纳达、瓜德罗普、圭亚那、牙买加、波多黎各、圣基茨和尼维斯、圣卢西亚、圣马丁①、荷兰、圣皮埃尔和密克隆群岛、特立尼达和多巴哥、美国、委内瑞拉
19	拉丁美洲成人教育委员会（Consejo de Educación de Adultos de América Latina, CEAAL）	1982 年	巴拿马	阿根廷、玻利维亚、巴西、哥伦比亚、哥斯达黎加、古巴、智利、厄瓜多尔、萨尔瓦多、危地马拉、海地、洪都拉斯、墨西哥、尼加拉瓜、巴拿马、巴拉圭、秘鲁、波多黎各、多米尼加、乌拉圭、委内瑞拉的 195 个成员
20	拉丁美洲货币研究中心（Centro de Estudios Monetarios Latinoamericanos, CEMLA）	1952 年 9 月	墨西哥城	正武成员包括阿根廷、阿鲁巴、巴巴多斯、巴哈马、伯利兹、玻利维亚、智利、哥伦比亚、哥斯达黎加、古巴、厄瓜多尔、牙买加、萨尔瓦多、危地马拉、海地、洪都拉斯、墨西哥、荷属安的列斯、尼加拉瓜、巴拉圭、巴拿马、秘鲁、苏里南、多米尼加、特立尼达和多巴哥、乌拉圭、主、

① 属未独立的荷属安的列斯。

续表

编号	组织名称	成立时间	总部所在地	成 员
20	拉丁美洲货币研究中心(Centro de Estudios Monetarios Latinoamericanos, CEMLA)			委内瑞拉的中央银行及东加勒比中央银行;合作成员包括德国、加拿大、西班牙、美国、法国、意大利、荷兰、菲律宾、葡萄牙的中央银行和欧洲中央银行
21	拉丁美洲发展研究和合作中心(Centro Latinoamericano de Estudios y Cooperación para el Desarrollo, CENLAT)	1989年,2005年改现名	秘鲁利马	
22	加勒比食品种植协会(Caribbean Food Crops Society, CFCS)	1963年5月		
23	美洲反人口失踪、剥削、交易和贩卖中心(Centro Interamericano contra la Desaparición, Explotación, Trata y Tráfico, CIDETT)	2006年4月	秘鲁利马	在巴西、玻利维亚、智利、哥斯达黎加、厄瓜多尔、危地马拉、尼加拉瓜、秘鲁、波多黎各开展工作
24	南美洲印第安人委员会(Consejo Indio De SudAmerica, CISA)	1980年	秘鲁普诺	
25	美洲运输商会(Cámara Interamericana de Transportes, CIT)	2002年5月	巴西利亚	阿根廷、阿鲁巴、玻利维亚、巴西、智利、哥伦比亚、哥斯达黎加、古巴、萨尔瓦多、厄瓜多尔、危地马拉、洪都拉斯、墨西哥、尼加拉瓜、巴拿马、巴拉圭、秘鲁、乌拉圭、委内瑞拉19个国家和地区的48个协会和政府机构

续表

编号	组织名称	成立时间	总部所在地	成　　员
26	拉丁美洲和加勒比保卫妇女权利委员会（Comité de América Latina y el Caribe para la Defensa de los Derechos de la Mujer, CLADEM）	1987年7月3日	秘鲁利马	在阿根廷、玻利维亚、巴西、智利、哥伦比亚、厄瓜多尔、萨尔瓦多、洪都拉斯、墨西哥、尼加拉瓜、巴拿马、巴拉圭、秘鲁、波多黎各、多米尼加、乌拉圭、委内瑞拉开展工作
27	拉丁美洲宗教界人士联合会（Confederación Latinoamericana y Caribeña de Religiosos y Religiosas, CLAR）	1959年3月2日	哥伦比亚波哥大	阿根廷、玻利维亚、巴西、哥伦比亚、古巴、智利、厄瓜多尔、萨尔瓦多、危地马拉、海地、洪都拉斯、牙买加、墨西哥、尼加拉瓜、巴拿马、秘鲁、波多黎各、多米尼加、乌拉圭、委内瑞拉
28	拉丁美洲先进网络合作组织（Cooperación Latinoamericana de Redes Avanzadas, CLARA）	2003年6月	乌拉圭首都蒙得维的亚	阿根廷、巴西、玻利维亚、哥伦比亚、哥斯达黎加、古巴、智利、厄瓜多尔、萨尔瓦多、危地马拉、洪都拉斯、墨西哥、巴拿马、巴拉圭、秘鲁、乌拉圭、委内瑞拉
29	中美洲保卫人权委员会（Comisión para la Defensa de Derechos Humanos en Centroamérica, CODEHUCA）	1978年4月	哥斯达黎加圣何塞	
30	亚马孙流域印第安组织协调机构（Coordinadora de las Organizaciones Indígenas de la Cuenca Amazónica, COICA）	1984年3月14日	厄瓜多尔基多	秘鲁、圭亚那、玻利维亚、巴西、厄瓜多尔、委内瑞拉、哥伦比亚、苏里南、法属圭亚那的9个组织

续表

编号	组织名称	成立时间	总部所在地	成　员
31	拉丁美洲储蓄和信贷合作社联合会 (Confederación Latinoamericana de Cooperativas de Ahorro y Crédito, COLAC)	1970 年 8 月 28 日	巴拿马	正式会员有阿根廷、玻利维亚、厄瓜多尔、萨尔瓦多、洪都拉斯、墨西哥、乌拉圭、巴拉圭、哥斯达黎加的 9 个机构;伙伴会员包括玻利维亚、哥伦比亚、厄瓜多尔、美国、尼加拉瓜、秘鲁、多米尼加的 12 个机构;另外还有 5 个特别会员
32	美洲公共关系联合会 (Confederación Interamericana de Relaciones Públicas, CONFIARP)	1960 年 9 月 26 日, 1985 年改现名	委内瑞拉加拉加斯	阿根廷、巴西、哥伦比亚、智利、哥斯达黎加、古巴、厄瓜多尔、墨西哥、尼加拉瓜、多米尼加、乌拉圭、委内瑞拉
33	拉丁美洲旅游组织联合会 (Confederación de Organizaciones Turísticas de América Latina, COTAL)	1957 年 4 月 20 日	阿根廷布宜诺斯艾利斯	阿根廷、巴西、玻利维亚、智利、哥伦比亚、哥斯达黎加、尼瓜多尔、萨尔瓦多、危地马拉、海地、洪都拉斯、墨西哥、尼加拉瓜、巴拿马、巴拉圭、秘鲁、乌拉圭、委内瑞拉
34	地区经济和社会研究协调组织 (Cordinadora Regional de Investigaciones Económicas y Sociales, CRIES)	1982 年	阿根廷布宜诺斯艾利斯	正式成员包括阿根廷、玻利维亚、巴西、巴巴多斯、伯利兹、哥伦比亚、哥斯达黎加、古巴、萨尔瓦多、危地马拉、海地、洪都拉斯、牙买加、墨西哥、尼加拉瓜、巴拿马、波多黎各、特立尼达和多巴哥、委内瑞拉的 70 多个研究中心和高等院校,还有 7 个伙伴会员
35	拉丁美洲与加勒比私立教育协会联合会 (Federación de Asociaciones Educativas Privadas Latinoamericanas y del Caribe, FAEPLA)	1984 年 7 月	阿根廷布宜诺斯艾利斯	阿根廷、玻利维亚、巴西、哥斯达黎加、智利、厄瓜多尔、洪都拉斯、巴拉圭、牙买加、巴拿马、波多黎各、秘鲁、乌拉圭、委内瑞拉

续表

编号	组织名称	成立时间	总部所在地	成员
36	信仰与喜悦国际联合会（Federación Internacional de Fey Alegría）	1955 年	秘鲁利马	在阿根廷、玻利维亚、巴西、乍得、哥伦比亚、智利、尼加拉瓜尔、萨尔瓦多、西班牙、危地马拉、海地、洪都拉斯、尼加拉瓜、巴拿马、巴拉圭、秘鲁、多米尼加、委内瑞拉设有分支机构
37	拉丁美洲被拘留人员和失踪者家属协会联合会（Federación Latinoamericana de Asociaciones de Familiares de Detenidos-Desaparecidos, FEDEFAM）	1981 年 1 月	委内瑞拉加拉加斯	阿根廷、玻利维亚、巴西、哥伦比亚、智利、尼加拉瓜、萨尔瓦多、危地马拉、洪都拉斯、墨西哥、尼加拉瓜、巴拉圭、秘鲁、乌拉圭
38	拉丁美洲银行联合会（Federación Latinoamericana de Bancos, FELABAN）	1965 年	哥伦比亚波哥大	阿根廷、玻利维亚、巴西、哥伦比亚、哥斯达黎加、古巴、智利、厄瓜多尔、萨尔瓦多、危地马拉、洪都拉斯、墨西哥、尼加拉瓜、巴拿马、巴拉圭、秘鲁、委内瑞拉的 26 个正式会员，另有 8 个联系会员和 7 个通信会员
39	拉丁美洲社会通信学校联合会（Federación Latinoamericana de Facultades de Comunicación Social, FELAFACS）	1981 年 10 月	秘鲁利马	正式会员包括阿根廷、巴西、智利、厄瓜多尔、哥伦比亚、古巴、哥斯达黎加、萨尔瓦多、危地马拉、洪都拉斯、墨西哥、尼加拉瓜、巴拿马、秘鲁、波多黎各、多米尼加、乌拉圭和委内瑞拉的 40 个协会会员和 23 个荣誉会员；此外还有 13 个联系会员和 23 个荣誉会员
40	泛美咨询企业协会联合会（Federación Panamericana de Consultores, FEPAC）	1971 年 10 月 21 日，1993 年改现名	巴西里约热内卢	阿根廷、玻利维亚、巴西、智利、哥伦比亚、洪都拉斯、墨西哥、巴拉圭、西班牙、秘鲁、乌拉圭的咨询企业或协会商会

续表

编号	组织名称	成立时间	总部所在地	成　员
41	美洲旅游和汽车俱乐部联合会（Federación Interamericana de Touring y Automóvil Clubes, FITAC）	1941 年	阿根廷布宜诺斯艾利斯	美国、加拿大、阿根廷、智利、乌拉圭、巴西、巴拉圭、玻利维亚、墨西哥、哥伦比亚、尼加拉瓜、秘鲁、委内瑞拉、萨尔瓦多、哥斯达黎加、多米尼加、乌拉圭主的 19 个机构
42	拉丁美洲城市、城镇和地方政府协会联合会（Federación Latinoamericana de Ciudades, Municipios y Asociaciones de Gobiernos Locales, FLACMA）	1981 年 11 月	厄瓜多尔基多	阿根廷、智利、玻利维亚、厄瓜多尔、哥伦比亚、秘鲁、委内瑞拉、巴拉圭、萨尔瓦多、西班牙、墨西哥、哥斯达黎加、危地马拉、尼加拉瓜、多米尼加、乌拉圭主的 23 个协会和联合会
43	美洲科学院网络（InterAmerican Network of Academies of Sciences, IANAS）	2004 年 5 月 8 日	巴西圣保罗	加拿大、美国、墨西哥、古巴、多米尼加、危地马拉、哥斯达黎加、委内瑞拉、哥伦比亚、巴西、秘鲁、玻利维亚、智利、阿根廷的国家级科学院，以及 3 个地区级科学院
44	美洲统计协会（Instituto Interamericano de Estadística, IASI）	1940 年 5 月 12 日	阿根廷布宜诺斯艾利斯	哥、加拿大、智利、哥斯达黎加、巴拿马、哥伦比亚、玻利维亚、多米尼加、海地、洪都拉斯、尼加拉瓜、萨尔瓦多、西班牙、秘鲁、马耳他、牙买加、尼加拉瓜、巴西和多巴哥、乌拉圭主、委内瑞拉的 260 多名会员
45	拉丁美洲钢铁协会（Instituto Latinoamericano del Fierro y el Acero, ILAFA）	1959 年	智利圣地亚哥	阿根廷、巴西、智利、墨西哥、哥伦比亚、哥斯达黎加、委内瑞拉、古巴、厄瓜多尔、危地马拉、秘鲁、多米尼加的 54 家钢铁企业作为积极伙伴；另有德国、阿根廷、比利时、巴西、智利、韩国、厄瓜多尔、西班牙、美国、意大利、巴拉圭、俄罗斯、瑞士、委内瑞拉的 33 个组织和企业作为成员伙伴

续表

编号	组织名称	成立时间	总部所在地	成员
46	拉丁美洲电化教学协会(Instituto Latinoamericano de la Comunicación Educativa, ILCE)	1956 年在墨西哥成立,1978 年升级为国际组织	墨西哥城	玻利维亚、哥伦比亚、哥斯达黎加、危地马拉、海地、洪都拉斯、萨尔瓦多、厄瓜多尔、尼加拉瓜、巴拿马、巴拉圭、委内瑞拉
47	国际艾西斯(智利)(ISIS Internacional Chile)	国际艾希斯1974 年成立于罗马,1984 年在智利圣地亚哥设分支机构	智利圣地亚哥	
48	拉丁美洲大陆大学生组织 (Organización Continental Latinoamericana y Caribeña de Estudiantes, OCLAE)	1966 年 8 月 11 日	古巴哈瓦那	正式会员包括阿根廷、巴巴多斯、玻利维亚、巴西、古巴、萨尔瓦多、危地马拉、洪都拉斯、牙买加、巴拿马、波多黎各、多米尼加、特立尼达和多巴哥、乌拉圭、秘鲁、尼加拉瓜、厄瓜多尔、委内瑞拉、海地、圣文森特和格林纳丁斯、圣卢西亚的 25 个大学生组织;还有 12 个伙伴会员和 1 个咨询会员
49	伊比利亚美洲电信组织 (Organización de Telecomunicaciones Iberoamericanas, OTI)	1971 年 3 月	墨西哥城	阿根廷、玻利维亚、巴西、哥伦比亚、哥斯达黎加、智利、古巴、厄瓜瓜、萨尔瓦多、西班牙、美国、危地马拉、洪都拉斯、墨西哥、巴拿马、巴拉圭、秘鲁、多米尼加、波多黎各、乌拉圭、委内瑞拉

续表

编号	组织名称	成立时间	总部所在地	成员
50	美洲民主网络组织(Red Interamericana para la Democracia, RID)	1995年	阿根廷布宜诺斯艾利斯	危地马拉、多米尼加、秘鲁、玻利维亚、墨西哥、哥伦比亚、巴拉圭、阿根廷等24个美洲国家的350多个非政府组织
51	世界残疾人组织拉丁美洲地区分支(Región Latinoamericana de la Organización Mundial de Personas con Discapacidad, RLOMPD)	1981年	秘鲁利马	阿根廷、玻利维亚、巴西、智利、哥伦比亚、哥斯达黎加、古巴、厄瓜多尔、萨尔瓦多、危地马拉、洪都拉斯、墨西哥、尼加拉瓜、巴拿马、巴拉圭、秘鲁、多米尼加、委内瑞拉的残疾人组织
52	拉丁美洲和加勒比妇女健康网(Red de Salud de las Mujeres Latinoamericanas y del Caribe, RSMLAC)	1984年	智利圣地亚哥	德国、荷属安的列斯群岛、阿根廷、澳大利亚、奥地利、孟加拉、玻利维亚、巴西、加拿大、智利、哥伦比亚、哥斯达黎加、古巴、厄瓜多尔、萨尔瓦多、西班牙、美国、法国、危地马拉、海地、洪都拉斯、印度、印度尼西亚、马来西亚、墨西哥、尼泊尔、尼加拉瓜、波多黎各、荷兰、尼日利亚、巴勒斯坦、多米尼加、塞内加尔、塞尔维亚、秘鲁、英国、特立尼达和多巴哥、土耳其、乌拉圭、委内瑞拉的几百个妇女组织；另外还有几百名个人会员
53	拉丁美洲和平与正义服务组织(Servicio Paz y Justicia en América Latina, SERPAJ – AL)	1974年	乌拉圭蒙得维的亚	在玻利维亚、巴西、智利、哥斯达黎加、厄瓜多尔、墨西哥、尼加拉瓜、巴拿马、巴拉圭和乌拉圭主要有分支机构

续表

编号	组织名称	成立时间	总部所在地	成 员
54	拉丁美洲和加勒比大学联盟(Unión de Universidades de América Latina y el Caribe, UDUAL)	1949年9月22日	墨西哥城	阿根廷、玻利维亚、巴西、哥伦比亚、哥斯达黎加、厄瓜多尔、萨尔瓦多、危地马拉、海地、洪都拉斯、墨西哥、尼加拉瓜、巴拿马、巴拉圭、秘鲁、波多黎各、多米尼加、乌拉圭—委内瑞拉的170多所大学
55	美洲住房联盟(Unión Interamericana para la Vivienda, Uniapravi)	1964年11月12日	秘鲁利马	阿根廷、玻利维亚、巴西、加拿大、智利、哥伦比亚、哥斯达黎加、厄瓜多尔、萨尔瓦多、西班牙、美国、危地马拉、洪都拉斯、墨西哥、尼加拉瓜、巴拿马、巴拉圭、秘鲁、英国、牙买加、委内瑞拉的近百家信贷机构、抵押银行、住房基金会、公共住房管理机构、建筑企业和商会等机构

编号	宗旨或原则	最高权力机关	与其他国际组织的关系	出 版 物
1	是团结和协调伊比利亚美洲地区各贸易或产业委员会的组织,目的是支持、加强和推动企业界的活动,保护自由贸易及成员国私人企业的利益	代表大会	2004年在美洲国家组织正式注册	
2	是科技类的非营利性民间组织。宗旨是在环境、医疗、基本卫生等方面计划的实施;与各大学和政府的教育建立的实施;与各大学和教育培训;提供专业培训;与支持单位保持密切联系,以便获得必要的资金支持	执行委员会	得到世界卫生组织和泛美卫生组织的承认	季刊《挑战》(Desafío)、《工程与环境科学杂志》(Revista AIDIS de Ingeniería y Ciencias Ambientales)

续表

编号	宗旨或原则	最高权力机关	与其他国际组织的关系	出版物
3	是拉美私有工业企业的组织;宗旨是代表和捍卫本地区工业部门的共同利益,推动成员之间的交流与合作		2001年在美洲国家组织正式注册	
4	在教育、研究、生产、技术、交流、管理等领域开展工作,将工业、形象、纺织、服装和内部装潢等各种设计引入现实生活,参与和组织与设计业相关的各种活动	代表大会	1989年起在联合国经社理事会享有特别咨询地位	
5	推动安全、高效、经济的铁路运输,以加强拉美的一体化;鼓励铁路贸易和拉美国家间的经济发展;主张铁路企业之间进行合作与协调,以推动成员国铁路运输设施的统一化;推动铁路运输设施的建设项目	总秘书处	1999年起享有联合国经社理事会名册咨询地位	《拉丁美洲铁路协会杂志》(ALAF)
6	应对传媒业提出的各种挑战,力求形成一种新型的、民主的、文化多元化的传媒业结构,以适应社会变革的要求		1998年起享有联合国经社理事会特别咨询地位,是世界社会论坛国际理事会成员	月刊《运动中的拉丁美洲》(América Latina en Movimiento)
7	是捍卫和保护人权的国际组织;宗旨是支持拉美和加勒比国家争取人权和民主的斗争;主张与各种社会力量和国家机构合作,寻求共识,从多极化和非斥的角度出发寻求通过谈判解决社会冲突		1987年起在联合国经社理事会享有咨询地位,在联合国教科文组织也享有咨询地位,是安第斯议会的咨询机构	《亚马孙杂志》(revista amazónica)

续表

编号	宗旨或原则	最高权力机关	与其他国际组织的关系	出版物
8	推动电信业的民主化和可持续的人文发展，建设最大程度的正义、民主和平等社会	代表大会	与联合国教科文组织建立正式关系	
9	是拉美和加勒比开发性金融机构的国际组织。旨在协调金融机构的行动，推动其参与本地区的经济和社会进程	代表大会	1975年起在联合国经社理事会享有特别咨询地位，在联合国世界粮农组织享有联系咨询地位	半月刊《拉丁美洲金融发展机构协会杂志》(Revista ALIDE)、《拉丁美洲金融发展机构协会简报》(Boletín ALIDENOTICIAS)
10	是开发性非政府组织的协会；宗旨是为成员建立交流空间，制定行业开发计划建议，与拉美和加勒比的开发机构建立积极关系，提高非政府组织在开发过程中的效率，增强非政府组织的对话和协调能力	代表大会，每3年召开一次	在联合国世界粮农组织享有联系咨询地位	
11	建立和支持医务工作者之间的交流与联系，以推动医疗卫生事业的发展；在成员之间进行科技信息交流；推动机构间的合作，以扩大人员往来；在成员和机构间开展合作研究项目	理事会	1999年起在联合国经社理事会享有特别咨询地位	
12	是非营利性的妇女组织；促进教育，推动美洲大陆各民族间的相互了解，理解和友谊	国际大会	2001年在美洲国家组织正式注册	
13	通过公共和私人部门提供的教育信贷，加强高等教育的资助体系和计划，为美洲大陆的学生提供平等的学习机会，使他们更好地为各自国家的文化、经济和社会改革服务		与联合国教科文组织建立正式关系，2007年在美洲国家组织正式注册	《泛美教育信贷协会每日简报》(Boletín APICE AL DIA)

续表

编号	宗旨或原则	最高权力机关	与其他国际组织的关系	出　版　物
14	推动成员之间的合作与互助，促进拉美和加勒比地区石油和天然气工业的发展和一体化	代表大会	1976年起在联合国经社理事会享有咨询地位，联合国拉美经委会及联合国工业发展组织以咨询者身份参加该组织活动	《年度报告》(Reporte Anual)
15	组织专业人员研究、宣传和制定知识产权方面的立法，协调美洲各国的相关法律；推动各国律师团体的活动；为美洲各国政府和有关机构提供知识产权方面的咨询；加强与其他知识产权组织的联系	执行委员会	得到世界工业产权组织的承认，是该组织代表大会的常设观察员	《知识产权》(Derechos Intelectuales)，电子双月刊《拉丁美洲工业所有权协会报告》(AsipiInforma)
16	是女性主义者、个人研究者、社会活动家和支持本地区妇女组织的地区性组织；宗旨是推动和支持本地区妇女运动的发展，从多个角度研究，分析本地区妇女的地位，与其他妇女组织建立联系，影响政府决策，支持女性经济自立，提供妇女斗争和行动方面的信息等	全体会议，每3年召开一次	2002年起在联合国经社理事会享有特别咨询地位	
17	主张法治国家，遵守以人权和发展为基础的民主原则和价值观	代表大会	1987年起在联合国经社理事会享有特别咨询地位，2004年在美洲国家组织正式注册	

续表

编号	宗旨或原则	最高权力机关	与其他国际组织的关系	出 版 物
18	通过制定和实施一系列有助于本地区自然和文化资源可持续开发的政策、计划,提高加勒比当前和未来一代人的生活质量	执行委员会	1979年起在联合国经社理事会享有名册咨询地位	
19	加强教育工作者的水平和全面培养,以影响个人、团体及社会运动的行为和教育事业的各个方面,促进社会文化的解放进程,推动制定有利于社会民主转化、和平和人权方面的公共政策	代表大会,每4年召开一次	与联合国教科文组织保持合作关系	《独木舟》(La Piragua)
20	加深拉美和加勒比地区货币和银行体系与财政和兑换政策相关部门之间的理解;通过组织研讨会、培训班、出版研究报告等形式,加强中央银行和其他金融机构的人才培养;领导相关领域的研究工作;为成员提供货币和金融政策方面的相关信息	代表大会,每年定期召开两次	获得国际货币基金组织、美洲开发银行、福特基金会、洛克菲勒基金会等机构的资助,与国际清算银行、世界开行银行、联合国拉美经社委会等保持关系	季刊《货币》(Monetaria)、每季度出版一期的《简报》(Boletin)、半年刊《货币事务》(Money Affairs)、电子半月刊《电子报》(e-Newsletter)
21	推动学术领域的交流与合作,加强人力资源的培养,以支持和巩固旨在促进弱势群体,特别是儿童青年经济和社会发展的各种行动	领导委员会	2007年在美洲国家组织正式注册	
22	推动加勒比地区食品的生产、加工和分配,为与此相关的研究人员,生产者和其他专业技术人员搭建交流平台,促进与作物生产和牲畜饲养方面的科技发展	代表大会	在联合国经社理事会享有名册咨询地位	每年出版3期的《加勒比食品种植协会杂志》(CFCS Newsletter)

续表

编号	宗旨或原则	最高权力机关	与其他国际组织的关系	出　版　物
23	利用技术手段分析、协调和发展地区性手段,以解决拉美和加勒比地区人口剥削和贩运人口,特别是青少年人口的问题,推动与此相关的公共政策		2007 年在美洲国家组织正式注册	
24	尊重印第安民族的生活(公平、发展、自治和平等权利、承认印第安民族的科学宗教、哲学、法律、历史、艺术、医学和语言是其文化的表现形式;督促公众舆论、政府、各类组织对印第安民族权利的承认;促进、协调印第安各种有话动加强印第安民族间的交流		1983 年起在联合国经社理事会享有名册咨询地位	《印第安人》(Pueblo Indio)
25	捍卫运输企业的利益,促进美洲市场一体化,明确美洲大陆运输业的发展趋势,推动运输业加强政策、经验交流	代表大会	2007 年在美洲国家组织正式注册	运输杂志《美洲》(Interaméricas)
26	通过拟定立法建议、研究、培训、诉讼、教育、宣传等活动,有效捍卫本地区妇女的权利		1995 年起在联合国经社理事会享有特别咨询地位;2002 年在美洲国家组织正式注册	《拉丁美洲和加勒比保卫妇女权利委员会信息杂志》(CLADEM Revista Informativa)
27	是协调各国宗教会议的国际组织。宗旨是协调拉美高级宗教界人士全国性宗教会议的倡议,以推动宗教团体的活动;促进各国宗教团体之间的联络与合作;与拉丁美洲主教理事会、各国主教会议及大主教建立协调与合作关系;在拉美和加勒比继续推进宗教生活的复兴事业			

续表

编号	宗旨或原则	最高权力机关	与其他国际组织的关系	出版物
28	推动先进的信息和通信网络及技术的使用,以促进拉美地区,特别是各国高等院校和科研系统的科学技术发展;协调地区性的科技创新政策;为各学术和研究单位的经验和信息交流提供服务	代表大会	2007年在美洲国家组织正式注册	季刊《拉丁美洲先进网络合作组织简报》(Boletín de CLARA)
29	保卫人权,支持人权的发展和实践,对民权、政治权、经济权、社会权、文化权以及包括和平、自治、环保、发展和主权在内的各种民族权利进行研究和分析,加强对弱势群体的保护		1991年起在联合国经济理事会享有特别咨询地位,2001年在美洲国家组织正式注册。	
30	推动、发展和促进各民族有各成员之间的联络机制;捍卫第安民族的土地和自决权要求,尊重其人权;协调各成员的行动;加强本地区印第安权利进行行动和要求;尊重各成员的文化权和要求	代表大会	2003年在联合国经社理事会获得特别咨询地位,2004年在美洲国家组织正式注册	《亚马孙印第安日程》(La Agenda Indígena Amazónica, AIA)
31	是拉美储蓄和信贷合作的协调组织;宗旨是为成员提供金融中介方面的专业和补充服务,政策支持,以加强有效的合作组织网络,促进以人为本的经济和社会发展	一年一度的代表大会	1995年起享有联合国经社理事会全面咨询地位	每4个月出版一期的《拉丁美洲储蓄和信贷合作社联合会杂志》(Revista COLAC)

续表

编号	宗旨或原则	最高权力机关	与其他国际组织的关系	出　版　物
32	加强本地区的公共关系活动,促进拉美和加勒比地区公共关系专家的培养,以服务于地区一体化、和平共处与社会发展	领导委员会	1967 年起在联合国经社理事会享有咨询地位,1977 年起在美洲国家组织享有咨询地位,1982 年与拉美一体化协会签订合作与互助协定	信息简报(*Boletín Informativo*)
33	保护旅行社的职业和商业利益,支持其在旅游市场中的发展,为成员提供技术和法律咨询,帮助成员改善服务、平等竞争	代表大会	是世界旅游组织的成员,1981 年获得联合国经社理事会咨询地位,2004 年在美洲国家组织正式注册	
34	推动拉美和加勒比国家在非政府组织参与下的社会和经济研究;促进非政府组织参与地区一体化进程和公共政策的制定	代表大会	2000 年在美洲国家组织正式注册	《自己的思想》(*Pensamiento Propio*)
35	是拉美和加勒比国家私立教育机构的代表;宗旨是推动本地区教育和科学习的自由,提高教育的效率,推动和保障私立教育体制,保护公民受教育和和文化表达权,保持教育机构的平等和自由选择的权利	领导委员会		

续表

编号	宗旨或原则	最高权力机关	与其他国际组织的关系	出 版 物
36	是针对被排斥群体的,旨在实现全面大众教育和推动社会进步国际运动的;宗旨是集中力量加强成员之间的团结,实现以正义、参与和团结的基督教价值观为基础的社会改良计划	代表大会	1973年起在联合国经社理事会享有咨询地位	电子月刊《信仰与喜悦》(FIFyA en la Red)
37	拯救被迫失踪者的生命;研究被迫失踪的案件以及责任人的受审及所受到的惩治;推动各国及国际上将强制失踪定性为违反人道主义的罪行,并将这一司法标准作为法律手段预防这类犯罪的有效途径	代表大会,每两年召开一次	1985年起在联合国经社理事会享有特别咨询地位	季刊《直到找到他们》(Hasta Encontrarlos)
38	加强和支持拉美信贷机构之间的联系和理解;通过技术服务,推动和银行惯例和标准的统一;有效促进拉美国家的经济发展和经济一体化	董事会	2004年在美洲国家组织正式注册	《月度金融简报》(Boletín Financiero Mensual)
39	推动拉美交通信专业教学和实践在不同领域的发展	代表大会	1987年与联合国教科文组织建立正式关系	
40	推动和加强美洲大陆咨询业的发展;促进成员企业利润率的提高;扩大咨询业的影响,提高技术水平,加强咨询企业的竞争力;改善咨询从业人员选拔、聘任和报酬的程序和标准,以提高服务质量	代表大会	2004年在美洲国家组织正式注册	
41	为会员提供国际驾驶证明方面的咨询和成员俱乐部服务共享、路况,旅行救援等方面的信息,巩固国际服务的共享体系,以加强成员俱乐部之间的关系;推动国际旅游业和汽车旅行的发展,增强国际旅行的安全性	代表大会	1951年起享有联合国社理事会特别咨询地位,在美洲国家组织正式注册	

续表

编号	宗旨或原则	最高权力机关	与其他国际组织的关系	出　版　物
42	推动和加强地方民主,改善社会生活条件,支持分散化管理,促进可持续发展	执行委员会	是世界城市和地区分支、织的地区社会咨询地位,2006年在美洲国家组织正式注册	《地方民主杂志》(Revista Democracia Local)
43	是美洲地区科学院的协调机构;目的是通过加强美洲国家科学技术的联系,将各国和经验交流,在本地区科学院的建设上加强合作;推动新科学院的建立;影响美洲的科学决策进程,以推动西半球的繁荣和平等	代表大会,每3年召开一次	2005年在美洲国家组织正式注册	《简报》(Boletín)
44	是推动美洲地区统计学发展的专业组织;宗旨是发展和加强统计专业;促进和传播先进的统计理论和方法,改善各种统计方法论;采取措施,提高各国经济和社会统计的比较和利用;与其他组织进行合作	执行委员会,每两年改选一次	1952年起享有联合国经社理事会特别咨询地位,在美洲国家组织正式注册	《统计》(Revista Estadística)、《信息简报》(Boletín Informativo)
45	是保护拉美钢铁生产企业利益的非营利性组织;宗旨是研究与钢铁生产企业相关的经济、统计、销售、科技同题;保护本地区钢铁企业的总体利益,与拉美国家政府和有关国际组织建立联系,以加强钢铁企业之间的合作和一体化;促进技术、经济、金融、统计等方面的信息交流;支持有助于人才培养、改善产品质量、提高生产效率和环保的活动;扩大钢材在拉美和世界其他地区的利用	执行委员会	1964年起在联合国经社理事会享有咨询地位	双月刊《钢铁》(Acero)、电子双月刊《经济和市场简报》(Boletín de Economía y Mercado)

续表

编号	宗旨或原则	最高权力机关	与其他国际组织的关系	出 版 物
46	宗旨是通过利用信息和通信技术，推动研究活动、发展多媒体，制作教育和培训教材，更新教育模式，鼓励虚拟的学习平台和空间的使用等手段，对人才的全面培养产生积极的影响，并提高各国人民的生活水平	管理处		《电子简报》（Boletín Electrónico）
47	是拉美和加勒比地区反对家庭和性暴力的妇女组织；宗旨是通过系统的信息汇编工作，为各地妇女斗争提供依据		1996年在联合国经社理事会获得特别咨询地位	《妇女》（Las Mujeres）、《健康日程》（Agenda Salud）、《前景》（Perspectivas）
48	是拉美和加勒比地区大学生运动的动员者和协调者；宗旨是捍卫大学生的自治生活和学术界的自由与多样化；鼓励学生参与政治生活和教育管理；根除大陆众中无歧视地推行教育；支持反对毒品消费和贩卖的斗争；支持为自由权利、主权和平等权利而战的人民，推动可持续发展	代表大会	与联合国教科文组织建立正式关系，1997年在联合国经社理事会获得特别咨询地位	
49	推动、保持和加强西班牙语国家和葡萄牙语国家电视或与之相关机构和企业的关系，并采取必要行动促进其发展；创造技术和法律手段促进各种信息文化、体育、教育计划的交流	代表大会	与联合国教科文组织建立正式关系	
50	推动公民权利和责任，使他们在社会上发挥更大作用；通过有责任感和团结一致的参与，加强民主；促进非政府组织间的合作，提高成员的技术和管理能力	代表大会，每两年召开一次	2003在美洲国家组织正式注册	

续表

编号	宗旨或原则	最高权力机关	与其他国际组织的关系	出　版　物
51	推动残疾人的人权,推动残疾人经济和社会一体化,发展和支持本地区的残疾人组织,促进与其他组织的信息和经验交流		在美洲国家组织正式注册	
52	是从事妇女保健运动的组织和个人的联络纽带;宗旨是通过地区和全球性的文化,政治和社会改革,推动妇女的保健、人权的完全实现和公民权	领导委员会	1998 年起在联合国经社理事会享有全面咨询地位	季刊《妇女健康杂志》(Revista Mujer Salud)、年刊《妇女健康纪要》(Cuaderno Mujer Salud)
53	是带有基督教思想的人权组织;宗旨是推行团结和非暴力的价值观,支持建设一个以全面承认人和民族权利为基础的社会	代表大会	1984 年与联合国教科文组织建立正式关系,1987 年起在联合国经社理事会享有特别咨询地位	
54	捍卫大学自治权;通过学术会议,研讨会,座谈会等活动推动会员之间的交流与了解;加强拉美大学之间,以及它与其他文化机构之间的联系;协调统一各会员学术和管理结构,以避免出现分歧;推动教师与学生之间的学术交流;支持建立自由、和平和民主的社会;促进拉美文化的一体化	代表大会	在联合国教科文组织享有正式咨询地位	季刊《拉丁美洲和加勒比大学联盟学报》(Gaceta UDUAL)、半年刊《大学》(Revista Universidades)
55	通过研究,推动有助于居住条件持久改善的手段和机制,并提供相关咨询;在公共和私人机构之间创造交流空间,以促进美洲经济社会福利的提高	一年一度的代表大会	1989 年起享有联合国经社理事会特别咨询地位	

附录 3

三 国 集 团

由墨西哥、委内瑞拉和哥伦比亚组成的三国集团曾是拉美地区重要的一体化组织之一。自 1989 年成立以来，特别是 1994 年签署三国自由贸易协定之后，在推动区域贸易自由化方面取得了较大进展。但在 2006 年委内瑞拉退出该组织后，三国集团的一体化进程严重受阻。目前，该组织已基本上名存实亡。

一 成立背景和经过

墨西哥、委内瑞拉和哥伦比亚曾是 20 世纪 80 年代进行中美洲和平斡旋的孔塔多拉集团的 3 个成员国。1989 年 2 月 28 日，在中美洲国家、欧共体成员国与孔塔多拉集团召开的第 5 次部长级会议期间，墨、委、哥三国决定将进行自由贸易谈判。同年 3 月，三国制定了行动计划，以实现三国间经济和政治一体化，进一步促进拉美和加勒比地区的合作。

1989 年 7 月 11 日，为支持中美洲和平发展，积极推进拉美一体化进程，三国正式决定成立三国集团。新集团制定了共同行动纲领，以推动中美洲国家通过和平途径解决该地区面临的危机，敦促中美洲国家政府克服障碍，召开预定的首脑会议。三国之间还签订一系列经济、贸易、金融、能源及科技等方面的合作协定。该集团的成立，表明"孔塔多拉集团"的使命已经结束，墨西哥、委内瑞拉和哥伦比亚三国的合作进入新的时期。

20世纪90年代，随着拉美地区经济一体化的迅速发展，墨、委、哥三国决定在原有的基础上筹建三国集团自由贸易区。1990年，三国总统在纽约宣布建立三国集团，决定采取措施深化三国自由贸易。1991年初，三国总统在墨西哥会晤，并签署了《瓜达拉哈拉协定》，决定进一步加强相互间的合作，对中美洲和加勒比地区实行共同的政策。同年4月，三国外长在波哥大签署了以能源开发为中心内容的《经济互补协定》。同年7月，三国达成废除贸易限制的协定。1992年1月30日，哥伦比亚和委内瑞拉首先签署了自由贸易协定，从而为三国集团自由贸易区的建立奠定了基础。同年8月，墨西哥提出愿与哥伦比亚和委内瑞拉签署一项类似《北美自由贸易协定》的条约。这一提议得到哥、委两国的响应。此后，三国政府就有关协定的内容开始谈判。1993年2月，三国总统举行特别会议，签署了包括经济、科技、社会发展和文化教育等内容在内的《加拉加斯协议》，拟定从1994年1月1日起建立三国自由贸易区。为此，1993年三方进行了8轮谈判，1994年1～4月又进行了4轮谈判，最后达成协议，于1994年6月13日在哥伦比亚的卡塔赫纳签署了包括自由贸易、市场准入、产品产地、技术标准和劳务贸易等内容在内的自由贸易协定，即《三国集团自由贸易协定》。该协定经三国议会批准后，于1995年1月1日正式生效。三国集团总部设于墨西哥城。

二 成员

国集团由墨西哥、哥伦比亚和委内瑞拉3个拉美国家组成。2004年11月4日，在巴西里约热内卢举行的第 18 届里约集团首脑会议期间，三国同意巴拿马提出的加入三国集团的请求，巴拿马开始与三国进行加入自由贸易协定的谈判。2006 年 11 月 19 日，委内瑞拉正式退出三国集团，该组织也随之解体。

三　组织机构

三国集团的组织机构比较简单。临时秘书处负责集团的协调和组织工作。起初，临时秘书处每年由三国轮流设立。2000 年 6 月在哥伦比亚举行的三国总统会晤决定将临时秘书处的任期延长到两年，以便更好地完成各自的工作计划，并保持一定的连续性。

为了推动成员国之间的经济互补和合作，三国总统批准成立了一批高级小组。1990 年 11 月在墨西哥召开的三国集团部长会议决定建立以下小组：贸易、科技、能源、电信、运输、金融、旅游、文化、环境、渔业和水产业，以及与中美洲和加勒比合作。1998 年又成立了教育高级小组；2001 年，预防和处理灾害高级小组成立。一共有 13 个高级小组负责三国集团各项工作的开展。

此外，还有若干委员会和工作小组作为《三国集团自由贸易协定》的执行机构，负责协定的正确执行。

四　主要领导人

1994 年在哥伦比亚代表本国签署《三国集团自由贸易协定》的政府首脑分别是：墨西哥总统卡洛斯·萨利纳斯（Carlos Salinas de Gortari）、哥伦比亚总统塞萨尔·卡维里亚（César Gaviria Trujillo）和委内瑞拉总统拉斐尔·卡尔德拉（Rafael Caldera Rodríguez）。

五　宗旨原则和政策主张

《三国集团自由贸易协定》的总目标除了扩大成员国之间经贸联系之外，还要通过推动商品自由流动和自由竞争、制定技术规范、改善产品质量和促进经济增长等手段，建立自由贸易区。

协定的具体目标包括：推动贸易增长和多样化；取消贸易壁垒，促进商品和服务的流通；创造贸易合理竞争条件；扩大投资机会；合理并有效保护和利用知识产权；建立双边、地区和多边合作的大政方针；建立实施、履行和管理协定，以及解决争端的有效程序；承认拉丁美洲一体化协会规定的差别待遇；鼓励包括私有部门在内的各类经济机构参与推动成员国间经济关系的发展；加强民众之间的友谊、团结和合作；有助于和谐发展、世界贸易发展和国际合作的扩大；为产自成员国的商品和服务建立一个广阔而安全的市场；在贸易方面规定明确的准则和互惠原则；推动成员国企业参与世界市场竞争；通过保护知识产权鼓励创新；创造新的就业机会，改善劳动条件和生活水平；确保公共福利等。

《三国集团自由贸易协定》与大部分拉美国家间贸易协定不同的是，它不仅包括关税条款，还涉及知识产权、服务贸易、政府采购和投资等事宜。协定共分23章，主要由市场准入、原产地规则、关税原则、投资、政府采购、标准化措施、服务贸易、知识产权、贸易争端的解决等内容组成。

协定规定在10年内建立自由贸易区，具体步骤包括：（1）普遍降低关税。以1992年的墨西哥关税和已经生效的哥、委双边协议为基点，决定从1995年起，墨西哥关税降为35%，哥、委关税降为21%。考虑到墨西哥经济发展水平略高于其他两国，协定生效后，墨西哥对从哥伦比亚进口的商品 50% 立即免税，而哥伦比亚从墨西哥进口的商品则只有 40% 立即免税，两国间其余商品在 10 年内将关税降到零。对于委内瑞拉，墨西哥将以每年 10% 的速度减免关税，到 2005 年减免 99% 的关税。（2）制定降低三国汽车关税计划。汽车产品的关税从协定生效两年后开始逐步降低，在 12~15 年内降到零。（3）由于在农产品、石油产品和纺织品贸易方面三国之间存在较大矛盾，协定规定，凡是获得政府补贴的农产品一律不包括在协定范围之内，纺织品和石化产品也将区别对待。自协定生效时起的 5 年内，哥向墨出口价值 3500 万美元的纺织品和价值 500 万美元的成衣；哥、委在未就有关纺织品具体产品达成协议之前，暂不降低关税。规定了化工产品出口限额，约定在今后 5 年内，出口将逐步增加。（4）参照《北美自由贸易协定》，确定了原产地规则：协定生效最初 5 年，大部分商品的本地产品含量为 50%，从第 6 年开始为 55%；化学品和石化产品的本地产品含量最初 3 年为 40%，第 4 年和第 5 年为 45%，5 年以后为 50%。（5）为外国投资设立共同机制。三国集团本着"开放的地区主义"的原则，允许拉美和加勒比地区的其他国家加入这一组织。

六　主要活动

（一）在减免关税和扩大贸易方面取得一定进展

《三国集团自由贸易协定》生效以后，成员国之间的关税逐步减免，相互间的经济合作得到加强。1997 年 9 月 22 日，三国外长签署协议，强调三国集团作为政治咨询与协调机构和经济合作组织依然有效。三国集团将努力形成共同的战略，调整在多边活动中的立场，通过组织国际交易博览会、互派贸易代表团以及其他途径，推动《三国集团自由贸易协定》的实施。三国政府重申将在不妨碍现有双边机制的情况下，建立与中美洲和加勒比地区合作的共同模式。1997年10月4日，三国贸易部长在哥伦比亚麦德林与中美洲和加勒比地区的钢铁、汽车、化学、塑料、纺织、制鞋等行业的企业主聚会，共同商讨合作事宜。

签署协定以后，三国之间的贸易得到一定程度的发展。三国间贸易额由1995年的28亿美元增加到2000年的36亿美元。

（二）通过高层会晤巩固三国集团

三国集团成立以后，其目的是取得三国之间更高程度的经济和政治一体化，并促进和加强与中美洲和加勒比地区的进一步合作。2001年4月之前，三国首脑共举行过15次会议，但没有一次是专门举行的会议，三国首脑都是在拉美和加勒比地区范围的首脑会议期间进行会晤。自成立以来，由于三国各自经济利益的不同以及对美洲自由贸易区的看法不同，三国集团逐渐出现分化，在次地区一体化方面所能发挥的作用也受到限制。

2001年2月，墨西哥、委内瑞拉和哥伦比亚三国外长举行部长级会议后，宣布重新启动"三国集团"机制。会议发表的联合声明指出，三国集团将寻求新的对话、协商和政治集中的蓝图，加强三国间的经济互补、文化交流和全面合作，以推动拉美和加勒比地区合作及一体化进程。声明承认，三国集团自1989年成立以来，虽然在三边政治对话和协商中起过积极作用，但近年来未能发挥其应有的作用。3位外长就本地区的形势和最新发展动向交换了看法，表示支持哥伦比亚的和平进程，支持哥政府与游击队恢复和谈。在国际扫毒问题上，他们一致认为，应在美洲国家组织范围内建立扫毒评估多边机制，综合治理毒品生产、走私、销售和洗钱等一系列问题，坚决反对单方扫毒评估机制。

2001 年 4 月，三国集团首脑会议在加拉加斯召开。这是自该组织成立 12 年以来第一次，也是 21 世纪第一次举行专门的元首级会晤，以此进一步推动三国集团的合作和发展。委内瑞拉总统乌戈·查韦斯（Hugo Chávez）、哥伦比亚总统安德烈斯·帕斯特拉纳（Andres Pastrana）和墨西哥总统文森特·福克斯（Vicente Fox）出席了首脑会议。查韦斯总统在开幕式上表示，这次首脑会议是为了重新启动"三国集团"机制，确定一体化模式，制定方针政策，讨论拉美一体化的概念和今后如何深化的问题。这次首脑会议着重讨论了如何发展三国经贸关系，并力图寻求三国集团和安第斯共同体（以下简称"安共体"）在美洲自由贸易区问题上持共同立场。其他议题还包括哥伦比亚政府与游击队的谈判、美国制定的"哥伦比亚计划"、反对美国对各国的反毒评估等。

会议的联合声明要求三国在贸易上进行更多的合作，在国际事务中表达同一个声音，在自然资源的开发利用上相互尊重。联合声明主要包括以下内容。

（1）加强三国之间的经济合作和贸易往来。三国元首在联合声明中一致表示，应该充分利用其地理位置的战略性特点和经济的互补性，推动社会和经济的全面发展，重新振兴三国集团的生机活力，重申向国际市场开拓发展的宗旨。为此，三国首脑就加强和巩固三国之间的合作、推动教育和科技等领域的发展、加强能源信息和能源技术的交流、合理利用自然资源、推动三国自由贸易区的建立等问题做出了承诺。三国首脑一致同意在美洲开发银行和安第斯开发公司的帮助下，建立一个基金会，以解决贫困问题。首批基金为 1 亿美元。

（2）重振和巩固三国集团的生命力。这次首脑会议的目的是重振和巩固这一地区性一体化组织。从这个意义上讲，本次会议突出了两个特点。首先，三国元首一致认为，要实现拉美一体化，必须巩固和加强本地区的一体化，要在超出经济和贸易范围的多种方面寻求更多的一致性和共同点，造就广泛的一体化、团结合作和共识。为此，三国首脑提出了加强政治对话和协商，加强经济互补和加强全面合作的三条战略措施。同时规定每两年举行一次会议，将成员国之间的磋商制度化。其次，三国元首共同指出，要在三国一体化的基础上，把三国之间的团结合作逐步推向中美洲和加勒比地区。委内瑞拉总统查韦斯在首脑会议期间表示，当务之急是重新确定拉美一体化的含义和模式；鉴于三国集团在安第斯和加勒比地区的地缘和政治地位，它应该在拉丁美洲一体化中发挥重要的作用。

（3）制定了三国统一的行动计划。为了具体体现本届首脑会议的精神和确保三国集团的生命力，三国首脑一致通过了巩固三国集团的行动计划，内容涉及政治对话、咨询和协商及经济互补等，以促进三国、中美洲和加勒比地区发展为目的的合作等。主要措施包括：在多边会议框架内，加强三国之间就重要问题的相互沟通和统一行动；确立社会基金方案；扩大三国自由贸易协定的有关贸易优惠，推动金融服务与三国生产领域资本化的结合；在3个月内重新审定有关的贸易活动和原产地规定；邀请三国企业家参加企业交流活动；制作商业机会示意图，以促进地区内部和本地区与其他地区之间的经贸活动；通过增加政府和企业之间的横向合作，以及采取加强政府、企业和贸易关系的措施，推动中小企业的发展；调整现有的大型销售网络，在三国建立销售中心；委托墨西哥建立中小企业的研究和贸易活动中心，为委、哥两国中小企业进入墨西哥市场创造条件；制定政府、企业和学术领域的技术合作方案；每两年举行三国政府间会议，每年举行外长级会议；授权临时秘书处协调三国不同级别的有关会议和高级委员会；加强网站建设，发布三国国民生产总值和目标；

成立三国高级委员会，以预防和应对本地区的紧急事件。

2004 年 8 月 27~28 日，三国集团外长在哥伦比亚首都波哥大召开会议，纪念《三国集团自由贸易协定》签署 10 周年。会上，三国外长一致决定，考虑到目前三国发展的不平衡，三国集团将推迟到 2011 年实现全面贸易自由化。墨西哥外长路易斯·埃内斯托·德尔贝斯（Luis Ernesto Derbez）指出，三国集团原计划 2005 年实现贸易自由化，但是随着近 10 年来墨西哥与美国和加拿大贸易自由化程度的不断加深以及和欧盟国家贸易的不断开放，墨西哥与哥伦比亚和委内瑞拉之间发展的不平衡也不断增加，特别是在汽车行业。这种发展不平衡需要各国有更多的时间提高各行业的生产率，减少差距，直至实现全面贸易自由化。另外，三国一体化不仅限于贸易自由化，还应包括社会发展的一体化。但此次会议并未能弥合三国之间的分歧，三国集团逐步走向分化。

（三）委内瑞拉退出三国集团

查韦斯一直反对建立以美国为主导的美洲自由贸易区。2005 年 12 月，因在建立美洲自由贸易区问题存在较大分歧，委内瑞拉与墨西哥的外交关系一度趋紧，仅保持代办级的外交关系。2006 年 4 月，委内瑞拉又以哥伦比亚和秘鲁分别与美国签署了自由贸易协定破坏安共体一体化为由宣布退出安共体。2006 年 5 月，委内瑞拉总统查韦斯在电视讲话中指出，《三国集团自由贸易协定》只对少数外国公司有利，损害了人民的利益，"它意味着不公平贸易，它在减少贫困和改善财富分配等方面让人民付出了很高的代价"，委内瑞拉应该脱离那些旧的针对南方一体化的贸易体制，开创"真正的一体化"模式。他强调，"我们的方向在南方"，并宣布委内瑞拉正在考虑退出三国集团。查韦斯解释说，委内瑞拉不能不为自己的市场设防，美国与墨西哥、哥伦比亚的自由贸易协定损害了委内瑞拉的利益。2006 年 11 月 19 日，委内瑞拉发表公报，宣布正式退出三国集团。公报称，委内瑞拉将把推动拉美一体化的重点放在南方共同市场上，并依据循序渐进等原则支持生产发展，保护本国工业。

委内瑞拉指责三国集团的运行模式使委内瑞拉敏感行业产生严重的依赖性；此外跨国企业与中小企业享受同等待遇的政策也严重挤压了委内瑞拉中小企业的生存空间，使得委内瑞拉国内生产的产品不得不面对有补贴的进口产品的竞争。由此可以看出，委内瑞拉退出三国集团的真正原因是三国对美洲自由贸易区的不同态度。

针对委内瑞拉的决定，哥伦比亚政府指出，委内瑞拉退出"三国集团"并不会影响哥伦比亚经济，哥伦比亚与墨西哥的贸易关系也将一如既往，如果三国集团变成两国集团，那它将成为双边的自由贸易协定。墨西哥则希望巴拿马能尽快加入三国集团，因为巴拿马已经表达了加入三国集团的愿望。

七　对外关系

在对外关系方面，三国集团主要注重与本地区内的一体化组织进行合作，该集团和中美洲共同市场之间的关系较为密切（详见本书第十五章）。1992 年，加勒比共同体（以下简称"加共体"）和委内瑞拉也就自由贸易问题签署了协定，委方承诺实行"非对等原则"，即委内瑞拉先行开放市场，5 年内完成关税减免过程，然后，加共体成员国再实施关税减免计划。从 1993 年 1 月 1 日起，加共体的大多数商品可以免税进入委内瑞拉；作为回报，委内瑞拉向加共体国家出口商品时可享受不低于最惠国的待遇。

巴拿马同三国的关系很密切。2004 年 11 月，三国同意巴拿马加入该集团。在拉美地区，墨西哥是巴拿马第二大投资伙伴，墨西哥在巴投资总额约为 12 亿美元。2005 年 10 月，两国签署《促进投资互保协定》和《空运协定》，以保证在法律框架内资金流入生产部门和促进两国空运合作，加快本地区的一体化进程。2006 年 6 月，巴拿马和委内瑞拉签署《能源合作框架协议》，双方将在未来 5 年内在石油和天然气领域展开合作。根据这一协议，委内瑞拉将帮助巴拿马修建一座炼油厂，并为炼油厂每天提供原油 15 万桶。此外，委内瑞拉还将通过未来的哥伦比亚通往巴拿马的天然气管道向巴出口天然气，并帮助巴拿马成为地区重要的能源加工、储存和运输中心。2006 年 7 月，由委内瑞拉和哥伦比亚合作兴建的油气管道正式开工，这条管道将连接委内瑞拉的油田和巴拿马以及哥伦比亚的港口，大大缩短了委内瑞拉油气运往东亚的时间。

在区域外，三国集团联合中美洲国家曾于 1994 年 3 月与欧盟举行过部长级会议，讨论加强经济合作和加快中美洲一体化进程的问题。

拉丁美洲工人中央工会

拉 丁美洲工人中央工会（以下简称"拉美工人中央工会"）是世界劳工联合会在拉美建立的区域性工会组织，由后者在拉美的会员组织组成。成立 50 年以来，拉美工人中央工会广泛吸收各阶层劳动者，倡导劳动者思想、决策和行动的自主性，提出了"劳动者运动"的新主张，逐渐发展成为拉美地区最重要的地区性工会组织之一。

一 成立背景和经过

19 54 年 12 月 8 日，在智利的工会组织"智利工会行动"的召集下，拉美各国基督教系统的工会组织在智利召开代表大会，成立了"拉美基督教工团主义者联合会"，并申请加入国际基督教工会联合会（后来的世界劳工联合会），当时只有 5 个工会成为正式会员。总部设在智利首都圣地亚哥。它的发展对象既包括信仰基督教的各国工会组织，也包括其他工会组织中的基督教民主党团体。1959 年，该组织正式成为国际基督教工会联合会的成员组织。1962 年第 4 次代表大会将其更名为拉美基督教工会联合会。1969 年国际基督教工会联合会改名为世界劳工联合会（以下简称"世界劳联"）。拉美基督教工会联合会也在 1971 年第 6 次代表大会上更名为拉丁美洲工人中央工会。1966 年，该组织总部迁住委内瑞拉首都加拉加斯。

2008 年 3 月，拉美工人中央工会与美洲区域工人组织合并。

二　成员

截至 2004 年，拉美工人中央工会在拉美和加勒比的 36 个国家和地区拥有 49 个会员组织，会员人数约 2300 万人。这些国家和地区包括：安提瓜和巴布达、阿根廷、阿鲁巴、伯利兹、玻利维亚、博内尔、巴西、智利、哥伦比亚、哥斯达黎加、古巴、库拉索、多米尼克、厄瓜多尔、萨尔瓦多、瓜德罗普、危地马拉、法属圭亚那、海地、洪都拉斯、马提尼克、墨西哥、尼加拉瓜、巴拿马、巴拉圭、秘鲁、波多黎各、多米尼加共和国、圣基茨和尼维斯、圣卢西亚、圣马丁、圣文森特和格林纳丁斯、苏里南、特立尼达和多巴哥、乌拉圭、委内瑞拉。

三　组织机构

拉美工人中央工会的最高权力机关是每 5 年召开一次的代表大会，它选出的执行委员会和执行局是最高领导机构，负责两次代表大会期间的组织和领导工作。2004 年第 12 次代表大会选举出的执行委员会由主席①、总书记、司库、4 名

---

① 1964 年 3 月在巴西贝德罗波里斯举行的第 7 届理事会会议对领导机构进行了调整。何塞·古德萨克继续担任主席，重新设立了总书记一职，选举埃米略·马斯佩罗为总书记。从 1966 年第 5 次代表大会起，拉美工人中央工会不再设主席一职，总书记是该组织的最高领导人。

副书记以及 27 名来自 4 个次地区性工会联合会以及 12 个行业工人联合会的委员组成，另有 21 名候补委员。执行局是常设领导机构，下设 4 个法定委员会，分管名誉与司法、财务、选举和任免等事务。理事会是代表大会闭会期间的权力机构，由执行委员会成员和各会员组织的 1 名最高领导人组成，每 18～24 个月召开一次会议。

拉美工人中央工会下设中美洲工人联合会、加勒比工人理事会、安第斯地区工人理事会、南锥体工人理事会 4 个次地区性工会联合会。另外，还设有包括退休工人、公共服务业、交通和运输、合作社、社会边缘居民、银行保险、农牧业、商业与私人服务业、旅游业、教育与文化、工业与建筑业、通信业在内的 12 个全洲性的按行业组成的工人联合会。

拉美工人中央工会设有 2 个洲际研究和教育机构——拉丁美洲合作与发展协会和成立于 1974 年、位于加拉加斯的工会学校——拉丁美洲工人大学；另设有 5 个地区性的研究所。此外，拉美工人中央工会还有 6 个专门委员会，分别负责工人权利、社会保障、行业协作、女工、青年工人和童工等事务。

拉美工人中央工会的资金主要来自会员缴纳的会费和欧洲工会组织和基金会的捐助。

四　主要领导人

在拉美工人中央工会的发展历程中，不能不提到前总书记埃米略·马斯佩罗（Emilio Máspero）。他 1927 年出生于阿根廷一个普通劳动者家庭。因家境贫寒，只接受过 6 年小学教育。曾做过酒店服务员、钢铁工人、机械车间工人。创办了"阿根廷工会行动"。1959 年起任拉美工人中央工会（当时称拉美基督教工团主义者联合会）执行委员。1966 年在第 5 次代表大会上当选为总书记，此后连选连任，直至 2000 年 5 月因癌症去世。从 1967 年起还兼任世界劳联副主席。他是拉美工人中央工会下属的拉美合作与发展研究所和拉丁美洲工人大学的创始人。在他担任拉美工人中央工会领导人的 30 多年时间里，一直不遗余力地推动拉美和加勒比各国工会组织的壮大，为拉美工人运动的发展作出了杰出贡献。他积极倡导"拉美国家共同体"计划，以适应全球化趋势，巩固民主，促进劳动阶层的全面发展。自 1956 年起他撰写了大量书籍和文章。一生中多次受到荣誉嘉奖，曾被罗马教皇保罗二世授予骑士称号。

马斯佩罗逝世后，古巴人爱德华多·加西亚·莫雷（Eduardo Garcia Moure）接任拉美工人中央工会总书记。他于 1964 年在第 7 届理事会会议上被选为执行委员，从 1966 年第 5 次代表大会起担任副书记，自 2000 年 11 月第 26 届理事会起正式担任总书记。

五 宗旨原则和政策主张

拉美工人中央工会成立于冷战时期。当时大部分拉美和加勒比地区的工会组织在意识形态上都有十分明显的趋向性，它们所代表的劳动者的价值观、利益、权利要求及追求的目标取决于各自阵营的需要。而拉美工人中央工会自成立之日起就宣布不与冷战双方有任何牵连，保持独立性，走一条拉美特色的道路。它制定的方针是：为捍卫工人阶级的利益、权利和追求而斗争；通过革命改造社会，以实现工人阶级的利益、原则和价值；为工人阶级争取社会、经济、文化和政治各个领域的主角地位；同时使这种主角地位在企业、国家机器、现实社会、世界范围内得到体现；"参与就是决策"是其最重要的口号和信条；与世界劳联在欧洲、非洲、亚洲和北美洲的工人组织建立新的团结和合作关系。

拉美工人中央工会成立时，拉美有组织的劳动者比例较低，只占劳动者总数的 12%，并且大多集中在阿根廷、巴西、智利等少数国家。这种背景决定了拉美工人中央工会的成立宗旨就在于推动拉美各国更多的劳动者组织起来、捍卫劳动者的民主权利、维护工人组织的自由和独立。

多年来，拉美工人中央工会以基督教人道主义为基本出发点，力求形成自己的理论和思想。经过 50 年的发展，逐渐形成了一套比较完整的思想体系和政策主张。对于人与社会的关系、平等、劳动、所有权、和平与发展、一体化、民主、社会化、经济活动等诸多问题都有明确的立场和观点，并与世界劳联的方针政策保持一致。

拉美工人中央工会倡导劳动者思想、决策和行动的自主性，即工会组织应完全独立于国家、政府、政党、宗教、企业及一切经济势力。努力推动劳动者的解放，主张建立一个以劳动者为主角的民主、公平、团结的新社会，消灭一切形式的剥削、歧视和排斥。拉美工人中央工会虽然信奉的是基督教价值观，但广泛吸收不同信仰、不同教派的劳动者，力求不断扩大有组织劳动者的队伍。坚持拉丁美洲主义，即在尊重各国主权的前提下，号召劳动者为了拉美在政治、经济、社会、文化、种族、精神等方面的统一而努力奋斗，最终建立一个超国家的拉美国家共同体。这些既是拉美工人中央工会奉行的基本原则，也是其为之奋斗的目标。

随着有稳定职业和收入的劳动者数量不断下降，传统的工团主义已越来越不能适应这种新的形势，因此，拉美工人中央工会在 20 世纪 70 年代就提出了"劳动者运动"的新主张。中心内容是团结一切劳动者，包括有固定职业者、无固定职业者、非正规就业者、农民、退休人员、童工、妇女和青年、贫困人群以及

受到社会排斥的群体（如印第安人、移民、失业者、残疾人
等），目的是将有组织的劳动者和其他分散的劳动者联合在一
起，使他们获得全面的解放和进步。劳动者运动打破了传统工会
组织的旧模式，为劳动者的组织工作增加了新的形式和内容，
有助于各阶层劳动者通过自身的努力实现目标、改善生存条件、
变革社会。它的特点一是自主性，即工会组织独立于政党和政
府；二是追求自由，即工会组织的成立、构成、职能等均由劳
动者自由决策。

六　主要活动

（一）代表大会及理事会

19 54～2004 年，拉美工人中央工会共召开了 12 次代表
大会和 27 届理事会。历次代表大会不仅是总结经验
教训，提出新的目标和要求的场所，也反映了拉美工人中央工会
的发展历程。按照它所处的环境、面临的挑战和提出的要求，可
以将拉美工人中央工会的发展划分为 5 个阶段。第一阶段是
1954～1964 年，这是拉美工人中央工会的建立和初步发展时期，
基本思想是"参与就是决策"。第二阶段是 1964～1974 年，这
是拉美工人中央工会巩固和进行组织结构调整的时期，基本思想
是"只有人民才能拯救人民"。第三阶段是 1974～1984 年，这
个时期由于外债问题和拉美贫困化等社会问题的加剧，拉美工人
中央工会面临着更为严峻的挑战。基本思想是"继续战斗，现
在比以往更猛烈"。第四阶段是 1984～1994 年，这个时期，国际
政治和经济形势发生了新的变化，拉美工人中央工会的工作方向
也随之改变。基本思想是"为了生存、希望和理想"。第五阶段
是 1994～2004 年，这是拉美工人中央工会从工会运动向劳动者

运动发展、制定自身政策规划的时期，基本思想是"为了社会公正的选择和希望"。

拉美工人中央工会历次代表大会一览表

	召开时间	召开地点	参加者	主要议题
1	1954年12月	智利首都圣地亚哥	12个拉美国家的67名代表	制定了基本章程和原则，明确指出该组织的性质是"独立的工会运动"；选举智利人何塞·古德萨克（José Goldsak）为主席
2	1957年11月	智利首都圣地亚哥	11个国家的64名代表	强调工会自由的重要性，并表示接受意识形态的多样性
3	1959年11月	厄瓜多尔首都基多	18个国家的63名代表	重点讨论拉美劳动者的社会经济、政治和国际问题；指出最好的解决办法既不是资本主义，也不是共产主义，而是基督教的社会学说，认为基督教工团主义有助于在民主和自由的框架内彻底改变社会经济结构
4	1962年11月	委内瑞拉首都加拉加斯	31个国家的154名代表	第4次选举何塞·古德萨克为主席
5	1966年10月	巴拿马城	30个国家的165名代表	决定不再设主席一职，总书记成为拉美基督教工会联合会的政治领袖；新的执行委员会正式成立
6	1971年11月	委内瑞拉首都加拉加斯	24个国家的278名代表	讨论拉美工人中央工会的战略政策，并对拉美和世界形势、拉美工人中央工会在实现全面人道主义方面的历史贡献、建立劳动者组织权力、新社会的历史规划等4个问题展开研究
7	1977年11月	哥斯达黎加首都圣何塞	430名代表	提出"拉丁美洲之路，只有权力才能扼制权力，自治是挑战"的口号；中心议题是建立拉丁美洲的道路，从劳动者的社会权力发展到权力自治和团结；提出工人运动的历史性任务是要在整个拉美建立真正的民主制度，自称是"第三世界的劳工组织"

续表

	召开时间	召开地点	参加者	主要议题
8	1982 年 12 月	哥伦比亚首都波哥大	各界代表500 多人	围绕着"真正的民主"展开讨论,确定并通过"政治和历史草案",将真正民主作为拉美劳动阶级的政治选择和解决问题、战胜危机、开创新的发展道路、加快地区一体化进程的最有效、最有利途径;通过旨在争取和捍卫劳动者权利的"斗争计划"和针对新的国际形势的"国际行动政策"
9	1987 年 11 月	阿根廷马德普拉塔	各界代表750 人	中心议题是"民主、新发展、拉美一体化、劳动者运动的作用和责任";认为在新的形势下,工会运动面临着危机和挑战,因此上次代表大会通过的"政治和历史草案"是不够的,还应制定一个未来计划;通过了一项以国家、社会、文化、民主为基础的、有社会公正和民众参与的新政策与战略;提出反对新自由主义,实现拉美一体化,即建立拉美国家共同体,并通过劳动者的民主运动建立社会权力
10	1993 年 9 月	巴西圣保罗	各界代表900 人	口号是"挑战与希望";中心议题是新自由主义的挑战;分析了新自由主义在哲学、人类学、伦理道德、文化、政治、经济、社会等方面的特点和弊病;指出这种经济政策使劳动力市场恶化,造成了严重的失业、半失业和工人内部的分裂;强调应加强各派工会之间的联合,淡化意识形态的差别,为共同目标而努力
11	1998 年 11 月	墨西哥城	400 多名代表	中心议题是地区一体化的挑战以及劳动者运动在建立拉美国家共同体过程中的作用和责任;通过了题为《面向 21 世纪的拉美工人中央工会》的政策和方针报告,对拉美工人中央工会如何更好地面对 21 世纪的变化和挑战进行了思考、提出了建议;还讨论了童工、流浪儿童、外债、社会债务、社会保障、就业、教育、文化、影响劳动力市场的变化等问题;总结了劳动者运动面临的挑战;号召加强拉美工会组织的合作、团结和统一行动
12	2004 年 11 月	巴西首都巴西利亚	700 多名代表	就失业、贫困、社会保障、低工资、外债、美洲自由贸易区、国际团结等问题进行了讨论

（二）反对独裁和外国干涉

除了召开代表大会和理事会会议以外，拉美工人中央工会在成立之后的50年中，还时刻关注各国政治局势，声援拉美人民和工人反对独裁、要求民主的活动。例如，通过会员组织，坚决反对多米尼加、尼加拉瓜、委内瑞拉等国的独裁统治以及发生在巴西、阿根廷、玻利维亚、乌拉圭等国的军人政变；支持古巴革命和反帝立场，反对美国对古巴的经济封锁和"托里切利法"及"赫尔姆斯—伯顿法"；支持中美洲和平进程，曾召集萨尔瓦多和洪都拉斯的工会组织和农民组织举行了友好会谈；谴责皮诺切特发动的政变，称其打断了智利的民主进程；支持墨西哥、哥伦比亚、危地马拉、巴西等国工人反独裁统治、争取权利的斗争和罢工活动。

1965年4月，美国武装入侵多米尼加。当时的拉美基督教工会联合会声明维护多米尼加宪法，支持多米尼加人民，反对外国入侵。总书记马斯佩罗亲自来到圣多明各，声援当地工会组织的反美斗争。1966年1月召开的第8届理事会会议对美国入侵多米尼加进行了谴责。

此外，拉美工人工会组织还广泛关注国际形势，反对一切侵略战争。例如，谴责南非的种族隔离政策；反对强权国家对亚非拉国家发动的战争及干涉政策。

（三）支持拉美各国维护权益的斗争

1975年9月，拉美工人中央工会第14次理事会会议通过决议，支持委内瑞拉石油工业国有化。决议指出，与会者"完全支持第三世界各国人民为收复和维护其原料而展开的斗争，因为这是他们争取经济独立的一种手段"。同时还表示大力支持为维护石油、铝土、香蕉、咖啡等产品的价格而成立的各种机构和组织。

20 世纪 80 年代初期，面对国际石油价格上涨的局势，拉美工人中央工会提出建立石油输出国组织特别基金以援助第三世界贫困国家的倡议。主张石油输出国组织在保卫原料价格的同时，应给予贫困国家补偿。

（四）举办各种活动，讨论拉美现实问题

拉美工人中央工会还经常组织各种规模的工人集会，讨论拉美经济、政治和社会问题及工人运动的发展，以加强各国、各地区工人阶级的团结和交流；组织有关工人和工会干部的培训活动，包括全洲性、地区性及一国规模的培训班、讨论会。1971 年，拉美工人中央工会在委内瑞拉的加拉加斯创办了拉丁美洲工人大学，培养工会干部，宣传思想主张，并对拉美重大问题进行讨论。近年来，该大学就解决拉美外债、一体化、工人运动、社会保障等问题开展了大量活动。

1968 年 5 月，8000 多名劳动者在多米尼加首都圣多明各举行集会。几天后，召开了由拉美基督教工会联合会组织的第 1 次拉美一体化与发展工会研讨会。

1978 年 11 月，拉美工人中央工会在巴拿马主持召开了拉丁美洲劳动者和人民代表大会。中心议题是"工会运动与人权"。

1983 年 10 月，拉美工人中央工会与拉美工人联盟共同发起第 1 届拉美争取劳工团结代表大会。大会闭幕时发表的一项宣言呼吁拉美各国人民团结起来，实现拉美的统一。

1991 年 11 月，拉美工人中央工会与泛非洲经济、社会、文化发展基金会共同举办了非洲—拉丁美洲会议。中心议题是民主、发展、地区一体化与工会运动。

1992 年 11 月，拉美工人中央工会在圣多明各召集了第 1 次拉美劳动者统一集会。19 个国家的 44 个工会组织参会。会议一致通过反对将劳动者置于不公正、压迫和依附状态下的新自由主义政策。

1994年12月，拉美工人中央工会在位于加拉加斯的拉美工人大学召开了"拉丁美洲社会发展高级会议"。与会代表就新自由主义经济政策给拉美地区造成的严重后果进行了深入的讨论，并提出了对策。总书记马斯佩罗在大会上指出，只有实现社会正义才能取得经济的持久发展。会议还对一体化、社会保障等问题进行了研讨。除邀请各派工会组织的代表参加以外，会议还广泛邀请了非政府组织、社会运动、国际劳工组织、联合国拉美经济委员会、拉美议会、安第斯议会、中美洲议会等重要国际机构的代表参加。会议通过了《拉美社会宪章》。

1997年7月，拉美工人中央工会、拉丁美洲主教理事会、拉丁美洲议会的代表在拉美工人大学举行会议，签署声明，承诺推动和建立拉美国家共同体。

七 对外关系

拉美工人中央工会自成立以后，一直坚持独立自主的原则，不依附于任何政府、政党、宗教和企业。作为世界劳联成员，它积极贯彻和执行世界劳联的方针政策，坚定不移地支持世界劳联的巩固和发展，参加世界劳联代表大会及其组织的各种会议和活动，履行缴纳会费的义务。

20世纪80年代以前，拉美工人中央工会的反美倾向较强，与一些美国工会组织的分歧较大。1966年11月，由美国劳联—产联主办的刊物《自由工会运动》发表了题为《露出真实面目的拉美基督教工会联合会》一文，批判拉美基督教工会联合会的政策。指出：拉美基督教工会联合会自称反对共产主义，但斗争的矛头却几乎都指向了美国。在拉美几个重要的区域性工会组织中，拉美工人中央工会与美洲区域工人组织长期对立，称后者是美国控制的工会。进入 80 年代后，这两大工会组织在外债、一体化等问题上的立场较为接近，双方的敌视态度有所改变。

20 世纪 90 年代以后，由于世界形势的变化，拉美工人中央工会与美洲区域工人组织的关系进一步改善。1994 年初，双方在巴拿马城举行首次会晤，讨论了拉美劳动者面临的共同问题，在对新自由主义政策的分析上取得了共识。2001 年 9 月，双方在哥伦比亚就如何加强两个组织之间的团结进行对话，签署了关于统一行动的协议，就新自由主义、全球化和科技革命对劳动阶层的不利影响等问题达成共识，明确了反对新自由主义、促进民主、推动一体化进程的立场，肯定了团结行动的积极作用，表明了双方在促进就业和社会保障、捍卫工会权利、尊重人权等方面加强合作的意愿。此后，由于双方在一些具体问题上，如美国对古巴的制裁，仍存在较大的分歧，合作受到影响。但双方都表示愿意继续推动统一行动的进程。2002 年、2004 年和 2006 年，拉美工人中央工会和美洲区域工人组织与世界劳联、国际自由工会联合会、欧洲工会联合会共同举办了三次欧盟—拉美工会首脑会议。2005 年，拉美工人中央工会和美洲区域工人组织的书记处在委内瑞拉和阿根廷举行了两次会晤。

2006 年，拉美工人中央工会和美洲区域工人组织的上级组织世界劳联和国际自由工会联合会为顺应国际形势的需要而合二为一，成立了国际工会联合会。在此背景之下，拉美工人中央工会和美洲区域工人组织之间的合作也进一步加强。2006 年 6 月，双方在巴拉圭召开南锥体地区会议，一致表示将加强工会团结，反对新自由主义模式和美国推动的自由贸易协定。2006 年 8 月和 2007 年 2 月，双方书记处在巴西和巴拿马又举行了两次会晤，共同讨论世界和地区工会团结问题。

2007 年 8 月，两组织宣布将于次年 3 月召开大会，合并为一个新组织，同时签署了关于促进体面劳动的联合声明。同年11～12月，双方在巴拿马举办了关于"美洲多边和双边自由贸易和投资协定"的研讨会、关于"预防和根除童工、贩卖未成年人"的研讨会、妇女劳动者会议等活动，以便为即将成立的新组织提供相关的政策建议。2008年3月，拉美工人中央工会和美洲区域工人组织正式合并，成立美洲工人工会联合会。

　　1978年12月，中华全国总工会致函拉美工人中央工会，表示愿意发展双方友好关系。1979年，拉美工人中央工会复函祝贺中国工会"九大"。1980年，中华全国总工会副主席率团访问该会。1981年，该会总书记马斯佩罗率团访华，受到中共中央政治局常委李先念、中华全国总工会主席倪志福的接见。此后，中国工会代表团每次访问委内瑞拉时均访问该组织总部。中国工会代表曾应邀出席了拉美工人中央工会的九大、十大、十一大、成立三十周年庆祝大会、由拉美工人中央工会召集的拉美工人代表大会等重要会议。双方在多边活动中保持友好接触。

附录 5

美洲区域工人组织

美洲区域工人组织是国际自由工会联合会（以下简称"自由工联"）在美洲建立的区域性工会组织，由自由工联在美洲的会员组织组成。

一　成立背景和经过

美洲区域工人组织成立于冷战时期，是美国的工会组织为对抗亲苏联的工会而策划成立的。1951 年 1 月10～13 日，自由工联在美洲的会员组织在墨西哥城召开代表大会，成立了美洲区域工人组织。当时参加大会的有美国劳动联合会、美国产业联合会、加拿大劳动联合会，以及大部分拉美国家的工会组织。只有阿根廷的劳动者联合大会因与多明戈·庇隆政府关系密切而被排除在外。

2008 年 3 月，美洲区域工人组织与拉美工人中央工会合并。

二　成员

美洲区域工人组织作为一个泛美组织，其会员不仅包括拉美和加勒比，也包括美国和加拿大的工会组织。在美国工会的支持和资助下，该组织在 20 世纪 50~60 年代取得了很大发展，其成员多是各国最重要的工会组织。

截至 2005 年，美洲区域工人组织在美洲 24 个国家和地区拥有 34 个正式会员组织，会员人数达到 4500 万人。这些国家和地区包括：阿根廷、巴巴多斯、巴西、加拿大、智利、哥伦比亚、哥斯达黎加、厄瓜多尔、萨尔瓦多、美国、危地马拉、圭亚那、洪都拉斯、牙买加、墨西哥、蒙特塞拉特、尼加拉瓜、巴拿马、巴拉圭、秘鲁、多米尼加、圣卢西亚、特立尼达和多巴哥、委内瑞拉。另外，美洲区域工人组织在哥伦比亚、秘鲁、萨尔瓦多、危地马拉、海地和乌拉圭还有 6 个伙伴组织。

三 组织机构

美洲区域工人组织的最高权力机关是每 4 年召开一次的代表大会，负责选举主席、副主席、总书记、司库以及书记处成员。

执行委员会是最高领导机构，负责两次代表大会期间的组织和领导工作，由书记处成员和 17 名副主席组成。执委会会议每年召开一次。执行委员会下设一个妇女工作者委员会，负责处理妇女劳动者在工作、家庭、社会中的各种政治、社会、经济、劳动、法律、文化问题。

书记处是常设机构，负责处理日常工作，实施代表大会和执委会通过的各种决议、政策和计划。书记处由主席、总书记和分管行政与金融、社会与经济政策、工会政策与教育的 3 名书记组成。书记处成员会议每 3 个月召开一次。

美洲区域工人组织的资金来源包括：会员缴纳的会费、自由工联的拨款、经执委会批准的合法捐助。

四 主要领导人

美洲区域工人组织历史上一个十分重要的人物是已故的前总书记路易斯·安德森（Luis Anderson）。他生于巴拿马，从 1962 年起参加工会活动。1976～1981 年担任巴拿马运河巴籍劳工工会的总书记。在此期间还被选为巴拿马劳工联合会的总书记。他参与了收复巴拿马运河的谈判。1983～1995 年一直是巴拿马运河委员会领导小组的成员。1982～1984 年还担任过巴拿马劳工部的副部长和部长。自 1983 年当选美洲区域工人组织总书记后，5 次连任，直至 2003 年 11 月突发疾病去世。路易斯·安德森在国际工会运动中享有较高声望。2005 年，美洲区域工人组织第 16 次代表大会专门为他举行了纪念活动。

美洲区域工人组织最后一任主席是美国人琳达·查韦斯·汤普森（Linda Chávez-Thompson）。

五 宗旨原则和政策主张

美洲区域工人组织成立的根本目标是：在美洲大陆上建立和巩固为政治、经济和社会民主而努力奋斗，并且始终坚持工人国际主义的独立、自主、民主、道德的工会组织。其基本原则包括：捍卫美洲劳动者的权利和利益；推动劳动者组织起来，壮大工会力量；捍卫民族主权、自决权及反抗的权利；捍卫和平和自由；不依附于国家、政府、政党、宗教、企业以及其他代表特殊利益的社会团体；尊重并捍卫人权；通过一切有助于各民族合作和维护其利益的地区性协定，实现全地区政治、经济和社会的一体化和可持续发展；鼓励妇女和青年劳动者加入工会组织，以推动平等。

20 世纪 50～60 年代，美洲区域工人组织受美国劳联—产联的控制，公开支持美国政府的对外政策。受其影响，主张工会运动不问政治，参与自由市场经济，反对共产主义。这与自由工联的主张还是有区别的。1969 年美国劳联—产联退出自由工联之后，美洲区域工人组织的思想也开始发生变化。20 世纪 70 年代，很多拉美国家的工会纷纷效仿社会民主党领导的欧洲工会，提出了参与建立国际经济新秩序、南北对话、反对军事独裁等主张，第三世界立场越来越明显。这些工会组织甚至绕过美洲区域工人组织，直接与自由工联建立了双边关系。欧洲的工会组织也通过自由工联与拉美工会频繁接触。这一切都促使美洲区域工人组织改变方向。20 世纪 80 年代初，在委内瑞拉和加拿大等国会员组织的推动下，美洲区域工人组织通过了有社会民主主义倾向的纲领，宣布抛弃不问政治的工团主义理论，提出工会应根据本国国情参与本国经济政策的调整和制定，参与决策，参与政治。

六　主要活动

（一）代表大会

从 1951～2005 年，美洲区域工人组织共召开了 16 次代表大会。

1951 年 1 月 10～13 日，美洲区域工人组织在墨西哥城召开成立代表大会，选举秘鲁的阿图罗·萨布罗索（Arturo Sabroso Montoya）为主席，古巴的弗朗西斯科·阿吉雷（Francisco Aguirre）为总书记。确定古巴的哈瓦那为总部所在地。

1952 年 12 月，第 2 次代表大会在巴西的里约热内卢举行，共有 161 名代表参会。当时的会员包括美洲 19 个国家的 2200 万劳动者。会议对组织领导人进行了改选，由乌拉圭的路易斯·阿尔韦托·科罗图索（Luis Alberto Colotuzzo）担任主席，哥斯达黎加的路易斯·阿尔韦托·蒙赫（Luis Alberto Monge）任总书记，并决定将总部迁往墨西哥城。

1977 年 4 月，第 9 次代表大会在墨西哥举行。与会代表就失业、跨国公司的经营、通货膨胀、工会自由的危机和侵犯人权等问题进行了讨论。会议发表的原则声明表示支持对其自然资源实行国有化的国家，支持大陆经济一体化和建立新的国际经济秩序。大会还通过了一项声援巴拿马政府和人民同美国进行斗争以收回巴拿马运河的声明。

1985 年 4 月，第 11 次代表大会在墨西哥城召开，与会代表要求合理解决拉美债务问题。大会通过一项文件，表示支持孔塔多拉集团为中美洲和平而进行的斡旋活动，拒绝美国提出的关于中美洲和平的建议，认为它是"拉美工人运动不能接受的最后通牒"。大会选举巴拿马的路易斯·安德森为总书记。

1989 年 4 月，第 12 次代表大会在委内瑞拉的加拉加斯召开，其中心议题是"民主工会运动的新方向"。大会决定将美洲区域工人组织总部迁往加拉加斯。

1993 年 4 月，第 13 次代表大会在加拿大的多伦多召开。会议主题是"具有社会平等和工会参与的民主和发展"。

2001 年 4 月，第 15 次代表大会在美国首都华盛顿召开。会议对正规就业、加强工会工作、新自由主义和全球化背景下的工团主义、劳动者政治行动的新规模等问题进行讨论。选出了新一届领导集体，美国劳联—产联的琳达·查韦斯·汤普森当选主席，路易斯·安德森连任总书记。

2005 年 4 月，第 16 次代表大会在巴西首都巴西利亚召开。巴西总统卢拉出席了开幕式并讲话。此次会议的主题是"社会公正与全球团结"。400 多名与会代表就新自由主义市场经济条件下的劳动社会、国家作用与公共政策、工会的自我改革等问题

进行了讨论。通过了包括《2005 ~ 2009 年工作计划》在内的 10
项决议。大会期间还举行了纪念已故的前总书记路易斯·安德森
的活动。

（二）其他活动

20 世纪 50 ~ 60 年代，美洲区域工人组织与美国工会的
关系十分密切。在意识形态上倾向明显，公开支持美
国的对外政策。特别是对古巴采取了敌视和抵制的态度，通过了
一些反古决议。同时支持美国推翻拉美一些国家民族主义政府的
举动。20 世纪 70 年代，为了扩大在群众中的影响，该组织也对
美国在拉美的政策提出了反对意见，如支持巴拿马收复运河、反
对智利军事政变等。1978 年，该组织针对智利军政府解散数百
个工会组织的做法，发起了对智利的贸易抵制运动，迫使智利政
府做出了一定妥协。

20 世纪 80 年代以后，美洲区域工人组织将社会民主党的理
论作为其指导思想，更加关注拉美的现实问题。1984 年 2 月，
美洲区域工人组织召开了关于中美洲形势的讨论会，表示支持孔
塔多拉集团谋求中美洲和平的倡议。同年 8 月，该组织参加了自
由工联发起的"拉丁美洲和加勒比地区经济危机的新问题"会
议。20 世纪 80 年代中后期，该组织加强了组织建设工作，领导
人频繁出访，支持工人斗争，从而扩大了影响。它还根据拉美工
人面临的新形势，制定了新的工会运动的方针政策。它在解决拉
美外债问题上态度积极。1986 年，它在阿根廷组织召开了发展
和外债会议，提出了"人民第一，外债第二"的基本观点。
1987 年和 1988 年，其总书记作为自由工联代表团的成员，参加
了美苏两国的和平会谈以及与法国的外债会谈。

20 世纪 90 年代以后，为了扩大工会的影响，美洲区域工人
组织扩展了活动领域。它举办全洲性、次区域性等各种规模的研

讨会、论坛、培训班和进修班，推动各国工会组织之间的交流与合作，培养工会干部。培训内容涉及劳工改革、劳工权利、一体化和全球化进程、工会干部培养、促进女性和青年就业、消除童工、非正规就业、信息交流等各个方面。为便于开展工作，1994年，该组织总部由墨西哥城迁至加拉加斯。

七 对外关系

20世纪80年代以前，受意识形态的影响，美洲区域工人组织与拉美地区的另外两大工会组织——拉美工人中央工会和拉美工人工会团结常设代表大会相互对立，矛盾重重。80年代以后，随着拉美各种经济和社会问题的加剧，拉美地区工会组织的斗争方向发生了变化。为了解决经济危机和拉美国家面临的共同问题，拉美工会团结联合的倾向有所加强。拉美各派工会之间逐渐抛开固有的分歧，在反对军事政变、反对外来干涉、要求调整外债、加强工人参与等问题上态度趋向一致。特别是进入20世纪90年代以后，美洲区域工人组织与拉美工人中央工会加强了对话，双方关系有了很大改善（详见"拉丁美洲工人中央工会"）。拉美工人中央工会应邀出席了美洲区域工人组织的第15次和第16次代表大会。

作为自由工联的分支机构，美洲区域工人组织并非对其言听计从。20世纪80年代中期，双方的关系曾一度十分紧张。它们之间的分歧主要是由于自由工联不尊重美洲区域工人组织的自治权，贬低其在拉美地区的重要作用，要求它追随自由工联在拉美推行的工会政策。另外在经费使用上美洲区域工人组织也受到自由工联的限制。这遭到美洲区域工人组织当时的总书记伊斯马里奥的强烈批评，导致双方干涉与反干涉的矛盾公开化。最后，伊斯马里奥被迫辞职。但自由工联以换人的方式控制美洲区域工人组织的目的并没有达到。继任者路易斯·安德森也同样具有强烈的民族意识。自由工联为了缓和矛盾，不得不采取了减少干预、扩大合作、增加经济支持等措施。

美洲区域工人组织在国际劳工组织、美洲国家组织、中美洲一体化体系、美洲开发银行等国际组织中享有咨询地位。近年来，该组织与这些机构频繁接触，加强合作与对话，除相互参加各自主办的活动以外，还联合举办各种形式的活动。此外，该组织与自由工联在欧亚地区的会员组织以及各类非政府组织也开展了广泛的交流与联络。

中华全国总工会于 20 世纪 80 年代后期与美洲区域工人组织建立了联系，代表团曾多次访问该组织总部。双方代表在多边活动中也有友好接触。

附录6

拉美和加勒比地区国际组织及其部分下属机构、重要国际会议名称中外文对照[*]

第一章

美洲国家组织　Organización de los Estados Americanos（OEA）/ Organization of American States（OAS）

美洲司法委员会　Comité Jurídico Interamericano

美洲人权委员会　Comisión Interamericana de Derechos Humanos

泛美妇女委员会　Comisión Interamericana de Mujeres（CIM）

泛美印第安人学会　Instituto Indigenista Interamericano（III）

泛美农业合作学会　Instituto Interamericano de Cooperación para la Agricultura（IICA）

泛美儿童和青少年学会　Instituto Interamericano del Niño, la Niña y Adolescentes（IIN）

泛美史地学会　Instituto Panamericano de Geografía e Historia（PAIGH）

泛美卫生组织　Organización Panamericana de Salud（PAHO）

美洲司法研究中心　Centro de Estudios de Justicia de las Américas

泛美通信委员会　Comisión Interamericana de Telecomunicaciones（CITEL）

---

* 凡在附录1和附录2中收录的组织本部分不再列出。

泛美滥用毒品控制委员会 Comisión Interamericana para el Control del Abuso de Drogas（CICAD）

泛美反恐委员会 Comité Interamericano Contra el Terrorismo（CICTE）

泛美港口委员会 Comité Interamericano de Puertos

泛美减灾委员会 Comité Interamericano para la Reducción de Desastres Naturales（CIRDN）

泛美发展基金会 Fundación Panamericana para el Desarrollo

泛美防务委员会 Junta Interamericana de Defensa（IADB）

泛美体系合作计划协调委员会 Comité de Coordinación de Programas de Cooperación del Sistema Interamericano

美洲国家组织养老金委员会 Comisión de Jubilaciones y Pensiones de la OEA

美洲人权法院 Corte Interamericana de Derechos Humanos

美洲国家和政府首脑会议 Cumbres de las Américas

第二章

拉丁美洲议会 Parlamento Latinoamericano（PARLATINO）

欧盟－拉美议会大会 Asamblea Parlamentaria Euro-Latinoamericana（Eurolat）

第三章

里约集团 El Grupo de Río/The Rio Group

孔塔多拉集团 Group de Contadora

第四章

拉丁美洲和加勒比禁止核武器组织 el Organismo para Proscripción de las Armas Nucleares en la América Latina y el Caribe（OPANAL）

第五章

加勒比国家联盟　The Association of Caribbean States（ACS）

加勒比旅游组织　Caribbean Tourism Organization（CTO）

国家农艺学研究院安的列斯－法属圭亚那地区中心　The Antilles-French Guiana Regional Centre of the National Institute of Agronomical Research（CRAG/INRA）

加勒比大学和研究所联盟　Association of Caribbean Universities and Research Institutes（UNICA）

加勒比大学联盟　Association of Caribbean University

研究和公共机构图书馆　Research and Institutional Libraries（ACURIL）

加勒比工业和贸易联盟　Caribbean Association of Industry and Commerce（CAIC）

加勒比船运联盟　Caribbean Shipping Association（CSA）

第六章

拉丁美洲主教理事会　Consejo Episcopal Latinoamericano（CELAM）

拉美神学院组织　Organización de Seminarios Latinoamericanos（OSLAM）

第七章

美洲基督教民主组织　Organización Demócrata Cristiana de América（ODCA）

第八章

拉丁美洲和加勒比政党常设大会　Conferencia Permanente de Partidos Políticos de América Latina y el Caribe（COPPPAL）

第九章

联合国拉丁美洲和加勒比经济委员会 La Comisión Económica para América Latina y el Caribe（CEPAL）/ The Economic Commission for Latin America and the Caribbean（ECLAC）

拉美和加勒比经济与社会规划学会 Instituto Latinoamericano y del Caribe de Planificación Económica y Social（ILPES）

拉美经委会美洲统计大会 la Conferencia Estadística de las América de la CEPAL（CEA-CEPAL）

南南合作委员会 Comité de Cooperación Sur-Sur

拉美和加勒比地区妇女大会 Conferencia Regional sobre la Mujer de América Latina y el Caribe

加勒比发展与合作委员会 the Caribbean Development and Cooperation Committee（CDCC）

人口与发展特别委员会 Comité Especial sobre Población y Desarrollo

拉美经委会拉美和加勒比人口问题研究中心 Centro Latinoamericano y Caribeño de Demografía（CELADE）

拉普拉塔河流域开发金融基金会 Fondo Financiero para el Desarrollo de la Cuenca del Plata（FONPLATA）

拉美和加勒比土著居民发展基金会 Fondo para el Desarrollo de los Pueblos Indígenas de América Latina y el Caribe

伊比利亚美洲青年组织 Organización Iberoamericana de Juventud（OIJ）

中美洲一体化体系秘书处 Secretaría General del Sistema de la Integración Centroamericana（SG-SICA）

伊比利亚美洲首脑会议常设秘书处 Secretaría General Iberoamericana（SEGIB）

第十章

拉丁美洲和加勒比经济体系　Sistema Económico Latinoamericano（SELA）

拉普拉塔河流域国家政府间协调委员会　Comité Intergubernamental Coordinador de los Países de la Cuenca del Plata（CIC）

拉美渔业开发组织　Organización Latinoamericana de Desarrollo Pesquero（OLDEPESCA）

拉美技术信息网　Red de Información Tecnológica Latinoamericana（RITLA）

第十一章

美洲开发银行　Inter-American Development Bank（IDB）/ Banco Interamericano de Desarrollo（BID）

多边投资基金会　Fondo Multilateral de Inversiones（Fomin）

美洲投资公司　Corporación Interamericana de Inversiones（CII）

拉丁美洲和加勒比一体化研究中心　Instituto para la Integración de América Latina（INTAL）

美洲社会发展学院　Instituto Interamericano para el Desarrollo Social（INDES）

第十二章

拉丁美洲一体化协会　Asociación Latinoamericana de Integración（ALADI）

拉丁美洲自由贸易协会　Asociación Latinoamericana de Libre Comercio（ALALC）

拉美民航委员会　Comisión Latinoamericana de Aviación Civil（CLAC）

第十三章

安第斯共同体　La Comunidad Andina de Naciones（CAN）
安第斯开发公司　Corporación Andina de Fomento（CAF）
拉美储备基金　Fondo Latinoamericano de Reservas（FLAR）
安第斯议会　Parlamento Andino
安第斯法院　Tribunal de Justicia Andino
安第斯企业咨询理事会 Consejo Consultivo Empresarial Andino
安第斯劳工咨询理事会 Consejo Consultivo Laboral Andino

第十四章

南方共同市场　Mercado Común del Sur（Mercosur）
南共市议会　Parlamento del Mercosur
南共市常设审查法庭　Tribunal Permanente de Revisión del Mercosur
南共市经济和社会咨询论坛　Foro Consultivo Económico-Social del Mercosur（FCES）

第十五章

中美洲共同市场　Mercado Común Centroamericano（MCCA）
中美洲经济一体化秘书处　Secretaría de Integración Económica Centroamericana（SIECA）
中美洲经济一体化银行　Banco Centroamericano de Integración Económica（BCIE）
中美洲议会　Parlamento Centroamericano

第十六章

加勒比共同体　The Caribbean Community（CARICOM）

加勒比灾害应急反应署　Caribbean Disaster Emergency Response Agency（CDERA）

加勒比气象研究所　Caribbean Meteorological Institute（CMI）

加勒比气象组织　Caribbean Meteorological Organisation（CMO）

加勒比食品公司 Caribbean Food Corporation（CFC）

加勒比环境卫生研究所　Caribbean Environment Health Institute（CEHI）

加勒比农业研究与发展研究所　Caribbean Agriculture Research and Development Institute（CARDI）

加共体议员大会　Assembly of Caribbean Community Parliamentarians（ACCP）

加勒比发展管理中心　Caribbean Centre for Development Administration（CARICAD）

加勒比食品和营养研究所　Caribbean Food and Nutrition Institute（CFNI）

加勒比考试委员会　Caribbean Examinations Council（CXC）

加勒比法院　Caribbean Court of Justice（CCJ）

加共体竞争委员会　CARICOM Competition Commission（CCC）

第十七章

拉丁美洲社会科学理事会　Consejo Latinoamericano de Ciencias Sociales（CLACSO）

第十八章

拉丁美洲社会科学学院　Facultad Latinoamericana de Ciencias Sociales（FLACSO）

第十九章

拉丁美洲工人工会团结常设代表大会　Comité Permanente de la Unidad Sindical de América Latina（CPUSTAL）

第二十章

美洲工人工会联合会　Confederación Sindical de Trabajadores y Trabajadoras de las Américas（CSA）

拉丁美洲工人中央工会　Central Latinoamericana de Trabajadores（CLAT）

美洲区域工人组织　Organización Regional Interamericana de Trabajadores（ORIT）

附录3

三国集团　Grupo de los Tres（G3）

主要参考文献

李明德主编《简明拉丁美洲百科全书》，中国社会科学出版社，2001。

莱斯利·贝瑟尔主编《剑桥拉丁美洲史》第六卷（上），当代世界出版社，2000。

莱斯利·贝瑟尔主编《剑桥拉丁美洲史》第六卷（下），当代世界出版社，2001。

章叶：《美国与美洲国家组织》，世界知识出版社，1964。

劳尔·普雷维什：《外围资本主义：危机与改造》，商务印书馆，1990。

《国际工会运动知识手册》，中国工人出版社，1993。

钟清清主编《世界政党大全》，贵州教育出版社，1994。

世界知识年鉴编辑部：《世界知识年鉴 2008/2009》，世界知识出版社，2009。

中共中央对外联络部拉丁美洲研究所编《拉丁美洲手册》，上海人民出版社，1978。

徐宝华、石瑞元：《拉美地区一体化进程——拉美国家进行一体化的理论和实践》，社会科学文献出版社，1996。

王萍：《走向开放的地区主义——拉丁美洲一体化研究》，

人民出版社，2005。

宋晓平等：《西半球区域经济一体化研究》，世界知识出版社，2001。

中国社会科学院拉丁美洲研究所编《拉丁美洲历史词典》，上海辞书出版社，1993。

中国社会科学院拉丁美洲研究所编《拉美问题译丛》，1977~1993。

中国社会科学院拉丁美洲研究所文献信息室编《拉丁美洲大事记》，1980~2008。

《拉丁美洲丛刊》，中国社会科学出版社，1979~1986。

CEPAL, *Revista de la CEPAL* (*Número Extraordinario*), Santiago de Chile, octubre de 1998.

联合国拉丁美洲和加勒比经济委员会网站：http://www.cepal.org

美洲国家组织网站：http://www.oas.org

美洲开发银行网站：http://www.iadb.org

拉丁美洲经济体系网站：http://www.sela.org

拉丁美洲一体化协会网站：http://www.aladi.org

拉丁美洲禁止核武器组织网站：http://www.opanal.org

拉丁美洲议会网站：http://www.parlatino.org

南方共同市场网站：http://www.mercosur.int

加勒比国家联盟网站：http://www.acs-aec.org

安第斯共同体网站：http://www.comunidadandina.org

加勒比共同体网站：http://www.caricomstats.org

拉丁美洲政党常设大会网站：http://www.copppal.org.mx

中美洲经济一体化秘书处网站：http://www.sieca.org.gt

拉丁美洲社会科学理事会网站：http://www.clacso.org.ar

拉丁美洲社会科学学院网站：http://www.flacso.org

拉丁美洲主教理事会网站：http：//www. celam. org

美洲基督教民主组织网站：http：//www. odca. org. mx

美洲区域工人组织网站：http：//www. cioslorit. org

拉丁美洲工人中央工会网站：http：//www. clat. org

美洲工人工会联合会网站：http：//www. csa – csi. org

联合国教科文组织网站：http：//portal. unesco. org

联合国经济及社会理事会网站：http：//www. un. org/ecosoc/

中国外交部网站：http：//www. mfa. gov. cn/

中国商务部网站：http：//www. mofcom. gov. cn/

《列国志》已出书书目

2003 年度

《法国》，吴国庆编著

《荷兰》，张健雄编著

《印度》，孙士海、葛维钧主编

《突尼斯》，杨鲁萍、林庆春编著

《英国》，王振华编著

《阿拉伯联合酋长国》，黄振编著

《澳大利亚》，沈永兴、张秋生、高国荣编著

《波罗的海三国》，李兴汉编著

《古巴》，徐世澄编著

《乌克兰》，马贵友主编

《国际刑警组织》，卢国学编著

2004 年度

《摩尔多瓦》，顾志红编著

《哈萨克斯坦》，赵常庆编著

《科特迪瓦》，张林初、于平安、王瑞华编著

《新加坡》，鲁虎编著

《尼泊尔》，王宏纬主编

《斯里兰卡》，王兰编著

《乌兹别克斯坦》，孙壮志、苏畅、吴宏伟编著

《哥伦比亚》，徐宝华编著

《肯尼亚》，高晋元编著

《智利》，王晓燕编著

《科威特》，王景祺编著

《巴西》，吕银春、周俊南编著

《贝宁》，张宏明编著

《美国》，杨会军编著

《国际货币基金组织》，王德迅、张金杰编著

《世界银行集团》，何曼青、马仁真编著

《阿尔巴尼亚》，马细谱、郑恩波编著

《马尔代夫》，朱在明主编

《老挝》，马树洪、方芸编著

《比利时》，马胜利编著

《不丹》，朱在明、唐明超、宋旭如编著

《刚果民主共和国》，李智彪编著

《巴基斯坦》，杨翠柏、刘成琼编著

《土库曼斯坦》，施玉宇编著

《捷克》，陈广嗣、姜琍编著

2005 年度

《泰国》，田禾、周方冶编著

《波兰》，高德平编著

《加拿大》，刘军编著

《刚果》，张象、车效梅编著

《越南》，徐绍丽、利国、张训常编著

《吉尔吉斯斯坦》，刘庚岑、徐小云编著

《文莱》，刘新生、潘正秀编著

《阿塞拜疆》，孙壮志、赵会荣、包毅、靳芳编著

《日本》，孙叔林、韩铁英主编

《几内亚》，吴清和编著

《白俄罗斯》，李允华、农雪梅编著

《俄罗斯》，潘德礼主编

《独联体（1991~2002）》，郑羽主编

《加蓬》，安春英编著

《格鲁吉亚》，苏畅主编

《玻利维亚》，曾昭耀编著

《巴拉圭》，杨建民编著

《乌拉圭》，贺双荣编著

《柬埔寨》，李晨阳、瞿健文、卢光盛、韦德星编著

《委内瑞拉》，焦震衡编著

《卢森堡》，彭姝祎编著

《阿根廷》，宋晓平编著

《伊朗》，张铁伟编著

《缅甸》，贺圣达、李晨阳编著

《亚美尼亚》，施玉宇、高歌、王鸣野编著

《韩国》，董向荣编著

2006 年度

《联合国》，李东燕编著

《塞尔维亚和黑山》，章永勇编著

《埃及》，杨灏城、许林根编著

《利比里亚》，李文刚编著

《罗马尼亚》，李秀环编著

《瑞士》，任丁秋、杨解朴等编著

《印度尼西亚》，王受业、梁敏和、刘新生编著

《葡萄牙》，李靖堃编著

《埃塞俄比亚　厄立特里亚》，钟伟云编著

《阿尔及利亚》，赵慧杰编著

《新西兰》，王章辉编著

《保加利亚》，张颖编著

《塔吉克斯坦》，刘启芸编著

《莱索托　斯威士兰》，陈晓红编著

《斯洛文尼亚》，汪丽敏编著

《欧洲联盟》，张健雄编著

《丹麦》，王鹤编著

《索马里 吉布提》，顾章义、付吉军、周海泓编著

《尼日尔》，彭坤元编著

《马里》，张忠祥编著

《斯洛伐克》，姜琍编著

《马拉维》，夏新华、顾荣新编著

《约旦》，唐志超编著

《安哥拉》，刘海方编著

《匈牙利》，李丹琳编著

《秘鲁》，白凤森编著

2007 年度

《利比亚》，潘蓓英编著

《博茨瓦纳》，徐人龙编著

《塞内加尔 冈比亚》，张象、贾锡萍、邢富华编著

《瑞典》，梁光严编著

《冰岛》，刘立群编著

《德国》，顾俊礼编著

《阿富汗》，王凤编著

《菲律宾》，马燕冰、黄莺编著

《赤道几内亚 几内亚比绍 圣多美和普林西比 佛得
    角》，李广一主编

《黎巴嫩》，徐心辉编著

《爱尔兰》，王振华、陈志瑞、李靖堃编著

《伊拉克》，刘月琴编著

《克罗地亚》，左娅编著

《西班牙》，张敏编著

《圭亚那》，吴德明编著

《厄瓜多尔》，张颖、宋晓平编著

《挪威》，田德文编著

《蒙古》，郝时远、杜世伟编著

2008 年度

《希腊》，宋晓敏编著

《芬兰》，王平贞、赵俊杰编著

《摩洛哥》，肖克编著

《毛里塔尼亚　西撒哈拉》，李广一主编

《苏里南》，吴德明编著

《苏丹》，刘鸿武、姜恒昆编著

《马耳他》，蔡雅洁编著

《坦桑尼亚》，裴善勤编著

《奥地利》，孙莹炜编著

《叙利亚》，高光福、马学清编著

2009 年度

《中非　乍得》，汪勤梅编著

《尼加拉瓜　巴拿马》，汤小棣、张凡编著

《海地　多米尼加》，赵重阳、范蕾编著

《巴林》，韩志斌编著

《卡塔尔》，孙培德、史菊琴编著

《也门》，林庆春、杨鲁萍编著

2010 年度

《阿曼》，仝菲、韩志斌编著

《华沙条约组织与经济互助委员会》，李锐、吴伟、
金哲编著

图书在版编目（CIP）数据

拉丁美洲和加勒比地区国际组织 / 林华，王鹏，张育媛
编著. —北京：社会科学文献出版社，2010.8
（列国志）
ISBN 978 - 7 - 5097 - 1517 - 8

Ⅰ.①拉…　Ⅱ.①林…②王…③张…　Ⅲ.①国际组
织 - 概况 - 拉丁美洲　Ⅳ.①D814.1

中国版本图书馆 CIP 数据核字（2010）第 142321 号

拉丁美洲和加勒比地区国际组织　·列国志·
（International Organizations in Latin America and the Caribbean）

编 著 者 / 林　华　　王　鹏　　张育媛
审 定 人 / 吴国平　　袁东振　　焦震衡

出 版 人 / 谢寿光
总 编 辑 / 邹东涛
出 版 者 / 社会科学文献出版社
地　　址 / 北京市西城区北三环中路甲 29 号院 3 号楼华龙大厦
邮政编码 / 100029
网　　址 / http：//www.ssap.com.cn
网站支持 / （010）59367077
责任部门 / 人文科学图书事业部（010）59367215
电子信箱 / bianjibu@ ssap.cn
项目经理 / 宋月华
责任编辑 / 孙以年
责任校对 / 宁　雪
责任印制 / 郭　妍　岳　阳　吴　波

总 经 销 / 社会科学文献出版社发行部
　　　　　　（010）59367080　59367097
经　　销 / 各地书店
读者服务 / 读者服务中心（010）59367028
排　　版 / 北京中文天地文化艺术有限公司
印　　刷 / 三河市尚艺印装有限公司

开　　本 / 880mm × 1230mm　1/32
印　　张 / 16.5　字数 / 421 千字
版　　次 / 2010 年 8 月第 1 版　印次 / 2010 年 8 月第 1 次印刷

书　　号 / ISBN 978 - 7 - 5097 - 1517 - 8
定　　价 / 46.00 元

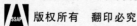

《列国志》主要编辑出版发行人

出 版 人　谢寿光

总 编 辑　邹东涛

项目负责人　杨　群

发 行 人　王　菲

编 辑 主 任　宋月华

编　　　辑　(按姓名笔画排序)

孙以年　朱希淦　宋月华

宋培军　周志宽　范　迎

范明礼　袁卫华　徐思彦

黄　丹　魏小薇

封 面 设 计　孙元明

内 文 设 计　熠　菲

责 任 印 制　岳　阳　郭　妍　吴　波

编　　　务　杨春花

责 任 部 门　人文科学图书事业部

电　　　话　(010) 59367215

网　　　址　ssdphzh_cn@sohu.com